© Verlag Zabert Sandmann GmbH, München
1. Auflage 2009
ISBN 978-3-89883-244-1

Grafische Gestaltung	Verena Fleischmann
Umschlaggestaltung	Georg Feigl
Rezeptfotos	siehe Bildnachweis
Redaktion	Alexandra Schlinz, Eva Hege, Kathrin Ullerich
Herstellung	Karin Mayer, Peter Karg-Cordes
Druck & Bindung	Mohn media Mohndruck GmbH, Gütersloh

 Beim Druck dieses Buchs wurde durch den innovativen Einsatz der Kraft-Wärme-Kopplung im Vergleich zum herkömmlichen Energieeinsatz bis zu 52 % weniger CO_2 emittiert. *Dr. Schorb, ifeu.Institut*

Besuchen Sie uns auch im Internet unter www.zsverlag.de

ALFONS SCHUHBECK

Meine Hausmannskost *für* Feinschmecker

Inhalt

Inhalt

Vorwort **6**

Salate **8**

Brotzeit & kleine Gerichte **28**

Suppen & Eintöpfe **64**

Kartoffeln, Knödel & Gemüse **100**

Nudeln & Reis 142

Fisch & Meeresfrüchte 170

Fleisch 214

Geflügel & Wild 268

Süßes & Mehlspeisen 300

Register 338

Vorwort

Bayern und seine Küche, dafür kann ich mich immer wieder aufs Neue begeistern. Eine zünftige Brotzeit, ein deftiger Schweinebraten mit selbst gemachten Knödeln, ein ofenfrischer Strudel, das sind für mich echte Hochgenüsse! Natürlich bin ich offen für alles Neue und internationale Einflüsse, aber gegen die altbewährten heimischen Klassiker kommen kein kulinarischer Trend und keine Cross-over-Moden an. Hausmannskost, damit verbindet man automatisch Kindheitserinnerungen: Das sind die Gerichte, die früher die Mutter gekocht hat, die diese Rezepte wiederum von ihrer Mutter gelernt hat. Gerichte, die über Jahrhunderte weitergegeben und verbessert wurden, die ganz typisch für die jeweilige Region sind und mit saisonalen heimischen Produkten zubereitet werden. Kein Wunder, dass sie so besonders gut schmecken!

Es gibt nichts Besseres wie was Guats, Sie kennen ja mein Leib- und Lebensmotto. Deshalb geht für mich auch nichts über die bayerische Hausmannskost – außer vielleicht »Meine bayerische Hausmannskost für Feinschmecker«. Denn zugegeben: Viele traditionelle Gerichte sind ein bisserl zu schwer für die heutige Zeit und unseren Lebensstil. Weil wir körperlich längst nicht mehr so hart arbeiten müssen wie unsere Vorfahren, sollte unser Essen leichter und bekömmlicher sein. Das ist auch einer der Gründe, warum ich die bodenständige Küche immer wieder überarbeite, verfeinere und ein wenig eleganter mache. Deshalb werden Sie in diesem Buch einige gute alte Bekannte in ganz neuem Gewand erleben: So kommt das Backhendl als Salat daher, der Reiberdatschi mit Hering und die Weißwurst im knusprigen Strudelteig.

Wer gut kochen möchte, sollte unbedingt auf gute Produkte achten, das ist keine Frage! Wichtig ist aber auch, dass man ein paar Regeln und Tipps beachtet, und die werde ich Ihnen in diesem Buch natürlich gerne verraten: Das fängt bei der Hitze beim Garen an, die mild sein sollte, um die Produkte zu schonen, und hört bei den Gewürzen auf, die man immer erst zuletzt in das Gericht gibt, damit sie ihren Geschmack optimal entfalten können.

Für dieses Buch habe ich meine schönsten Rezepte zum Thema Hausmannskost noch einmal zusammengestellt. Und ich freue mich mit Ihnen, wenn ich Sie mit meiner Leidenschaft für die bodenständige Küche anstecken kann. So wie Elmar Wepper, meinen Freund und langjähriger Kochpartner im Bayerischen Fernsehen, der längst ein kompetenter Kompagnon am Herd geworden ist. Viel Spaß beim Nachkochen meiner Hausmannskost für Feinschmecker wünscht

Ihr Alfons Schuhbeck

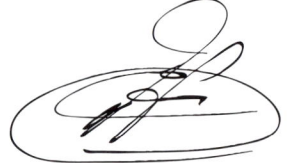

Salate

Salate

Brezensalat

Für den Salat:
2 Brezenstangen
3 EL Olivenöl
1 Knoblauchzehe
1 Rosmarinzweig
200 g Cocktailtomaten
½ Salatgurke
1 kleine rote Zwiebel
½ Kopf Romanasalat
½ Kopf Castelfranco
(weißer Radicchio)
80 g feine grüne Bohnen · Salz
8 Wachteleier
8 hauchdünne Scheiben
Südtiroler Speck

Für das Dressing:
60 ml Gemüsebrühe
1 EL Rotweinessig
2 EL Balsamicoessig
1 EL Vin Santo
(ital. Dessertwein)
1 Msp. scharfer Senf
4 EL Olivenöl
Salz · Pfeffer aus der Mühle
Cayennepfeffer · Zucker

Zum Fertigstellen:
50 g schwarze Oliven

Für 4 Personen

1 Für den Salat das Salz von den Brezenstangen entfernen und die Brezenstangen in dünne Scheiben schneiden. Das Olivenöl in einer Pfanne erhitzen, den ungeschälten Knoblauch und den Rosmarin hinzufügen und die Brezenscheiben darin von beiden Seiten kross anbraten. Auf Küchenpapier abtropfen lassen.

2 Die Cocktailtomaten waschen und halbieren. Die Gurke gründlich waschen, längs halbieren, entkernen und in Scheiben schneiden. Die Zwiebel schälen und in Streifen schneiden. Romanasalat und Castelfranco putzen, waschen, trocken schleudern und in mundgerechte Stücke zupfen.

3 Die grünen Bohnen in Salzwasser 3 Minuten blanchieren, in kaltem Wasser abschrecken und abtropfen lassen. Die Wachteleier in kochendem Wasser 3 Minuten garen, kalt abschrecken, pellen und halbieren. Den Speck nach Belieben klein schneiden.

4 Für das Dressing die Brühe, beide Essigsorten, den Vin Santo und den Senf verrühren. Nach und nach das Olivenöl unterschlagen. Das Dressing mit Salz, Pfeffer, Cayennepfeffer und 1 Prise Zucker würzen.

5 Zum Fertigstellen Tomaten, Gurke, Zwiebel, Bohnen und Salat mit dem Dressing vermischen und mit den kross gebratenen Brezenscheiben und dem Speck auf Tellern anrichten. Mit den Oliven und den Wachteleiern garnieren.

» Der Radicchio di Castelfranco hat lockere elfenbeinfarbene, violett gesprenkelte Blätter. Er ist milder im Geschmack als der bei uns sonst verwendete rotviolette Radicchio, der aber durchaus eine gute Alternative ist. «

Salate

Salate

Brezenknödelsalat

Für den Brezenknödel:
250 g Laugenbrezen (vom Vortag)
¼ l Milch · 2 Eier
Salz · Cayennepfeffer
frisch geriebene Muskatnuss
40 g Zwiebelwürfel · 25 g Butter
Butter für die Folie

Für das Dressing:
⅛ l Gemüsebrühe
1 TL scharfer Senf
Salz · Zucker
1–2 EL Weißweinessig
2 EL Öl · 1 TL Walnussöl
Pfeffer aus der Mühle

Für den Salat:
1 Bund Lauchzwiebeln
100 g kleine Essiggurken
1 Bund Radieschen
100 g breite grüne Bohnen
100 g Cocktailtomaten · 2 EL Öl
400 g Regensburger Würste

Zum Anrichten:
100 g durchwachsene Speckscheiben
Öl zum Braten

Für 4 Personen

1 Für den Brezenknödel das Salz von den Brezen entfernen und die Brezen in Würfel schneiden. Die Milch einmal kurz aufkochen und vom Herd nehmen. Die Eier verrühren, zur Milch geben, mit Salz, je 1 Prise Cayennepfeffer und Muskatnuss würzen und alles über die Brezenwürfel gießen. Die Knödelmasse mit Frischhaltefolie bedecken und 10 Minuten quellen lassen. Die Zwiebelwürfel in einer Pfanne in der Butter glasig dünsten und zur Knödelmasse geben. Die Masse zu einer Rolle von 4 cm Durchmesser formen und in ein Blatt gefettete Alufolie wickeln. Die Enden fest zudrehen und die Stange in einem Topf in siedendem Wasser 20 bis 25 Minuten ziehen lassen.

2 Für das Dressing die Brühe mit Senf, Salz und 1 Prise Zucker gut verrühren. Essig, Öl, Walnussöl und Pfeffer dazugeben und unterrühren. Falls nötig, mit etwas Salz nachwürzen.

3 Für den Salat die Lauchzwiebeln putzen, waschen und zusammen mit den Essiggurken in schräge Scheiben schneiden. Die Radieschen putzen, waschen und in dünne Scheiben schneiden. Die Bohnen putzen, waschen und in Rauten schneiden. In Salzwasser bissfest garen, kalt abschrecken und auf einem Sieb abtropfen lassen. Die Cocktailtomaten waschen und halbieren.

4 Die Brezenknödelrolle in 1 cm dicke Scheiben schneiden. In einer Pfanne das Öl erhitzen und die Brezenknödelscheiben darin bei mittlerer Hitze braten, bis sie von beiden Seiten kross sind. Herausnehmen und vierteln. Die Regensburger Würste in ½ cm dicke Scheiben schneiden. Alle Salatzutaten in einer großen Schüssel vermischen, mit dem Dressing übergießen und 10 Minuten ziehen lassen.

5 Zum Anrichten die Speckscheiben in einer Pfanne bei mittlerer Hitze mit etwas Öl kross braten. Auf Küchenpapier abtropfen lassen, in 2 cm breite Stücke schneiden und zum Salat geben. Den Salat nochmals gut mischen, abschmecken und auf Teller verteilen. Eventuell noch etwas Dressing auf die Teller träufeln.

» Mehr Farbe und Frische bekommt der Brezenknödelsalat, wenn man ihn mit einigen Blättern Feldsalat garniert. Die Blätter dafür kurz durch das Dressing ziehen. «

Salate

Salate

Appenzeller Käsesalat mit karamellisierten Walnüssen

Für das Dressing:

1 Eigelb · 1 TL scharfer Senf
2 EL Weißweinessig oder Zitronensaft
Salz · Cayennepfeffer
50 ml Öl · 2 EL Walnussöl
50 ml Gemüsebrühe · 100 g Sahne
½ Knoblauchzehe
1 Rosmarinzweig

Für den Salat:

2 Eier · Salz
2 Kopfsalatherzen
1 Bund Radieschen
1 kleine weiße Zwiebel
40 g Zucker
100 g Walnusshälften
Öl für das Blech · 2 EL Kresse
250 g Appenzeller Käse (entrindet und in sehr dünnen Scheiben)

Für 4 Personen

1 Für das Dressing Eigelb, Senf, Essig oder Zitronensaft, je 1 Prise Salz und Cayennepfeffer mit dem Stabmixer glatt rühren. Langsam nacheinander beide Ölsorten, Brühe und Sahne untermixen. Mit Salz und Cayennepfeffer abschmecken. Den Knoblauch und den Rosmarinzweig hinzufügen, 10 Minuten ziehen lassen und wieder entfernen.

2 Für den Salat die Eier in kochendem Salzwasser hart kochen, abschrecken, auskühlen lassen und pellen. Die Salatherzen in einzelne Blätter teilen, waschen, gut trocken schleudern und in mundgerechte Stücke zupfen. Die Radieschen putzen, waschen und in dünne Scheiben schneiden. Die Zwiebel schälen und in sehr dünne Scheiben schneiden.

3 Den Zucker in einen kleinen Topf geben, so viel Wasser angießen, dass der Zucker gerade bedeckt ist. Bei milder Hitze den Zucker bernsteinfarben karamellisieren. Die Walnusshälften dazugeben, gut mit dem Karamell mischen und auf einem leicht eingeölten Backblech ausbreiten. Die karamellisierten Walnüsse abkühlen lassen, auseinanderbrechen und in grobe Stücke hacken. Die Kresse, falls nötig, waschen.

4 Die hart gekochten Eier in Scheiben schneiden. Salatblätter, Käsescheiben, Radieschen, Eier und Zwiebelscheiben auf einer Platte anrichten. Mit reichlich Dressing beträufeln und mit Walnüssen und Kresse bestreuen.

» Man kann den Salat zusätzlich mit rohen Champignonscheiben oder Apfelspalten anrichten. Anstelle von Appenzeller eignet sich auch würziger Bergkäse. «

Salate

Avocado-Garnelen-Salat

Für das Dressing:
1 Knoblauchzehe
60 g Roquefort · 2 EL Rotweinessig
2 EL Sherry · 100 ml Gemüsebrühe
50 g Sahne · 3 EL Olivenöl
Salz · Cayennepfeffer
1 EL Schnittlauchröllchen

Für den Salat:
¾ Kopf Romana- oder Eisbergsalat · 200 g junge Spinatblätter
1 große, reife Avocado
einige Spritzer Zitronensaft
150 g Cocktailtomaten
8 Riesengarnelen
Salz · Pfeffer aus der Mühle
2 EL Öl · 2 EL gehobelter Parmesan

Für 4 Personen

1 Für das Dressing den Knoblauch schälen, in Scheiben schneiden und mit dem zerbröckelten Roquefort, Essig, Sherry, Brühe und Sahne mit dem Stabmixer cremig aufschlagen. Das Olivenöl langsam untermischen und mit Salz und 1 Prise Cayennepfeffer würzen. Zum Schluss die Schnittlauchröllchen dazugeben.

2 Für den Salat Romana- oder Eisbergsalat und die Spinatblätter putzen, gründlich waschen, trocken schleudern und die Salatblätter in mundgerechte Stücke zupfen. Die Avocado halbieren, entkernen, schälen und in 1 cm breite Scheiben schneiden. Die Avocadoscheiben mit Zitronensaft beträufeln. Die Cocktailtomaten waschen und halbieren.

3 Die Garnelen schälen und den Darm entfernen. Die Garnelen waschen, trocken tupfen und der Länge nach halbieren. Mit Salz und Pfeffer würzen und in einer Pfanne im Öl bei mittlerer Hitze von beiden Seiten insgesamt 2 bis 3 Minuten braten. Die Salat- und Spinatblätter kurz vor dem Servieren mit Avocado, Tomaten, Parmesan und reichlich Dressing mischen. Auf Teller verteilen und mit den Garnelen garnieren.

Sellerie-Möhren-Apfel-Salat

Für das Dressing:
1–2 EL Zitronensaft
1 TL scharfer Senf
200 g Crème fraîche
Salz · Cayennepfeffer

Für den Salat:
1 kleine Sellerieknolle (ca. 450 g)
2 Möhren · 1 Apfel
1 EL Kerbel (grob gehackt)
1 EL Petersilie (grob gehackt)

Für 4 Personen

1 Für das Dressing Zitronensaft, Senf und Crème fraîche gut miteinander vermischen. Mit Salz und Cayennepfeffer abschmecken.

2 Für den Salat den Sellerie schälen und vierteln. Die Möhren schälen. Den Apfel waschen, vierteln und entkernen. Sellerie, Möhren und Apfel auf einem Gemüsehobel in feine Streifen hobeln. Mit dem Dressing vermischen, kurz ziehen lassen und nochmals abschmecken. Zum Schluss die gehackten Kräuter untermischen.

» Der Salat kann noch mit etwas Haselnussöl und Haselnussblättchen raffiniert verfeinert werden. Die Haselnussblättchen im Backofen kurz rösten, damit sie ein intensiveres Aroma bekommen. «

Salate

Wurstsalat mit Gemüsemarinade

Für die Marinade:
1 mittelgroßer Kohlrabi
2 kleine Möhren
3 Schalotten
6 Stangen grüner Spargel
80 g feine grüne Bohnen · Salz
2 TL Puderzucker
300 ml Gemüsebrühe
1 TL scharfer Senf
1–2 EL Rotweinessig
2 EL mildes Olivenöl
1 TL Walnussöl
je 1 Scheibe Knoblauch und Ingwer
1 TL Estragon (grob gehackt)
Pfeffer aus der Mühle
Cayennepfeffer
Zucker

Zum Fertigstellen:
400 g Wiener Würstchen
400 g Kabanossi
1 EL Petersilie (grob gehackt)

Für 4 Personen

1 Für die Marinade Kohlrabi, Möhren und Schalotten schälen, von dem grünen Spargel nur das untere Drittel schälen. Den Kohlrabi achteln und quer in 3 mm dicke Scheiben schneiden. Die Möhren schräg in Scheiben schneiden. Die Schalotten in Ringe schneiden. Den Spargel waschen, der Länge nach in Scheiben, dann in Stücke schneiden. Die Bohnen putzen, schräg dritteln und in Salzwasser blanchieren. In kaltem Wasser abschrecken, auf einem Sieb abtropfen lassen.

2 Den Puderzucker in einem Topf bei mittlerer Hitze karamellisieren. Den Kohlrabi, die Möhren, die Schalotten und den Spargel darin bei milder Hitze andünsten. Mit der Brühe aufgießen und das Gemüse knapp 10 Minuten bissfest garen. Vom Herd nehmen und in ein Sieb gießen, dabei die Brühe auffangen. Das Gemüse etwas abkühlen lassen und mit den Bohnen mischen.

3 Die Hälfte der Brühe mit Senf, Essig und beiden Ölsorten verrühren. Knoblauch, Ingwer und Estragon hinzufügen, einige Minuten ziehen lassen und wieder entfernen. Die Marinade mit Salz, Pfeffer, je 1 Prise Cayennepfeffer und Zucker herzhaft abschmecken.

4 Zum Fertigstellen die Wiener Würstchen schräg in 1 bis 2 cm breite Scheiben, die Kabanossi schräg in ebenso breite Scheiben schneiden. Mit dem Gemüse und der Marinade vermischen und die Petersilie darunterziehen. Den Salat vor dem Servieren nochmals abschmecken.

» Essig verfärbt leuchtend grünes Gemüse graubraun. Deshalb werden Gemüsesalate vorzugsweise mit Zitronensaft mariniert, der die grüne Farbe erhält. Wurstsalat schmeckt besser mit Essig. Wenn der Wurstsalat länger mariniert wird, sollten deshalb in diesem Rezept Bohnen und Spargel später hinzugefügt werden. Dieser Wurstsalat kann als Knödel-Wurst-Salat variiert werden. Dafür kurz vor dem Servieren fertig gekochte Knödel in Scheiben schneiden, in Butter von beiden Seiten hell anbraten und mit dem Wurstsalat mischen. «

Salate

Salate

Bratkartoffelsalat mit schwarzem Trüffel

Für den Salat:
800 g festkochende Kartoffeln (z. B. Sieglinde)
Salz
1 rote Zwiebel
100 g Zuckerschoten
2 EL Öl
Pfeffer aus der Mühle
getrockneter Majoran
ganzer Kümmel
4 Kaninchenrückenfilets
1 Knoblauchzehe
1 Rosmarinzweig

Für das Dressing:
100 ml Kalbssauce (siehe S. 41)
1 EL Balsamicoessig
20 g braune Butter (siehe S. 30)
2 EL Öl
Salz · Pfeffer aus der Mühle
schwarzer Trüffel (geputzt; 1–2 g pro Person)

Für 4 Personen · Foto rechts

1 Für den Salat die Kartoffeln in Salzwasser kochen, abkühlen lassen und mit der Schale der Länge nach vierteln. Die Zwiebel schälen, halbieren und in dünne Scheiben schneiden. Die Zuckerschoten putzen, waschen und in Salzwasser bissfest blanchieren. Kalt abschrecken, abtropfen lassen und schräg halbieren.

2 Die Kartoffelviertel in einer Pfanne in 1 EL Öl bei mittlerer Hitze anbraten. Mit Salz und Pfeffer würzen. Die Zwiebelscheiben dazugeben und kurz mitdünsten. Zum Schluss die Zuckerschoten hinzufügen und die Bratkartoffeln mit je 1 Prise Majoran und Kümmel würzen.

3 Die Kaninchenfilets mit Salz und Pfeffer würzen und in 1 EL Öl bei milder Hitze 2 bis 3 Minuten braten. Den ungeschälten Knoblauch und den Rosmarinzweig dazugeben. Die Pfanne vom Herd nehmen und die Filets kurz ruhen lassen.

4 Für das Dressing die Kalbssauce erhitzen und vom Herd nehmen. Mit dem Essig, der braunen Butter und dem Öl verrühren und mit Salz und Pfeffer abschmecken.

5 Zum Anrichten den Bratkartoffelsalat auf Teller verteilen. Die Kaninchenfilets schräg in Scheiben schneiden und auf den Kartoffelsalat setzen. Den Kartoffelsalat und die Kaninchenfilets großzügig mit dem Dressing beträufeln. Zum Schluss den Trüffel mit einem Trüffelhobel in feinen Spänen über den Salat hobeln.

» Für einen intensiveren Trüffelgeschmack kann man zum Schluss noch etwas Trüffelöl (tropfenweise dosieren!) unter das Dressing rühren. «

Salate

Warmer Spargelsalat mit Morcheln

500 g weißer Spargel
500 g grüner Spargel
150 g frische Morcheln
(ersatzweise Pfifferlinge)
¼ l Gemüsebrühe
1 TL Puderzucker
2 EL Zitronensaft
2 EL Öl
Salz
Cayennepfeffer
1 EL Petersilie (grob gehackt)
1 EL Olivenöl
2 EL halbtrockener Sherry

Für 4 Personen

1 Spargel schälen, grünen Spargel nur im unteren Drittel, untere Enden entfernen, Schalen beiseitelegen. Stangen längs halbieren und schräg in 3 cm lange Stücke schneiden. Morcheln putzen und längs halbieren.

2 Für das Dressing die Brühe aufkochen lassen, Spargelschalen und -reste hineingeben und knapp unter dem Siedepunkt 20 Minuten ziehen lassen. In ein Sieb abgießen und den Sud auffangen.

3 Den Puderzucker in einer Pfanne bei milder Hitze karamellisieren, Spargelstücke hineingeben und etwas andünsten. Nach und nach mit ⅛ l Spargelsud ablöschen und den Spargel bei milder Hitze 5 bis 7 Minuten bissfest garen. Vom Herd nehmen, mit Zitronensaft, Öl, Salz und 1 Prise Cayennepfeffer würzen und mit der Petersilie bestreuen.

4 Die Morcheln in einer Pfanne im Olivenöl bei milder Hitze dünsten, mit Sherry ablöschen und kurz ziehen lassen. Zum Servieren den Spargelsalat auf eine Platte geben und die Morcheln darauf verteilen.

Salate

Steinpilz-Semmelknödel-Salat mit geröstetem Kümmel

Für die Knödel:

400 g Semmeln (Brötchen; vom Vortag)
350 ml Milch · 4 Eier
Salz · Pfeffer aus der Mühle
frisch geriebene Muskatnuss
1 Zwiebel · 1 EL Öl
2 EL Petersilie (grob gehackt)
Öl für die Folie

Für den gerösteten Kümmel:
10 g ganzer Kümmel

Für das Dressing:
1 kleine Zwiebel · 1 EL Öl
2 EL Petersilie (grob gehackt)
3–4 EL Weißweinessig
200 ml Gemüsebrühe
1 TL scharfer Senf
Salz · Zucker
4 EL Rapsöl
Pfeffer aus der Mühle

Zum Fertigstellen:
250 g Steinpilze (ersatzweise andere Pilze der Saison)
3 EL Öl
Salz · Pfeffer aus der Mühle
1 TL Thymianblättchen

Für 4 Personen

1 Für die Knödel die Semmeln in kleine Würfel schneiden. Die Milch einmal aufkochen lassen, vom Herd nehmen und leicht abkühlen lassen. Die Eier in die Milch rühren. Mit Salz, Pfeffer und Muskatnuss würzen und alles über die Semmelwürfel gießen. Die Knödelmasse mit Frischhaltefolie bedecken und 10 Minuten quellen lassen.

2 Die Zwiebel schälen, in kleine Würfel schneiden und im Öl glasig dünsten. Die Zwiebelwürfel und die Petersilie zu der Knödelmischung geben und vorsichtig unterheben.

3 Die Knödelmasse zu einer Rolle von 4 cm Durchmesser formen und in ein Blatt leicht eingeölte Alufolie wickeln. Die Enden fest zudrehen und die Rolle in einem entsprechend großen Topf in siedendem Wasser 25 bis 30 Minuten ziehen lassen, bis der Knödel gar ist. Aus dem Wasser nehmen und abkühlen lassen.

4 Für den gerösteten Kümmel den Backofen auf 100 bis 120 °C vorheizen. Kümmel auf ein ungefettetes Backblech streuen und im Ofen 35 bis 45 Minuten rösten, bis die Samen kross sind und duften.

5 Für das Dressing die Zwiebel schälen, in kleine Würfel schneiden und in einer Pfanne im Öl bei mittlerer Hitze glasig dünsten. Die Petersilie dazugeben und mit Essig und Brühe ablöschen. Vom Herd nehmen, durch ein Sieb gießen und die Flüssigkeit mit Senf, etwas Salz, 1 Prise Zucker und Öl mit dem Stabmixer gut aufschlagen. Zwiebel und Petersilie wieder dazugeben und das Dressing mit reichlich Pfeffer würzen.

6 Zum Fertigstellen die Knödelstange in ½ cm dünne Scheiben schneiden. Die Steinpilze putzen, trocken abreiben, in nicht zu dünne Scheiben schneiden und in einer Pfanne im Öl bei mittlerer Hitze 1 bis 2 Minuten kross anbraten. Salzen, pfeffern und mit Thymian bestreuen. Zusammen mit den Knödelscheiben auf Tellern oder einer großen Platte anrichten und mit reichlich Dressing beträufeln. Den Salat kurz ziehen lassen, mit Kümmel bestreuen und noch lauwarm servieren.

» Die Steinpilze brät man am besten portionsweise an, damit sie schön kross werden und kein Wasser ziehen. «

Salate

Lauwarme Scheiben vom Kalbstafelspitz auf grünen Bohnen

Für den Salat:

4 mittelgroße festkochende Kartoffeln · Salz
ganzer Kümmel
300 g breite Bohnen
1 Zwiebel
400 g gekochter Kalbstafelspitz (in ½ l Brühe)
8 kleine Gewürzgurken

Für das Dressing:

½ TL Puderzucker
4 EL Weißweinessig
1 TL Sahnemeerrettich · 4–5 EL Öl
Salz · Pfeffer aus der Mühle
2 EL Schnittlauchröllchen

Zum Fertigstellen:

2 EL Öl
Salz · Pfeffer aus der Mühle
einige geputzte Salatblätter
2 EL frisch gehobelter Meerrettich

Für 4 Personen

1 Für den Salat die Kartoffeln waschen und in kochendem Salzwasser mit 1 Prise Kümmel weich kochen. Abgießen, ausdampfen lassen, pellen und in gleichmäßige Scheiben schneiden. Die Bohnen putzen, in 2 bis 3 cm große Rauten schneiden und in kochendem Salzwasser bissfest blanchieren. In kaltem Wasser abschrecken und abtropfen lassen. Die Zwiebel schälen, halbieren und in dünne Scheiben schneiden. Den Tafelspitz aus der Brühe nehmen und in etwa ½ cm dünne Scheiben schneiden. Die Gewürzgurken halbieren.

2 Für das Dressing den Puderzucker in einem kleinen Topf karamellisieren, mit Essig und 150 ml Tafelspitzbrühe ablöschen, vom Herd nehmen und leicht abkühlen lassen. Die Flüssigkeit mit Meerrettich, Öl und etwas Salz mit dem Stabmixer gut mixen. Mit reichlich Pfeffer würzen und die Schnittlauchröllchen unterrühren.

3 Zum Fertigstellen die Kartoffelscheiben in einer Pfanne im Öl bei mittlerer Hitze von beiden Seiten kross braten. Die Zwiebelscheiben dazugeben und kurz mitbraten. Die Bohnen hinzufügen, kurz durchschwenken und mit Salz und Pfeffer würzen.

4 Die Tafelspitzscheiben mit so viel Tafelspitzbrühe in einen Topf oder eine Pfanne geben, dass das Fleisch mit Brühe bedeckt ist. Bei milder Hitze erwärmen, bis das Fleisch lauwarm ist. Vor dem Anrichten aus der Brühe nehmen und abtropfen lassen.

5 Das Gemüse mit den Kalbsscheiben und den Salatblättern auf Tellern anrichten, mit reichlich Dressing beträufeln und mit Gewürzgurken und Meerrettichspänen garnieren. Sofort servieren.

» Statt Kalbs- eignet sich auch sehr gut Rindertafelspitz für dieses Gericht. Wenn Sie das Fleisch zubereiten, sollten Sie es erst anbraten und dann in simmerndes Wasser legen. So bleibt es saftig, und die Brühe wird wunderbar aromatisch. «

Salate

Matjesfilets mit Radieserl-Bohnen-Salat und Schnittlauchsauce

Für den Salat:
2 festkochende Kartoffeln · Salz
2 kleine Möhren
150 g feine grüne Bohnen
(z. B. Keniabohnen)
1 rote Zwiebel · 1 Bund Radieschen

Für das Dressing:
1–2 EL Rotweinessig
100 ml Gemüsebrühe
2–3 EL Olivenöl · Zucker
Salz · Pfeffer aus der Mühle

Für den Matjes:
4 Matjes-Doppelfilets (ca. 600 g)

Für die Schnittlauchsauce:
150 g saure Sahne
100 g Crème fraîche
1 TL scharfer Senf
1 EL Zitronensaft · Zucker
Salz · Cayennepfeffer
2 EL Schnittlauchröllchen

Zum Fertigstellen:
2–3 EL Öl
Bohnenkraut
Salz · Pfeffer aus der Mühle

Für 4 Personen

1 Für den Salat die Kartoffeln schälen, waschen und in 1 cm große Würfel schneiden. In Salzwasser weich kochen, abgießen und abkühlen lassen. Möhren schälen, schräg in Scheiben schneiden, Bohnen putzen, waschen und halbieren. Beide Gemüse nacheinander in kochendem Salzwasser bissfest blanchieren, abschrecken und abtropfen lassen. Die Zwiebel schälen, halbieren und in dünne Spalten schneiden. Die Radieschen putzen, gut waschen und in dünne Scheiben schneiden.

2 Für das Dressing den Essig mit der Brühe und dem Olivenöl gut verrühren und mit 1 Prise Zucker, Salz und Pfeffer würzen.

3 Für den Matjes die Doppelfilets trennen, unter fließendem kaltem Wasser waschen, trocken tupfen und nebeneinander auf eine Platte oder einen großen Teller legen.

4 Für die Schnittlauchsauce die saure Sahne mit Crème fraîche und Senf vermischen. Mit Zitronensaft, 1 Prise Zucker, Salz und Cayennepfeffer abschmecken und zum Schluss den Schnittlauch dazugeben.

5 Zum Fertigstellen die Kartoffelwürfel in einer Pfanne im Öl bei mittlerer Hitze kross anbraten, mit 1 Prise Bohnenkraut, Salz und Pfeffer würzen und auf Küchenpapier abtropfen lassen.

6 Möhren, Zwiebeln, Radieserl und Bohnen mit reichlich Dressing vermischen, mit Salz und Pfeffer abschmecken, kurz marinieren und über die Matjesfilets verteilen. Die Kartoffelwürfel darüberstreuen und die Schnittlauchsauce separat dazu reichen.

» Möchte man den Matjes als Salat für ein Picknick oder eine Brotzeit im Freien mitnehmen, kann man die Fischfilets in 2 bis 3 cm große Stücke schneiden und zusammen mit den gebratenen Kartoffelwürfeln unter das Gemüse heben. Die Schnittlauchsauce passt auch gut als Dip zu rohen Gemüsesticks, kleinen Tomaten oder Champignons. «

Salate

Salate

Tomaten-Oliven-Tatar im Parmesankörbchen

Für das Parmesankörbchen:
100 g fein geriebener, nicht zu weicher Parmesan

Für das Tatar:
10 reife Tomaten
50 g entsteinte schwarze Oliven
1 Schalotte
½ Knoblauchzehe (fein gehackt)
1 TL Rotweinessig
2 EL Olivenöl
Salz · Pfeffer aus der Mühle

Zum Anrichten:
4 Basilikumstiele

Für 4 Personen

1 Für das Parmesankörbchen eine beschichtete Pfanne bei mittlerer Temperatur erhitzen. Jeweils ein Viertel des geriebenen Parmesans zu einer gleichmäßig dünnen Schicht von etwa 12 cm Durchmesser in die Pfanne streuen und hell bräunen. Die Pfanne vom Herd nehmen, die Parmesanhippe kurz abkühlen lassen, bis der Rand beginnt fest zu werden. Die Parmesanhippe mit einer Palette aus der Pfanne lösen, möglichst warm in kleine Schälchen drücken und abkühlen lassen.

2 Für das Tomaten-Oliven-Tatar von den Tomaten die Stielansätze entfernen, die Tomaten überbrühen, kalt abschrecken, häuten, vierteln und entkernen. Die Tomaten in kleine Würfel, Oliven klein schneiden. Die Schalotte schälen und in kleine Würfel schneiden. Tomaten, Oliven und Schalotte mit Knoblauch, Essig und Olivenöl mischen und das Tatar mit Salz und Pfeffer abschmecken.

3 Zum Anrichten die Parmesankörbchen auf Teller stellen, das Tatar hineinfüllen und jeweils mit 1 Basilikumstiel garnieren.

Feldsalat mit Geflügelleber und Kapern-Granatapfel-Vinaigrette

2 EL Rosinen
6 EL roter Portwein
300 g Geflügelleber · 2 EL Öl
Salz · Pfeffer aus der Mühle
1 EL Balsamicoessig
100 ml Geflügelbrühe
1 EL Rotweinessig · 2 EL Olivenöl
1 TL dünnflüssiger Blütenhonig
2 EL Kapern
2 EL Granatapfelkerne
350 g Feldsalat

Für 4 Personen

1 Die Rosinen in 4 EL Portwein einige Stunden einweichen.

2 Die Leber säubern und in gleich große Stücke schneiden. In einer Pfanne in 1 EL Öl bei milder Hitze von beiden Seiten sanft braten, salzen und pfeffern. Herausnehmen, den Bratensatz mit restlichem Portwein und Balsamicoessig ablöschen, die Brühe hinzufügen, etwas einköcheln lassen und die Pfanne vom Herd nehmen. Essig, Olivenöl, Honig und restliches Öl in den Bratensatz rühren, Rosinen, Kapern und Granatapfelkerne hinzufügen und mit Salz und Pfeffer würzen.

3 Den Feldsalat gründlich putzen, waschen, trocknen und mit der Marinade mischen. Mit der Geflügelleber auf Tellern anrichten.

Salate

Thunfisch-Knoblauch-Salat

Für den Salat:

30 Knoblauchzehen
1 Bund grüner Spargel
1 EL Olivenöl
Salz · Pfeffer aus der Mühle
100 g entsteinte schwarze Oliven
80 g Kapernäpfel · 2 Nektarinen
400 g Thunfisch (Sushi-Qualität)

Für das Dressing:

1 TL Senf · 1/8 l Gemüsebrühe
Zucker · Salz · 1 Limette
1 Chilischote
3 EL Olivenöl · Szechuanpfeffer
und Koriander aus der Mühle

Für 4 Personen · Foto oben

1 Für den Salat den Backofen auf 160 °C vorheizen. Die ungeschälten Knoblauchzehen auf einem Blech im Ofen etwa 30 Minuten schmoren, bis sie weich sind. Abkühlen lassen und die äußere Schale entfernen.

2 Den Spargel waschen, im unteren Drittel schälen, längs halbieren und in 3 cm große Stücke schneiden. In einer Pfanne im Olivenöl bei mittlerer Hitze bissfest braten, salzen und pfeffern. Die Oliven halbieren, die Kapernäpfel abtropfen lassen. Die Nektarinen waschen, halbieren, entsteinen und in Spalten schneiden. Den Thunfisch erst in 1 1/2 cm breite Scheiben, dann in 3 cm große Stücke schneiden.

3 Für das Dressing den Senf und die Brühe verrühren, je 1 Prise Zucker und Salz dazugeben. Die Limette auspressen. Chilischote halbieren, entkernen und in Streifen schneiden. 1 bis 2 EL Limettensaft, Olivenöl und Chilistreifen zur Brühe geben und das Dressing mit Szechuanpfeffer und Koriander abschmecken. Zum Anrichten alle Zutaten mit dem Dressing vermischen. Den Salat möglichst schnell servieren.

Salate

Meeresfrüchtesalat mit rotem Pesto

Für das Pesto:
½ weiße Zwiebel
80 – 100 ml Olivenöl
½ Chilischote
50 g eingelegte getrocknete Tomaten
1 TL gehackter Knoblauch
1 TL Zitronensaft
Salz · Pfeffer aus der Mühle

Für den Fenchel:
2 Fenchelknollen
2 EL Olivenöl
1 EL Zitronensaft
Salz · Pfeffer aus der Mühle

Für die Meeresfrüchte:
500 g Miesmuscheln · Salz
2 mittelgroße Tintenfischtuben
Pfeffer aus der Mühle
3 EL Olivenöl
8 Riesengarnelen
1 Knoblauchzehe
4 Jakobsmuscheln
(ausgelöstes Muskelfleisch)
frische Kräuter zum Garnieren
(z. B. Basilikum oder Dill)

Für 4 Personen

1 Für das Pesto die Zwiebel schälen und in kleine Würfel schneiden. Zwiebelwürfel in einer Pfanne in etwas Olivenöl bei mittlerer Hitze glasig dünsten und abkühlen lassen. Die Chilischote entkernen, waschen und in Streifen schneiden. Die Tomaten in grobe Stücke hacken und mit Zwiebel, Chilistreifen, Knoblauch, Zitronensaft und dem restlichen Olivenöl im Mixer zu einer Paste pürieren. Mit Salz und Pfeffer abschmecken.

2 Für den Fenchel die Fenchelknollen putzen, waschen und auf einem Hobel der Länge nach in hauchdünne Scheiben schneiden. In einer dünnen Schicht auf Tellern anrichten und mit Olivenöl und Zitronensaft beträufeln. Mit Salz und Pfeffer würzen.

3 Für die Meeresfrüchte die Muscheln gründlich waschen, geöffnete Exemplare aussortieren. In einem Topf etwas Salzwasser erhitzen, die Muscheln hineingeben und zugedeckt dämpfen, bis sie sich öffnen. In einem Sieb abtropfen lassen, das Muschelfleisch aus den Schalen lösen, einige Muscheln in der Schale für die Garnitur aufbewahren. Geschlossene Muscheln aussortieren.

4 Die Tintenfischtuben waschen, trocken tupfen und in 3 cm große Stücke schneiden. Mit Salz und Pfeffer würzen und in einer Pfanne in 1 EL Olivenöl braten. Die Garnelen schälen und den Darm entfernen, die Garnelen waschen und trocken tupfen. Mit Salz und Pfeffer würzen und in einer Pfanne in 1 EL Olivenöl mit der ungeschälten Knoblauchzehe von beiden Seiten braten. Die Jakobsmuscheln quer halbieren, mit Salz und Pfeffer würzen und in einer Pfanne in 1 EL Olivenöl von beiden Seiten braten.

5 Zum Anrichten die Meeresfrüchte auf dem Fenchelsalat verteilen. Jeweils etwas rotes Pesto auf den Fenchel und die Meeresfrüchte geben und mit den Kräutern garnieren.

» Das übrige Pesto hält sich etwa 1 Woche im Kühlschrank und kann auch gut für Nudelgerichte verwendet werden. «

Salate

27

Brotzeit & kleine Gerichte

Brotzeit & kleine Gerichte

Radi mit Petersilienpesto

Für das Pesto:
200 g Blattspinat
2 Bund Petersilie
Salz
1 EL frisch geriebener Parmesan
1 EL geröstete Mandelblättchen
60 ml Olivenöl
60 g braune Butter (siehe Tipp)
Pfeffer aus der Mühle
einige Spritzer Zitronensaft

Für den Radi:
500 g Radi (weißer Rettich)
Salz

Zum Fertigstellen:
1–2 EL geröstete Mandelblättchen

Für 4 Personen

1. Für das Pesto die Spinat- und die Petersilienblätter von den Stielen zupfen und nacheinander in Salzwasser blanchieren. In kaltem Wasser abschrecken, in ein Sieb geben und abtropfen lassen. Das übrige Wasser mit den Händen gut ausdrücken.

2. Spinat und Petersilie grob zerkleinern und in eine Schüssel geben. Parmesan, Mandelblättchen, Olivenöl und braune Butter hinzufügen. Mit Salz, Pfeffer und Zitronensaft würzen und im Mixer zu einer glatten grünen Paste pürieren.

3. Den Radi schälen, der Länge nach vierteln und in 3 mm dicke Scheiben schneiden. In Salzwasser etwa 1 Minute bissfest blanchieren, in kaltem Wasser abschrecken, in ein Sieb geben und abtropfen lassen.

4. Die Radischeiben mit etwas Pesto vermischen und je nach Geschmack nochmals würzen.

5. Zum Fertigstellen den Radisalat auf einer Platte anrichten und mit Mandelblättchen bestreuen.

» Braune Butter, auch Nussbutter genannt, erhalten Sie, wenn Sie die gewünschte Menge Butter in einem kleinen Topf bei mittlerer Hitze langsam erwärmen, bis sie goldbraun ist und ein nussiges Aroma hat. Die Butter wird dann durch ein mit Küchenpapier ausgelegtes Sieb gegossen. Im Kühlschrank hält sich braune Butter etwa acht Wochen – sie wird fest wie Butterschmalz. «

Brotzeit & kleine Gerichte

Brotzeit & kleine Gerichte

Marinierter Miesbacher

4 Miesbacher (oder 2 Romadur)
2 Schalotten · 400 ml Gemüsebrühe
2–3 EL Balsamicoessig
80 ml kräftiges Olivenöl
6–8 getrocknete Tomatenhälften
(in Olivenöl eingelegt)
2 Rosmarinzweige
2 kleine Chilischoten
2 Streifen unbehandelte Zitronen-
schale · 8 Basilikumblätter
Pfeffer aus der Mühle

Für 4 Personen

1. Den Miesbacher in je 3 Scheiben (oder den Romadur in je 6 Scheiben) schneiden und in eine entsprechend große flache Form legen.

2. Für die Marinade die Schalotten schälen und in dünne Scheiben schneiden. Die Brühe mit Essig und Olivenöl gründlich verrühren und über die Käsestücke gießen.

3. Die getrockneten Tomaten abtropfen lassen. Den Rosmarin waschen und trocken schütteln. Die Chilischoten waschen.

4. Tomaten, Rosmarinzweige, Chilischoten, Zitronenschale, Basilikumblätter und Schalottenringe rund um den Käse verteilen und alles mindestens 30 Minuten marinieren. Kurz vor dem Servieren mit reichlich Pfeffer würzen.

Ziegen-Aprikosen-Topfen

1 kleine rote Zwiebel
7 weiche, getrocknete Aprikosen
2 EL Sonnenblumenkerne
350 g Ziegentopfen
80–100 g Sahne
1 EL braune Butter (siehe S. 30)
1 EL Akazienhonig
Salz · Cayennepfeffer
2 EL Schnittlauchröllchen

Für 4 Personen

1. Die Zwiebel schälen, halbieren und in kleine Würfel schneiden. Die Aprikosen halbieren und ebenfalls in kleine Würfel schneiden. Die Sonnenblumenkerne in einer beschichteten Pfanne ohne Fett bei milder Hitze hell rösten und abkühlen lassen.

2. Ziegentopfen mit 80 g Sahne, brauner Butter und Honig glatt rühren. Falls nötig, noch etwas Sahne dazugeben. Mit Salz und Cayennepfeffer würzen. Zwiebel- und Aprikosenwürfel sowie Schnittlauch unter die Käsemasse heben, nochmals abschmecken, in eine Schüssel füllen und zum Schluss mit Sonnenblumenkernen bestreuen. Dieser Aufstrich passt gut zu kräftigem Bauern- oder Vollkornbrot.

» Den Ziegentopfen kann man auch durch 250 g Sahnequark und 100 g Ziegenfrischkäse ersetzen. Gut schmecken auch gehackte Walnüsse, die man statt der Sonnenblumenkerne über den Ziegen-Aprikosen-Topfen streut. «

Brotzeit & kleine Gerichte

Obatzda mit Birnen und Croûtons

Für die Croûtons:
2 Scheiben Toastbrot
30 g Butter · 2 EL Öl

Für den Obatzdn:
1 reife, feste Birne
5 Lauchzwiebeln
250 g reifer Camembert
250 g Frischkäse · 3–4 EL Sahne
2 cl Williamsbrand
2 EL Schnittlauchröllchen
Salz · Cayennepfeffer
gemahlener Kümmel
braune Butter zum Abschmecken
(siehe S. 30)

Für 4 Personen · Foto oben

1 Für die Croûtons das Toastbrot entrinden. Die Brotscheiben mit einem scharfen Messer noch einmal durchschneiden, in ½ cm dünne Streifen und dann in möglichst kleine Würfel schneiden. Butter und Öl in einer Pfanne bei mittlerer Temperatur erhitzen, die Brotwürfel dazugeben und hell bräunen. Auf Küchenpapier abtropfen lassen.

2 Für den Obatzdn die Birne vierteln, schälen, entkernen und in sehr kleine Würfel schneiden. Die Lauchzwiebeln putzen, waschen und in dünne Scheiben schneiden.

3 Den Camembert klein schneiden, kurz stehen lassen, damit er warm wird. Mit Frischkäse, Sahne und Williamsbrand cremig verrühren. Birnenwürfel, Lauchzwiebeln und Schnittlauchröllchen unterheben. Mit Salz, je 1 Prise Cayennepfeffer und Kümmel sowie brauner Butter abschmecken. Zum Anrichten den Obatzdn mit den Croûtons bestreuen. Zusätzlich passen noch gut Birnenspalten dazu.

Brotzeit & kleine Gerichte

Gebrühter Krautsalat

½ Kopf junger Weißkohl
Salz
1 EL Puderzucker
5 EL Rotweinessig
⅛ l Gemüsebrühe
3 EL Öl
Pfeffer aus der Mühle
Cayennepfeffer
gemahlener Kümmel
Zucker zum Abschmecken
50 g gut durchwachsener Speck

Für 4 Personen

1. Den Weißkohl putzen und fein hobeln, dabei den Strunk entfernen. Das Kraut in eine Schüssel geben und leicht mit Salz würzen.

2. Den Puderzucker in eine Pfanne sieben und bei mittlerer Hitze hell karamellisieren. Mit dem Essig ablöschen und bei mittlerer Hitze 20 bis 30 Sekunden auf gut die Hälfte einköcheln lassen. Die Brühe hinzufügen, einmal aufkochen lassen und heiß über das Kraut gießen. 2 EL Öl dazugeben und mit Salz, Pfeffer und je 1 Prise Cayennepfeffer, Kümmel und gegebenenfalls noch etwas Zucker abschmecken.

3. Den Speck in kleine Würfel schneiden und in einer Pfanne bei milder Hitze im restlichen Öl kross braten. In ein Sieb abgießen und die Speckgrammerln zum Krautsalat geben. Je nach Geschmack können noch frische Kräuter hineingemischt werden.

Sauer eingelegtes Wurzelgemüse

1 große Pastinake
2 Petersilienwurzeln · 2 Möhren
2 Schwarzwurzeln
160 g Knollensellerie
150 g Schalotten
½ TL Pimentkörner
½ TL schwarze Pfefferkörner
3 Wacholderbeeren
1 TL Puderzucker
150 ml Gemüsebrühe · 1 Lorbeerblatt
1 Streifen unbehandelte Limettenschale
3 Petersilienstiele · 1 Thymianzweig
2 Scheiben Knoblauch
1 Scheibe Ingwer
2 EL mildes Olivenöl
2 EL milder Weinessig · 1 TL Zucker
Salz · Cayennepfeffer

Für 4 Personen

1. Alle Gemüsesorten putzen und schälen. Pastinake, Petersilienwurzeln und Möhren je nach Dicke der Länge nach halbieren oder vierteln. Die Schwarzwurzeln der Länge nach halbieren und alles in 4 cm lange Stifte schneiden. Den Sellerie ebenfalls in 4 cm lange Stifte schneiden, die Schalotten halbieren.

2. Piment- und Pfefferkörner sowie Wacholderbeeren in ein Tee-Ei oder einen Einwegteebeutel geben und das Gewürzsäckchen verschließen. Den Puderzucker in einem Topf bei milder Hitze hell karamellisieren. Das Gemüse darin andünsten, die Brühe dazugießen, das Lorbeerblatt mit dem Gewürzsäckchen hinzufügen und alles knapp unter dem Siedepunkt etwa 20 Minuten durchziehen lassen.

3. Vom Herd nehmen, das Gewürzsäckchen entfernen. Limettenschale, Petersilie, Thymian, Knoblauch und Ingwer dazugeben, einige Minuten ziehen lassen und wieder entfernen. Das Olivenöl hinzufügen, mit Essig, Zucker, Salz und 1 Prise Cayennepfeffer abschmecken.

4. Das Gemüse in dem Sud mehrere Stunden ziehen lassen. Es kann zugedeckt auch über Nacht in den Kühlschrank gestellt werden, sollte aber bei Zimmertemperatur serviert werden.

Brotzeit & kleine Gerichte

Käsekuchen mit Lauch und Birne

Für den Teig:

200 g weiche Butter
2 Eigelb · Zucker
1 TL Salz
2 EL Milch
350 g Mehl
Mehl für die Arbeitsfläche
Butter für das Blech

Für den Belag:

3 Zwiebeln (ca. 400 g)
2 mittelgroße Stangen Lauch
1 EL Öl
Salz · Pfeffer aus der Mühle
gemahlener Kümmel
1 reife, aber feste Birne
300 g würziger, halbfester Rotschmierkäse (Almkäse)
120 g Edelpilzkäse
¼ l Milch
250 g Sahne · 5 Eier
frisch geriebene Muskatnuss

Für 1 Blech

1 Für den Teig die Butter mit den Eigelben, 1 Prise Zucker, dem Salz und der Milch gut vermischen. Nach und nach das Mehl dazugeben und alles rasch zu einem glatten Mürbeteig kneten. Mit den Händen auf der bemehlten Arbeitsfläche zu einer dicken Scheibe formen, in Frischhaltefolie wickeln und im Kühlschrank mindestens 2 Stunden ruhen lassen.

2 Den Backofen auf 175 °C vorheizen. Den Teig mit den Händen nochmals kurz durchkneten und auf Backblechgröße ausrollen. Ein tiefes Backblech mit Butter bestreichen und mit dem Teig auslegen. Den Teig mit einer Gabel mehrmals einstechen und im vorgeheizten Ofen auf der mittleren Schiene 8 bis 10 Minuten hell vorbacken. Den Backofen nicht ausschalten.

3 Für den Belag die Zwiebeln schälen und in kleine Würfel schneiden. Den Lauch putzen, längs halbieren, waschen und quer in Streifen schneiden. Zwiebeln und Lauch in einer Pfanne im Öl bei milder Hitze andünsten. Mit Salz, Pfeffer und 1 Prise Kümmel würzen und auskühlen lassen. Die Birne vierteln, schälen, entkernen und in kleine Würfel schneiden. Den Rotschmierkäse in kleine Würfel schneiden und den Edelpilzkäse zerbröckeln.

4 Zum Fertigstellen alle Zutaten gleichmäßig auf dem Mürbeteigboden verteilen. Die Milch in einer Schüssel mit der Sahne und den Eiern verquirlen und mit Salz, Pfeffer und Muskatnuss würzen. Die Eiermilch auf dem Belag verteilen und den Käsekuchen im Ofen auf der mittleren Schiene 50 Minuten goldbraun backen.

» Damit der Mürbeteig gut gelingt, sollte die Butter nicht zu weich sein. Eigelbe, Milch, Zucker und Salz sollten mit der Butter nur glatt gerührt, auf keinen Fall schaumig geschlagen werden. Wer den Teig mit den Händen knetet, verbröselt die Buttermischung zuerst mit dem Mehl und knetet das Ganze anschließend rasch durch. Mürbeteig wird kühl gestellt und unmittelbar vor dem Verarbeiten noch einmal kurz durchgeknetet, damit er geschmeidig wird und sich gut ausrollen lässt. «

Brotzeit & kleine Gerichte

Lauwarme herzhafte Käsekuchen

Für den Boden:
120 g Blätterteig (tiefgekühlt)
Butter für die Förmchen

Für die Füllung:
1 kleine Zwiebel
1 EL Öl
120 g würziger, halbfester Bergkäse
50 g Edelpilzkäse
100 ml Milch
100 g Sahne
2 kleine Eier
gemahlener Kümmel
frisch geriebene Muskatnuss
Salz

Für 4 Personen

1. Für den Boden die Blätterteigplatten auslegen und auftauen lassen. Dünn ausrollen und 4 Kreise von 15 cm Durchmesser ausschneiden. Mit einer Gabel mehrmals einstechen. 4 Tarteförmchen von etwa 10 cm Durchmesser und einem 1 ½ cm hohen Rand mit Butter bestreichen und mit den Blätterteigkreisen auslegen, falls nötig, die Ränder abschneiden.

2. Für die Füllung die Zwiebel schälen und in kleine Würfel schneiden. In einer Pfanne im Öl glasig dünsten, abkühlen lassen und in den ausgelegten Förmchen verteilen. Den Backofen auf 200 °C vorheizen. Den Bergkäse in Würfel schneiden und den Edelpilzkäse zerbröckeln. Beide Käsesorten gleichmäßig auf den Zwiebelwürfeln verteilen. Milch, Sahne und Eier mit einem Schneebesen kräftig aufschlagen. Mit Kümmel und Muskatnuss würzen und leicht salzen. Die Eiermilch so auf den Käse gießen, dass die Förmchen zu drei Viertel gefüllt sind. Die Käsekuchen im vorgeheizten Ofen auf der mittleren Schiene etwa 20 Minuten goldbraun backen und warm servieren.

Varianten:

- Für Spinatkäsekuchen die Käsemenge auf 80 g Bergkäse und 40 g Edelpilzkäse reduzieren. 100 g blanchierte, ausgedrückte Spinatblätter klein schneiden und mit dem Käse in Förmchen verteilen. Weiterverfahren, wie im Rezept beschrieben.

- Für Kräuterkäsekuchen mit dem Käse 2 EL frisch gehackte Kräuter, wie z. B. Petersilie, Kerbel oder Thymian, und 1 Msp. frisch gehackten Knoblauch vermischen. Weiterverfahren, wie im Rezept beschrieben.

- Für Käse-Birnen-Kuchen ½ reife, feste Birne schälen, entkernen und in sehr kleine Würfel schneiden. Mit dem Käse vermischen und die Kuchen wie oben fertigstellen.

»Zu den Käsekuchen passen gut Senffrüchte, ein kleiner Salat oder auch eine pikante Salsa.«

Brotzeit & kleine Gerichte

Brotzeit & kleine Gerichte

Eingelegter Käse

3 Schalotten · ½ kleiner Zucchino
½ kleine Fenchelknolle
50 g eingelegte getrocknete Tomaten
1 rote Chilischote
1 TL Puderzucker
ca. 5 EL Rotweinessig
400 ml Gemüsebrühe
50 ml mildes Olivenöl
Salz · Pfeffer aus der Mühle
Zucker · 2 Scheiben Knoblauch
1 Scheibe Ingwer
1 Streifen unbehandelte Orangenschale
400 g würziger, halbfester Almkäse
1 EL Schnittlauchröllchen

Für 4 Personen

1. Die Schalotten schälen und in Ringe schneiden. Den Zucchino waschen, der Länge nach halbieren und in Scheiben schneiden. Den Fenchel putzen, halbieren und in Streifen schneiden. Die Tomaten abtropfen lassen und in Streifen schneiden. Die Chilischote längs halbieren, entkernen, waschen und in feine Streifen schneiden.

2. In einer Pfanne den Puderzucker hell karamellisieren, mit 4 EL Essig ablöschen, auf die Hälfte einköcheln lassen und vom Herd nehmen. Den restlichen Essig, die Brühe und das Olivenöl hineinrühren, mit Salz, Pfeffer und Zucker und nach Belieben mit Essig abschmecken. Knoblauch, Ingwer und Orangenschale hinzufügen, einige Minuten in der Marinade ziehen lassen und wieder entfernen.

3. Schalotten, Zucchino und Fenchel nacheinander in Salzwasser bissfest blanchieren, in kaltem Wasser abschrecken und abtropfen lassen. Mit den Tomaten und der Chilischote in die Marinade rühren.

4. Den Käse in etwa ½ cm dicke Scheiben und 4 cm große Stücke schneiden und in eine tiefe Servierform legen. Das Gemüse mit der Marinade darüber verteilen und mit Schnittlauch bestreuen.

Käsepflanzerl mit Paprika-Kürbis-Gemüse

Für die Käsepflanzerl:
200 g Almkäse · 80 g Toastbrot
30 g weiche Butter · 2 Eigelb
400 g Topfen (abgetropfter Quark; siehe S. 326)
Salz · Pfeffer aus der Mühle
gemahlener Kümmel
frisch geriebene Muskanuss
Cayennepfeffer
100 g frisch geriebene Weißbrotbrösel · 2 EL Öl

Für 4 Personen · Foto rechts

1. Für die Käsepflanzerl den Käse in kleine Würfel schneiden oder auf einer Reibe grob reiben. Das Toastbrot ebenfalls in kleine Würfel schneiden. Die Butter mit den Eigelben glatt rühren. Topfen, Käse- und Brotwürfel dazugeben und unterrühren. Mit Salz, Pfeffer sowie je 1 Prise Kümmel, Muskatnuss und Cayennepfeffer würzen.

2. Die Masse 30 Minuten ziehen lassen. Die Weißbrotbrösel in einen flachen Teller geben. Mit angefeuchteten Händen aus der Käsemasse kleine, flache Pflanzerl formen und in den Brotbröseln wenden.

3. Die Käsepflanzerl in einer Pfanne im Öl bei milder Hitze von beiden Seiten hell braten. Die Pflanzerl aus der Pfanne nehmen und auf Küchenpapier abtropfen lassen.

Brotzeit & kleine Gerichte

Für das Paprika-Kürbis-Gemüse:

1 weiße Zwiebel
je 1 rote und gelbe Paprikaschote
1 kleiner Zucchino
150 g Muskatkürbis
Salz · 1 EL Puderzucker
3 EL Weißweinessig
Pfeffer und Piment aus der Mühle
Cayennepfeffer
getrocknetes Bohnenkraut
100 ml Gemüsebrühe
5 EL mildes Olivenöl
je 2 Scheiben Knoblauch
und Ingwer

4 Für das Paprika-Kürbis-Gemüse die Zwiebel schälen. Die Paprikaschoten der Länge nach halbieren, entkernen und waschen. Zwiebel und Paprikahälften in Rauten schneiden. Den Zucchino putzen, waschen, der Länge nach halbieren und in Scheiben schneiden.

5 Den Muskatkürbis schälen, entkernen und ebenfalls in Rauten schneiden. Die Kürbisstücke in Salzwasser blanchieren, kalt abschrecken, in ein Sieb geben und abtropfen lassen.

6 Den Puderzucker in eine Pfanne sieben und bei mittlerer Hitze karamellisieren. Den Essig dazugießen und einköcheln lassen. Zwiebel, Paprika und Zucchino dazugeben und bei milder Hitze andünsten. Mit Salz, Pfeffer, Piment und je 1 Prise Cayennepfeffer und Bohnenkraut würzen und die Brühe dazugießen. Das Gemüse in dem Sud 5 bis 10 Minuten ziehen lassen.

7 Den Kürbis hinzufügen, das Gemüse vom Herd nehmen. Das Olivenöl mit Knoblauch und Ingwer dazugeben. Falls nötig, das Gemüse nochmals mit Salz, Zucker, Pfeffer und Essig abschmecken.

8 Das Paprika-Kürbis-Gemüse auf Teller verteilen und die Käsepflanzerl darauf anrichten. Je nach Geschmack mit frischem Bohnenkraut garniert servieren.

Brotzeit & kleine Gerichte

Burgunderschnecken auf Pfifferlingen und Steinpilzen

Für den Pilzsalat:
je 200 g Pfifferlinge und Steinpilze
3 EL Öl · Salz · Pfeffer aus der Mühle
1 EL Essig · ½ TL Senf
50 ml Gemüsebrühe
1 EL Petersilie (grob gehackt)
Zucker

Für die Schnecken:
200 g eingelegte Burgunderschnecken (aus der Dose)
Salz · Pfeffer aus der Mühle
30 g Butter · 1 Knoblauchzehe
1 EL frisch gehackte Kräuter
einige Kopfsalatblätter

Für 4 Personen

1 Für den Pilzsalat die Pilze putzen, trocken abreiben und je nach Größe halbieren oder in Scheiben schneiden. In einer Pfanne in 1 EL Öl bei mittlerer Hitze etwa 2 Minuten anbraten, mit Salz und Pfeffer würzen.

2 Für das Dressing Essig, Senf, Brühe und 2 EL Öl verrühren, die Petersilie hinzufügen und mit Salz, Pfeffer und Zucker abschmecken. Die angebratenen Pilze damit marinieren.

3 Die Schnecken waschen, abtropfen lassen und mit Salz und Pfeffer würzen. In einer Pfanne die Butter bei mittlerer Hitze aufschäumen, die geschälte und halbierte Knoblauchzehe kurz anbraten, die Kräuter hineingeben und mit den Schnecken durchschwenken. Die Knoblauchzehe wieder entfernen.

4 Zum Anrichten die Kopfsalatblätter waschen, trocken schütteln und auf Tellern anrichten. Die Pilze mit dem Dressing darüber verteilen und die Schnecken darauf anrichten.

Avocado-Carpaccio mit cremigem Limetten-Dressing

Für das Dressing:
dünne Schale von
½ unbehandelten Limette
100 g Doppelrahmfrischkäse
Saft von 1 Limette · 4 EL Olivenöl
6 EL Gemüsebrühe · Salz
½ TL feiner brauner Zucker
Cayennepfeffer

Für das Carpaccio:
2 reife Avocados · ½ Salatgurke
1 Bund Lauchzwiebeln · ½ Mango

Für 4 Personen

1 Für das Dressing die Limettenschale fein hacken. Mit Frischkäse, Limettensaft, Öl und Brühe mischen, mit Salz, Zucker und 1 Prise Cayennepfeffer würzen.

2 Für das Carpaccio die Avocados schälen, halbieren, entkernen und in Scheiben schneiden. Die Gurke schälen, längs halbieren und schräg in Scheiben schneiden. Die Lauchzwiebeln putzen, waschen, das Grün entfernen, etwas zum Garnieren in Ringe schneiden, das Helle schräg in 1 bis 2 cm breite Stücke schneiden. Die Mango schälen, das Fruchtfleisch zuerst vom Stein, dann in Scheiben schneiden. Die Avocado- und Mangoscheiben abwechselnd fächerartig auf Tellern verteilen, helle Lauchzwiebeln und Gurken darüberstreuen und das Dressing darüberträufeln. Mit grünen Lauchzwiebelringen bestreuen.

Brotzeit & kleine Gerichte

Kartoffel-Knoblauch-Gröstl mit Rostbratwürsteln

Für die Kalbssauce (700 ml):

1 ½ kg Kalbsknochen
1 Zwiebel · 1 Möhre
150 g Knollensellerie
1 TL Puderzucker
1 TL Tomatenmark
300 ml Rotwein
2 ½ l Geflügelbrühe
1 Lorbeerblatt
1 TL schwarze Pfefferkörner
1 Knoblauchzehe

Für das Gröstl:

600 g Kartoffeln · Salz
1 ½ TL ganzer Kümmel
600 g frischer junger Knoblauch
3 EL Öl · Majoran
Pfeffer aus der Mühle

Für die Würstel:

300 g Rostbratwürstel
1 EL Öl
1 EL Schnittlauchröllchen

Für 4 Personen

1 Für die Kalbssauce den Backofen auf 200 °C vorheizen. Die Knochen klein hacken und auf einem Blech im vorgeheizten Ofen 30 Minuten bräunen. Das Gemüse schälen und in etwa 2 cm große Würfel schneiden. Den Puderzucker in einem Topf bei mittlerer Hitze karamellisieren, die Knochen dazugeben. Das Tomatenmark hinzufügen und kurz mitrösten. Mit einem Drittel des Weins ablöschen und sirupartig einköcheln lassen. Den restlichen Wein in zwei Portionen angießen und ebenfalls einköcheln lassen.

2 Das Gemüse hinzufügen, die Brühe dazugießen und alles mindestens 1 Stunde leicht köcheln lassen. Nach 45 Minuten die Gewürze und den ungeschälten Knoblauch dazugeben. Die Sauce durch ein feines Sieb gießen und um ein Drittel einköcheln lassen.

3 Für das Gröstl die Kartoffeln waschen, in Salzwasser mit 1 TL Kümmel kochen, pellen, abkühlen lassen und in Scheiben schneiden. Den Stiel vom Knoblauch abschneiden, die äußere Schale entfernen und die ganzen Knollen in Scheiben schneiden.

4 In einer Pfanne 2 EL Öl erhitzen, die Kartoffeln darin hell anbraten, mit ½ TL Kümmel, 1 Prise Majoran, Salz und Pfeffer würzen. In einer anderen Pfanne den jungen Knoblauch in 1 EL Öl anbraten, leicht salzen und dann zu den Kartoffeln geben.

5 Für die Würstel die Rostbratwürstel in einer Pfanne im Öl von beiden Seiten braun braten.

6 Zum Anrichten von der Kalbssauce 100 ml abnehmen, den Rest anderweitig verwenden, und erhitzen. Das Kartoffel-Knoblauch-Gröstl auf vorgewärmten Tellern verteilen und die Würstel darauf anrichten. Die Sauce über das Gröstl träufeln, mit Schnittlauch bestreut servieren.

Brotzeit & kleine Gerichte

Kartoffelkäs

400 g vorwiegend festkochende Kartoffeln · Salz
½ TL ganzer Kümmel
1 Zwiebel · 2 EL Butter
200 g saure Sahne
2 EL braune Butter (siehe S. 30)
Cayennepfeffer
gemahlener Koriander
gemahlener Kümmel
frisch geriebene Muskatnuss
2 EL Schnittlauchröllchen

Für 4 Personen

1. Die Kartoffeln waschen und in Salzwasser mit Kümmel weich kochen. Das Wasser abgießen, die Kartoffeln pellen und durch die Kartoffelpresse in eine Schüssel drücken.

2. Die Zwiebel schälen, in kleine Würfel schneiden und in einer Pfanne in der Butter bei milder Hitze gleichmäßig hell bräunen.

3. Kartoffeln, Zwiebel und saure Sahne verrühren und die braune Butter hinzufügen. Mit Salz, je 1 Prise Cayennepfeffer, Koriander, Kümmel und Muskatnuss würzen.

4. Den Kartoffelkäs in kleine Schälchen füllen und mit Schnittlauch bestreut servieren.

Tellersülze von Spanferkelhaxerln

Für die Sülze:
3 gepökelte Spanferkelhaxerl
1 Zwiebel · 1 Lorbeerblatt
2 Gewürznelken
1 Möhre · 1 Zwiebel
150 g Knollensellerie
5 Wacholderbeeren
½ TL schwarze Pfefferkörner
einige Petersilienstiele
1 Streifen unbehandelte Zitronenschale
2 Scheiben Ingwer
2 Scheiben Knoblauch
2 Blatt Gelatine
1 EL Puderzucker
ca. 6 EL Weißweinessig
Salz · Zucker
Cayennepfeffer

Für 4 Personen · Foto rechts

1. Für die Sülze die Spanferkelhaxerl in einen Topf geben, so viel Wasser dazugeben, dass das Fleisch gut bedeckt ist. Die Zwiebel mit dem Lorbeerblatt und den Nelken spicken. Das Gemüse schälen, grob zerkleinern und mit der gespickten Zwiebel zu den Haxerln geben. Die Haxerl bei milder Hitze knapp unter dem Siedepunkt etwa 3 Stunden weich ziehen lassen, den aufsteigenden Schaum abschöpfen. Nach 2 ½ Stunden die Wacholderbeeren, die Pfefferkörner und die Petersilienstiele dazugeben. Die Haxerl herausnehmen und beiseitelegen.

2. Den Sud durch ein feines Sieb gießen, abkühlen lassen und entfetten. 600 ml abnehmen und leicht erwärmen. Zitronenschale, Ingwer und Knoblauch dazugeben, einige Minuten ziehen lassen und wieder entfernen. Die Gelatine in kaltem Wasser einweichen, mit den Händen ausdrücken und im warmen Sud auflösen. Auf Zimmertemperatur abkühlen lassen. Den restlichen Sud anderweitig verwenden.

3. Den Puderzucker in eine Pfanne sieben und bei mittlerer Hitze hell karamellisieren, mit dem Essig ablöschen und einköcheln lassen. Den Sud mit der Essigreduktion, Salz, 1 Prise Zucker und Cayennepfeffer herzhaft würzen. Nach Belieben mit etwas Essig abschmecken.

Brotzeit & kleine Gerichte

Für den Belag:

4 kleine Essiggurken (Cornichons)
4 Wachteleier
8 Mini-Möhren mit Grün
1 Stange Staudensellerie
8 kleine Lauchzwiebeln · Salz

Für die Meerrettich-Mousse:

60 g Sahne
1 EL Sahnemeerrettich
Salz · Cayennepfeffer
Weißweinessig
Zucker

Zum Fertigstellen:

1 EL Olivenöl · 1 TL Weißweinessig
Salz · Pfeffer aus der Mühle
Zucker
Salatblätter zum Garnieren

4 Für den Belag die Haxerl auskühlen lassen, die Schwarte entfernen, das Fleisch vom Knochen lösen und in Stücke zerteilen. Die Essiggurken schräg in Stücke schneiden. Die Wachteleier 2 ½ Minuten kochen, kalt abschrecken, pellen und halbieren.

5 Von den Möhren das Grün bis auf 2 cm abschneiden. Den Sellerie und die Lauchzwiebeln putzen, der Länge nach halbieren, waschen und in 4 cm lange Stifte schneiden. Das Gemüse nacheinander in Salzwasser blanchieren, kalt abschrecken und auf einem Sieb abtropfen lassen.

6 Für die Meerrettich-Mousse ¼ l Gelatinesud abnehmen. Die Sahne und den Meerrettich hineinrühren, mit Salz, Cayennepfeffer, Essig und Zucker abschmecken und auf 4 große Suppenteller verteilen. Im Kühlschrank fest werden lassen. Den übrigen Gelatinesud ebenfalls im Kühlschrank fest werden lassen.

7 Zum Fertigstellen den Belag auf der Mousse anrichten. Das Gelee aus dem Kühlschrank nehmen und durch die Kartoffelpresse über den Belag drücken. 2 EL vom Gelee leicht erwärmen, mit dem Olivenöl und dem Essig verrühren und mit Salz, Pfeffer und 1 Prise Zucker würzen. Zuletzt über den Belag träufeln und mit Salatblättern garnieren.

Brotzeit & kleine Gerichte

Haxerlsülze mit Meerrettich-Mousse

Für den Sülzenstand:

½ Zwiebel

1 Lorbeerblatt · 2 Gewürznelken

150 g Knollensellerie · 1 Möhre

1 l Geflügelbrühe (entfettet)

1 TL schwarze Pfefferkörner

5 Pimentkörner

2 Streifen unbehandelte Zitronenschale

2 Scheiben Ingwer

2 Knoblauchzehen

16 Blatt Gelatine

Salz · Zucker · Rotweinessig

Öl für die Form

Für die Haxerlsülze:

350 g Fleisch von einer gepökelten Schweinshaxe (weich gekocht)

50 g sehr kleine Möhren-, Knollensellerie- und Lauchwürfel · Salz

Für die Meerrettich-Mousse:

60 g Sahnemeerrettich

180 g Sahne

Zitronensaft zum Abschmecken

Salz · Pfeffer aus der Mühle

Für die Radieschen-Vinaigrette:

10 Radieschen · 1 Schalotte

2 EL Zitronensaft

⅛ l Gemüsebrühe · 3 EL Öl

1 TL Kürbiskernöl · Zucker

2 EL Schnittlauchröllchen

Salz · Pfeffer aus der Mühle

Für eine Terrinenform von 28 cm Länge und 1 ½ l Inhalt

1 Für den Sülzenstand Zwiebel schälen und mit Lorbeerblatt und Nelken spicken. Sellerie und Möhre schälen und in grobe Stücke schneiden, mit der Brühe erhitzen. Pfeffer- und Pimentkörner, Zitronenschale, Ingwer und ungeschälten Knoblauch hineingeben und knapp unter dem Siedepunkt 30 Minuten ziehen lassen. In der Zwischenzeit die Gelatine in kaltem Wasser einweichen. Die Brühe durch ein Sieb gießen und mit Salz, Zucker und Essig herzhaft abschmecken. Die Gelatine ausdrücken und in der heißen Flüssigkeit auflösen. Den Sülzenstand bei Zimmertemperatur abkühlen lassen, bis die Flüssigkeit kalt ist, aber noch nicht zu gelieren beginnt.

2 Für die Haxerlsülze Fleisch in ½ cm große Würfel schneiden. Gemüsewürfel in Salzwasser weich kochen, abschrecken, abgießen, gut ausdrücken und mit dem Fleisch mischen. 600 ml flüssigen Sülzenstand unterheben, nochmals abschmecken. Eine Terrinenform leicht einölen, mit Frischhaltefolie glatt auslegen. Ein Drittel der Sülze 1 cm hoch in die Form füllen, im Kühlschrank fest werden lassen. Restliche Sülze bei Zimmertemperatur aufbewahren, damit sie nicht geliert.

3 Für die Mousse 350 ml flüssigen Sülzenstand mit Meerrettich mischen und auf Eiswasser rühren, bis die Masse anfängt fest zu werden. Sahne halb steif schlagen, unterheben und mit Zitronensaft, Salz und Pfeffer und eventuell noch etwas Meerrettich abschmecken. Die Terrinenform aus dem Kühlschrank nehmen und die Hälfte der Mousse auf die erste Schicht füllen. Die Sülze wieder in den Kühlschrank stellen, fest werden lassen und die Vorgänge noch einmal wiederholen. Auf die zweite Mousseschicht die restliche Haxerlsülze füllen. Die Sülze mehrere Stunden im Kühlschrank durchziehen lassen.

4 Für die Vinaigrette Radieschen putzen, waschen und in kleine Würfel schneiden. Schalotte schälen und klein schneiden. Zitronensaft, Brühe, Öl, Kürbiskernöl und 1 Prise Zucker verrühren. Radieschen, Schalotte und Schnittlauch dazugeben, mit Salz und Pfeffer würzen.

5 Zum Anrichten die Sülze durch leichtes Anheben der Folie aus der Form lösen, mithilfe eines Schneidbretts stürzen und in 1 bis 2 cm dicke Scheiben schneiden. Mit der Radieschen-Vinaigrette servieren.

» Fleisch und Gemüse sollten für diese Sülze weich gekocht sein, damit sich die Sülze gut schneiden lässt. «

Brotzeit & kleine Gerichte

Brotzeit & kleine Gerichte

Zwiebelkuchen

Für den Hefeteig:

⅛ l Milch · 20 g Hefe
300 g Mehl
½–1 TL Salz · Zucker
Pfeffer aus der Mühle
gemahlener Kümmel
gemahlener Koriander
2 Eigelb
1 Msp. abgeriebene unbehandelte Zitronenschale
50 g weiche Butter
Butter für das Blech
Mehl für die Arbeitsfläche

Für den Belag:

1 kg Zwiebeln
150 g gekochter Hinterschinken
1 TL Puderzucker · 20 g Butter
Salz · Pfeffer aus der Mühle
1 TL Thymian (fein gehackt)
gemahlener Kümmel
400 g Crème fraîche
400 g saure Sahne · 5 Eier
Cayennepfeffer
frisch geriebene Muskatnuss

Für 1 Blech

1 Für den Hefeteig die Milch auf etwa 30 °C erwärmen. Die Hefe darin auflösen und mit Mehl, Salz, Zucker, Pfeffer, je 1 Prise Kümmel und Koriander, Eigelben und Zitronenschale zu einem Teig verkneten. Die weiche Butter hinzufügen und einige Minuten weiterkneten, bis ein geschmeidiger Teig entstanden ist.

2 Den Teig in eine Schüssel geben, mit Frischhaltefolie bedecken und an einem warmen Ort knapp 1 Stunde gehen lassen.

3 Ein tiefes Backblech mit flüssiger Butter bestreichen. Den Teig auf einer bemehlten Arbeitsfläche dünn ausrollen, das Backblech damit auslegen und den Teig noch 15 Minuten gehen lassen. Den Backofen auf 175 °C vorheizen.

4 Für den Belag die Zwiebeln schälen, vierteln und in Streifen schneiden. Den Schinken in kleine Würfel schneiden.

5 Den Puderzucker in einer großen Pfanne bei milder Hitze karamellisieren. Die Zwiebeln mit der Butter hinzufügen und glasig dünsten. Mit Salz, Pfeffer, Thymian und 1 Prise Kümmel würzen. Die Pfanne vom Herd nehmen und den Schinken hinzufügen.

6 Crème fraîche und saure Sahne mit den Eiern glatt rühren und mit Salz, 1 Prise Cayennepfeffer und Muskatnuss würzen. Die Zwiebeln mit der Eiermasse mischen und gleichmäßig auf dem Hefeteig verteilen.

7 Den Zwiebelkuchen im vorgeheizten Ofen auf der mittleren Schiene etwa 35 Minuten goldbraun backen. Den Zwiebelkuchen lauwarm in kleine Stücke schneiden, auf einer Platte anrichten und zu einem Glas Wein oder Bier servieren.

Brotzeit & kleine Gerichte

Fleischpflanzerl auf Meerrettich-Kartoffel-Salat

Für die Fleischpflanzerl:

80 g Toastbrot (entrindet)

80 ml Milch

1 kleine Zwiebel · 1 EL Butter

250 g Kalbshackfleisch

250 g Schweinehackfleisch

1 Ei · 1–2 TL scharfer Senf

Salz · Pfeffer aus der Mühle

getrockneter Majoran

½ Knoblauchzehe (fein gehackt)

1 EL Petersilie (grob gehackt)

Öl zum Braten

Für den Meerrettich-Kartoffel-Salat:

1 kg vorwiegend festkochende Kartoffeln · Salz

½ EL ganzer Kümmel

1 kleine Zwiebel · 2 EL Öl

400 ml Geflügelbrühe

3 EL Weinessig

1 EL Sahnemeerrettich

2 EL braune Butter (siehe S. 30)

Zucker

Pfeffer aus der Mühle

2 EL Schnittlauchröllchen

Für 4 Personen

1 Für die Fleischpflanzerl das Brot in der Milch einweichen. Die Zwiebel schälen, in Würfel schneiden und in einer Pfanne in der Butter bei milder Hitze glasig dünsten.

2 Beide Hackfleischsorten mit dem Brot, den Zwiebelwürfeln, dem Ei und dem Senf gut vermischen. Die Hackfleischmasse mit Salz, Pfeffer, 1 Prise Majoran, Knoblauch und Petersilie würzen.

3 Aus der Hackmasse mit angefeuchteten Händen kleine Fleischpflanzerl formen und in einer Pfanne im Öl bei mittlerer Hitze von beiden Seiten goldbraun braten. Die Fleischpflanzerl aus der Pfanne nehmen und auf Küchenpapier abtropfen lassen.

4 Für den Meerrettich-Kartoffel-Salat die Kartoffeln waschen und in Salzwasser mit dem Kümmel weich kochen. Das Wasser abgießen, die Kartoffeln möglichst heiß pellen, in dünne Scheiben schneiden und in eine Schüssel geben.

5 Die Zwiebel schälen, in kleine Würfel schneiden und in einer Pfanne in 1 EL Öl bei milder Hitze glasig dünsten. Die Pfanne vom Herd nehmen, die Brühe hinzufügen, den Essig und den Sahnemeerrettich unterrühren und unter die Kartoffeln mischen.

6 Die braune Butter mit dem restlichen Öl zu den Kartoffeln geben und mit Salz, 1 Prise Zucker und Pfeffer würzen. Zuletzt den Schnittlauch unterziehen.

7 Den Meerrettich-Kartoffel-Salat auf eine Platte geben oder auf Teller verteilen und die Fleischpflanzerl darauf anrichten. Nach Belieben mit frischen Meerrettichspänen bestreut servieren.

» *Bei der Zubereitung des Kartoffelsalats sollten Sie unbedingt darauf achten, dass Sie die Kartoffeln noch warm marinieren und das Öl erst zum Schluss dazugeben. Nur dann können die Kartoffeln genügend Flüssigkeit aufnehmen.* «

Brotzeit & kleine Gerichte

Brezenauflauf mit Spargel-Vinaigrette

Für die Füllung:

2 Brezenstangen (vom Vortag)
4 EL Öl
30 g Butter
60 g Lauch (der helle Teil)
1–2 Lauchzwiebeln
60 g Champignons
Salz · Pfeffer aus der Mühle
Butter für die Formen

Für den Eierguss:

100 ml Milch · 100 g Sahne
1 Ei · 1 Eigelb
Salz · Pfeffer aus der Mühle
frisch geriebene Muskatnuss

Für die Spargel-Vinaigrette:

1 Schalotte
250 g weißer Spargel
250 g grüner Spargel
20 g Butter
Salz · Pfeffer aus der Mühle
frisch geriebene Muskatnuss
200 ml Gemüsebrühe
2–3 EL Weißweinessig
Zucker
1 TL scharfer Senf
4 EL Olivenöl
1 EL Estragon (grob gehackt)

Für 4 Souffléförmchen (à 150 ml Inhalt)

1 Für die Füllung die Brezenstangen in sehr dünne Scheiben schneiden und in einer Pfanne im Öl mit 10 g Butter von beiden Seiten goldbraun braten. Die Scheiben auf Küchenpapier abtropfen lassen.

2 Lauch und Lauchzwiebeln putzen, waschen, trocken tupfen und in feine Scheiben schneiden. Champignons putzen, trocken abreiben, halbieren und in dünne Scheiben schneiden. Lauch, Lauchzwiebeln und Champignons in einer Pfanne in der restlichen Butter bei milder Hitze 2 Minuten andünsten, salzen und pfeffern.

3 Für den Eierguss Milch, Sahne, Ei und Eigelb gut verrühren. Durch ein Sieb gießen und mit Salz, Pfeffer und 1 Prise Muskatnuss würzen.

4 Den Backofen auf 160 °C vorheizen. Vier Souffléförmchen (ersatzweise Kaffeetassen) leicht mit Butter einfetten. Abwechselnd die Brezenscheiben und die Füllung einschichten, mit einer Brezenschicht abschließen. Mit etwas Eierguss begießen, die Füllung leicht andrücken und so viel Guss dazugeben, bis die Füllung vollständig bedeckt ist. Die Aufläufe im vorgeheizten Ofen auf der mittleren Schiene 15 bis 20 Minuten backen.

5 Für die Vinaigrette Schalotte schälen, halbieren und in kleine Würfel schneiden. Weißen Spargel schälen, grünen Spargel nur im unteren Drittel schälen, holzige Enden entfernen und den Spargel schräg in dünne Scheiben schneiden. Spargelköpfe nur halbieren. Spargel und Schalottenwürfel in einer Pfanne in der Butter bei milder Hitze 2 bis 3 Minuten andünsten, mit Salz, Pfeffer und 1 Prise Muskatnuss würzen und mit der Brühe ablöschen. Den Spargel in der Brühe bei milder Hitze bissfest garen. Den Sud durch ein Sieb gießen und auffangen.

6 Den Spargelsud mit Essig, etwas Salz, 1 Prise Zucker, Senf und Olivenöl mit einem Stabmixer gut verrühren. Die Spargelscheiben und die Vinaigrette mischen. Den Estragon dazugeben, nochmals abschmecken und kurz marinieren.

7 Die Brezenaufläufe aus dem Ofen nehmen, kurz abkühlen lassen, mit einem Messer vorsichtig vom Rand lösen, noch heiß stürzen und mit der Spargel-Vinaigrette servieren.

Brotzeit & kleine Gerichte

Brotzeit & kleine Gerichte

Gebratener Weißwurststrudel auf Linsensalat

Für den Linsensalat:

200 g Berglinsen · 1 Zwiebel
50 g durchwachsener Speck
1 EL Öl · 1 TL Tomatenmark
1 Lorbeerblatt
400 ml Geflügelbrühe
je 50 g Möhren, Knollensellerie und Lauch
getrockneter Majoran
4 EL Balsamicoessig
1 EL Sonnenblumenöl
2 EL braune Butter (siehe S. 30)
Salz · Zucker
Pfeffer aus der Mühle
Cayennepfeffer
je 1 Scheibe Ingwer und Knoblauch
1 Streifen unbehandelte Orangenschale

Für den Weißwurststrudel:

1 Scheibe Toastbrot (entrindet)
30 g Butter
50 g gepökelte Kalbszunge (gekocht)
500 g Weißwurstbrät · 70 g Sahne
1 EL fein gehackte Totentrompeten (ersatzweise andere getrocknete und eingeweichte Pilze)
Cayennepfeffer
1 EL Petersilie (grob gehackt)
4 Strudelteigblätter (je 15 x 20 cm)
2 EL Butterschmalz

Für 4 Personen

1 Für den Salat die Linsen 2 Stunden in kaltem Wasser einweichen. Geschälte Zwiebel und Speck in kleine Würfel schneiden und im Öl glasig dünsten. Die Linsen hinzufügen, das Tomatenmark unterrühren und kurz mitdünsten. Das Lorbeerblatt dazugeben und mit der Brühe aufgießen. Die Linsen 20 Minuten köcheln lassen.

2 Möhren und Sellerie schälen, den Lauch putzen, waschen und alle Gemüsesorten in sehr kleine Würfel schneiden. Möhren und Sellerie nach 10 Minuten zu den Linsen geben und mit 1 Prise Majoran würzen. Die Lauchwürfel einige Minuten vor Garzeitende hinzufügen. Die Linsen vom Herd nehmen und etwas abkühlen lassen.

3 Die Linsen mit Essig, Öl, brauner Butter, Salz, 1 Prise Zucker, Pfeffer und Cayennepfeffer abschmecken. Ingwer, Knoblauch und Orangenschale hinzufügen. Je nach Geschmack kann man noch 1 kleines Stück Zimtrinde dazugeben. Ingwer, Knoblauch, Orangenschale und Zimtrinde später wieder entfernen.

4 Für den Weißwurststrudel das Toastbrot horizontal halbieren, sodass 2 dünne Scheiben entstehen. Diese in sehr kleine Würfel schneiden und in einer Pfanne in der Butter bei milder Hitze hell rösten. Aus der Pfanne nehmen und auf Küchenpapier abtropfen lassen. Die Kalbszunge in sehr kleine Würfel schneiden.

5 Das Weißwurstbrät mit der Sahne glatt rühren. Die Toastbrot-Croûtons, die Kalbszungenwürfel und die Pilze untermischen. Die Füllung mit 1 Prise Cayennepfeffer und Petersilie würzen. Die Füllung in der Mitte der Strudelteigblätter etwa 12 x 6 cm breit und etwa 2 cm hoch verstreichen. Die Teigenden darüber zusammenklappen und festdrücken.

6 Die Strudelpäckchen mit der Nahtseite nach unten in einer Pfanne im Butterschmalz bei milder Hitze anbraten. Hell bräunen, wenden und auf der zweiten Seite ebenfalls bei sehr milder Hitze fertig braten. Aus der Pfanne nehmen und auf Küchenpapier abtropfen lassen.

7 Den Linsensalat auf Teller verteilen, die Strudelpäckchen schräg halbieren und auf dem Salat anrichten.

Brotzeit & kleine Gerichte

Brotzeit & kleine Gerichte

Gebackene Weißwurstraderl auf Kartoffel-Pfifferling-Salat

Für den Salat:

750 g vorwiegend festkochende Kartoffeln
Salz · ganzer Kümmel
350 ml Geflügelbrühe
3 EL Weinessig
1 TL scharfer Senf
Pfeffer aus der Mühle
Zucker
200 g Pfifferlinge
1 kleine Zwiebel
4 EL Öl
1 EL Schnittlauchröllchen

Für die Weißwurstraderl:

6 Weißwürste
2 Eier
Salz · Pfeffer aus der Mühle
1 Spritzer Zitronensaft
100 g doppelgriffiges Mehl
100 g Weißbrotbrösel
Öl zum Braten

Für 4 Personen

1 Für den Salat die Kartoffeln in reichlich Salzwasser mit etwas Kümmel weich kochen und in ein Sieb abgießen. Die Kartoffeln möglichst heiß pellen, in Scheiben schneiden und in eine Schüssel geben.

2 Die Brühe aufkochen, vom Herd nehmen, Essig und Senf unterrühren. Die Brühe mit Salz, Pfeffer und 1 Prise Zucker würzen und zum Marinieren über die Kartoffelscheiben gießen.

3 Die Pfifferlinge putzen, trocken abreiben und zerkleinern. Die Zwiebel schälen, in kleine Würfel schneiden und in einer Pfanne in 1 EL Öl bei milder Hitze andünsten. Die Pfifferlinge dazugeben, kurz mitgaren, mit Salz und Pfeffer würzen und mit dem restlichen Öl zu den Kartoffeln geben. Den Schnittlauch untermischen und den Salat mit Salz, Pfeffer und 1 Prise Zucker abschmecken.

4 Für die Weißwurstraderl die Würste häuten und schräg in 1 ½ bis 2 cm dicke Scheiben schneiden. Die Eier in einem tiefen Teller verquirlen und mit Salz, Pfeffer und etwas Zitronensaft würzen. Das Mehl und die Weißbrotbrösel ebenfalls in tiefe Teller geben. Die Weißwurstscheiben nacheinander erst im Mehl, dann im Ei und zuletzt in den Weißbrotbröseln wenden.

5 In einer Pfanne bei mittlerer Temperatur fingerhoch Öl erhitzen. Die Weißwurstscheiben darin von beiden Seiten goldbraun braten, aus der Pfanne nehmen und auf Küchenpapier abtropfen lassen. Den Kartoffel-Pfifferling-Salat auf Teller verteilen und die gebratenen Weißwurstraderl darauf anrichten.

» Die Weißwürste dürfen für diese Zubereitungsart nicht in zu dünne Scheiben geschnitten werden, sonst trocknen sie beim Braten aus. Die Weißwurstraderl passen auch sehr gut zu Linsensalat (siehe S. 50). «

Brotzeit & kleine Gerichte

Bratwurstgröstl

800 g kleine festkochende Kartoffeln
Salz · 1 TL ganzer Kümmel
200 g junger Weißkohl
2 Bund Lauchzwiebeln
200 g breite grüne Bohnen
350 g Nürnberger Rostbratwürstel
350 g Debrecziner
1–2 EL Öl
Pfeffer aus der Mühle
getrockneter Majoran
gemahlener Kümmel
1 EL Petersilie (grob gehackt)

Für 4 Personen · Foto oben

1 Die Kartoffeln in Salzwasser mit dem Kümmel weich kochen und in ein Sieb abgießen. Die Kartoffeln pellen und auskühlen lassen, anschließend in Scheiben schneiden.

2 Den Weißkohl entstrunken und in Rauten schneiden, die Lauchzwiebeln putzen, waschen und schräg in Scheiben schneiden. Die Bohnen putzen, waschen, schräg halbieren, in Salzwasser kochen, in kaltem Wasser abschrecken, in ein Sieb geben und abtropfen lassen. Rostbratwürste und Debrecziner schräg in 2 cm lange Stücke schneiden.

3 Das Öl in einer Pfanne erhitzen und die Kartoffeln darin anbraten. Das Gemüse hinzufügen und mitbraten. Mit Salz, Pfeffer, je 1 Prise Majoran und Kümmel würzen. Zuletzt die Wurstscheiben hinzufügen und mitbraten.

4 Auf vorgewärmten Tellern anrichten und mit Petersilie bestreuen.

Brotzeit & kleine Gerichte

Blutwurstraderl in Senfkruste auf saurem Kartoffelgemüse

Für das Kartoffelgemüse:

500 g kleine festkochende Kartoffeln
150 g Knollensellerie
2 kleinere Möhren
350 ml Geflügelbrühe
1 kleines Lorbeerblatt
1 Streifen unbehandelte Zitronenschale
1 Thymianzweig
100 g saure Sahne
1–2 EL Weißweinessig
Salz · Pfeffer aus der Mühle
1 TL Zucker
1 EL Petersilie (grob gehackt)

Für die Blutwurstraderl:

4 Blutwürste
100 g scharfer Senf
100 g doppelgriffiges Mehl
2–3 EL Öl zum Braten

Für das Spargel-Birnen-Gemüse:

400 g grüner Spargel
1 reife, feste rote Williamsbirne
1 TL Puderzucker
150 ml Gemüsebrühe
30 g Butter
einige Spritzer Zitronensaft
Salz · Pfeffer aus der Mühle

Für 4 Personen

1 Für das Kartoffelgemüse die Kartoffeln schälen und waschen, den Sellerie und die Möhren schälen und in 2 bis 3 mm dicke Scheiben schneiden. Aus den Selleriescheiben kleinere Scheiben von etwa 3 cm Durchmesser ausstechen.

2 Die Brühe mit dem Lorbeerblatt zum Kochen bringen und das Gemüse darin etwa 25 Minuten so weich kochen, dass es gerade nicht zerfällt. Zuletzt Zitronenschale und Thymian einige Minuten darin ziehen lassen und wie das Lorbeerblatt wieder entfernen.

3 Ein Viertel des Gemüses mit der sauren Sahne mixen und zum anderen Gemüse zurückgeben. Mit Essig, Salz, Pfeffer und Zucker herzhaft abschmecken und mit der Petersilie bestreuen.

4 Für die Blutwurstraderl die Blutwürste häuten und schräg in gut 1 cm dicke Scheiben schneiden. Rundherum mit dem Senf bestreichen und im Mehl wenden.

5 Die Blutwurstraderl in einer Pfanne im Öl bei milder Hitze von beiden Seiten anbraten. Auf Küchenpapier abtropfen lassen und auf dem sauren Kartoffelgemüse anrichten.

6 Für das Spargel-Birnen-Gemüse den Spargel im unteren Drittel schälen und die holzigen Enden entfernen. Den Spargel der Länge nach halbieren und schräg in 6 cm lange Stücke schneiden. Die Birne waschen, vierteln, entkernen und in schmale Spalten schneiden.

7 Den Puderzucker in einer großen Pfanne bei mittlerer Hitze hell karamellisieren. Den Spargel und die Birnen darin andünsten, die Brühe hinzufügen und beides knapp unter dem Siedepunkt etwa 5 Minuten weich ziehen lassen.

8 Das Spargel-Birnen-Gemüse vom Herd nehmen, die Butter darin schmelzen und mit Zitronensaft, Salz und Pfeffer würzen. Die Blutwurstraderl darauf anrichten.

» Die Blutwurtsraderl lassen sich auch als Vorspeise servieren. Hier empfiehlt sich dann statt des sauren Kartoffelgemüses das ebenfalls oben beschriebene Spargel-Birnen-Gemüse. «

Brotzeit & kleine Gerichte

Brotzeit & kleine Gerichte

Bayerische Rillettes von Ente und Kaninchen

Für die Entenrillette:

400 g fetter, roher Schweinebauch
2 Entenkeulen · 2 EL Öl
650 ml Geflügelbrühe
150 g Knollensellerie
2 kleine Möhren
2 kleine Zwiebeln · 1 Apfel
3 Thymianzweige · 2 Lorbeerblätter
1 TL Wacholderbeeren
1 TL schwarze Pfefferkörner
1 Streifen unbehandelte Orangenschale
2 Scheiben Ingwer
½ Knoblauchzehe
Salz · Cayennepfeffer
etwas Cognac und Orangenlikör

Für die Kaninchenrillette:

400 g fetter, roher Schweinebauch
2 Kaninchenkeulen · 2 EL Öl
650 ml Geflügelbrühe
150 g Knollensellerie
2 kleine Möhren · 2 kleine Zwiebeln
1 cm Zimtrinde
1 TL Pimentkörner · 2 Lorbeerblätter
1 Streifen unbehandelte Zitronenschale
2 Scheiben Ingwer
½ Knoblauchzehe
1 Rosmarinzweig
Salz · Pfeffer aus der Mühle
Cayennepfeffer · etwas Sherry

Je etwa 800 g Rilette

1 Für die Entenrillette den Schweinebauch in etwa 3 cm große Würfel schneiden und mit den Entenkeulen in einem Topf im Öl bei mittlerer Hitze anbraten. Das Öl abgießen. So viel Brühe dazugießen, dass das Fleisch gut bedeckt ist, und alles etwa 3 ½ Stunden mehr ziehen als köcheln lassen. Das Fleisch sollte dabei sehr weich gekocht werden.

2 Den Sellerie, die Möhren und die Zwiebeln schälen, klein schneiden und nach gut 2 Stunden hinzufügen. Den Apfel achteln, schälen, entkernen und 20 Minuten vor Garzeitende mit Thymian, Lorbeerblättern, Wacholderbeeren, Pfefferkörnern, Orangenschale, Ingwer und Knoblauch hinzufügen.

3 Fleisch und Gemüse aus dem Sud nehmen und etwas abkühlen lassen. Das Entenfleisch von den Keulen lösen, mit dem Schweinebauch und dem Gemüse durch einen Fleischwolf drehen. Die Brühe durch ein Sieb gießen und etwa ⅛ l davon unter die Fleischmasse rühren. Mit Salz, Cayennepfeffer und einigen Tropfen Cognac und Orangenlikör abschmecken. Die Rillette in kleine Schraub- oder Weckgläser füllen, gut verschließen und kühl stellen.

4 Für die Kaninchenrillette den Schweinebauch in etwa 3 cm große Würfel schneiden und mit den Kaninchenkeulen in einem Topf im Öl anbraten. Das Öl abgießen. So viel Brühe dazugießen, dass das Fleisch gut bedeckt ist, und alles etwa 3 ½ Stunden mehr ziehen als köcheln lassen. Das Fleisch sollte dabei sehr weich gekocht werden.

5 Das Gemüse schälen, klein schneiden und nach etwa 2 Stunden zum Fleisch geben. Etwa 15 Minuten vor Ende der Garzeit Zimtrinde, Pimentkörner, Lorbeerblätter, Zitronenschale, Ingwer, Knoblauch und Rosmarin hinzufügen.

6 Fleisch und Gemüse aus dem Sud nehmen und etwas abkühlen lassen. Das Kaninchenfleisch von den Keulen lösen und mit dem Schweinebauch und dem Gemüse durch einen Fleischwolf drehen. Die Brühe durch ein Sieb gießen und etwa ⅛ l davon mit dem Fleisch vermischen. Mit Salz, Pfeffer, Cayennepfeffer und einigen Tropfen Sherry abschmecken. Die Rillette in kleine Schraub- oder Weckgläser füllen, gut verschließen und kühl stellen.

Brotzeit & kleine Gerichte

Brotzeit & kleine Gerichte

Kräuterwaffeln mit Spargelrührei

Für die Waffeln:

2 große Kartoffeln (etwa 350 g)
Salz · 250 g Mehl (gesiebt)
1 TL Zucker
2 TL Backpulver
frisch geriebene Muskatnuss
3 Eigelb · 500 g Buttermilch
100 g flüssige Butter
3 Eiweiß
3 EL frisch gehackte gemischte Kräuter (z. B. Petersilie, Schnittlauch, Kerbel)
Öl für das Waffeleisen

Für das Rührei:

½ Bund grüner Spargel
1 EL Öl
Salz · Pfeffer aus der Mühle
8 Eier · 1 EL Sahne
20 g Butter

Für 4 Personen

1. Für die Waffeln die Kartoffeln schälen, waschen, vierteln und in Salzwasser weich kochen. Abgießen, kurz abdampfen lassen und noch heiß durch die Kartoffelpresse drücken. Mehl, Zucker, Backpulver, 1 Prise Salz und Muskatnuss in einer großen Schüssel mischen.

2. In einer zweiten Schüssel die Eigelbe, die Buttermilch und die flüssige Butter mischen und zum Mehl geben. Nur kurz unterrühren, sodass alle Zutaten gerade vermischt sind. Den Kartoffelschnee dazugeben und ebenfalls unterrühren. Die Eiweiße mit 1 Prise Salz steif schlagen und in 2 Portionen unter den Teig heben. Zum Schluss die gehackten Kräuter dazugeben.

3. Das Waffeleisen aufheizen, den Backofen auf 80 °C vorheizen. Die Waffeln im eingeölten Waffeleisen nacheinander ausbacken und im Ofen warm halten.

4. Für das Rührei den Spargel im unteren Drittel schälen, waschen und schräg in dünne Scheiben schneiden. In einer Pfanne bei mittlerer Hitze im Öl bissfest braten, salzen und pfeffern und warm halten. Die Eier mit der Sahne verrühren, salzen und pfeffern und auf den Spargel geben. Bei milder Hitze unter Rühren leicht stocken lassen. Zum Schluss die Butter dazugeben und schmelzen lassen.

5. Zum Anrichten das Spargelrührei auf vorgewärmten Tellern verteilen und mit den warmen Kräuterwaffeln servieren.

» Die Kräuterwaffeln lassen sich gut verpackt bis zu 1 Monat einfrieren. Zusammen mit dem Spargelrührei und mit einem kleinen gemischten Salat können sie als leichtes Hauptgericht oder zum Brunch serviert werden. «

Brotzeit & kleine Gerichte

Semmelknödelgröstl mit weißem Trüffel

Für die Knödel:

400 g Semmeln (Brötchen; vom Vortag)
350 ml Milch
4 Eier
Salz · Pfeffer aus der Mühle
frisch geriebene Muskatnuss
1 Zwiebel
1 EL Öl
1 EL Petersilie (grob gehackt)
Butter für die Folie

Für das Gröstl:

etwas Öl und Butter zum Braten
4 Eier
Salz · Pfeffer aus der Mühle
1 EL Schnittlauchröllchen
frischer weißer Trüffel (geputzt; ca. 2 g pro Person)

Für 4 Personen

1 Für die Knödel die Semmeln in kleine Würfel schneiden. Die Milch einmal kurz aufkochen, vom Herd nehmen und leicht abkühlen lassen. Die Eier trennen. Die Eigelbe verrühren und dazugeben, die Eiermilch mit Salz, Pfeffer und Muskatnuss würzig abschmecken und über die Semmelwürfel gießen. Die Eiweiße leicht verquirlen und unter die Masse heben. Die Knödelmasse mit Frischhaltefolie bedecken und 10 Minuten stehen lassen. Die Zwiebel schälen, in kleine Würfel schneiden und im Öl glasig dünsten. Die Zwiebelwürfel und die Petersilie zur Knödelmischung geben und vorsichtig unterheben.

2 Die Knödelmasse zu einer Rolle von 4 cm Durchmesser formen und in gebutterte Alufolie wickeln. Die Enden fest zudrehen und die Knödelrolle in siedendem Wasser 20 bis 25 Minuten ziehen lassen. Herausheben, aus der Folie nehmen und in Scheiben schneiden.

3 Für das Gröstl die Knödelscheiben in einer Pfanne im Öl mit einem kleinen Stück Butter bei mittlerer Hitze von beiden Seiten anbraten. Die Eier verquirlen, mit Salz und Pfeffer würzen und über die angebratenen Knödelscheiben gießen. Die Eier leicht stocken lassen und das Gröstl auf vorgewärmte Teller verteilen. Mit Schnittlauchröllchen bestreuen und den weißen Trüffel mit einem Trüffelhobel in feinen Spänen darüberhobeln.

» Man kann statt einer Rolle auch mehrere Knödel aus der Masse formen und diese in siedendem (nicht kochendem) Wasser 20 Minuten gar ziehen lassen. Die rohe, eingewickelte Knödelmasse lässt sich im Kühlschrank mehrere Stunden aufbewahren – man kann sie deshalb gut vorbereiten. «

Brotzeit & kleine Gerichte

Backhendl mit Zitronen-Dip

Für den Zitronen-Dip:

6 EL Sahne
1 Msp. abgeriebene unbehandelte Zitronenschale
½ TL Estragonblätter (grob gehackt)
1 TL scharfer Senf
1–2 EL Zitronensaft
300 g Crème fraîche
Salz · Cayennepfeffer
Zucker

Für den Salat:

400 g gemischte Salatblätter
100 ml Geflügelbrühe
1 EL Weißweinessig
1 Scheibe Knoblauch
1 TL scharfer Senf
4 EL Sonnenblumenöl
1 TL Walnussöl
Salz · Pfeffer aus der Mühle
Zucker · Cayennepfeffer

Für das Backhendl:

2 Eier
Salz · Pfeffer aus der Mühle
1 TL Zitronensaft
100 g doppelgriffiges Mehl
200 g frisch geriebene Weißbrotbrösel
frisch geriebene Muskatnuss
4 Geflügelbrustfilets (ohne Haut)
Butterschmalz zum Ausbacken

Für 4 Personen

1 Für den Zitronen-Dip die Sahne mit der Zitronenschale und den Estragonblättern erhitzen. Einige Minuten ziehen lassen und die Sahne dann durch ein Sieb gießen. Mit dem Senf, dem Zitronensaft und der Crème fraîche verrühren und den Dip mit Salz, Cayennepfeffer und 1 Prise Zucker abschmecken.

2 Für den Salat die Salatblätter putzen, waschen, trocken schleudern und in mundgerechte Stücke zupfen. Für das Dressing Brühe, Essig, Knoblauch und Senf mit dem Stabmixer aufschlagen, dabei beide Ölsorten langsam dazugießen. Das Dressing mit Salz, Pfeffer, 1 Prise Zucker und Cayennepfeffer herzhaft würzen.

3 Für das Backhendl die Eier in einen tiefen Teller geben und mit einer Gabel verquirlen. Die Eier mit Salz und Pfeffer würzen und den Zitronensaft hinzufügen. Das Mehl und die Weißbrotbrösel ebenfalls in tiefe Teller geben, das Mehl mit Muskatnuss würzen.

4 Die Geflügelbrustfilets waschen, trocken tupfen und in 3 bis 4 Teile schneiden. Die Geflügelstücke mit Salz und Pfeffer würzen und nacheinander zuerst im Mehl, dann im Ei und zuletzt in den Weißbrotbröseln wenden.

5 In eine Pfanne etwa fingerdick Butterschmalz geben und bei milder Temperatur erhitzen. Die panierten Geflügelstücke darin 2 bis 3 Minuten hell anbraten. Wenden und auf der anderen Seite ebenfalls hell anbraten. Anschließend aus der Pfanne nehmen und auf Küchenpapier abtropfen lassen.

6 Den Salat mit dem Dressing marinieren und mit den Backhendlstücken und etwas Zitronen-Dip auf Tellern anrichten. Den restlichen Dip separat dazu servieren.

» Die Hendlstücke sollten in reichlich Butterschmalz bei milder Hitze gebraten werden — so wird die Panade knusprig und goldbraun, während das Fleisch schön zart und saftig bleibt. «

Brotzeit & kleine Gerichte

Brotzeit & kleine Gerichte

Reiberdatschi
mit Hering und Schnittlauchsauce

Für die Reiberdatschi:

1 reife, aber feste Birne
500 g vorwiegend festkochende Kartoffeln · 2 Eigelb
Salz · Pfeffer aus der Mühle
frisch geriebene Muskatnuss
Öl zum Braten

Für die Schnittlauchsauce:

50 g gut durchwachsener Speck
1 EL Öl
250 g Crème fraîche · 5 EL Sahne
1 TL scharfer Senf
1–2 EL Schnittlauchröllchen
einige Spritzer Zitronensaft
Salz · Zucker
Cayennepfeffer

Zur Fertigstellen:

3 Matjes-Doppelfilets
½ Birne

Für 4 Personen

1. Für die Reiberdatschi die Birne vierteln, schälen, entkernen und in sehr kleine Würfel schneiden. Die Kartoffeln ebenfalls schälen, in feine Streifen hobeln und mit den Händen den Saft ausdrücken. Die Eigelbe mit den Birnenwürfeln und den Kartoffeln vermischen und mit Salz, Pfeffer und Muskatnuss würzen.

2. Aus der Kartoffelmasse in einer Pfanne im Öl bei milder Hitze portionsweise kleine, flache Reiberdatschi von 6 bis 7 cm Durchmesser braten. Herausnehmen und auf Küchenpapier abtropfen lassen.

3. Für die Schnittlauchsauce den Speck in kleine Würfel schneiden, in einer Pfanne im Öl kross anbraten und anschließend auf Küchenpapier abtropfen lassen.

4. Die Crème fraîche mit der Sahne und dem Senf glatt rühren. Den Schnittlauch und den Speck dazugeben und mit Zitronensaft, Salz, 1 Prise Zucker und Cayennepfeffer würzen.

5. Zum Fertigstellen die Matjesfilets waschen, trocken tupfen und schräg in 3 bis 4 cm lange Stücke schneiden. Die Birne waschen, entkernen und der Länge nach in dünne Scheiben schneiden.

6. Die Reiberdatschi nebeneinander auf eine Servierplatte legen, je 1 Stück Matjesfilet daraufsetzen und die Schnittlauchsauce darüberträufeln. Mit den Birnenscheiben garnieren.

» *Sehr gut schmeckt der Fisch mit Schnittlauchsauce auch auf würzigem Bauernbrot. Die Brotscheiben dafür am besten in einer Pfanne in Butter von beiden Seiten knusprig braten.* «

Brotzeit & kleine Gerichte

Suppen & Eintöpfe

Suppen & Eintöpfe

Grüne Erbsensuppe mit gebackenem Kalbsbries und Minze

Für das Kalbsbries:
600 g weißes Kalbsbries
1 kleine Zwiebel · 1 Lorbeerblatt
2 Gewürznelken
Salz · 2 EL Essig
1 großes Ei · Pfeffer aus der Mühle
einige Spritzer Zitronensaft
1 Msp. abgeriebene unbehandelte Orangenschale
frisch geriebene Muskatnuss
80 g doppelgriffiges Mehl
80 g Weißbrotbrösel
Öl zum Braten

Für die Suppe:
1 Zwiebel · 1 EL Öl
300 g tiefgekühlte Erbsen
750 ml Geflügelbrühe
80 g Sahne · 20 g kalte Butter
Salz · Cayennepfeffer
frisch geriebene Muskatnuss

Für die Kalbszunge:
100 g Kalbszunge
(gekocht und gehäutet)
10 g Butter · Pfeffer aus der Mühle
1 EL Minze (grob gezupft)
einige Minzezweige

Für 4 Personen

1 Am Vortag für das Kalbsbries das Bries in kaltes Wasser einlegen. Am nächsten Tag das Bries weitgehend von Sehnen und blutigen Stellen befreien. Die Zwiebel mit dem Lorbeerblatt und den Nelken spicken. In einem Topf reichlich Wasser zum Kochen bringen, die Zwiebel hineingeben, das Wasser salzen, das Kalbsbries dazugeben und knapp unter dem Siedepunkt etwa 20 Minuten gar ziehen lassen. Nach 10 Minuten den Essig in den Sud geben. Das Kalbsbries aus dem Sud nehmen, in 1 cm dicke Scheiben schneiden und bis zur Weiterverwendung mit Frischhaltefolie bedeckt kühl stellen.

2 Das Ei in einem tiefen Teller verquirlen und mit Salz, Pfeffer, Zitronensaft, Orangenschale und Muskatnuss würzen. Mehl und Weißbrotbrösel ebenfalls in tiefe Teller geben. Die Kalbsbriesscheiben mit Salz und Pfeffer würzen und nacheinander im Mehl, im gewürzten Ei und zuletzt in den Weißbrotbröseln wenden.

3 In einer Pfanne fingerhoch Öl bei milder Temperatur erhitzen. Die Briesscheiben darin von beiden Seiten goldgelb braten. Herausnehmen und auf Küchenpapier abtropfen lassen.

4 Für die Suppe die Zwiebel schälen, in kleine Würfel schneiden und in einem Topf im Öl bei milder Hitze andünsten. Die Erbsen hinzufügen, mit der Brühe aufgießen und knapp unter dem Siedepunkt 3 bis 5 Minuten garen. Für die Einlage 4 EL Erbsen herausnehmen. Die Sahne in die Suppe geben und kurz erhitzen, dann die Butter hinzufügen und die Suppe mit dem Stabmixer aufschlagen. Mit Salz, 1 Prise Cayennepfeffer und etwas Muskatnuss abschmecken.

5 Für die Kalbszunge die Zunge in kleine Würfel schneiden, in einer Pfanne in der Butter bei milder Hitze erhitzen. Mit Pfeffer würzen und die Minze unterrühren.

6 Die Zungenwürfel mit den Erbsen in vorgewärmte tiefe Teller geben und die Suppe darauf verteilen. Die gebackenen Briesscheiben darauf anrichten und mit Minze garnieren.

» Beim Kauf von Kalbsbries sollten Sie darauf achten, dass es schön hell ist und keine dunkelroten Stellen aufweist. «

Suppen & Eintöpfe

Suppen & Eintöpfe

Meerrettichsuppe mit Freilandhendl

Für die Geflügelbrühe:
1 Freilandhendl
2 Möhren
2 Petersilienwurzeln
300 g Knollensellerie
1 dünne Stange Lauch
1 ungeschälte Zwiebel
2 kleine Lorbeerblätter
½ TL Pimentkörner
½–1 TL schwarze Pfefferkörner

Für die Suppe:
6 Scheiben frischer Meerrettich
5 Petersilienstiele
2 Streifen unbehandelte Zitronenschale
1 halbierte Knoblauchzehe
2 Scheiben Ingwer
Salz · Cayennepfeffer
frisch geriebene Muskatnuss
2 EL Schnittlauchröllchen

Für 6 Personen

1 Für die Geflügelbrühe das Freilandhendl unter fließendem kaltem Wasser sorgfältig waschen und die Fettdrüsen am Schwanz (Sterzel) herausschneiden. Das Hendl in einen entsprechend großen Topf geben und mit Wasser bedecken. Langsam aufkochen, den dabei aufsteigenden Schaum mit einem Löffel abschöpfen. Das Hendl knapp unter dem Siedepunkt etwa 1 ½ Stunden ziehen lassen.

2 Möhren, Petersilienwurzeln und Sellerie schälen, den Lauch putzen und gründlich waschen. Die Zwiebel ungeschält halbieren und mit der Schnittseite nach unten auf einem Stück Alufolie in einer unbeschichteten Pfanne ohne Fett dunkel rösten. Die Zwiebel mit Lorbeerblättern, Piment- und Pfefferkörnern, Möhren, Petersilienwurzeln, Sellerie und Lauch nach etwa 45 Minuten in die Geflügelbrühe geben.

3 Das Huhn aus der Brühe heben, Brüste und Keulen auslösen und von Knochen und Haut befreien. Die Hühnerteile sowie Möhren, Petersilienwurzeln und Sellerie in etwa 1 ½ cm große Stücke schneiden. Die Brühe durch ein feines Sieb gießen, für die Suppe 1 ½ l abmessen und die restliche Brühe zur späteren Verwendung einfrieren.

4 Für die Suppe die abgemessene Brühe in einem entsprechend großen Topf erhitzen. Meerrettich, Petersilie, Zitronenschale, Knoblauch und Ingwer dazugeben, knapp unter dem Siedepunkt 5 Minuten ziehen lassen und wieder entfernen. Die Suppe mit Salz, 1 Prise Cayennepfeffer und Muskatnuss abschmecken.

5 Das Geflügelfleisch und das Gemüse in der Brühe erhitzen, auf vorgewärmte tiefe Teller verteilen und mit Schnittlauch bestreuen.

» Die klare Meerrettichsuppe eignet sich wunderbar als leichtes Sommergericht. Im Winter würde man eher eine Rahmsuppe servieren. Dafür einfach in die Brühe 180 g Sahne, 40 g Butter und je nach Geschmack noch etwas Sahnemeerrettich mixen. «

Suppen & Eintöpfe

Kartoffelsuppe

½ Zwiebel · 50 g Knollensellerie
1 Möhre · 2 Kartoffeln (ca. 300 g)
800 ml Gemüsebrühe
1 Lorbeerblatt
1 getrocknete Chilischote
80 g Sahne
20 g kalte Butter
2 Scheiben Knoblauch
Salz · Pfeffer aus der Mühle
getrockneter Majoran
gemahlener Kümmel
1 Msp. abgeriebene unbehandelte Zitronenschale
1 Lauchzwiebel

Für 4 Personen

1 Das Gemüse schälen und in kleine Würfel schneiden. Zwiebel und Sellerie in der Brühe 10 bis 15 Minuten fast weich kochen. Die Brühe durch ein Sieb gießen und das Gemüse als Einlage beiseitestellen.

2 Möhre und Kartoffeln in die Brühe geben, Lorbeerblatt und Chilischote dazugeben und das Gemüse knapp unter dem Siedepunkt etwa 30 Minuten weich kochen.

3 Die Gewürze entfernen, die Sahne mit der Butter hinzufügen. Alles mit dem Stabmixer pürieren, die Zwiebel- und Selleriewürfel wieder dazugeben. Den Knoblauch mit etwas Salz zerdrücken und die Suppe mit Salz, Pfeffer, je 1 Prise Majoran und Kümmel, Zitronenschale und Knoblauch würzen.

4 Die Lauchzwiebel putzen, waschen und in feine Scheiben schneiden. Zuletzt in die Suppe geben und nur noch kurz darin ziehen lassen.

Schwammerlsuppe

1 größere Zwiebel · 3 EL Öl
800 ml Gemüsebrühe · 1 Lorbeerblatt
10 g getrocknete Egerlinge oder Champignons (5 EL)
80 g Sahne · 20 g kalte Butter
1 Streifen unbehandelte Zitronenschale
2 Scheiben Knoblauch
5 Petersilienstiele · Salz
Cayennepfeffer
gemahlener Kümmel
getrockneter Majoran
400 g gemischte Pilze (z. B. Steinpilze, Egerlinge, Pfifferlinge)
Pfeffer aus der Mühle
1 EL Petersilie (grob gehackt)

Für 4 Personen

1 Die Zwiebel schälen, in kleine Würfel schneiden und in einem Topf in 1 EL Öl bei milder Hitze glasig dünsten. Mit der Gemüsebrühe auffüllen, das Lorbeerblatt mit den getrockneten Pilzen dazugeben und knapp unter dem Siedepunkt 20 Minuten ziehen lassen. Das Lorbeerblatt herausnehmen, Sahne und Butter hinzufügen, das Ganze mit dem Stabmixer pürieren und durch ein feines Sieb passieren.

2 Die Zitronenschale, den Knoblauch und die Petersilienstiele dazugeben, einige Minuten darin ziehen lassen und wieder entfernen. Mit Salz, 1 Prise Cayennepfeffer, Kümmel und Majoran würzen.

3 Die Pilze putzen und trocken abreiben, größere Pilze klein schneiden. In einer Pfanne im restlichen Öl portionsweise etwa 1 Minute anbraten. Dann wenden, mit Salz, Pfeffer und Petersilie würzen und in die Suppe geben.

4 Die Schwammerlsuppe auf vorgewärmte tiefe Teller verteilen.

Suppen & Eintöpfe

Spargelsuppe mit Kopfsalat

200 g weißer Spargel
200 g grüner Spargel
1 l Gemüsebrühe
80 g Sahne
1 Streifen unbehandelte Zitronenschale
20 g kalte Butter
Salz
Cayennepfeffer
frisch geriebene Muskatnuss
2–3 Kopfsalatblätter
einige Kerbelblättchen zum Garnieren

Für 4 Personen

1. Den weißen Spargel schälen. Den grünen Spargel waschen und nur im unteren Drittel schälen. Jeweils die holzigen Enden entfernen.

2. Die Brühe aufkochen, die Spargelschalen hineingeben und knapp unter dem Siedepunkt 20 Minuten ziehen lassen. In ein Sieb gießen und den Sud dabei auffangen. Die Schalen mit dem Rücken eines Schöpflöffels gut ausdrücken und entfernen.

3. Den Spargel schräg in knapp $1/2$ cm dicke Scheiben schneiden und im Spargelsud knapp unter dem Siedepunkt 5 bis 10 Minuten bissfest garen. Erneut in ein Sieb gießen, den Sud wieder auffangen und den Spargel warm stellen.

4. Den Spargelsud in den Topf zurückgeben, die Sahne hinzufügen und bis knapp unter den Siedepunkt erhitzen. Die Suppe vom Herd nehmen, die Zitronenschale hineingeben und nach einigen Minuten wieder entfernen. Die Butter hineinmixen und mit Salz, 1 Prise Cayennepfeffer und Muskatnuss abschmecken.

5. Die Kopfsalatblätter gründlich waschen, trocken tupfen und in feine Streifen schneiden.

6. Den Spargel mit dem Kopfsalat in vorgewärmte tiefe Teller geben, die aufgeschäumte Suppe darüber verteilen und mit Kerbelblättchen garniert servieren.

» Wer die Suppe lieber etwas sämiger möchte, kann $1/2$ gekochte Kartoffel mit der Butter unter die Suppe mixen. Alternativ kann man die Spargelsuppe natürlich auch mit 1 EL in kaltem Wasser angerührter Speisestärke binden. Die angerührte Stärke am besten nur nach und nach in die kochende Flüssigkeit rühren – so kann man die Bindekraft kontrollieren. Damit sich der mehlige Geschmack der Stärke verliert, sollte man die Suppe dann noch 2 Minuten leise köcheln lassen. «

Suppen & Eintöpfe

Kohlrabisuppe mit Saibling

Für die Suppe:
600 g Kohlrabi · ½ kleine Zwiebel
1 EL Öl · 900 ml Geflügelbrühe
80 g Sahne · 20 g Butter · Salz
frisch geriebene Muskatnuss
Cayennepfeffer

Für die Einlage:
4 Saiblingsfilets (à ca. 80 g;
mit Haut, ohne Gräten)
Salz · Pfeffer aus der Mühle
Butter zum Braten · 120 g Egerlinge
1 Streifen unbehandelte Zitronenschale · 1 Scheibe Knoblauch
1 EL Petersilie (grob gehackt)

Für 4 Personen · Foto oben

1 Für die Suppe die Kohlrabi putzen, schälen und in kleine Würfel schneiden. Die Zwiebel schälen, in kleine Würfel schneiden und in einem Topf im Öl glasig dünsten. Kohlrabi dazugeben, mit Brühe aufgießen und knapp unter dem Siedepunkt 15 bis 20 Minuten weich garen. 4 EL Kohlrabiwürfel aus der Brühe nehmen und warm halten. Sahne und Butter zur Suppe geben und alles mit dem Stabmixer aufschlagen. Mit Salz, Muskatnuss und Cayennepfeffer abschmecken.

2 Für die Einlage die Filets waschen, trocken tupfen, salzen, pfeffern und in einer Pfanne auf der Hautseite in Butter kross anbraten. Vom Herd nehmen, wenden und 1 Minute ziehen lassen. Pilze putzen, trocken abreiben, halbieren und in Butter bei mittlerer Hitze kurz anbraten. Zitronenschale und Knoblauch dazugeben, mit Salz, Pfeffer und Petersilie würzen. Pilze auf Küchenpapier abtropfen lassen und mit den Kohlrabiwürfeln in tiefe Teller geben. Suppe mit einem Stabmixer aufschäumen und darüber verteilen. Die Saiblingfilets darauf anrichten.

Suppen & Eintöpfe

Maronensuppe mit weißen Trüffeln

500 g Maronen (Esskastanien)
1 TL Puderzucker
850 ml Geflügelbrühe
80 g Sahne
20 g Butter
Salz
Cayennepfeffer
frische weiße Trüffeln (geputzt; ca. 2 g pro Person)

Für 4 Personen

1. Den Backofen auf 200 °C vorheizen. Die Schale der Maronen an der gewölbten Seite mit einem scharfen Küchenmesser kreuzweise einschneiden. Die Maronen auf ein Backblech geben und im vorgeheizten Ofen auf der mittleren Schiene etwa 10 Minuten garen, bis sich die Schalen öffnen.

2. Die noch warmen Maronen aus der Schale brechen, dabei die innere Haut ebenfalls entfernen.

3. Den Puderzucker in einem Topf bei mittlerer Hitze karamellisieren. Mit der Brühe aufgießen, die geschälten Maronen dazugeben und knapp unter dem Siedepunkt 15 Minuten ziehen lassen, bis sie fast zerfallen. Die Suppe mit dem Stabmixer fein pürieren, durch ein Sieb passieren. Die Sahne hinzufügen, die Suppe leicht erhitzen und die Butter untermixen. Die Maronensuppe mit Salz und Cayennepfeffer abschmecken und heiß in vorgewärmte tiefe Teller gießen.

4. Die Trüffeln mit einem Trüffelhobel in feinen Spänen darüberhobeln und die Maronensuppe sofort servieren.

» Anstelle der weißen Trüffeln kann man einige Tropfen Trüffelöl (sparsam verwenden!) mit der Butter unter die Suppe mixen. Trüffelöl sollte man im Kühlschrank aufbewahren oder – noch besser – einfrieren. Bei Bedarf hält man den Flaschenhals unter warmes Wasser, sodass etwas Öl schmilzt (gerade so viel, wie man braucht) gibt es tropfenweise an das Gericht und friert das übrige Öl sofort wieder ein. So hält sich das Aroma am besten, und das Öl wird trotz des geringen Verbrauchs nicht ranzig. Mit anderen empfindlichen Ölen, wie Walnussöl und Kürbiskernöl, kann man ebenso verfahren. «

Suppen & Eintöpfe

Rahmsuppe von grünen Bohnen mit Dill und Zandernockerln

Für die Nockerl:

130 g Zanderfilet (ohne Haut und Gräten)
Salz · Pfeffer aus der Mühle
130 g kalte Sahne
½ TL scharfer Senf
1 Msp. abgeriebene unbehandelte Zitronenschale
Cayennepfeffer
frisch geriebene Muskatnuss

Für die Suppe:

½ Zwiebel
1 mittelgroße Kartoffel (150 g)
1 l Gemüsebrühe
80 g Sahne
20 g kalte Butter
1 Streifen unbehandelte Zitronenschale
je 1 Scheibe Knoblauch und Ingwer
Salz
Cayennepfeffer
frisch geriebene Muskatnuss
250 g breite grüne Bohnen
1 EL Dill (fein gehackt)

Für 4 Personen

1 Für die Nockerl die Zanderfilets waschen, trocken tupfen und in Würfel schneiden. Mit Salz und Pfeffer würzen und ebenso wie die Sahne etwa 5 Minuten vor der Verarbeitung in das Tiefkühlfach stellen.

2 Die Fischfilets in den Blitzhacker geben. Den Senf und die abgeriebene Zitronenschale hinzufügen und mit 1 Prise Cayennepfeffer und Muskatnuss würzen. Den Fisch pürieren, bis eine Bindung entsteht. Anschließend die Sahne in 3 Portionen hineinmixen, bis die Farce glatt und glänzend ist. In eine Schüssel füllen, eventuell noch etwas nachwürzen und bis zur Weiterverwendung kühl stellen.

3 In einem Topf reichlich Wasser zum Kochen bringen, gut salzen und vom Herd nehmen. Aus der Farce mit zwei angefeuchteten Teelöffeln kleine Nockerl formen, in das Salzwasser geben und 10 Minuten darin ziehen lassen. Mit einem Schaumlöffel herausheben und auf Küchenpapier abtropfen lassen.

4 Für die Suppe die Zwiebel und die Kartoffel schälen und beides in kleine Würfel schneiden. Mit der Brühe in einen Topf geben und knapp unter dem Siedepunkt 20 bis 25 Minuten weich ziehen lassen. Die Sahne mit der Butter hinzufügen und mit dem Stabmixer pürieren. Zitronenschale, Knoblauch und Ingwer dazugeben und nach einigen Minuten wieder entfernen. Mit Salz, 1 Prise Cayennepfeffer und Muskatnuss abschmecken.

5 Die Bohnen putzen, waschen und schräg in 2 bis 3 mm breite Streifen schneiden. In Salzwasser blanchieren, in kaltem Wasser abschrecken und abgießen. Kurz vor dem Anrichten die Suppe nochmals aufschäumen, die Bohnen hineingeben, erhitzen und den Dill hinzufügen.

6 Die Zandernockerl in vorgewärmte tiefe Teller geben und die Suppe darüber verteilen.

» Die Kartoffel gibt der Suppe eine geschmacklich neutrale und natürliche Bindung. Statt mit Zander kann man die Nockerl auch mit Saiblingsfilet zubereiten. «

Suppen & Eintöpfe

Gemüseeintopf mit Paprikapesto

Für das Paprikapesto:
2 rote Paprikaschoten
2 EL Öl zum Bepinseln
20 g Mandelblättchen
1 Knoblauchzehe (in Scheiben)
5 EL mildes Olivenöl
1 EL frisch geriebener Parmesan
Salz · Pfeffer aus der Mühle

Für den Gemüseeintopf:
200 g junger Weißkohl
1 kleine Fenchelknolle
2 Stangen Staudensellerie
120 g kleine Champignons
1 Bund Lauchzwiebeln
100 g feine grüne Bohnen
Salz · 1 EL Öl
750 ml Geflügelbrühe
1 kleines Lorbeerblatt
1 Thymianzweig
je 1 Scheibe Knoblauch und Ingwer
1 Streifen unbehandelte Zitronenschale

Für 4 Personen

1 Für das Paprikapesto den Backofengrill einschalten. Die Paprikaschoten der Länge nach halbieren, entkernen und waschen. Die Paprikahälften mit der Schnittfläche nach unten auf ein Backblech legen und die Oberfläche mit Öl bepinseln. Die Paprikaschoten auf der mittleren Schiene unter dem Backofengrill garen, bis die Haut dunkle Blasen wirft. Aus dem Ofen nehmen, kurz abkühlen lassen, die Haut abziehen und die Paprika grob zerkleinern.

2 Die Mandeln in einer beschichteten Pfanne ohne Fett hell rösten, herausnehmen und abkühlen lassen. Den Knoblauch in einer Pfanne bei milder Hitze in 1 EL Olivenöl leicht andünsten, herausnehmen und auf Küchenpapier abtropfen lassen.

3 Die Paprikaschoten mit Mandeln, Knoblauch und Parmesan in den Blitzhacker geben. Mit Salz und Pfeffer würzen, das restliche Olivenöl hinzufügen und alles zu einer Paste mixen.

4 Für den Gemüseeintopf die äußeren Blätter des Weißkohls entfernen. Die inneren Blätter ablösen, von den Blattrippen befreien und in Rauten schneiden. Den Fenchel putzen, waschen, der Länge nach halbieren und quer in 1/2 cm breite Streifen schneiden. Den Sellerie waschen und schräg in 1/2 cm breite Streifen schneiden. Die Champignons putzen, trocken abreiben und vierteln. Die Lauchzwiebeln putzen, waschen und schräg in 1/2 cm breite Stücke schneiden. Die Bohnen putzen, waschen und schräg in 2 cm lange Stücke schneiden. In Salzwasser blanchieren, in kaltem Wasser abschrecken und auf einem Sieb abtropfen lassen.

5 Den Weißkohl, den Fenchel und den Sellerie in einem großen Topf im Öl bei milder Hitze andünsten. Mit der Brühe aufgießen, das Lorbeerblatt hineingeben und das Gemüse knapp unter dem Siedepunkt 10 bis 15 Minuten gar ziehen lassen. Zum Schluss die Lauchzwiebeln mit den Champignons, den Bohnen, dem Thymian, dem Knoblauch, dem Ingwer und der Zitronenschale hinzufügen. Die Gewürze einige Minuten in dem Eintopf ziehen lassen und wieder entfernen.

6 Den Gemüseeintopf auf vorgewärmte tiefe Teller verteilen, etwas Paprikapesto daraufgeben und schmelzen lassen.

Suppen & Eintöpfe

Suppen & Eintöpfe

Festtagssuppe

1,2 kg Rinderbrust
Salz · Pfeffer aus der Mühle
2 EL Öl
1 ungeschälte Zwiebel
2 kleine Zwiebeln · 1 Möhre
150 g Knollensellerie
1 Lorbeerblatt
3 Wacholderbeeren
½ TL schwarze Pfefferkörner
1 Streifen unbehandelte Zitronenschale
5 Petersilienstiele
2 Scheiben Knoblauch
1 Scheibe Ingwer
frisch geriebene Muskatnuss

Für 4 Personen

1. Die Rinderbrust leicht mit Salz und Pfeffer würzen und in einer Pfanne im Öl bei mittlerer Hitze rundherum anbraten. So viel Wasser angießen, dass das Fleisch gut bedeckt ist. Die Rinderbrust bei milder Hitze knapp unter dem Siedepunkt 3 Stunden mehr ziehen als köcheln lassen. Den dabei aufsteigenden Schaum abschöpfen.

2. Die Zwiebel ungeschält halbieren und die Schnittflächen in einer unbeschichteten Pfanne ohne Fett auf einem Stück Alufolie dunkel bräunen.

3. Das restliche Gemüse schälen und mit der Zwiebel nach 2 Stunden zur Brühe geben. Lorbeerblatt, Wacholderbeeren und Pfefferkörner 30 Minuten vor Garzeitende hinzufügen.

4. Die Brühe durch ein feines Sieb gießen, Gemüse und Fleisch beiseitestellen. Zitronenschale, Petersilie, Knoblauch und Ingwer einige Minuten in der Suppe ziehen lassen und wieder entfernen. Mit Salz und Muskatnuss abschmecken.

Pfannkuchen als Einlage für die Festtagssuppe

2 Eier · 70 g Mehl
170 ml Milch
3–4 EL flüssige lauwarme Butter
1 EL Petersilie (grob gehackt)
Salz · Pfeffer aus der Mühle
frisch geriebene Muskatnuss
Butter zum Ausbacken

1. Die Eier verquirlen und mit dem Mehl gut verrühren. Die Milch langsam dazugießen und alles zu einem glatten Teig verarbeiten. Zum Schluss die flüssige Butter mit der Petersilie dazugeben. Den Teig mit Salz, Pfeffer und Muskatnuss würzen und vor der Verarbeitung am besten 30 Minuten ruhen lassen.

2. Eine Pfanne bei milder Temperatur erhitzen und etwas Butter darin schmelzen lassen. Mit einer Kelle etwas Pfannkuchenteig hineingeben und die Pfanne so drehen, dass der Teig möglichst dünn auseinanderläuft. Sobald die Unterseite goldbraun ist, den Pfannkuchen wenden, die zweite Seite ebenfalls bräunen und den Pfannkuchen aus der Pfanne nehmen. Den übrigen Teig ebenso verarbeiten und die Pfannkuchen übereinanderlegen, damit sie nicht austrocknen.

3. Die Pfannkuchen in maximal ½ cm breite Streifen schneiden und in vorgewärmten tiefen Tellern in der heißen Suppe servieren.

Suppen & Eintöpfe

Brätnockerl als Einlage für die Festtagssuppe

150 g Kalbsbrät (vom Metzger)
3 EL Sahne
1 Msp. abgeriebene unbehandelte Zitronenschale
frisch geriebene Muskatnuss
½–1 EL Petersilie (fein gehackt)
Salz

1 Das Kalbsbrät mit der Sahne glatt rühren und mit Zitronenschale, Muskatnuss und Petersilie würzen.

2 In einem Topf Wasser aufkochen, salzen und vom Herd nehmen. Mit zwei angefeuchteten Teelöffeln kleine Nockerl aus dem Brät formen, in das Salzwasser geben und etwa 10 Minuten ziehen lassen.

3 Die Brätnockerl können im Salzwasser warm gehalten werden. Anschließend herausnehmen und in die Suppe geben.

Butternockerl als Einlage für die Festtagssuppe

60 g Toastbrot (entrindet)
60 g weiche Butter
1 Eigelb · 1 Ei
½ TL Grieß
½ TL Mehl
Salz
Cayennepfeffer
frisch geriebene Muskatnuss
1 Lorbeerblatt
2 Scheiben Knoblauch
3 Petersilienstiele

1 Am Vortag das Toastbrot in einem Mixer zerkleinern, auf einen flachen Teller geben und über Nacht offen stehen lassen, damit es trocknet.

2 Die Butter in einer Schüssel schaumig rühren. Nach und nach Eigelb und Ei unterrühren. Grieß, Mehl und die Toastbrotbrösel mischen und unter die Buttermasse rühren. Die Masse mit Salz, 1 Prise Cayennepfeffer und etwas Muskatnuss würzen und 10 Minuten ruhen lassen. In einem Topf Wasser mit dem Lorbeerblatt aufkochen, salzen, den Knoblauch und die Petersilie dazugeben und die Hitze bis knapp unter dem Siedepunkt regulieren. Aus der Buttermasse mit zwei angefeuchteten Teelöffeln kleine Nockerl formen, in das Wasser geben und etwa 15 Minuten ziehen lassen, bis sie an die Oberfläche steigen.

3 Die Butternockerl mit einem Schaumlöffel herausheben und in der klaren Rindfleischsuppe servieren.

» Als Suppeneinlage eignen sich auch die Gänseleberknödel von Seite 124. Dafür werden aus der Masse kleine Leberknödel von etwa 3 cm Durchmesser gedreht, allerdings ohne die Wachteleier als Füllung. Sie werden ebenfalls paniert und in Fett ausgebacken. Anschließend lässt man sie auf Küchenpapier abtropfen und serviert sie mit den anderen Einlagen in der Suppe. Werden größere Leberknödel zubereitet, sollten sie nach dem Ausbacken in Fett noch einige Minuten in der Suppe ziehen, damit sie in der Mitte durchgaren. «

Suppen & Eintöpfe

Wurzelfleischsuppe mit Meerrettich

1 kleine Zwiebel · 1 Möhre
150 g Knollensellerie
1 kleine Stange Lauch
5 Wacholderbeeren
½ TL Pimentkörner
½ TL schwarze Pfefferkörner
1 Scheibe Schweinehals (ca. 350 g)
Salz · Pfeffer aus der Mühle
1–2 EL Öl
1,2 l Geflügelbrühe
1 TL gelbe Senfkörner
1 Lorbeerblatt
2 Scheiben Ingwer
½ Knoblauchzehe
1 Streifen unbehandelte Zitronenschale
3 Scheiben frischer Meerrettich

Für 4 Personen

1 Zwiebel, Möhre und Sellerie schälen. Den Lauch putzen und waschen. Das Gemüse in feine Streifen schneiden. Wacholderbeeren, Piment- und Pfefferkörner in einen Einwegteebeutel füllen und das Gewürzsäckchen verschließen.

2 Die Schweinehalsscheibe mit Salz und Pfeffer würzen und in einem Topf im Öl von beiden Seiten anbraten. Mit der Brühe aufgießen, die Senfkörner dazugeben und das Fleisch knapp unter dem Siedepunkt etwa 1 Stunde gar ziehen lassen. Das Schweinefleisch sollte dabei rosa bleiben. Nach etwa 50 Minuten die Gemüsestreifen hinzufügen. Das Gewürzsäckchen sowie Lorbeerblatt, Ingwer, Knoblauch, Zitronenschale und Meerrettich hineingeben und am Ende der Garzeit wieder aus dem Sud entfernen.

3 Den Schweinehals aus der Suppe nehmen und in Scheiben schneiden. Das Fleisch mit den Gemüsestreifen in vorgewärmten tiefen Tellern anrichten. Die Suppe darauf verteilen und nach Belieben mit frisch gehobeltem Meerrettich garnieren.

» Man kann das Wurzelfleisch auch als Brotzeit zubereiten. Dafür 3 EL Puderzucker in eine Pfanne sieben und bei milder Hitze hell karamellisieren, mit 100 ml Rotweinessig ablöschen und sirupartig einköcheln lassen. Den Sud des bereits gegarten Wurzelfleischs mit der Reduktion, etwas Salz, Zucker und 1 Prise Cayennepfeffer herzhaft abschmecken und gegebenenfalls mit etwas frischem Essig nachwürzen. Das Fleisch einige Stunden, am besten über Nacht, in dem Sud ziehen lassen. Herausnehmen, aufschneiden, in eine tiefe Platte legen und die gekochten Gemüsestreifen darüber verteilen. Für die Marinade ⅛ l der Brühe mit 1 TL scharfem Senf, 2 EL mildem Olivenöl und 1 EL Kürbiskernöl verrühren und mit Salz, Pfeffer und Zucker würzen. Gegebenenfalls mit etwas Essig nachwürzen. Die Marinade über das Wurzelfleisch geben, die Schweinehalsscheiben darauf anrichten und mit frisch gehobeltem Meerrettich garnieren. «

Suppen & Eintöpfe

Suppen & Eintöpfe

Graupensuppe mit Bohnen und San-Daniele-Schinken

100 g Perlgraupen
1,3 l Geflügelbrühe
1 Zwiebel
1 Lorbeerblatt · 1 Gewürznelke
1 Stück Schinkenschwarte
1 EL Mascarpone
200 g Borlotti-Bohnen
(aus der Dose)
1 Knoblauchzehe
2 Streifen unbehandelte Zitronenschale
2–3 Petersilienstiele
1 Rosmarinzweig
60 g San-Daniele-Schinken
(in dünnen Scheiben)
Salz · Pfeffer aus der Mühle
Cayennepfeffer
frisch geriebene Muskatnuss
1 EL Petersilie (gehackt)
1 EL frisch geriebener Pecorino

Für 4 Personen

1 Die Graupen in einem Sieb mit kaltem Wasser waschen und abtropfen lassen. Die Brühe in einem Topf zum Kochen bringen. Die Zwiebel schälen und mit dem Lorbeerblatt und der Nelke spicken. Die Zwiebel mit der Schinkenschwarte und den Graupen in die Brühe geben und bei milder Hitze etwa 45 Minuten köcheln lassen.

2 Die Schinkenschwarte herausnehmen und ein Fünftel der Graupen mit etwas Brühe abnehmen. Mit dem Mascarpone in einen hohen Rührbecher füllen und mit dem Stabmixer pürieren. Das Püree unter die Suppe rühren.

3 Die Bohnen in ein Sieb abgießen, abtropfen lassen und in die Suppe geben. Den Knoblauch schälen und halbieren. Mit der Zitronenschale, der Petersilie und dem Rosmarin zur Suppe geben, einige Minuten darin ziehen lassen und wieder entfernen.

4 Den Schinken klein schneiden und in die Suppe geben. Die Graupensuppe mit Salz, Pfeffer, Cayennepfeffer und Muskatnuss würzen und die Petersilie unterrühren. Die Suppe auf vorgewärmte tiefe Teller verteilen und mit dem Pecorino bestreuen.

» San-Daniele-Schinken ist eine Spezialität aus der italienischen Region Friaul. Er wird nur kurz gepökelt, reift dafür aber etwa 1 Jahr. Wie Parmaschinken passt er auch sehr gut zu Melone, frischen Feigen oder Spargel. «

Suppen & Eintöpfe

Bohnensuppe mit Wirsing und Speck

Für die Suppe:
1 kleine Zwiebel
300 g weiße Bohnen (aus der Dose)
1 EL Olivenöl
1,2 l Gemüsebrühe
1 Lorbeerblatt
2 eingelegte Sardellenfilets
1 EL Mascarpone
1 Knoblauchzehe
1 Streifen unbehandelte Orangenschale
3 Salbeiblätter

Für die Einlage:
100 g grüne Bohnen
2 kleine Möhren
¼ kleiner Kopf Wirsing
80 g durchwachsener Speck (in Scheiben)
Salz · 2–3 EL Öl
Pfeffer aus der Mühle
frisch geriebene Muskatnuss
Cayennepfeffer
1 EL Petersilie (gehackt)
1 EL frisch geriebener Parmesan

Für 4 Personen

1 Für die Suppe die Zwiebel schälen und in kleine Würfel schneiden. Die weißen Bohnen in ein Sieb abgießen und abtropfen lassen.

2 Die Zwiebelwürfel in einem Topf im Olivenöl bei milder Hitze glasig dünsten, die weißen Bohnen und die Brühe dazugeben. Das Lorbeerblatt hinzufügen und die Brühe knapp unter dem Siedepunkt 10 Minuten ziehen lassen.

3 Die Sardellen auf Küchenpapier abtropfen lassen. Ein Fünftel der Bohnen mit dem Schaumlöffel herausnehmen, mit den Sardellen, dem Mascarpone und etwas Brühe in einen hohen Rührbecher geben und mit dem Stabmixer pürieren. Die Masse durch ein Sieb passieren und unter die Suppe rühren.

4 Den Knoblauch schälen und halbieren. Mit der Orangenschale und dem Salbei in die Suppe geben, einige Minuten darin ziehen lassen und wieder entfernen.

5 Für die Einlage die grünen Bohnen putzen, waschen und dritteln. Die Möhren schälen und in Scheiben schneiden. Den Wirsing putzen, waschen und in Streifen schneiden. Den Speck ebenfalls in Streifen schneiden. Die Möhren und die Bohnen getrennt in Salzwasser blanchieren, in kaltem Wasser abschrecken und abtropfen lassen.

6 Den Speck in einer Pfanne in 1 EL Öl anbraten und auf Küchenpapier abtropfen lassen. Den Wirsing im restlichen Öl bei mittlerer Hitze anbraten und mit Salz, Pfeffer und Muskatnuss würzen. Mit den Möhren und den Bohnen zur Suppe geben. Die Suppe mit Salz, Pfeffer und Cayennepfeffer abschmecken und die Petersilie unterrühren. Die Bohnensuppe auf vorgewärmte tiefe Teller verteilen, mit dem Speck und dem Parmesan bestreuen.

» Die Suppe und die Gemüseeinlage können Sie gut vorbereiten. Zum Servieren müssen Sie dann nur noch Knoblauch, Orangenschale und Salbei einige Minuten in der Suppe ziehen lassen sowie den Speck und den Wirsing anbraten. «

Suppen & Eintöpfe

Kaspressknödel in Gemüsesuppe

Für die Knödel:
1 kleine Zwiebel · 10 g Butter
250 g Semmeln (Brötchen; vom Vortag)
200 ml Milch · 2 Eier
Salz · Pfeffer aus der Mühle
frisch geriebene Muskatnuss
1 EL Petersilie (grob gehackt)
100 g Bergkäse · 100 g Graukäse

Für die Suppe:
1 Zwiebel
5 Stangen Staudensellerie
3 Möhren
4 reife Tomaten
1–2 EL Öl
100 ml Weißwein
¾ l Gemüsebrühe
1 Lorbeerblatt
1 Streifen unbehandelte Zitronenschale · 2 Scheiben Knoblauch
1 Scheibe Ingwer
1 kleiner Thymianzweig

Zum Fertigstellen:
1–2 EL Öl
Salz · Cayennepfeffer
frisch geriebene Muskatnuss

Für 4 Personen

1 Für die Knödel die Zwiebel schälen, in kleine Würfel schneiden und in einer Pfanne in der Butter bei milder Hitze glasig dünsten. Die Semmeln in möglichst dünne Scheiben schneiden. Die Milch einmal kurz aufkochen und vom Herd nehmen. Die Eier verquirlen, mit der Milch vermischen, mit Salz, Pfeffer und Muskatnuss würzen und über die Brotscheiben gießen. Zwiebelwürfel und Petersilie dazugeben und alles zugedeckt 10 Minuten quellen lassen. Berg- und Graukäse grob reiben. Die Knödelmasse mit dem Käse zu einer kompakten Masse mischen. Mit Salz und Pfeffer abschmecken.

2 Für die Suppe die Zwiebel schälen und in kleine Würfel schneiden. Den Sellerie putzen, waschen und in dünne Scheiben schneiden. Die Möhren schälen und ebenfalls in dünne Scheiben schneiden. Von den Tomaten die Stielansätze entfernen, die Tomaten überbrühen, kalt abschrecken, häuten, vierteln, entkernen und in ½ cm breite Streifen schneiden.

3 Zwiebel, Sellerie und Möhren in einem großen Topf im Öl bei mittlerer Hitze einige Minuten andünsten. Mit dem Weißwein ablöschen, sirupartig reduzieren lassen. Die Gemüsebrühe dazugießen und das Gemüse bei milder Hitze knapp unter dem Siedepunkt 8 bis 10 Minuten bissfest garen. Nach 5 Minuten Lorbeerblatt, Zitronenschale, Knoblauch, Ingwer und Thymian hineingeben.

4 Zum Fertigstellen aus der Masse mit angefeuchteten Händen kleine Knödel formen und diese zu einem 1 cm hohen Taler flach drücken. In einer Pfanne im Öl von beiden Seiten hellbraun anbraten, aus der Pfanne nehmen und in der heißen Suppe 5 Minuten ziehen lassen.

5 Die Gewürze aus der Suppe entfernen und die Tomatenstreifen dazugeben. Die Suppe mit Salz und Cayennepfeffer abschmecken. Je 1 Prise Muskatnuss in vorgewärmte tiefe Teller geben und die Suppe mit den Knödeln darin servieren. Mit etwas Selleriegrün dekorieren.

» Graukäse ist ein magerer Sauermilchkäse aus Tirol. Wenn Sie ihn nicht bekommen, können Sie die Kaspressknödel auch nur mit Bergkäse zubereiten. «

Suppen & Eintöpfe

Suppen & Eintöpfe

Geräucherte Kaninchenrahmsuppe mit Kopfsalat und Erbsen

Für die Suppe:
4 EL Räuchermehl
1 TL Öl
2 Kaninchenrücken (mit Knochen)
150 g Knollensellerie
2 Stangen Staudensellerie
1 Möhre
½ Zwiebel
1 Lorbeerblatt · 2 Gewürznelken
1 TL Puderzucker
200 ml Weißwein
1 l Geflügel- oder Gemüsebrühe
5 schwarze Pfefferkörner
3 Pimentkörner
1 Streifen unbehandelte Zitronenschale
1 Scheibe Knoblauch

Für die Einlage:
120 g Erbsen · Salz
½ Kopfsalat
Pfeffer aus der Mühle
20 g Butter

Zum Fertigstellen:
150 g Sahne
1 TL scharfer Senf
40 g kalte Butter
Salz · Cayennepfeffer
1 EL frisch gehobelter Meerrettich

Für 4 Personen

1 Für die Suppe einen breiten Dämpf- oder Räuchertopf mit Alufolie auslegen, das Räuchermehl darauf verteilen. Den Dämpfeinsatz leicht einölen, auf die Folie setzen, den Deckel schließen und den Topf bei mittlerer Temperatur erhitzen, bis leichter Rauch aufsteigt.

2 Die Kaninchenrücken auslösen, die Bauchlappen aufbewahren. Filets von Haut und Sehnen befreien und beiseitelegen. Die Knochen klein hacken und mit Bauchlappen, Häuten und Sehnen im Räuchertopf zugedeckt bei milder Hitze 20 bis 30 Minuten goldbraun räuchern.

3 Knollensellerie schälen und in kleine Würfel schneiden. Staudensellerie putzen und waschen, Möhre schälen und beides in dünne Scheiben schneiden. Zwiebel schälen, mit Lorbeerblatt und Nelken spicken.

4 Den Puderzucker in einem großen Topf bei mittlerer Hitze karamellisieren. Geräucherte Knochen dazugeben und kurz andünsten. Mit dem Wein ablöschen und sirupartig einköcheln lassen, Gemüse und gespickte Zwiebel dazugeben und mit Brühe aufgießen. Die Suppe bei milder Hitze knapp unter dem Siedepunkt etwa 35 Minuten ziehen lassen. Nach 20 Minuten Pfeffer- und Pimentkörner, Zitronenschale und Knoblauch hinzufügen.

5 Für die Einlage die Erbsen in reichlich kochendem Salzwasser bissfest blanchieren, kalt abschrecken und gut abtropfen lassen. Den Kopfsalat in einzelne Blätter zerteilen, waschen, trocken schleudern und in sehr feine Streifen schneiden.

6 Die Kaninchenrückenfilets in 1 bis 2 cm dicke Scheiben schneiden, salzen und pfeffern und in einer Pfanne in der Butter bei milder Hitze von allen Seiten hell anbraten. Die Pfanne vom Herd nehmen und die Kaninchenstücke 1 bis 2 Minuten darin ruhen lassen.

7 Zum Fertigstellen die Suppe durch ein Sieb gießen, Sahne und Senf sowie die Butter in Stückchen dazugeben und mit dem Stabmixer aufschlagen. Mit Salz und Cayennepfeffer abschmecken. Erbsen und Salat in die heiße Suppe rühren, erwärmen und zum Schluss die Kaninchenstücke dazugeben. Mit Meerrettichspänen garniert servieren.

» Am besten bitten Sie Ihren Metzger, die Kaninchenrücken auszulösen und die Knochen zu hacken. «

Suppen & Eintöpfe

Kohlrabisuppe mit Krebsschwänzen

Für die Suppe:

2–3 Kohlrabi (ca. 1 kg)
Salz
1 kleine Zwiebel · 2 EL Öl
¾ l Gemüsebrühe
1 Lorbeerblatt
je 1 Scheibe Knoblauch
und Ingwer
125 g Sahne · 40 g Butter
Cayennepfeffer
frisch geriebene Muskatnuss

Für die Krebse:

12 Flusskrebse · Salz
½ TL ganzer Kümmel
30 g Butter
Pfeffer aus der Mühle
2 EL Petersilie (grob gehackt)

Für 4 Personen

1 Für die Suppe die Kohlrabi schälen und holzige Enden entfernen. Ein Drittel der Kohlrabi in kleine Würfel, den Rest in Scheiben schneiden. Kleine, zarte Kohlrabiblätter und die Kohlrabiwürfel nacheinander in kochendem Salzwasser bissfest blanchieren, in kaltem Wasser abschrecken und abtropfen lassen. Die Blätter in feine Streifen schneiden und beiseitelegen. Die Zwiebel schälen, in kleine Würfel schneiden und mit den Kohlrabischeiben in einem Topf im Öl bei mittlerer Hitze einige Minuten andünsten.

2 Brühe dazugießen, Lorbeerblatt, Knoblauch und Ingwer hineingeben. Die Suppe bei milder Hitze 10 bis 15 Minuten sanft köcheln lassen, bis der Kohlrabi weich ist. Gewürze entfernen, Sahne hinzufügen und die Suppe mit dem Stabmixer fein pürieren. Butter dazugeben und durchmixen. Mit Salz, Cayennepfeffer und Muskatnuss abschmecken.

3 Die Krebse in siedendem Salzwasser mit Kümmel 3 Minuten glasig durchziehen lassen. Kalt abschrecken und abtropfen lassen, die Schwänze vom Körper trennen, schälen und den Darm entfernen. Mit den Kohlrabiwürfeln in einer Pfanne in der Butter bei milder Hitze schwenken, salzen, pfeffern und die Kohlrabiblätter dazugeben. Krebsschwänze und Kohlrabi in vorgewärmte tiefe Teller geben, die Suppe darübergießen, mit Petersilie bestreuen und servieren.

Zitronenrahmsuppe

1 Zwiebel
1 Stange Lauch (der helle Teil)
2 EL Öl · ⅛ l Weißwein
10 g getrocknete Champignons
1 l Gemüsebrühe
1 Lorbeerblatt · 5 Pimentkörner
4 Streifen unbehandelte
Zitronenschale · ½ TL Kurkuma
100 g Sahne · 40 g Butter
Zitronensaft · Salz · Cayennepfeffer

Für 4 Personen

1 Die Zwiebel schälen und in kleine Würfel schneiden. Lauch putzen, waschen und in Scheiben schneiden. Beides in einem Topf im Öl bei milder Hitze andünsten, mit Wein ablöschen und sirupartig einköcheln lassen. Getrocknete Champignons dazugeben, mit Brühe aufgießen, Lorbeer, Piment und Zitronenschale dazugeben, mit Kurkuma würzen und gut 10 Minuten sanft köcheln lassen. Die Suppe durch ein Sieb gießen. Sahne und Butter in Stückchen hinzufügen und mit dem Stabmixer aufschlagen. Mit einigen Spritzern Zitronensaft, Salz und Cayennepfeffer abschmecken. Die ganzen Gewürze aus der Lauch-Zwiebel-Mischung entfernen und die Mischung in die Suppe geben.

Suppen & Eintöpfe

Aufgeschmolzene Brotsuppn

Für die Suppe:
500 g Zwiebeln
20 g Butter · 1 EL Öl
50 ml weißer Portwein
100 ml Weißwein
1 l klare Rinderbrühe
2 Lorbeerblätter
1 Streifen unbehandelte Zitronenschale · 1 Scheibe Knoblauch
getrockneter Majoran
Salz · Cayennepfeffer

Für die Einlage:
4 sehr dünne, große Bauernbrotscheiben (vom Vortag)
40 g Butter · Salz
2 EL Petersilie (grob gehackt)

Für 4 Personen

1 Für die Suppe die Zwiebeln schälen und in dünne Scheiben schneiden. Die Zwiebelscheiben in einem weiten, hohen Topf in der Butter und dem Öl bei mittlerer Hitze langsam bräunen. Mit Port- und Weißwein ablöschen, einköcheln lassen und mit Rinderbrühe aufgießen.

2 Lorbeerblätter, Zitronenschale und Knoblauch hinzufügen und die Suppe bei milder Hitze knapp unter dem Siedepunkt 6 bis 8 Minuten ziehen lassen. Die Gewürze wieder entfernen. Die Suppe mit 1 Prise Majoran, Salz und Cayennepfeffer herzhaft abschmecken.

3 Für die Einlage das Bauernbrot in 4 bis 5 cm große Vierecke schneiden. In einer Pfanne in der Butter bei milder Hitze von beiden Seiten kross braten. Auf Küchenpapier abtropfen lassen und leicht salzen.

4 Die Suppe mit Petersilie bestreuen und mit den Bauernbrotscheiben servieren. Nach Belieben kann man das Bauernbrot auch in vorgewärmte tiefe Teller geben und mit der heißen Suppe begießen. Oder die Brotscheiben erst ganz zum Schluss auf die Suppe legen, damit sie schön kross bleiben.

» Die Suppe schmeckt am besten, wenn man sie mit einer kräftigen, klaren, selbst gemachten Rinderbrühe herstellt. Ersatzweise kann man auch Gemüse- oder Geflügelbrühe verwenden. «

Suppen & Eintöpfe

Suppen & Eintöpfe

Paprikasuppe mit gebratener Entenleber

Für die Suppe:

4 rote Paprikaschoten
1 gelbe Paprikaschote
1 Möhre
1 Zwiebel
2 EL Olivenöl
1 Knoblauchzehe (in Scheiben)
1 entkernte Chilischote
¾ l Gemüsebrühe
125 g Sahne
40 g Butter
Salz · Pfeffer aus der Mühle

Für die Leber:

200 g Entenleber (ersatzweise Geflügelleber)
40 g Butter
getrockneter Majoran
1 Msp. fein gehackte unbehandelte Zitronenschale
1 Scheibe Knoblauch
Salz · Pfeffer aus der Mühle
1 EL Majoranblättchen

Für 4 Personen

1 Für die Suppe den Backofengrill einschalten. Rote und gelbe Paprikaschoten der Länge nach vierteln, entkernen, waschen und mit der Schnittfläche nach unten auf ein Backblech legen. Die Paprikaschoten unter dem Grill auf der mittleren Schiene 10 bis 15 Minuten garen, bis die Haut Blasen wirft und gebräunt ist. Die Paprikaschoten aus dem Ofen nehmen und mit einem feuchten Tuch bedeckt etwas abkühlen lassen und häuten.

2 Die roten Paprikaviertel in grobe Stücke, die gelben Viertel in kleine Würfel schneiden und beiseitelegen. Die Möhre schälen, halbieren und in dünne Scheiben schneiden. Die Zwiebel schälen, in kleine Würfel schneiden und in einem Topf im Olivenöl bei mittlerer Hitze glasig dünsten. Möhrenscheiben, rote Paprikastücke, Knoblauch und Chilischote dazugeben, kurz mitdünsten lassen und mit der Brühe ablöschen. Das Gemüse bei milder Hitze 8 bis 10 Minuten weich kochen. Die Chilischote entfernen, die Sahne und die Butter hinzufügen und die Suppe mit dem Stabmixer ganz fein pürieren. Mit Salz und Pfeffer abschmecken.

3 Die Entenleber putzen und in 2 cm große Stücke schneiden. Die Butter in einer Pfanne bei milder Hitze aufschäumen lassen, Leberstücke dazugeben, mit 1 Prise Majoran, der Zitronenschale und dem Knoblauch würzen und 1 bis 2 Minuten sanft anbraten, sodass die Leberstücke innen noch rosa bleiben. Salzen und pfeffern und auf Küchenpapier abtropfen lassen. Die Knoblauchscheibe entfernen.

4 Die Paprikasuppe mit dem Stabmixer nochmals aufschäumen. Die Entenleber mit den gelben Paprikawürfeln in vorgewärmte tiefe Teller verteilen. Die Suppe angießen und mit Majoranblättchen garniert servieren.

» Die Suppe kann man nach Belieben noch mit in Butter gebratenen knusprigen Croûtons bestreuen. Anstatt der Entenleber kann man auch in Würfel oder Streifen geschnittene, gebratene Geflügelbrust als Einlage verwenden. «

Suppen & Eintöpfe

Chili con Carne

1 große Zwiebel · 3 EL Olivenöl
600 g grobes Rinderhackfleisch
1 EL Tomatenmark · 1 EL Ketchup
200 g geschälte Tomaten
(aus der Dose)
½–¾ l Geflügelbrühe
2 Knoblauchzehen · 1 Lorbeerblatt
1 Streifen unbehandelte
Zitronenschale
½ TL Cayennepfeffer
1–2 getrocknete Chilischoten
1 Dose rote Bohnen
(200 g Abtropfgewicht)
1 Msp. getrockneter Oregano
frisch gemahlener Kreuzkümmel
frisch gemahlener Koriander
Salz · Pfeffer aus der Mühle

Für 4 Personen

1 Die Zwiebel schälen, in kleine Würfel schneiden und in einem weiten, großen Topf im Öl bei mittlerer Hitze glasig dünsten. Das Rindfleisch dazugeben und unter Rühren gut anbraten. Tomatenmark und Ketchup dazugeben und kurz anrösten. Die Tomaten grob hacken und mit dem Saft hinzufügen. Mit so viel Brühe aufgießen, dass das Fleisch gut bedeckt ist. Alles bei milder Hitze gut 1 Stunde sanft köcheln lassen.

2 Den Knoblauch schälen, grob hacken und nach etwa 45 Minuten zusammen mit Lorbeerblatt, Zitronenschale, Cayennepfeffer und Chilischoten in den Eintopf rühren. 5 Minuten vor Garzeitende die Bohnen dazugeben und den Eintopf mit Oregano, Kreuzkümmel, Koriander, Salz und Pfeffer sowie noch etwas Cayennepfeffer herzhaft-feurig abschmecken.

3 Zitronenschale, Lorbeerblatt und Chilischoten wieder entfernen. Das Chili nach Belieben mit Petersilie bestreuen und in vorgewärmte tiefe Teller oder Schälchen füllen. Wer möchte, kann noch je 1 EL saure Sahne auf das Chili geben.

Süßsauer marinierte Rostbratwürstel

2 Zwiebeln · 1 Möhre
150 g Knollensellerie
500 g Nürnberger Rostbratwürstel
1 EL Öl · ¾ l Geflügelbrühe
2 Wacholderbeeren · 5 Pimentkörner · 1 TL Pfefferkörner
1 Lorbeerblatt · 2 Scheiben Knoblauch · 1 Scheibe Ingwer
2–3 EL Rotweinessig · Salz
1–2 EL Zucker
getrockneter Majoran
50 g kalte Butter · Cayennepfeffer
1 EL Petersilie (grob gehackt)

Für 4 Personen

1 Das Gemüse schälen und in etwa ½ cm große Würfel schneiden. Die Rostbratwürstel schräg in etwa 1 cm dicke Scheiben schneiden. Das Gemüse in einem Topf im Öl bei milder Hitze andünsten. Mit der Brühe aufgießen. Wacholderbeeren, Piment- und Pfefferkörner, Lorbeerblatt, Knoblauch und Ingwer in einen Einwegteebeutel füllen, das Gewürzsäckchen verschließen und in die Brühe geben. Etwa 10 Minuten leise köcheln lassen, bis das Gemüse weich ist.

2 Mit Essig, Salz und Zucker herzhaft abschmecken. 1 Prise Majoran und die Wurstscheiben hineingeben und 5 Minuten ziehen, aber nicht kochen lassen. Das Gewürzsäckchen wieder entfernen. Die Hälfte der Suppe durch ein Sieb gießen, die Butter hineingeben, mit dem Stabmixer aufschlagen und wieder zum Eintopf zurückgeben. Mit Cayennepfeffer würzen und mit Petersilie bestreut servieren.

Suppen & Eintöpfe

Gulaschsuppe

Für die Suppe:

700 g Rindfleisch (aus der Wade oder Schulter)

400 g Zwiebeln · 2 EL Öl

1 EL Tomatenmark

¾ l Geflügelbrühe

je ½ gelbe und rote Paprikaschote

½ Zucchino

400 g Kartoffeln

1 EL Paprikapulver (edelsüß)

1 gestr. TL Cayennepfeffer · Salz

2 Lorbeerblätter

Für das Gulaschgewürz:

2 Streifen unbehandelte Zitronenschale

2 Knoblauchzehen (in Scheiben)

½ TL ganzer Kümmel

½ TL getrockneter Majoran · Salz

2 EL Petersilie (grob gehackt)

Für 4 Personen

1 Für die Suppe das Rindfleisch von Fett und groben Sehnen befreien und in 1 cm große Würfel schneiden. Die Zwiebeln schälen und in kleine Würfel schneiden. Die Fleischwürfel in einem großen, breiten Topf im Öl bei mittlerer Hitze von allen Seiten gut anbraten. Tomatenmark dazugeben, kurz anrösten, die Zwiebelwürfel unterrühren, einige Minuten mitdünsten und mit Brühe aufgießen. Die Suppe bei milder Hitze etwa 1 Stunde sanft köcheln lassen, bis das Fleisch weich ist.

2 In der Zwischenzeit rote und gelbe Paprikaschote entkernen, waschen und in ½ bis 1 cm große Würfel schneiden. Den Zucchino waschen und in kleine Würfel schneiden. Die Kartoffeln schälen, waschen und in 1 cm große Würfel schneiden.

3 Etwa 20 Minuten vor Garzeitende Paprika-, Zucchini- und Kartoffelwürfel in die Suppe geben, mit Paprikapulver, Cayennepfeffer und etwas Salz würzen und die Lorbeerblätter hineingeben.

4 Für das Gulaschgewürz Zitronenschale klein schneiden und mit Knoblauch, Kümmel und Majoran zu einer feinen Paste hacken.

5 Die Gulaschsuppe zum Schluss mit der Gewürzpaste und etwas Salz würzen, 5 Minuten ziehen lassen und die Lorbeerblätter wieder entfernen. Die Suppe nochmals mit Salz abschmecken, mit Petersilie bestreuen und sofort servieren.

» Möchte man die Suppe im Voraus zubereiten, sollte man das Gulaschgewürz zunächst weglassen und erst 5 Minuten vor dem Servieren in die heiße Suppe geben. Übrig gebliebenes Gulaschgewürz kann man mit wenig Butter vermischt in Alufolie wickeln und mehrere Tage im Kühlschrank aufbewahren. «

Suppen & Eintöpfe

Suppen & Eintöpfe

Schwammerlragout mit Regensburgern

1 kleine Zwiebel
4 EL Öl
350 ml Geflügelbrühe
1 kleines Lorbeerblatt
5 g getrocknete Egerlinge (2–3 EL)
100 g Sahne
20 g kalte Butter
1 Streifen unbehandelte Zitronenschale
½ Knoblauchzehe
Salz · ganzer Kümmel
getrockneter Majoran
Cayennepfeffer
600 g gemischte Pilze
(z. B. Champignons, Egerlinge, Austernpilze, Pfifferlinge, Steinpilze)
4 Regensburger Würstel
Pfeffer aus der Mühle
1 EL Petersilie (grob gehackt)

Für 4 Personen

1 Die Zwiebel schälen, in kleine Würfel schneiden und in einem Topf bei milder Hitze in 1 EL Öl andünsten. Mit der Brühe aufgießen, das Lorbeerblatt mit den getrockneten Pilzen dazugeben und 20 Minuten knapp unter dem Siedepunkt garen. Das Lorbeerblatt wieder entfernen, die Sahne dazugießen, das Ganze mit dem Stabmixer pürieren und durch ein feines Sieb passieren.

2 Die Butter dazugeben und mit dem Stabmixer aufschlagen, die Zitronenschale und den Knoblauch dazugeben, einige Minuten darin ziehen lassen und wieder entfernen. Mit Salz und je 1 Prise Kümmel, Majoran und Cayennepfeffer abschmecken.

3 Die Pilze putzen, trocken abreiben und nicht zu klein schneiden. Die Regensburger enthäuten und in ½ cm dicke Scheiben schneiden.

4 In einer großen Pfanne 1 EL Öl bei mittlerer Temperatur erhitzen, die Hälfte der Pilze hineingeben, etwa ½ Minute darin anbraten, wenden, mit Salz und Pfeffer würzen, herausnehmen und beiseitestellen. Die restlichen Pilze in 1 EL Öl auf die gleiche Weise zubereiten und zu den anderen gebratenen Pilzen geben. Die Pfanne erneut erhitzen, 1 EL Öl hineingeben und die Wurstscheiben darin von beiden Seiten anbraten. Die Pilze wieder in die Pfanne geben und die Petersilie darüberstreuen.

5 Zum Anrichten die Pilze mit den Regensburgern auf vorgewärmte tiefe Teller verteilen, die Sauce nochmals mit dem Stabmixer aufschäumen und darübergeben.

» Trockenpilze verleihen Suppen, Fonds und Saucen, je nach Menge, ein feines bis kräftiges Pilzaroma. Für Pilzgerichte verwendet man etwas mehr Trockenpilze, für Fischfond beispielsweise nur ein paar getrocknete Champignons. Sie werden uneingeweicht hinzugefügt, ziehen etwa 20 Minuten unter dem Siedepunkt mit und werden anschließend wieder entfernt. Sie sollen nur etwas von ihrem Geschmack abgeben.
Als Einlage eignen sich besser frische Pilze. Sie werden portionsweise 1 bis 2 Minuten angebraten und erst unmittelbar vor dem Servieren zum jeweiligen Gericht gegeben. «

Suppen & Eintöpfe

Würsteleintopf

80 g getrocknete weiße Bohnen
(oder 160 g aus der Dose)
80 g getrocknete rote Bohnen
(oder 160 g aus der Dose)
1 Zwiebel · 1 Möhre
120 g Knollensellerie
80 g durchwachsener Speck
3 Tomaten
2 EL Olivenöl · 50 ml Weißwein
½ l Gemüsebrühe
½ kleines Lorbeerblatt
Cayennepfeffer
1 Knoblauchzehe (fein gehackt)
1 Msp. abgeriebene unbehandelte
Zitronenschale
1 Msp. gemahlener Kümmel
getrockneter Majoran
300 g Debrecziner
1 EL Petersilie (grob gehackt)

Für 4 Personen

1 Die getrockneten Bohnen über Nacht in Wasser einweichen. Am nächsten Tag in ein Sieb abgießen und abtropfen lassen. In reichlich Wasser ohne Salz 1 ½ bis 1 ¾ Stunden weich kochen und abgießen. Bohnen aus der Dose abgießen und abtropfen lassen.

2 Zwiebel, Möhre und Sellerie schälen und ebenso wie den Speck in kleine Würfel schneiden. Von den Tomaten die Stielansätze entfernen, die Tomaten überbrühen, kalt abschrecken, häuten, vierteln, entkernen und in Würfel schneiden.

3 In einem Topf das Olivenöl erhitzen, die Speck- und Gemüsewürfel darin glasig dünsten. Mit dem Wein ablöschen und fast vollständig einköcheln lassen. Die Brühe dazugießen, das Lorbeerblatt dazugeben, mit 1 Prise Cayennepfeffer würzen und das Gemüse 15 bis 20 Minuten fast weich kochen.

4 Die Bohnen mit Tomaten, Knoblauch, Zitronenschale, Kümmel und 1 Prise Majoran unterrühren. Die Debrecziner in Scheiben schneiden und in der Suppe erhitzen. Die Suppe eventuell nachwürzen und mit Petersilie bestreut servieren.

» *Diese Suppe eignet sich gut als Mitternachtsimbiss für eine Party. Man kann sie bis zur Zugabe der gekochten Bohnen vorbereiten. Suppe, Tomatenwürfel und geschnittene Debrecziner bis zur Verwendung separat im Kühlschrank aufbewahren. Die Suppe anschließend erhitzen, mit Knoblauch, Zitrone, Majoran und Kümmel würzen und die Tomatenwürfel hinzufügen. Die Wurst erst einige Minuten vor dem Servieren hineingeben, die Suppe sollte danach nicht mehr kochen. Zuletzt die frischen, nicht zu klein geschnittenen Petersilienblätter hineinrühren.*
Bohnen sollten ohne Salz gekocht werden, da sich sonst die Garzeit wesentlich verlängert. Am besten werden sie separat gegart, da die roten Bohnen meist länger garen müssen als die weißen. «

Suppen & Eintöpfe

Krauteintopf mit dreierlei Fleisch und Kräuterpesto

Für das Pesto:

1 Bund Basilikum
½ Bund Petersilie
50 g Spinatblätter · Salz
1–2 Knoblauchzehen
50 g frisch geriebener Pecorino
50 g geröstete Mandelblättchen
⅛ l mildes Olivenöl

Für den Eintopf:

½ Kopf junger Spitzkohl
8 Schalotten · 2 kleine Möhren
200 g Knollensellerie
100 g Kenia- oder Buschbohnen
Salz · 1 TL Puderzucker
100 ml weißer Portwein
¾ l Geflügelbrühe · 1 Lorbeerblatt
1 Streifen unbehandelte Zitronenschale
je 1 Scheibe Knoblauch und Ingwer
1 Bohnenkrautzweig
Cayennepfeffer
200 g Geflügelbrustfilet (ohne Haut und Knochen)
200 g Schweinefilet
200 g Rinderlende
1–2 EL Öl · Pfeffer aus der Mühle

Zum Fertigstellen:

200 g gemischte Pilze der Saison
1 EL Öl · Salz · Pfeffer aus der Mühle · Cayennepfeffer

Für 4 Personen

1 Für das Pesto Basilikum-, Petersilien- und Spinatblätter von den Stielen zupfen, waschen und trocken schütteln. Die Petersilie und den Spinat in reichlich kochendem Salzwasser kurz blanchieren, in kaltem Wasser abschrecken, abgießen und gut ausdrücken. Basilikum und die blanchierten Blätter mit Knoblauch, Pecorino, Mandeln und etwas Olivenöl im Mixer pürieren. So viel Olivenöl dazugeben, dass das Pesto leicht flüssig ist. Erst kurz vor der Verwendung mit Salz würzen.

2 Für den Krauteintopf den Spitzkohl entstrunken, waschen, trocken schütteln und in 3 cm große Rauten schneiden. Die Schalotten schälen und in 1 bis 2 cm große Scheiben schneiden. Die Möhren schälen und schräg in dünne Scheiben schneiden. Den Sellerie schälen, erst in dünne Scheiben, dann in 2 bis 3 cm große Rauten schneiden. Die Bohnen putzen, waschen und halbieren. In kochendem Salzwasser bissfest blanchieren, in kaltem Wasser abschrecken und abtropfen lassen.

3 Den Puderzucker in einem Topf bei mittlerer Hitze karamellisieren. Das Gemüse – bis auf die Bohnen – dazugeben und kurz mitdünsten. Mit Portwein ablöschen und sirupartig einköcheln lassen. Mit Brühe aufgießen und den Eintopf bei milder Hitze 10 Minuten köcheln lassen, bis das Gemüse weich ist. Nach 5 Minuten Lorbeerblatt, Zitronenschale, Knoblauch, Ingwer und Bohnenkraut hinzufügen und mit Cayennepfeffer würzen.

4 Geflügelbrustfilet waschen und trocken tupfen. Mit Schweinefilet und Rinderlende in 2 bis 3 cm große Würfel schneiden. In einer Pfanne im Öl bei mittlerer Hitze von allen Seiten kurz anbraten, salzen und pfeffern. In den Eintopf geben und 5 Minuten ziehen lassen.

5 Zum Fertigstellen die Pilze putzen, trocken abreiben, je nach Größe halbieren oder vierteln und in einer Pfanne im Öl 1 bis 2 Minuten anbraten. Salzen, pfeffern und mit den Bohnen in den Eintopf geben. Den Eintopf mit Salz und Cayennepfeffer abschmecken und die ganzen Gewürze entfernen. Den Eintopf mit etwas Pesto beträufeln und heiß servieren. Das restliche Pesto separat dazu reichen.

» Je nach Geschmack können für das Pesto auch andere Kräuter wie Estragon, Kerbel oder Bärlauch zusätzlich zu Spinat und Basilikum mitverwendet werden. «

Suppen & Eintöpfe

Suppen & Eintöpfe

Forellensuppe mit Champignons und Miesmuscheln

Für die Suppe:

4 geräucherte Forellenfilets
1 Möhre
1 Stange Staudensellerie
½ dünne Stange Lauch
½ l Gemüsebrühe
1 Wacholderbeere
½ TL schwarze Pfefferkörner
1 kleines Lorbeerblatt
1 Streifen unbehandelte Zitronenschale
Salz · Zucker
Cayennepfeffer

Für die Einlage:

4 Champignons
300 g Miesmuscheln · Salz

Zum Anrichten:

frisch geriebene Muskatnuss
1 EL Schnittlauchröllchen

Für 4 Personen

1 Für die Suppe die Forellenfilets häuten, eventuell entgräten, und in 3 bis 4 cm große Stücke teilen, die Forellenhäute aufheben. Die Möhre schälen. Den Sellerie putzen, waschen und ebenso wie die Möhre in dünne Scheiben schneiden. Den Lauch putzen und waschen, das Grün entfernen und das Helle in dünne Streifen schneiden.

2 In einem kleinen Topf die Brühe aufkochen und das Gemüse darin bissfest blanchieren. In ein Sieb abgießen, den Sud aufheben und das Gemüse beiseitestellen. Die Forellenhäute im Sud mit Wacholderbeeren, Pfefferkörnern, Lorbeerblatt und Zitronenschale etwa 15 Minuten ziehen lassen. Erneut durch ein Sieb gießen, den Sud mit Salz sowie je 1 Prise Zucker und Cayennepfeffer abschmecken.

3 Für die Einlage die Champignons putzen, trocken abreiben und in Scheiben schneiden. Die Muscheln unter fließendem kaltem Wasser gründlich waschen und bürsten, geöffnete Exemplare aussortieren. In einem Topf etwas Salzwasser erhitzen, die Muscheln hineingeben und zugedeckt dämpfen, bis sie sich öffnen. In ein Sieb abgießen und abtropfen lassen. Das Muschelfleisch aus den Schalen lösen, geschlossene Muscheln aussortieren.

4 Zum Anrichten Möhre, Sellerie, Lauch und Champignons mit den Muscheln in die Suppe geben. Etwas Muskatnuss in vorgewärmte tiefe Teller reiben, die Forellenstücke und die Suppe darüber verteilen. Mit Schnittlauch bestreuen.

» Sie sollten die Muscheln nur so lange garen, bis sie sich öffnen – so bleiben sie weich und saftig. Gart man sie zu lange, schmecken sie zäh. «

Suppen & Eintöpfe

Gelierte Bouillabaisse

Für das Gelee:

1 Möhre
1 kleine Zwiebel
½ kleine Stange Lauch
1 Stange Staudensellerie
½ kleine Fenchelknolle
80 g Champignons
2 EL Olivenöl
1 TL Anislikör (z. B. Pernod)
4 EL Weißwein
¾ l Gemüsebrühe
einige Safranfäden
1 halbierte Knoblauchzehe
1 kleines Lorbeerblatt
1 Thymianzweig
Salz
Cayennepfeffer
9 Blatt Gelatine

Für die Einlage:

400 g gemischte Fischfilets
(z. B. Rotbarbe, Dorade,
Knurrhahn oder Meeräsche)
Salz
300 g Miesmuscheln

Zum Fertigstellen:

3 EL Olivenöl

Für 4 Personen

1 Für das Gelee die Möhre und die Zwiebel schälen, Lauch, Sellerie und den Fenchel waschen und putzen. Die Champignons putzen, trocken abreiben und alles klein schneiden.

2 In einem Topf das Olivenöl erhitzen, Möhre, Zwiebel, Sellerie und Fenchel darin glasig dünsten. Etwas später Champignons und Lauch hinzufügen. Mit Anislikör und Wein ablöschen, mit der Brühe aufgießen und das Gemüse knapp unter dem Siedepunkt etwa 20 Minuten bissfest garen. Die Safranfäden mit der halbierten Knoblauchzehe, dem Lorbeerblatt und dem Thymian hinzufügen und kurz ziehen lassen. Knoblauch, Lorbeerblatt und Thymian wieder entfernen, die Suppe mit Salz und 1 Prise Cayennepfeffer würzen.

3 Die Gelatine in kaltem Wasser einweichen, gut ausdrücken und in der heißen Suppe auflösen. Die Suppe im Kühlschrank abkühlen lassen, bis sie fast geliert, dabei gelegentlich umrühren.

4 Für die Einlage die Fischfilets waschen, trocken tupfen und in mundgerechte Würfel schneiden. In einem Topf etwas Wasser aufkochen, gut salzen, vom Herd nehmen und die Fischwürfel darin 3 Minuten glasig durchziehen lassen. Mit einem Schaumlöffel herausnehmen und abkühlen lassen.

5 Die Muscheln unter fließendem kaltem Wasser gründlich waschen und bürsten, geöffnete Exemplare aussortieren. In einem Topf etwas Salzwasser zum Kochen bringen, die Muscheln hineingeben und zugedeckt einige Minuten garen, bis sie sich öffnen. Die Muscheln in ein Sieb abgießen, geschlossene Muscheln aussortieren. Das Muschelfleisch aus den Schalen lösen.

6 Zum Fertigstellen die Fischstücke und das Muschelfleisch in vorgewärmte tiefe Teller geben und die Geleesuppe darüber verteilen. Die gelierte Bouillabaisse im Kühlschrank mehrere Stunden fest werden lassen und zum Servieren mit Olivenöl beträufeln.

Suppen & Eintöpfe

Muscheleintopf mit Safran

Für die Muscheln:
1,2 kg Miesmuscheln
Meersalz

Für die Suppe:
1 kleine Fenchelknolle
4 Stangen Staudensellerie
1 Stange Lauch (der helle Teil)
1 Zwiebel
3 kleine Möhren
500 g festkochende Kartoffeln
3 EL Olivenöl
⅛ l Weißwein
2 cl Anislikör
1 l Gemüsebrühe
1 Scheibe Ingwer
2 Scheiben Knoblauch
1 Streifen unbehandelte Zitronenschale
1 Lorbeerblatt
1 Prise Safranfäden
Salz · Cayennepfeffer
2 EL Petersilie (grob gehackt)

Für 4 Personen

1 Die Muscheln unter fließendem kaltem Wasser gründlich waschen und bürsten, geöffnete Exemplare aussortieren. In einem großen Topf Salzwasser zum Kochen bringen, die Muscheln hineingeben und zugedeckt bei milder Hitze einige Minuten garen, bis sie sich öffnen. Die Muscheln in ein Sieb abgießen, geschlossene Muscheln aussortieren. Das Muschelfleisch aus den Schalen lösen und bis zur Weiterverwendung zugedeckt im Kühlschrank aufbewahren.

2 Für die Suppe Fenchel, Sellerie und Lauch putzen, waschen und in möglichst dünne Scheiben schneiden. Die Zwiebel schälen, vierteln und in dünne Scheiben schneiden. Die Möhren schälen und schräg in dünne Scheiben schneiden. Die Kartoffeln schälen, waschen und in 1 cm große Würfel schneiden.

3 Fenchel-, Sellerie-, Zwiebel- und Möhrenscheiben in einem großen Topf im Olivenöl bei mittlerer Hitze einige Minuten andünsten. Die Kartoffelwürfel dazugeben, mit dem Wein und Anislikör ablöschen, leicht einköcheln lassen und mit der Brühe aufgießen. Die Suppe bei milder Hitze knapp unter dem Siedepunkt etwa 10 Minuten ziehen lassen, bis das Gemüse weich ist.

4 Nach 5 Minuten Lauch, Ingwer, Knoblauch, Zitronenschale, Lorbeerblatt und Safranfäden hineingeben. Den Eintopf mit Salz und Cayennepfeffer abschmecken. Ingwer, Knoblauch, Zitronenschale und Lorbeerblatt wieder entfernen, die Muscheln hinzufügen und vorsichtig in der Suppe erwärmen. Den Muscheleintopf mit Petersilie und nach Belieben mit Fenchelgrün bestreuen und sofort servieren.

» Man kann zum Schluss auch noch etwas Rouille in den Eintopf geben. Dafür ¼ rote Paprikaschote, 1 Knoblauchzehe und 1 kleine gekochte Kartoffel schälen bzw. pellen und grob zerkleinern. Mit 3 Safranfäden, ½ TL Dijonsenf, 1 Eigelb, Salz und Pfeffer im Mixer pürieren. Nach und nach etwa 75 ml Olivenöl und 2 EL Gemüsebrühe dazuträufeln und untermixen, bis eine cremige Sauce entsteht. «

Suppen & Eintöpfe

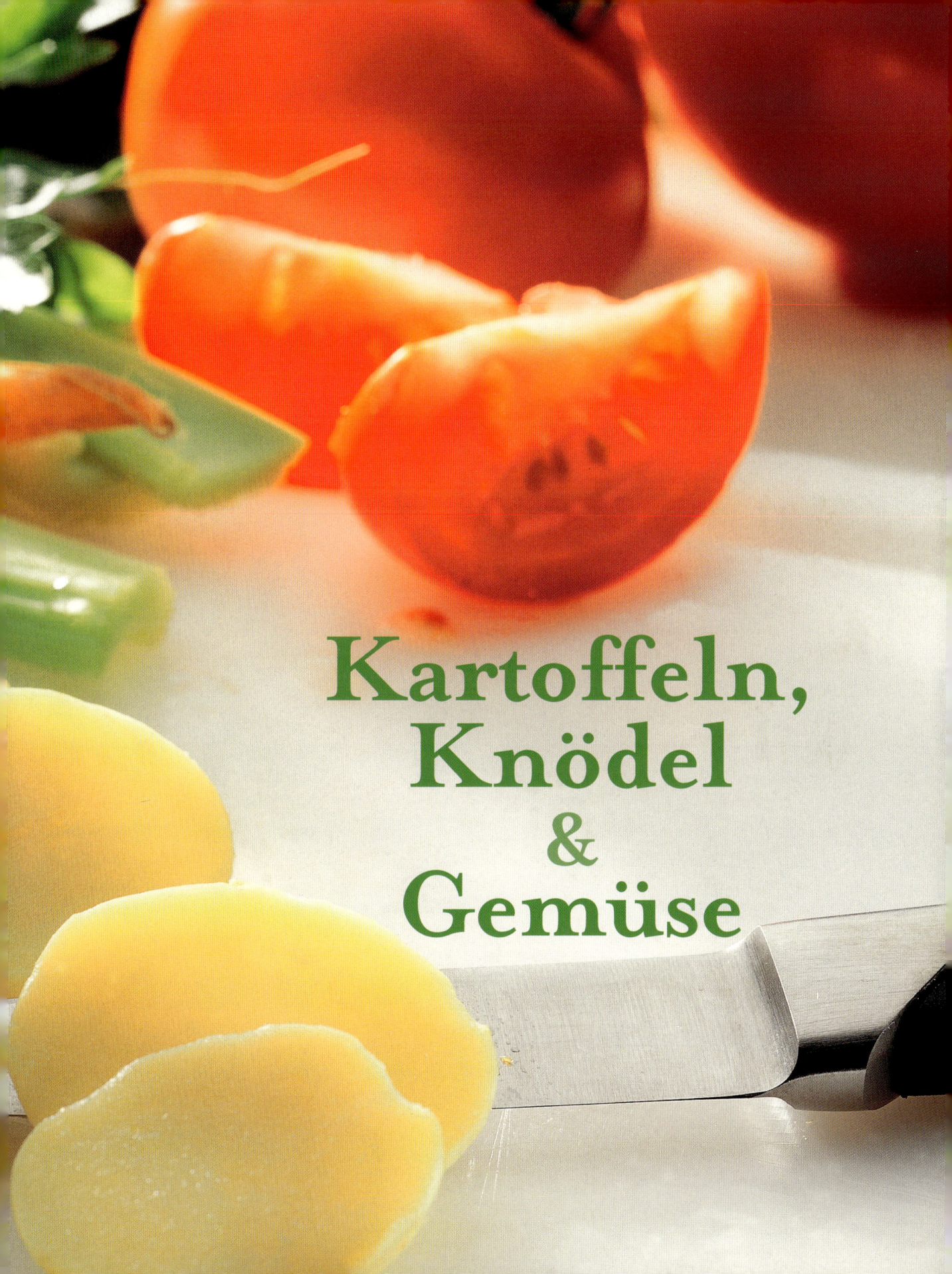

Kartoffeln, Knödel & Gemüse

Kartoffeln, Knödel & Gemüse

Kartoffeln im Salzbett mit Dips

Für die Kartoffeln:

2 kg Meersalz · 4 große Kartoffeln
3 Lorbeerblätter · 4 Rosmarinzweige

Für den Zucchini-Crevetten-Dip:

150 g Crème fraîche
1 Msp. abgeriebene unbehandelte Zitronenschale
1 EL Orangensaft
1 TL Cognac · 1 EL Ketchup
Salz · Cayennepfeffer
Zucker
120 g Zucchini · 100 g Crevetten

Für den Käse-Dip:

½ Zwiebel · 100 g Aubergine
1 ½ kleine rote Paprikaschoten
2 EL Öl · 2 Scheiben Knoblauch
1 Thymianzweig
Salz · Pfeffer aus der Mühle
50 g durchwachsener Speck
50 g Quark · 80 g Sahne
120 g Crème fraîche
100 g Camembert (in Würfeln)
gemahlener Kümmel
1 EL Schnittlauchröllchen

Für den Avocado-Tomaten-Dip:

1 EL Rosinen · 2 EL Orangensaft
1 reife Avocado · 1 reife Tomate
¼ kleine Zwiebel · 3 EL Olivenöl
1 EL Mandelstifte · ½ Knoblauchzehe · je 1 TL Zimtrinde, Szechuanpfeffer, Kardamom und getrocknete Chilischote · 1 EL Zitronensaft
Muskatblüte · Salz

Für 4 Personen

1 Etwa ein Drittel des Meersalzes in einer Auflauf- oder Springform gleichmäßig verteilen. Den Backofen auf 200 °C vorheizen. Die Kartoffeln gründlich waschen, trocken tupfen und auf das Salzbett legen, mit dem restlichen Meersalz großzügig bedecken. Lorbeer und Rosmarin auf dem Salz verteilen. Die Kartoffeln im vorgeheizten Ofen etwa 1 Stunde backen, bis sie weich sind, dann aus dem Salz heben, überschüssiges Salz entfernen. Die Kartoffeln noch heiß mit der Gabel aufbrechen und mit den Dips servieren.

2 Für den Zucchini-Crevetten-Dip die Crème fraîche mit Zitronenschale, Orangensaft, Cognac und Ketchup verrühren und mit Salz sowie je 1 Prise Cayennepfeffer und Zucker abschmecken. Die Zucchini putzen, waschen und in ½ bis 1 cm große Würfel schneiden. Die Crevetten in einem Sieb waschen und abtropfen lassen. Zucchini und Crevetten mit der Sauce vermischen.

3 Für den Käse-Dip die Zwiebel schälen, Aubergine putzen und waschen, Paprika der Länge nach halbieren, entkernen und waschen. Das Gemüse in kleine Würfel schneiden, in einer Pfanne in 1 EL Öl mit Knoblauch und Thymian andünsten. Gewürze wieder entfernen und das Gemüse mit Salz und Pfeffer würzen. Den Speck in kleine Würfel schneiden, in einer Pfanne in 1 EL Öl kross braten und auf Küchenpapier abtropfen lassen. Quark, Sahne und Crème fraîche in einer Schüssel glatt rühren. Gemüse, Camembertwürfel und Speck unterrühren, mit Salz, Pfeffer und 1 Prise Kümmel würzen. Mit Schnittlauchröllchen bestreuen.

4 Für den Avocado-Tomaten-Dip die Rosinen im Orangensaft einweichen. Avocado halbieren, entkernen, schälen und in knapp 1 cm große Würfel schneiden. Von der Tomate den Stielansatz entfernen, die Tomate überbrühen, kalt abschrecken, häuten, vierteln, entkernen und in kleine Würfel schneiden. Zwiebel schälen, in kleine Würfel schneiden und in 1 EL Olivenöl andünsten. Die Mandelstifte in einer beschichteten Pfanne ohne Fett rösten. Den Knoblauch fein hacken. Die Gemüsewürfel mit Mandeln, eingeweichten Rosinen und Knoblauch vermischen. Zimt, Szechuanpfeffer, Kardamom und Chilischoten in eine Gewürzmühle füllen. Den Dip mit 2 EL Olivenöl, Zitronensaft, 1 Prise Muskatblüte, den Gewürzen aus der Mühle und Salz abschmecken.

Kartoffeln, Knödel & Gemüse

Kartoffeln, Knödel & Gemüse

Abgeschmolzene Kartoffelmaultaschen mit Röstzwiebeln

Für die Füllung:
⅓ Salatgurke · Salz
1 Knoblauchzehe
300 g Quark
50 g milder Blauschimmelkäse
1 EL Petersilie (grob gehackt)
Cayennepfeffer

Für den Kartoffelteig:
900 g mehlig kochende Kartoffeln
Salz
½ TL ganzer Kümmel
50 g braune Butter (siehe S. 30)
2 Eigelb
200 g Mehl · 50 g Grieß
frisch geriebene Muskatnuss

Für die Maultaschen:
Mehl zum Ausrollen
1 verquirltes Ei
Grieß zum Bestreuen

Für die Röstzwiebeln:
2 Zwiebeln
1 EL Öl
50 g Butter

Zum Anrichten:
Salz
1 EL Petersilie (grob gehackt)

Für 4 Personen

1 Für die Füllung die Gurke schälen, längs halbieren, entkernen und in möglichst kleine Würfel schneiden. Kurz in kochendem Salzwasser blanchieren, kalt abschrecken und gut abtropfen lassen. Den Knoblauch schälen und fein hacken. Den Quark in ein Küchentuch geben, das Tuch oben zusammennehmen, drehen und den Quark dabei kräftig ausdrücken. Den Blauschimmelkäse in kleine Würfel schneiden und mit dem Quark, den Gurken, dem Knoblauch und der Petersilie verrühren. Die Füllung mit Salz und 1 Prise Cayennepfeffer herzhaft abschmecken.

2 Für den Kartoffelteig die Kartoffeln waschen, in Salzwasser mit dem Kümmel weich kochen, abgießen, etwas ausdampfen lassen, pellen, durch die Kartoffelpresse drücken und vollständig abkühlen lassen. Die braune Butter schmelzen lassen und mit den Eigelben unter etwa 750 g Kartoffelmasse mischen. Mehl und Grieß unterkneten und den Kartoffelteig mit Salz und Muskatnuss würzen.

3 Für die Maultaschen den Teig auf der bemehlten Arbeitsfläche etwa 3 mm dick ausrollen, dabei mit Mehl bestäuben, damit der Teig nicht klebt. Mit einem Plätzchenausstecher 5 bis 7 cm große Teigplättchen ausstechen und jeweils 1 TL Füllung in die Mitte setzen. Die Teigränder mit verquirltem Ei dünn bestreichen, über der Füllung zusammenfalten und leicht andrücken. Die Maultaschen bis zum Kochen auf ein mit Grieß bestreutes Brett setzen.

4 Für die Röstzwiebeln die Zwiebeln schälen, in Ringe schneiden und in einer Pfanne im Öl bei mittlerer Hitze bräunen, dann die Butter darin schmelzen lassen.

5 Zum Anrichten die Maultaschen in siedendes Salzwasser geben. Wenn die Maultaschen an die Oberfläche steigen, noch weitere 2 Minuten im Wasser gar ziehen lassen. Mit einem Schaumlöffel herausheben, auf vorgewärmten Tellern anrichten, die Röstzwiebeln darüber verteilen und mit Petersilie bestreut servieren.

Kartoffeln, Knödel & Gemüse

Gefüllte Gnocchi mit Kräutern

Für die Gnocchimasse:

600 g mehlig kochende Kartoffeln

Salz

25 g braune Butter (siehe S. 30)

2 Eigelb

55 g Mehl

55 g Speisestärke

frisch geriebene Muskatnuss

Für die Füllung:

3 EL frische Kräuter

(z. B. Petersilie, Basilikum, Kerbel oder Bärlauch; grob gehackt)

Mehl zum Bestäuben

Salz

etwas Öl

Zum Anrichten:

50 g braune Butter (siehe S. 30)

1 EL frische Salbeiblätter (grob gehackt)

1–2 EL frisch geriebener Parmesan

Für 4 Personen

1. Für die Gnocchimasse die Kartoffeln waschen, in Salzwasser weich kochen, abgießen, pellen, etwas ausdampfen lassen, durch die Kartoffelpresse drücken und gut abkühlen lassen. Die braune Butter erwärmen und mit den Eigelben unter etwa 500 g durchgedrückte Kartoffeln mischen. Mehl und Speisestärke sieben und zuletzt locker unter die Kartoffeln kneten, mit Salz und Muskatnuss würzen.

2. Für die Füllung ein Viertel der Gnocchimasse abnehmen und mit den Kräutern verkneten.

3. Zum Fertigstellen der Gnocchi die restliche Gnocchimasse zu mehreren Rollen von etwa 2 cm Dicke formen, dabei mit Mehl bestäuben. Die Rollen flach drücken. Die Kräutergnocchimasse mit etwas Mehl zu dünneren Rollen in gleicher Länge formen und auf die Kartoffelgnocchibahnen legen. Diese über dem Kräuterteig zusammenlegen, etwas andrücken und nachformen. Leicht mit Mehl bestäuben und mit einem Messer in 1 bis 2 cm dicke Stücke schneiden.

4. Die Kräutergnocchi portionsweise in kochendes Salzwasser geben, an die Oberfläche steigen lassen und noch weitere 2 Minuten im Wasser gar ziehen lassen. Mit einem Schaumlöffel herausheben, kalt abschrecken, gut abtropfen lassen und, falls nötig, mit etwas Öl mischen, damit sie nicht aneinanderkleben.

5. Zum Anrichten die braune Butter mit dem Salbei in einer Pfanne bei mittlerer Hitze erwärmen. Die Gnocchi darin schwenken und mit dem Parmesan auf vorgewärmten Tellern anrichten.

» Gnocchi kann man sehr gut im Voraus zubereiten. Die gekochten Gnocchi einfach mit etwas Öl vermischen und auf einem Blech oder einer großen Platte ausgebreitet zugedeckt in den Kühlschrank stellen. So kann man sie bis zu 2 Tage aufbewahren. «

Kartoffeln, Knödel & Gemüse

Gnocchipfanne mit Pfifferlingen

Für die Gnocchi:

1 kg gekochte, durchgedrückte, abgekühlte Kartoffeln

4 Eigelb

3 EL braune Butter (siehe S. 30)

Salz · Pfeffer aus der Mühle

frisch geriebene Muskatnuss

110 g Mehl

80 g Speisestärke

30 g Hartweizengrieß

Für die Sauce:

1 kleine Zwiebel · 20 g Butter

150 g Sahne

1 Streifen unbehandelte Zitronenschale

1 Lorbeerblatt

Salz · Cayennepfeffer

400 g Pfifferlinge

1 EL Öl

Pfeffer aus der Mühle

2 EL Petersilie (grob gehackt)

Zum Fertigstellen:

Salz · 20 g Butter

Für 4 Personen

1 Für die Gnocchi Kartoffeln mit Eigelben, flüssiger brauner Butter, je 1 Prise Salz, Pfeffer und Muskatnuss mischen. Mehl, Speisestärke und Grieß dazugeben und alles rasch zu einem glatten Teig verkneten.

2 Den Teig in knapp walnussgroße Portionen teilen, zu Kugeln formen und mit leichtem Druck über einen Gabelrücken rollen, sodass an der Unterseite eine kleine Mulde entsteht und die Oberfläche gerillt ist. Oder den Teig in 1 bis 2 cm dicke Stränge rollen und mit einem Messer 2 cm dicke Stücke abschneiden. Die fertigen Gnocchi bis zur Weiterverwendung nebeneinander auf ein mit Grieß bestreutes Brett legen.

3 Für die Sauce die Zwiebel schälen, in kleine Würfel schneiden und in einer Pfanne in der Butter bei milder Hitze glasig dünsten. Mit Sahne aufgießen, Zitronenschale und Lorbeerblatt hineingeben, knapp unter dem Siedepunkt 5 Minuten ziehen lassen und mit Salz und Cayennepfeffer würzen. Zitronenschale und Lorbeerblatt wieder entfernen.

4 Die Pfifferlinge putzen, trocken abreiben, je nach Größe halbieren oder vierteln und in einer heißen Pfanne im Öl bei mittlerer Hitze 1 bis 2 Minuten anbraten. Leicht salzen und pfeffern, in die Sauce geben und mit Petersilie bestreuen.

5 Zum Fertigstellen die Gnocchi portionsweise in kochendes Salzwasser geben, die Hitze herunterschalten. Sobald die Gnocchi an die Oberfläche steigen, noch 1 Minute ziehen lassen, herausnehmen und gut abtropfen lassen. Die Gnocchi in einer entsprechend großen Pfanne in der Butter bei mittlerer Hitze leicht anbraten. Die Gnocchi mit der Pilzsauce auf vorgewärmten Tellern anrichten und sofort servieren.

Kartoffeln, Knödel & Gemüse

Kartoffeln, Knödel & Gemüse

Topfen-Fingernudeln mit Krautfleckerln

Für die Fingernudeln:
375 g gekochte, durchgedrückte, abgekühlte Kartoffeln
3 EL braune Butter (siehe S. 30)
1 Eigelb · 65 g Topfen (Quark)
Salz · Pfeffer aus der Mühle
frisch geriebene Muskatnuss
100 g Speisestärke
40 g Weizengrieß
doppelgriffiges Mehl
zum Verarbeiten

Für die Krautfleckerl:
½ Kopf junges Weißkraut
50 g gut durchwachsener Speck
(in dünnen Scheiben)
1 TL Öl · ½ TL Puderzucker
100 ml Weißwein
200 ml Gemüsebrühe
Salz · gemahlener Kümmel
getrockneter Majoran

Zum Fertigstellen:
2–3 EL Öl · 20 g Butter
Salz

Für 4 Personen

1 Für die Fingernudeln die Kartoffeln mit flüssiger brauner Butter, Eigelb und Topfen vermischen. Mit Salz, Pfeffer und Muskatnuss würzen. Speisestärke und Grieß dazugeben und alles rasch zu einem glatten Teig verkneten.

2 Mit leicht bemehlten Händen aus der Masse 3 cm breite und 7 cm lange Findernudeln rollen und leicht flach drücken. Bis zur Weiterverwendung auf einem mit Mehl bestäubten Brett aufbewahren.

3 Für die Krautfleckerl das Weißkraut putzen, den Strunk herausschneiden und das Kraut in einzelne Blätter zerteilen. Die Krautblätter waschen, abtropfen lassen und in 2 bis 3 cm große Rauten schneiden, dabei eventuell die harten Blattrippen entfernen.

4 Den Speck in 1 cm breite Stücke schneiden und in einem breiten Topf im Öl bei mittlerer Hitze leicht anbraten. Den Puderzucker darüberstäuben und kurz karamellisieren.

5 Das Kraut dazugeben, mit Wein ablöschen und sirupartig einköcheln lassen. Die Brühe hinzufügen und das Kraut bei milder Hitze unter gelegentlichem Rühren 10 Minuten weich garen. Mit Salz, Kümmel und 1 Prise Majoran würzen. Falls zu viel Flüssigkeit verdampft, noch etwas Brühe dazugeben.

6 Zum Fertigstellen die Fingernudeln in einer Pfanne im Öl bei milder Hitze von beiden Seiten langsam braten, bis sie goldbraun und gar sind. Zuletzt die Butter dazugeben, durchschwenken und leicht salzen. Die Topfen-Fingernudeln mit den Krautfleckerln servieren.

» Für Spinat-Käse-Fingernudeln kann man zusätzlich zum Topfen noch 50 g blanchierten, gehackten Spinat, ½ TL fein gehackte Thymianblättchen und 30 g geriebenen Bergkäse unter die Masse heben. Die Masse zu kleinen Fingernudeln formen, in siedendem Wasser einige Minuten gar kochen, abgießen, gut abtropfen lassen und in einer Pfanne in etwas Butter anbraten. «

Kartoffeln, Knödel & Gemüse

Kartoffeln, Knödel & Gemüse

Kartoffel-Lamm-Gratin mit Roquefort

Für die kandierten Tomaten:
8 reife Tomaten
3 EL Olivenöl
½ TL Puderzucker
1 Knoblauchzehe (in Scheiben)
1 TL Rosmarinnadeln

Für die Füllung:
1 Stange Lauch (der helle Teil)
Salz
5 dünne Lammfleischscheiben (120 g)
Pfeffer aus der Mühle
1 EL Öl
500 g festkochende Kartoffeln
50 g Roquefort

Für die Roquefortcreme:
50 g Roquefort
150 ml Milch
150 g Sahne
1 Msp. gehackter Knoblauch
½ TL Zitronenthymianblättchen
Salz · Pfeffer aus der Mühle
Cayennepfeffer

Zum Fertigstellen:
Öl für die Form

Für 4 Personen

1 Für die kandierten Tomaten den Backofen auf 120 °C vorheizen. Von den Tomaten die Stielansätze entfernen, die Tomaten überbrühen, kalt abschrecken, häuten, vierteln und entkernen. Die Tomatenviertel mit der gewölbten Seite nach oben auf ein leicht geöltes Backblech legen. Die Tomatenfilets mit Puderzucker bestäuben, Knoblauch und Rosmarinnadeln darüber verteilen und mit Olivenöl beträufeln. Die Tomaten im vorgeheizten Ofen auf der mittleren Schiene etwa 1 ½ Stunden trocknen bzw. kandieren lassen.

2 Für die Füllung den Lauch putzen, der Länge nach halbieren, waschen, in 1 cm dicke und 3 cm lange Streifen schneiden. In reichlich kochendem Salzwasser bissfest blanchieren, in kaltem Wasser abschrecken, gut abtropfen lassen und mit Küchenpapier trocken tupfen.

3 Das Lammfleisch zwischen zwei Lagen Frischhaltefolie flach klopfen, salzen und pfeffern. In einer Pfanne im Öl bei mittlerer Hitze von beiden Seiten nur ganz kurz anbraten, auf Küchenpapier abtropfen lassen. Die Kartoffeln schälen, waschen, in dünne Scheiben hobeln und auf einem Sieb abtropfen lassen. Den Roquefort zerbröckeln.

4 Für die Creme die Hälfte des Roqueforts, Milch, Sahne und Knoblauch mit dem Stabmixer gut verrühren. Den Zitronenthymian dazugeben und mit wenig Salz, Pfeffer und Cayennepfeffer würzen.

5 Zum Fertigstellen den Backofen auf 170 °C vorheizen. Eine entsprechend große Auflaufform leicht einölen und abwechselnd Kartoffelscheiben, Lauch, Lamm und Tomaten hineinschichten, bis alle Zutaten verbraucht sind. Dabei zwischen Lauch, Tomaten und Lamm immer eine Lage Kartoffeln einschichten. Mit einer Kartoffelschicht abschließen. Mit der Roquefortcreme begießen, sodass alle Zutaten gut bedeckt sind. Mit dem restlichen Roquefort bestreuen und im vorgeheizten Ofen auf der mittleren Schiene 40 Minuten backen, bis die Kartoffeln weich sind. Falls das Gratin zu schnell braun wird, die Ofentemperatur auf 150 °C herunterschalten. Aus dem Ofen nehmen und heiß servieren.

» Die kandierten Tomaten können auch schon einen Tag im Voraus zubereitet werden. «

Kartoffeln, Knödel & Gemüse

Kartoffeln, Knödel & Gemüse

Kartoffelstrudel mit Kräutercreme

Für den Strudelteig:
250 g Mehl · Salz
½ TL Weißweinessig
3 EL Öl

Für die Füllung:
700 g festkochende Kartoffeln
Salz · ½ TL ganzer Kümmel
1 kleine Zwiebel
100 g gut durchwachsener Speck
(in dünnen Scheiben)
100 g gekochtes Rindfleisch
(in dünnen Scheiben)
ca. 100 ml Öl
Pfeffer aus der Mühle
gemahlener Kümmel
10 g Butter
getrockneter Majoran
1 EL Petersilie (grob gehackt)

Zum Fertigstellen:
60 g Butter
Mehl zum Bestäuben

Für die Kräutercreme:
250 g Sahnequark · 70 g Sahne
4 EL klein geschnittene Kräuter
(z. B. Dill, Kerbel,
Estragon, Schnittlauch)
1 Msp. fein gehackte unbehandelte
Zitronenschale
einige Spritzer Zitronensaft
Salz · Pfeffer aus der Mühle

Für 6–8 Personen

1 Für den Strudelteig Mehl und 1 Prise Salz mischen. ⅛ l lauwarmes Wasser, Essig und 2 EL Öl dazugeben und zu einem glatten, elastischen Teig verkneten. Zu einer Kugel formen, mit dem restlichen Öl bestreichen und zugedeckt an einem warmen Ort mindestens 30 Minuten ruhen lassen.

2 Für die Füllung die Kartoffeln waschen und in reichlich Wasser mit Salz und Kümmel weich kochen. Abgießen, pellen und vollständig abkühlen lassen. Die Zwiebel schälen und in kleine Würfel schneiden. Die Speck- und Rindfleischscheiben in dünne Streifen schneiden. Die Kartoffeln in dünne Scheiben schneiden und in einer Pfanne in zwei Portionen in reichlich Öl bei mittlerer Hitze goldbraun braten. Mit Salz, Pfeffer und 1 Prise Kümmel würzen.

3 Den Speck in einer zweiten Pfanne mit 1 EL Öl kross braten, Zwiebelwürfel dazugeben und glasig dünsten, zuletzt Rindfleisch und Butter hinzufügen. Mit 1 Prise Majoran würzen. Speck-Zwiebel-Rindfleisch-Mischung, Bratkartoffeln und Petersilie gut vermischen.

4 Zum Fertigstellen den Backofen auf 180 °C vorheizen. Die Butter bei milder Hitze schmelzen lassen. Ein Küchentuch mit etwas Mehl bestäuben. Den Teig auf dem Tuch rechteckig ausrollen und mit leicht bemehlten Händen so dünn wie möglich ausziehen (etwa 40 x 50 cm). Mit wenig flüssiger Butter bestreichen.

5 Die Kartoffelfüllung auf das untere Drittel verteilen, dabei einen Rand von etwa 3 cm lassen, und den Strudel mithilfe des Tuchs aufrollen. Die Enden gut andrücken und auf ein geöltes Backblech setzen. Rundherum mit der restlichen Butter bestreichen. Den Strudel im vorgeheizten Ofen auf der mittleren Schiene 30 Minuten goldbraun backen.

6 Für die Kräutercreme den Quark mit der Sahne glatt rühren, Kräuter und Zitronenschale untermischen und mit etwas Zitronensaft, Salz und Pfeffer abschmecken.

7 Den Strudel aus dem Ofen nehmen, leicht abkühlen lassen und in etwa 3 cm breite Scheiben schneiden. Mit der Kräutercreme und einem kleinen gemischten Salat servieren.

» Um Zeit zu sparen, kann man auch fertig gekaufte Strudelteigblätter verwenden. Die Kartoffeln können schon am Vortag gekocht werden. «

Kartoffeln, Knödel & Gemüse

Kartoffeln, Knödel & Gemüse

Kartoffelgulasch

Für das Gulasch:

500 g festkochende Kartoffeln
1 rote Chilischote
¾ l Gemüsebrühe
1 kleines Lorbeerblatt
Cayennepfeffer
1 Zwiebel
je 1 rote, grüne und gelbe Paprikaschote
1 EL Olivenöl
1 TL Tomatenmark
1 EL Paprikapulver (edelsüß)
Salz · Pfeffer aus der Mühle

Für das Gulaschgewürz:

2 Knoblauchzehen
1 Streifen unbehandelte Zitronenschale
1 TL ganzer Kümmel
1 TL getrockneter Majoran
½ TL Salz

Für 4 Personen

1 Für das Gulasch die Kartoffeln schälen, waschen und in 2 cm große Würfel schneiden. Die Chilischote längs halbieren, entkernen und waschen. Die Brühe in einem Topf erhitzen, das Lorbeerblatt und die Chilischote hinzufügen und die Kartoffelwürfel darin 20 bis 30 Minuten weich garen.

2 Die Flüssigkeit vorsichtig abgießen, Chilischote und Lorbeerblatt dabei entfernen. Den Kartoffelsud mit 50 g Kartoffelwürfeln pürieren und durch ein Sieb passieren, nach Geschmack mit Cayennepfeffer nachwürzen. Die restlichen Kartoffelwürfel beiseitestellen.

3 Die Zwiebel schälen und in etwa 1 ½ cm große Würfel schneiden. Die Paprikaschoten der Länge nach halbieren, entkernen und waschen. Die Paprikahälften schälen und in Rauten schneiden.

4 Die Zwiebelwürfel in einem Topf im Olivenöl bei milder Hitze glasig dünsten, die Paprika dazugeben und 2 bis 3 Minuten mitdünsten. Das Tomatenmark unterrühren und kurz anrösten. Das Paprikapulver darüberstäuben und das Gemüse mit dem Kartoffelsud auffüllen.

5 Für das Gulaschgewürz den Knoblauch schälen und fein hacken. Die Zitronenschale ebenfalls fein hacken. Den Kümmel in einer Pfanne ohne Fett anrösten. Knoblauch, Zitronenschale und Kümmel mit den restlichen Gewürzen mithilfe eines Messerrückens oder im Mörser zu einer nicht zu groben Paste zerdrücken.

6 Das Kartoffelgulasch mit der Gewürzpaste würzen und nochmals 5 bis 10 Minuten ziehen lassen. Die restlichen Kartoffeln hineingeben und mit Salz und Pfeffer würzen. Nach Belieben mit Petersilie garnieren.

» Die selbst gemachte Gewürzpaste passt nicht nur sehr gut zu klassischem Rindergulasch, sondern auch zu deftigen Bohnen- oder Gemüseeintöpfen. «

Kartoffeln, Knödel & Gemüse

Brätknödel auf Dillbohnen

Für die Brätknödel:

250 g Toastbrot (entrindet)
180 ml Milch
2 Eier
180 g Schweinswürstelbrät (vom Metzger)
3 EL Sahne
Salz · Pfeffer aus der Mühle
frisch geriebene Muskatnuss
1 Msp. abgeriebene unbehandelte Zitronenschale
1 EL Petersilie (fein gehackt)

Für die Dillbohnen:

400 g breite grüne Bohnen
Salz
80 ml Gemüsebrühe
je 1 Scheibe Knoblauch und Ingwer
1 Msp. abgeriebene unbehandelte Zitronenschale
20 g Butter · Pfeffer aus der Mühle
1 EL Dill (fein gehackt)

Zum Fertigstellen:
etwas Öl zum Braten

Für 4 Personen

1 Für die Brätknödel das Toastbrot in kleine Würfel schneiden und in eine Schüssel geben. Die Milch einmal aufkochen, über das Brot gießen und zugedeckt einige Minuten ziehen lassen. Die Eier verquirlen und mit dem Brot vermischen.

2 Das Schweinswürstelbrät mit der Sahne glatt rühren und mit der Weißbrotmischung zu einer gleichmäßigen Masse verarbeiten. Mit Salz, Pfeffer, Muskatnuss, Zitronenschale und Petersilie würzen.

3 Zwei Blatt Alufolie jeweils mit Frischhaltefolie belegen und je die Hälfte der Knödelmasse darauf zu einer Rolle formen. Zuerst in die Frischhaltefolie, dann in die Alufolie wickeln. Die Enden zusammendrücken und eindrehen.

4 Die Knödelrollen in siedendem Wasser knapp unter dem Siedepunkt etwa 20 Minuten gar ziehen lassen. Aus dem Wasser heben und bis zur Weiterverwendung beiseitestellen.

5 Für die Dillbohnen die Bohnen putzen, waschen und schräg in 1 bis 2 cm breite Stücke schneiden. In Salzwasser blanchieren, in kaltem Wasser abschrecken und auf einem Sieb abtropfen lassen. Die Brühe mit Knoblauch, Ingwer und Zitronenschale erhitzen, die Bohnen darin heiß werden lassen. Die Butter hinzufügen und schmelzen lassen, mit Salz, Pfeffer und Dill würzen. Knoblauch und Ingwer wieder entfernen.

6 Zum Fertigstellen die Knödel aus den Folien wickeln und in 1 cm breite Scheiben schneiden. Die Knödelscheiben in einer Pfanne im Öl von beiden Seiten hell anbräunen und auf Küchenpapier abtropfen lassen. Die Dillbohnen auf vorgewärmte Teller verteilen und die Knödel daneben anrichten.

» Für die Brätknödel sollte das Brät vom Metzger mit Sahne glatt gerührt werden, damit es weicher wird und sich besser mit der Knödelmasse verbindet. «

Kartoffeln, Knödel & Gemüse

Speckknödel auf Rahmkraut

Für die Knödelmasse:
1 kleine Zwiebel · 1 EL Butter
250 g Semmeln oder Weißbrot
(vom Vortag)
100 ml Milch · 2 Eier
Salz · Pfeffer aus der Mühle
frisch gemahlene Muskatnuss
1 EL Petersilie (gehackt)
100 g Südtiroler Speck

Für das Rahmkraut:
1 große Zwiebel · 1 EL Öl
800 g Sauerkraut (aus der Dose)
100 ml Prosecco
350 ml Gemüsebrühe
1 Stück Speckschwarte
5 schwarze Pfefferkörner
2 Wacholderbeeren · 1 Lorbeerblatt
1 EL Apfelmus (aus dem Glas)
50 g Sahne
Salz · Cayennepfeffer
Zucker
30 g kalte Butter

Für 4 Personen

1 Für die Knödel die Zwiebel schälen und in kleine Würfel schneiden. Die Zwiebelwürfel in einer Pfanne in der Butter bei milder Hitze glasig dünsten. Die Pfanne vom Herd nehmen.

2 Die Semmeln halbieren und in möglichst dünne Scheiben schneiden. Oder das Weißbrot in möglichst dünne Scheiben schneiden. Die Milch einmal aufkochen und vom Herd nehmen. Die Eier verquirlen, mit der Milch verrühren und mit Salz, Pfeffer und Muskatnuss würzen. Die Eiermilch über die Semmel- oder Brotscheiben gießen, Zwiebel und Petersilie untermischen und zugedeckt 10 Minuten ziehen lassen.

3 Den Speck in sehr kleine Würfel schneiden und mit der Knödelmasse mischen. Mit angefeuchteten Händen zu zwei 4 cm dicken Rollen formen und zuerst in Frischhaltefolie, dann in Alufolie wickeln. In siedendem Wasser 15 Minuten garen.

4 Für das Rahmkraut die Zwiebel schälen und in kleine Würfel schneiden. In einem Topf im Öl bei milder Hitze glasig dünsten. Das Sauerkraut hinzufügen, kurz mitdünsten und mit Prosecco ablöschen. Den Prosecco fast vollständig einköcheln lassen und die Brühe angießen. Die Speckschwarte dazugeben und das Kraut bei milder Hitze etwa 30 Minuten schmoren. Die Pfefferkörner, die Wacholderbeeren und das Lorbeerblatt in einen Einwegteebeutel füllen und verschließen. Das Apfelmus und das Gewürzsäckchen zum Kraut geben.

5 Das Sauerkraut weitere 15 Minuten garen. Dann das Gewürzsäckchen wieder entfernen und die Sahne unterrühren. Das Rahmkraut mit Salz, Cayennepfeffer und Zucker abschmecken. Die Butter hinzufügen und darin schmelzen lassen.

6 Die gegarten Speckknödel aus der Folie rollen, schräg in Scheiben schneiden und auf dem Rahmkraut anrichten. Nach Belieben mit gebratenen Speckscheiben garnieren.

» Etwas luftiger werden die Knödel, wenn Sie den Milchanteil auf ¼ l erhöhen und 2 bis 3 EL braune Butter (siehe S. 30) unter die Knödelmasse mischen. Dann sollten Sie die Masse aber nur locker vermischen und nicht kneten, damit die Eiermilch gründlich vom Brot aufgesaugt wird. «

Kartoffeln, Knödel & Gemüse

Kartoffeln, Knödel & Gemüse

Brezen-Weißwurst-Knödel auf Senfsauce

Für die Knödel:

250 g »fleischige«, weiche Brezenstangen (vom Vortag)
¼ l Milch
2 Eier
Salz · Pfeffer aus der Mühle
frisch geriebene Muskatnuss
2 Weißwürste
½ Zwiebel
1 EL Öl
20 g braune Butter (siehe S. 30)
1 EL Petersilie (grob gehackt)

Für die Senfsauce:

100 ml Gemüsebrühe
80–100 g Sahne
1–2 TL scharfer Senf
1–2 TL Weißwurstsenf
20 g kalte Butter
Salz
Cayennepfeffer

Für 4 Personen

1 Für die Knödel von den Brezenstangen das Salz entfernen und die Stangen in dünne Scheiben oder 1 cm große Würfel schneiden. Die Milch aufkochen, vom Herd nehmen, etwas abkühlen lassen und die Eier unterrühren. Die Eiermilch mit Salz, Pfeffer und Muskatnuss würzen und mit den Brezen vermischen.

2 Die Weißwürste häuten, der Länge nach vierteln und quer in knapp 1 cm große Stücke schneiden. Die Zwiebel schälen, in kleine Würfel schneiden und in einer Pfanne im Öl bei milder Hitze glasig dünsten. Mit der flüssigen braunen Butter, den Weißwurststücken und der Petersilie in die Brezenmasse geben und je nach Geschmack mit Salz, Pfeffer und Muskatnuss nachwürzen.

3 Zwei Blatt Alufolie jeweils mit Frischhaltefolie belegen. Die Brezenknödelmasse darauf zu länglichen Rollen von etwa 5 cm Durchmesser formen. Erst in die Frischhaltefolie einrollen, dann in die Alufolie wickeln. Die Enden zusammendrücken und eindrehen.

4 Die Knödelrollen in einem entsprechend großen Topf in siedendem Wasser gut 30 Minuten garen.

5 Für die Senfsauce die Brühe und die Sahne aufkochen, beide Senfsorten unterrühren und die Butter darin schmelzen lassen. Mit Salz und 1 Prise Cayennepfeffer abschmecken.

6 Zum Anrichten die Brezen-Weißwurst-Knödel aus dem Wasser heben, aus den Folien wickeln und in Scheiben schneiden. Mit der Senfsauce auf vorgewärmten Tellern anrichten. Dazu passt grüner Salat.

»Abgekühlte Knödel kann man in Scheiben schneiden und in Butter bei milder Hitze von beiden Seiten goldbraun braten. Ein perfektes Resteessen ist Knödelgröstl. Dafür wird unter die gebratenen Knödelscheiben ein verquirltes, mit Salz, Pfeffer und Kräutern gewürztes Ei gerührt. «

Kartoffeln, Knödel & Gemüse

Almkäsknödel

1 kleine Zwiebel
1–2 EL Butter
200 g würziger, halbfester Almkäse
50 g weiche Butter · 2 Eigelb
400 g gekochte, durchgedrückte, abgekühlte Kartoffeln
300 g Topfen (oder abgetropfter Quark; siehe S. 326)
150 g Speisestärke
Salz · Pfeffer aus der Mühle
frisch geriebene Muskatnuss
gemahlener Kümmel
getrockneter Majoran
Cayennepfeffer
1 Lorbeerblatt
1 Chilischote
1 Knoblauchzehe

Für 4 Personen

1 Die Zwiebel schälen, in kleine Würfel schneiden und in einer Pfanne in der Butter bei milder Hitze hell anbraten. Den Käse in maximal 1/2 cm große Würfel schneiden.

2 In einer Schüssel die weiche Butter mit den Eigelben schaumig rühren. Kartoffeln, Topfen bzw. abgetropften Quark, Zwiebel und Käse sowie 140 g Speisestärke hinzufügen. Mit Salz, Pfeffer, Muskatnuss, Kümmel, Majoran und 1 Prise Cayennepfeffer würzen und zu einer glatten, kompakten Masse verarbeiten. Aus der Masse mit angefeuchteten Händen etwa 5 cm große Knödel formen.

3 In einem Topf 2 l Wasser zum Kochen bringen und salzen. Die restliche Speisestärke mit etwas kaltem Wasser glatt rühren, in das Wasser geben und köcheln lassen. Zuletzt das Lorbeerblatt, die Chilischote und den ungeschälten Knoblauch hinzufügen. Die Knödel hineingeben und 15 bis 20 Minuten mehr ziehen als köcheln lassen. Aus dem Wasser nehmen und auf Küchenpapier abtropfen lassen.

» *Bei diesem Rezept ist es wichtig, das Kochwasser mit etwas Speisestärke leicht zu binden, damit der Käse, der beim Formen der Knödel nicht vollständig in die Masse eingeschlossen ist, beim Garen nicht ausläuft. Diese Technik kann man auch anwenden, wenn man eine lockere Knödelmasse hat: So hält die Masse besser zusammen, und der Knödel zerkocht nicht so schnell.*
Die Knödel können mit in Butter gebräunten Zwiebeln oder in Salbeibutter abgeschmolzen werden. «

Kartoffeln, Knödel & Gemüse

Böhmische Serviettenknödel

150 g Weißbrot (vom Vortag, aber nicht zu trocken)
500 g Mehl
1 gestr. TL Salz
Zucker
frisch geriebene Muskatnuss
30 g Hefe
ca. ¼ l lauwarme Milch
1 Ei · 1 Eigelb
etwas flüssige Butter zum Bestreichen der Servietten

Für 4 Personen

1 Das Weißbrot in kleine Würfel schneiden und auf einem Backblech im vorgeheizten Backofen bei 170 °C goldbraun rösten. Das Mehl mit Salz, 1 Prise Zucker und Muskatnuss mischen, in eine Schüssel geben und die Hefe hineinbröckeln. Unter Rühren Milch, Ei und Eigelb dazugeben und alles zu einem glatten Teig verarbeiten. Das Brot untermischen und den Teig zugedeckt an einem warmen Ort 20 Minuten gehen lassen.

2 In einem länglichen, flachen Topf reichlich Salzwasser zum Kochen bringen. 3 Stoffservietten oder Küchentücher etwas befeuchten, ausbreiten und mit Butter bestreichen. Den Teig zu 3 Rollen von 15 bis 20 cm Länge mit einem Durchmesser von 4 bis 5 cm formen. Nicht allzu fest in die Servietten wickeln und mit Küchengarn längs der Rolle im Abstand von 3 bis 4 cm binden. Im siedenden Salzwasser unter gelegentlichem Wenden knapp 20 Minuten garen.

3 Die Knödelrollen herausheben und gut abtropfen lassen. Aus den Servietten rollen und mit einem Faden in Scheiben schneiden.

Gebratene Kartoffelknödel auf Wirsing-Pfifferling-Gemüse

Für die Knödel:
1 Schalotte
40 g durchwachsener Speck
1 EL Öl
500 g gekochte, durchgedrückte, abgekühlte Kartoffeln
30 g fein geraspelte, rohe Kartoffel
50 g Speisestärke · 1 Eigelb
30 g braune Butter (siehe S. 30)
1 EL Petersilie (grob gehackt)
Salz · Pfeffer aus der Mühle
frisch geriebene Muskatnuss
doppelgriffiges Mehl zum Formen

Für 4 Personen · Foto rechts

1 Für die Knödel die Schalotte schälen, mit dem Speck in kleine Würfel schneiden. Beides in einer Pfanne im Öl bei milder Hitze anbraten.

2 Gekochte und rohe Kartoffeln sowie Speisestärke, Eigelb, braune Butter und Petersilie mit der Schalotten-Speck-Mischung vermischen. Die Knödelmasse mit Salz, Pfeffer und Muskatnuss würzen.

3 Drei Blatt Alufolie von je etwa 25 x 25 cm Seitenlänge mit je 1 Blatt Frischhaltefolie derselben Größe belegen. Die Knödelmasse mit etwas Mehl zu Rollen formen. Diese erst in die Frischhaltefolie, dann in die Alufolie einrollen. Die Enden zusammendrücken und eindrehen.

4 In einem entsprechend großen Topf reichlich Salzwasser zum Kochen bringen und die Knödel darin zugedeckt knapp unter dem Siedepunkt gut 20 Minuten gar ziehen lassen. Herausnehmen und abkühlen lassen.

Kartoffeln, Knödel & Gemüse

Für das Gemüse:

½ Kopf Wirsing
Salz
150 g Pfifferlinge
3 EL Öl
80 ml Gemüsebrühe
20 g braune Butter (siehe S. 30)
Pfeffer aus der Mühle
frisch geriebene Muskatnuss
1 EL kalte Butter

5 Für das Gemüse die Wirsingblätter ablösen, von Blattrippen befreien und in 1 bis 2 cm große Rauten schneiden. In Salzwasser blanchieren, kalt abschrecken und auf einem Sieb abtropfen lassen.

6 Die Pfifferlinge putzen und trocken abreiben, größere Pilze zerkleinern. In einer Pfanne 2 EL Öl erhitzen und die Pfifferlinge darin anbraten. Den Wirsing hinzufügen und die Brühe dazugießen. Die braune Butter unterrühren und das Gemüse mit Salz, Pfeffer und Muskatnuss würzen. Zum Schluss die kalte Butter im Gemüse schmelzen lassen.

7 Kurz vor dem Servieren den Knödel aus den Folien nehmen und in Scheiben schneiden. In einer Pfanne im restlichen Öl bei milder Hitze von beiden Seiten anbraten. Aus der Pfanne nehmen und auf Küchenpapier abtropfen lassen.

8 Das Wirsing-Pfifferling-Gemüse auf vorgewärmte Teller verteilen und die Kartoffelknödelscheiben darauf anrichten.

» Für gefüllte Kartoffelknödel einfach die Knödel beim Formen mit Croûtons und frischen Kräutern füllen. «

Kartoffeln, Knödel & Gemüse

Grießknödel

Für die Knödel:
125 g Hartweizengrieß
½ l Milch
120 g Butter
Salz · ½ Knoblauchzehe
1 kleines Lorbeerblatt
1 Streifen unbehandelte Zitronenschale
Cayennepfeffer
2 Eier

Für den Kochsud:
1 kleine Zwiebel
1 Lorbeerblatt
2 Gewürznelken
1 Chilischote
1 Knoblauchzehe
Salz

Für 4 Personen

1 Für die Knödel den Grieß in einer Pfanne ohne Fett bei milder Hitze etwas anrösten, sodass er leicht zu duften beginnt. Aus der Pfanne nehmen und abkühlen lassen.

2 Die Milch mit Butter, etwas Salz, Knoblauch, Lorbeerblatt, Zitronenschale und 1 Prise Cayennepfeffer aufkochen. Den Grieß unter Rühren einrieseln lassen und die Masse bei mittlerer Hitze so lange abbrennen, bis sie sich vom Topfboden löst.

3 Den Teig in eine Schüssel geben, die Gewürze entfernen und nacheinander die Eier unterrühren. Alles auf Zimmertemperatur abkühlen lassen, dabei gelegentlich umrühren, sodass eine geschmeidige, glatte Knödelmasse entsteht. Je nach Geschmack noch etwas nachwürzen und mit Frischhaltefolie bedeckt vollständig auskühlen lassen. Aus der Masse anschließend mit angefeuchteten Händen golfballgroße Knödel formen.

4 Für den Kochsud die Zwiebel schälen und mit dem Lorbeerblatt und den Nelken spicken. In einem großen Topf reichlich Wasser mit der Zwiebel bis knapp unter dem Siedepunkt erhitzen. Die Chilischote und den ungeschälten Knoblauch hinzufügen, das Wasser salzen. Die Grießknödel vorsichtig in den Kochsud geben und knapp 15 Minuten gar ziehen lassen.

» Sie sollten darauf achten, den Grieß bei ganz milder Hitze nur hell, auf keinen Fall dunkel zu rösten. So bekommt er ein feines, nussiges Aroma. Den Grieß anschließend abkühlen lassen, damit er beim Kochen nicht klumpt.
Grießknödel nehmen beim Garen noch Kochflüssigkeit auf. Deshalb sollte der Sud gut gewürzt sein, damit die Knödel beim Garen an Geschmack gewinnen und nicht auslaugen. «

Kartoffeln, Knödel & Gemüse

Schwarzbrotknödel

50 g getrocknete Aprikosen
1 EL Orangenlikör
½ Zwiebel
1 EL Öl
250 g Roggenmischbrot (altbacken, aber nicht zu trocken)
60 g grob gehackte Walnüsse
200 ml Milch
2 Eier
Salz · Pfeffer aus der Mühle
gemahlener Koriander
gemahlener Kümmel

Für 4 Personen

1. Die Aprikosen in ½ cm große Würfel schneiden, mit dem Likör beträufeln und 30 Minuten marinieren. Die Zwiebel schälen, in kleine Würfel schneiden und in einer Pfanne im Öl bei milder Hitze glasig dünsten.

2. Das Brot in ½ cm große Würfel schneiden, mit Zwiebel, eingelegten Aprikosen und Walnüssen vermischen. Die Milch einmal aufkochen, über das Brot gießen und zugedeckt 5 Minuten ziehen lassen. Die verquirlten Eier locker untermischen, mit Salz, Pfeffer, Koriander und Kümmel würzen.

3. Zwei Blatt Alufolie jeweils mit Frischhaltefolie belegen. Die Schwarzbrotknödelmasse darauf zu länglichen Rollen von etwa 5 cm Durchmesser formen. Erst in die Frischhaltefolie einrollen, dann in die Alufolie wickeln. Die Enden zusammendrücken und eindrehen.

4. Die Knödelrollen in einem entsprechend großen Topf in siedendem Wasser etwa 30 Minuten garen. Aus dem Wasser heben, aus den Folien wickeln, heiß in Scheiben schneiden und als Beilage servieren.

Knödelsalat

½ Bund Lauchzwiebeln
½ Bund Radieschen
80 g Cocktailtomaten
80 g breite grüne Bohnen · Salz
100 g kleine Champignons
1 EL Öl
Pfeffer aus der Mühle
getrocknetes Bohnenkraut
⅛ l Gemüsebrühe
1 TL scharfer Senf · Zucker
1–2 EL Rotweinessig
2 EL mildes Oliven- oder Sonnenblumenöl
750 g Semmelknödel

Für 4 Personen

1. Lauchzwiebeln und Radieschen putzen, waschen und in Scheiben schneiden. Die Cocktailtomaten waschen und halbieren. Die Bohnen putzen, waschen und schräg in 1 cm breite Stücke schneiden. In reichlich Salzwasser fast weich blanchieren. Die Pilze putzen, trocken abreiben und halbieren oder vierteln. In einer Pfanne im Öl bei mittlerer Hitze 1 Minute anbraten. Wenden, mit Salz, Pfeffer und 1 Prise Bohnenkraut würzen.

2. Für die Marinade die Brühe mit Senf, 1 Prise Zucker, Essig, Salz, Pfeffer und Öl mit dem Stabmixer aufschlagen.

3. Die Knödel je nach Größe halbieren, in Scheiben schneiden und mit dem Gemüse und der Marinade vermischen. Mit Salz, Pfeffer und Zucker abschmecken.

Kartoffeln, Knödel & Gemüse

Gefüllte Gänseleberknödel auf Hollerblaukraut

Für die Gänseleberknödel:

½ Zwiebel

1 Msp. abgeriebene unbehandelte Zitronenschale · 1 EL Öl

250 g Toastbrot (entrindet)

1 Ei · 1 Eigelb

1 TL scharfer Senf · ⅛ l Milch

150 g Geflügelleber (durch den Fleischwolf gedreht)

1 Msp. gehackter Knoblauch

getrockneter Majoran

1 EL Petersilie (grob gehackt)

12 Wachteleier

Mehl zum Wenden

Weißbrotbrösel · Öl zum Frittieren

Für das Hollerblaukraut:

750 g Rotkohl

1 säuerlicher Apfel

einige Spritzer Zitronensaft

1 EL Puderzucker

200 ml Rotwein

100 ml roter Portwein

⅛ l Gemüsebrühe · Salz

1 Lorbeerblatt · 5 Pimentkörner

1 cm Zimtrinde

100 g gezupfte Holunderbeeren

1 Streifen unbehandelte Orangenschale

1 Scheibe Ingwer

30 g kalte Butter

1–2 EL Balsamicoessig

Zucker

Für 4 Personen

1 Für die Gänseleberknödel die Zwiebel schälen, in kleine Würfel schneiden und mit der Zitronenschale in einer Pfanne im Öl bei milder Hitze glasig dünsten. Anschließend die Zitronenschale entfernen.

2 Das Toastbrot in ½ bis 1 cm große Würfel schneiden. Ei und Eigelb mit dem Senf verrühren. Die Milch erhitzen, mit der Eiermischung verrühren und über das Brot gießen. Die Leber mit der angedünsteten Zwiebel, dem Knoblauch, 1 Prise Majoran und der Petersilie dazugeben und vorsichtig vermischen

3 Die Wachteleier etwa 2 Minuten hart kochen, kalt abschrecken und pellen. Anschließend im Mehl wenden und mit der Knödelmasse umhüllen. Mit angefeuchteten Händen zu Knödeln formen und in den Weißbrotbröseln wenden. Das Öl in der Fritteuse auf 160 °C erhitzen und die Knödel darin 2 bis 3 Minuten ausbacken. Herausnehmen und auf Küchenpapier abtropfen lassen.

4 Für das Hollerblaukraut den Rotkohl halbieren, den Strunk entfernen und das Kraut in feine Streifen hobeln. Den Apfel halbieren, schälen, entkernen und eine Hälfte sehr fein reiben, die andere Hälfte in Würfel schneiden und mit Zitronensaft beträufeln.

5 Den Puderzucker in einen Topf sieben und bei mittlerer Hitze karamellisieren, Rotwein und Portwein dazugießen und auf ein Drittel einköcheln lassen. Die Brühe dazugießen, das Kraut und den geriebenen Apfel hinzufügen. Alles leicht salzen und zugedeckt bei milder Hitze etwa 1 Stunde mehr ziehen als köcheln lassen, dabei immer wieder umrühren. Nach 30 Minuten das Lorbeerblatt, die Pimentkörner und den Zimt hinzufügen.

6 Etwa 10 Minuten vor Garzeitende die Apfelwürfel mit den Holunderbeeren, der Orangenschale und dem Ingwer unter das Blaukraut mischen. Zuletzt die Gewürze entfernen, die Butter dazugeben und schmelzen lassen, den Essig hinzufügen und das Kraut mit Salz und 1 Prise Zucker abschmecken.

7 Das Hollerblaukraut auf vorgewärmte Teller verteilen und die Gänseleberknödel darauf anrichten. Das Blaukraut kann man noch mit Preiselbeerkonfitüre, Johannisbeer- oder Quittengelee abschmecken.

Kartoffeln, Knödel & Gemüse

Kartoffeln, Knödel & Gemüse

Forellenknödel

Für die Farce:
100 g eiskaltes Forellenfilet (ohne Haut und Gräten)
Salz · Pfeffer aus der Mühle
100 g Sahne · 40 g scharfer Senf
Cayennepfeffer
frisch geriebene Muskatnuss
1 Msp. abgeriebene unbehandelte Zitronenschale
einige Spritzer Zitronensaft

Für die Knödel:
200 g Toastbrot (entrindet)
180 ml Milch · 2 Eier
1 EL Dill (fein gehackt)
Salz · Pfeffer aus der Mühle
frisch geriebene Muskatnuss
2 geräucherte Forellenfilets

Für 4 Personen

1 Für die Farce die Fischfilets in Würfel schneiden, salzen, pfeffern und ebenso wie die Sahne 5 Minuten in das Tiefkühlfach stellen. Die Fischstücke im Blitzhacker mit Senf, 1 Prise Cayennepfeffer, Muskatnuss und Zitronenschale etwas anmixen, bis eine Bindung entsteht.

2 Die Sahne nach und nach dazugießen und unterrühren. Zuletzt den Zitronensaft hinzufügen und weitermixen bis eine glatte, glänzende Farce entsteht. Bis zur Weiterverwendung kühl stellen.

3 Für die Knödel das Toastbrot in kleine Würfel schneiden. Die Milch einmal aufkochen, über das Brot gießen, die verquirlten Eier und den Dill hinzufügen und zu einer lockeren Masse vermengen. Mit Salz, Pfeffer und Muskatnuss würzen.

4 Die Räucherforellenfilets häuten, entgräten und in 7 bis 8 mm große Würfel schneiden. Mit der Knödelmasse und der Farce zu einer glatten Masse verarbeiten und mit Salz und Pfeffer abschmecken.

5 Drei Blatt Alufolie jeweils mit Frischhaltefolie belegen, die Knödelmasse darauf zu Rollen formen. Zuerst in Frischhaltefolie, dann in Alufolie einrollen und in siedendem Wasser knapp unter dem Siedepunkt etwa 25 Minuten ziehen lassen.

Semmelknödel

300 g Weißmehlsemmeln (vom Vortag)
280 ml Milch
3 nicht zu große Eier
Salz · Pfeffer aus der Mühle
frisch geriebene Muskatnuss
1 EL Petersilie (grob gehackt)

Für 4 Personen

1 Die Semmeln in dünne Scheiben schneiden. Die Milch einmal aufkochen, vom Herd nehmen und die Eier hineinrühren. Über das Weißbrot gießen, zudecken und einige Minuten ziehen lassen. Mit Salz, Pfeffer und Muskatnuss würzen, die Petersilie hinzufügen und alles zu einer glatten Knödelmasse verarbeiten.

2 Mit angefeuchteten Händen 5 cm große Knödel formen. In reichlich siedendem Salzwasser 15 bis 20 Minuten gar ziehen lassen.

» Für Speckknödel kann man die Masse einfach mit ausgelassenen Speckwürfeln (das ausgebratene Fett entfernen!) und angedünsteten Zwiebelwürfeln anreichern. «

Kartoffeln, Knödel & Gemüse

Krebsknödel mit Kerbel

Für die Krebse:
10 Flusskrebse
ganzer Kümmel · Salz

Für die Krebsbutter:
250 g Butter
1 Streifen unbehandelte
Zitronenschale
1 Scheibe Knoblauch
1 Scheibe Ingwer
Salz

Für die Knödel:
250 g Toastbrot (entrindet)
2 EL Butter · 220 ml Milch
1 TL Wermut (Noilly Prat)
4 Eigelb
Salz · Cayennepfeffer
frisch geriebene Muskatnuss
3 Eiweiß
1 EL Kerbelblättchen (fein gehackt)
einige Kerbelblättchen
zum Garnieren
Butter zum Bestreichen

Für 4 Personen

1 Die Krebse und 1 Prise Kümmel gut 1 Minute in kochendem Salzwasser garen und in kaltem Wasser abschrecken. Schwänze und Scheren abtrennen. Schwänze schälen, den Darm entfernen, das Fleisch vierteln. Die Scheren knacken und mithilfe einer Küchenschere das Fleisch herauslösen. Schwanz- und Scherenfleisch kühl stellen. Die Krebskarkassen gründlich waschen und abtropfen lassen.

2 Den Backofen auf 180 °C vorheizen. Die Hälfte der Karkassen auf ein Backblech legen und im Ofen auf der mitteren Schiene 20 bis 30 Minuten rösten, bis sie zu duften beginnen. Herausnehmen, in einen Gefrierbeutel geben und mit dem Schnitzelklopfer zerstoßen. Die restlichen Karkassen zur anderweitigen Verwendung einfrieren.

3 Für die Krebsbutter die Butter in einem kleinen Topf bei milder Hitze aufschäumen lassen und den Schaum mit einem Löffel abnehmen. Die Butter noch etwas köcheln lassen, damit das Wasser weitgehend verdampft, und durch ein mit Küchenpapier ausgelegtes Sieb gießen.

4 Geklärte Butter mit Karkassen erhitzen und 30 Minuten knapp unter dem Siedepunkt ziehen lassen. Kurz vor Ende der Garzeit Zitronenschale, Knoblauch und Ingwer dazugeben und ziehen lassen. Alles durch ein Sieb gießen, die Butter auffangen und salzen.

5 Für die Knödel das Brot in kleine Würfel schneiden, in einer Pfanne mit der Butter hell anrösten und in eine Schüssel geben. Die Milch mit Wermut würzen und über das Brot gießen. Eigelbe hinzufügen und mit Salz, 1 Prise Cayennepfeffer und Muskatnuss würzen. Eiweiße mit 1 Prise Salz cremig schlagen und mit dem Krebsfleisch und dem Kerbel unter die Knödelmasse ziehen. Nochmals etwas nachwürzen.

6 Drei Blatt Alufolie mit je 1 Blatt Frischhaltefolie belegen und mit Butter bestreichen. Die Knödelmasse darauf zu Rollen von 3 bis 4 cm Durchmesser formen. Erst in Frischhalte-, dann in Alufolie wickeln, die Enden zusammendrücken und eindrehen. Die Knödel in siedendes Wasser geben, dabei ein Küchentuch zum Beschweren auf die Rollen legen, und etwa 30 Minuten garen. Mit einem Schaumlöffel herausheben.

7 Die Krebsbutter erhitzen. Die Knödel aus den Folien rollen, in Scheiben schneiden und auf vorgewärmten Tellern anrichten. Mit der Butter beträufeln und mit frischen Kerbelblättchen garnieren. Dazu passen marinierte Blattsalate.

Kartoffeln, Knödel & Gemüse

Gratinierte Polenta auf Ratatouille-Sauce

Für die Polenta:
¼ l Gemüsebrühe
¼ l Milch
150 g Polenta (Maisgrieß, mittlere Körnung)
2 Eigelb
40 g frisch geriebener Parmesan
1–2 EL braune Butter (siehe S. 30; ersatzweise Olivenöl)
Öl für das Blech

Für die Ratatouille-Sauce:
je 1 rote und gelbe Paprikaschote
1 kleine Zwiebel
1 kleiner Zucchino (150 g)
150 g Auberginen
340 g geschälte Tomaten (aus der Dose)
3 EL Olivenöl
1 Knoblauchzehe (gehackt)
1 TL Tomatenmark
50 ml Gemüsebrühe
1 Rosmarinzweig
1 Lorbeerblatt
Salz · Cayennepfeffer

Zum Fertigstellen:
2 EL Olivenöl
40 g frisch geriebener Parmesan
Öl für das Blech

Für 4 Personen

1 Für die Polenta die Brühe und die Milch in einem Topf bei mittlerer Hitze zum Köcheln bringen. Langsam die Polenta hineinrieseln lassen, dabei mit einem Schneebesen kräftig umrühren, damit sich keine Klumpen bilden. Die Hitze reduzieren und die Polenta unter ständigem Rühren mit einem Holzlöffel etwa 20 Minuten eindicken lassen, bis ein fester Brei entstanden ist und sich die Polenta vom Topf löst. Den Topf vom Herd nehmen, Eigelbe, Parmesan und flüssige braune Butter oder Olivenöl unter die Polenta mischen. Den Maisbrei auf ein leicht geöltes Blech gießen und mit einer angefeuchteten Palette oder einem Löffel zu einem etwa 1 cm hohen Rechteck verstreichen. Mit Frischhaltefolie abdecken und vollständig abkühlen lassen.

2 Für die Ratatouille-Sauce die Paprikaschoten der Länge nach halbieren, entkernen, waschen und in ½ bis 1 cm kleine Würfel schneiden. Die Zwiebel schälen und in kleine Würfel schneiden. Zucchino und Aubergine putzen, waschen und ebenfalls in kleine Würfel schneiden. Die geschälten Tomaten aus der Dose grob zerkleinern, den Saft dabei auffangen.

3 Zwiebel-, Paprika-, Zucchini- und Auberginenwürfel in einem Topf im Olivenöl bei mittlerer Hitze 2 bis 3 Minuten andünsten. Knoblauch und Tomatenmark dazugeben und kurz anrösten. Tomatenstücke, Tomatensaft und Brühe dazugeben und bei milder Hitze 30 Minuten sanft köcheln lassen. Nach 15 Minuten Rosmarin und Lorbeerblatt hineingeben. Zuletzt die Gewürze wieder entfernen. Etwa ein Drittel der Sauce mit dem Stabmixer fein pürieren, unter das restliche Gemüse mischen und mit Salz und Cayennepfeffer abschmecken. Die Ratatouille-Sauce warm halten.

4 Zum Fertigstellen der Polenta den Backofengrill einschalten. Aus der kalten Polentamasse mit einem runden Plätzchenausstecher (oder einem Glas) Taler von 5 bis 6 cm Durchmesser ausstechen. Mit Öl bestreichen, großzügig mit dem Parmesan bestreuen und nebeneinander auf ein geöltes Blech setzen. Die Polentataler unter dem heißen Grill auf der untersten Schiene goldbraun gratinieren. Die gratinierten Polentataler mit der heißen Sauce servieren.

Kartoffeln, Knödel & Gemüse

Kartoffeln, Knödel & Gemüse

Schokoladenblaukraut

1–1,2 kg Rotkraut
1 säuerlicher Apfel
Salz
100 ml Rotweinessig
½ kleine Zwiebel
1 Lorbeerblatt
2 Gewürznelken
2 TL Puderzucker
200 ml Rotwein
⅛ l Gemüsebrühe
2 EL Preiselbeeren (aus dem Glas)
4 cm Zimtrinde
2–3 Pflaumen
20 g dunkle Schokolade
Salz · Zucker

Für 4 Personen als Beilage

1. Das Rotkraut halbieren, den Strunk entfernen und das Kraut in feine Streifen hobeln. Waschen und gut abtropfen lassen. Den Apfel halbieren, schälen, entkernen und fein reiben. Das Rotkraut mit dem geriebenen Apfel, etwas Salz und dem Essig mischen und etwa 2 Stunden marinieren. Zwiebel schälen und mit Lorbeerblatt und Nelken spicken.

2. Den Puderzucker in einem Topf bei mittlerer Hitze karamellisieren. Blaukraut und die durch die Marinade entstandene Flüssigkeit hinzufügen und kurz andünsten. Wein, Brühe, gespickte Zwiebel und Preiselbeeren dazugeben und zugedeckt bei milder Hitze etwa 1 ½ Stunden weich dünsten, dabei immer wieder umrühren.

3. Nach 1 Stunde die Zimtrinde dazugeben. Die Pflaumen waschen, halbieren, in gleich große Spalten schneiden und 10 Minuten vor Ende der Garzeit unter das Blaukraut mischen. Kurz vor dem Servieren die Spickzwiebel und den Zimt entfernen. Die Schokolade im Kraut schmelzen lassen und mit Salz und 1 Prise Zucker abschmecken.

Bayerischkraut

700 g junges Weißkraut
1 Zwiebel
1 TL Puderzucker
100 ml Weißwein
150 ml Gemüsebrühe
gemahlener Kümmel
Salz
Pfeffer aus der Mühle
5 dünne Scheiben gut durchwachsener Speck
1 TL Öl

Für 4 Personen als Beilage

1. Das Weißkraut entstrunken, vierteln, in einzelne Blätter teilen und in 3 cm große Stücke schneiden. Die Zwiebel schälen und in kleine Würfel schneiden.

2. Den Puderzucker in einem breiten Topf bei mittlerer Hitze karamellisieren. Zwiebel und Weißkraut dazugeben und kurz andünsten. Mit dem Wein ablöschen, einköcheln lassen und mit der Brühe aufgießen. Das Weißkraut bei milder Hitze 8 bis 10 Minuten weich dünsten. Mit 1 Prise Kümmel, wenig Salz und Pfeffer würzen.

3. Speckscheiben in ½ bis 1 cm breite Streifen schneiden und in einer Pfanne im Öl bei mittlerer Hitze kross braten. Auf Küchenpapier abtropfen lassen und unter das fertige Kraut mischen. Sofort servieren.

Kartoffeln, Knödel & Gemüse

Champagnerkraut

1 dicke Scheibe gut durchwachsener Speck (80 g)
1–2 EL Öl · ca. 1 TL Zucker
1 große Zwiebel · 1 kg Sauerkraut
150 ml Champagner (oder Sekt)
½ l Gemüsebrühe
1 EL Apfelmus
5 schwarze Pfefferkörner
2 Wacholderbeeren
1 Lorbeerblatt
Salz
80 g Sahne · 30 g Butter

Für 4 Personen als Beilage

1 Die Speckscheibe in einem Topf im Öl bei mittlerer Hitze von beiden Seiten anbraten. Den Zucker darüberstreuen und leicht karamellisieren.

2 Die Zwiebel schälen und in kleine Würfel schneiden. Mit dem Sauerkraut in den Topf geben, kurz andünsten und mit Champagner oder Sekt ablöschen. Den Champagner fast vollständig einköcheln lassen, mit der Brühe aufgießen und bei milder Hitze etwa 35 Minuten schmoren. Nach 20 Minuten Apfelmus, Pfefferkörner, Wacholderbeeren und Lorbeerblatt dazugeben.

3 Nach Garzeitende Speck und ganze Gewürze entfernen. Das Champagnerkraut mit Salz und Zucker abschmecken, mit Sahne verfeinern und die Butter darin schmelzen lassen.

Süßsaures Kartoffel-Lauch-Gemüse

1 Stange Lauch (der helle Teil)
1 Möhre
800 g kleine festkochende Kartoffeln
1 TL Puderzucker · ⅛ l Weißwein
2–3 EL Weißweinessig
ca. 400 ml Gemüsebrühe
5 Pimentkörner · 1 Lorbeerblatt
1 getrocknete Chilischote
½ Knoblauchzehe
1 Scheibe Ingwer
80 g Sahne
Salz · Pfeffer aus der Mühle
20 g Butter · 4 kleine Gewürzgurken
1 EL Petersilie (grob gehackt)
frisch geriebene Muskatnuss

Für 4 Personen als Beilage

1 Den Lauch putzen, der Länge nach halbieren, waschen und in 1 bis 2 cm breite Streifen schneiden. Die Möhre schälen und schräg in dünne Scheiben schneiden. Die Kartoffeln waschen, schälen und der Länge nach vierteln.

2 Den Puderzucker in einem Topf bei mittlerer Hitze karamellisieren, mit Wein und Essig ablöschen und auf ein Drittel einköcheln lassen. Kartoffelviertel und Möhrenscheiben dazugeben, mit der Brühe aufgießen und 12 bis 15 Minuten sanft köcheln lassen. Nach 10 Minuten Lauchstreifen, Pimentkörner, Lorbeerblatt, Chilischote, Knoblauch und Ingwer dazugeben.

3 Wenn das Gemüse weich ist, die Sahne hinzufügen. Den Sud mit Salz, und Pfeffer abschmecken, Piment, Lorbeer, Chilischote, Knoblauch und Ingwer wieder entfernen und die Butter im Gemüse schmelzen lassen. Die Gewürzgurken halbieren und mit der Petersilie unter das fertige Kartoffel-Lauch-Gemüse mischen. Zuletzt 1 Prise Muskatnuss über das Gemüse reiben.

Kartoffeln, Knödel & Gemüse

Blumenkohlcurry mit gebratenen Seeteufelmedaillons

Für das Curry:

1 Zwiebel
3 EL Öl
1 Chilischote
2 TL Kurkuma
½ TL schwarze Senfsamen
½ TL ganzer Kreuzkümmel
2 Scheiben Ingwer
2 Scheiben Knoblauch
1 Msp. gemahlener Kardamom
150 ml Gemüsebrühe
100 ml Kokosmilch
20 g kalte Butter
Salz
1 Blumenkohl (ca. 1 kg)
Pfeffer aus der Mühle

Für den Seeteufel:

8 Seeteufelmedaillons
(à 70–80 g; ohne Haut und Gräten)
Salz · Pfeffer aus der Mühle
1–2 EL Öl

Für 4 Personen

1 Für das Curry die Zwiebel schälen, in kleine Würfel schneiden und in einem Topf in 1 EL Öl bei milder Hitze glasig dünsten. Die Chilischote längs halbieren, entkernen, waschen und dazugeben. Kurkuma, Senfsamen, Kreuzkümmel, Ingwer, Knoblauch und Kardamom hinzufügen, kurz mitdünsten, mit der Brühe ablöschen und knapp unter dem Siedepunkt 5 Minuten ziehen lassen. Danach die Kokosmilch dazugeben und die Sauce durch ein feines Sieb gießen. Die Butter in kleinen Stücken dazugeben und mit dem Stabmixer aufschlagen. Mit Salz und Kardamom abschmecken und warm halten.

2 Den Blumenkohl putzen, waschen und den Strunk entfernen. Den Blumenkohl in Röschen teilen und diese in ½ cm dicke Scheiben schneiden (nur die schönsten Scheiben verwenden). Die Blumenkohlscheiben in einer Pfanne im restlichen Öl bei mittlerer Hitze von beiden Seiten hellbraun braten, sodass die Scheiben zwar gar sind, aber noch Biss haben. Mit Salz und Pfeffer würzen.

3 Für den Seeteufel die Fischmedaillons waschen, trocken tupfen und leicht flach drücken, salzen und pfeffern. In einer Pfanne im Öl bei mittlerer Hitze von beiden Seiten insgesamt 4 Minuten braten.

4 Zum Anrichten die Sauce nochmals schaumig aufschlagen. Auf vorgewärmten Tellern so viel Sauce verteilen, dass ein Saucenspiegel entsteht. Den Blumenkohl darauf anrichten und jeweils 2 Seeteufelmedaillons danebensetzen. Die restliche Sauce separat dazu reichen. Nach Belieben mit einigen Basilikumblättern garnieren.

» Für eine schöne gelbe Farbe kann man die Blumenkohlröschen halbieren und in kochendem Salzwasser mit 1 bis 2 EL Currypulver bissfest blanchieren. Die Röschen dann abgießen, abtropfen lassen und in einer Pfanne bei milder Hitze von allen Seiten hell anbraten. «

Kartoffeln, Knödel & Gemüse

Kartoffeln, Knödel & Gemüse

Kartoffel-Fenchel-Kuchen

Für den Mürbeteig:

100 g weiche Butter

1 Eigelb

Zucker

½ TL Salz

1 EL Milch

170 g Mehl (gesiebt)

Mehl für die Arbeitsfläche

Butter für die Form

Für die Füllung:

400 g kleine festkochende Kartoffeln

Salz · ganzer Kümmel

1 Fenchelknolle

4 reife Tomaten

200 g Austernpilze

4 EL Öl

Pfeffer aus der Mühle

1 Msp. getrocknetes Bohnenkraut

100 g frisch geriebener Parmesan

Für den Eierguss:

200 ml Milch

200 g Sahne

3 Eigelb

1 Ei · Salz

Pfeffer aus der Mühle

frisch geriebene Muskatnuss

Für 4–6 Personen

1 Für den Mürbeteig die Butter mit Eigelb, 1 Prise Zucker, Salz und Milch mischen. Nach und nach das Mehl dazugeben und rasch zu einem glatten Teig verkneten. Mit den Händen auf der bemehlten Arbeitsfläche zu einer dicken Scheibe formen, in Frischhaltefolie wickeln und mindestens 1 Stunde kühl stellen.

2 Für die Füllung Kartoffeln waschen, in kochendem Salzwasser mit 1 Prise Kümmel weich kochen, abgießen, ausdampfen lassen, pellen und in gleichmäßige Scheiben schneiden. Fenchelknolle putzen, waschen, halbieren, der Länge nach in dünne Scheiben schneiden, in kochendem Salzwasser bissfest blanchieren, in kaltem Wasser abschrecken, abgießen und trocken tupfen. Von den Tomaten die Stielansätze entfernen, die Tomaten überbrühen, kalt abschrecken, häuten, vierteln, entkernen und quer halbieren.

3 Die Austernpilze putzen, trocken abreiben, in grobe Stücke zupfen und in einer Pfanne in 2 EL Öl bei mittlerer Hitze 2 Minuten hell anbraten. Mit Salz und Pfeffer würzen. In einer zweiten Pfanne die Kartoffelscheiben im restlichen Öl von beiden Seiten goldbraun braten, mit Bohnenkraut und Salz würzen. Austernpilze, Fenchel und Tomaten dazugeben, untermischen und beiseitestellen.

4 Für den Eierguss Milch, Sahne, Eigelbe und Ei gut miteinander vermischen. Durch ein Sieb gießen und mit Salz, Pfeffer und frisch geriebener Muskatnuss würzen.

5 Den Mürbeteig auf einer bemehlten Arbeitsfläche zu einem etwa 30 cm großen und 3 bis 4 mm dünnen Kreis ausrollen. Eine Backform von 22 cm Durchmesser und mindestens 4 cm Höhe mit wenig Butter einfetten, mit dem Teig belegen, dabei den Teig gut an die Form drücken, überschüssigen Teig abschneiden. Den Teig mit einer Gabel mehrmals einstechen und 30 Minuten kühl stellen.

6 Den Backofen auf 180 °C vorheizen. Das Gemüse mit dem Parmesan und etwas Eierguss in einer Schüssel mischen. Die Füllung gleichmäßig auf dem Mürbeteig verteilen, mit dem restlichen Eierguss begießen, sodass alles gut bedeckt ist. Den Kuchen im vorgeheizten Ofen auf der mittleren Schiene 25 bis 30 Minuten goldbraun backen. Noch heiß in Stücke schneiden und mit einem kleinen gemischten Salat servieren.

Kartoffeln, Knödel & Gemüse

Gemüsepavesen mit Frischkäse-Kräuter-Dip

Für den Dip:

Gewürzmischung (je zu gleichen Teilen: Pimentkörner, Korianderkörner, zerbröckelte Zimtrinde, Kardamomkörner, schwarze Pfefferkörner, Wacholderbeeren, ganzer Kümmel)
1 rote Paprikaschote
1 EL Olivenöl · 50 ml Gemüsebrühe
200 g Frischkäse · 5 EL Sahne
½ Knoblauchzehe
1 TL Thymian (fein gehackt)
je 1 EL Petersilie und Basilikum (grob gehackt)
1 EL Schnittlauchröllchen
1 Msp. abgeriebene unbehandelte Zitronenschale
Salz · Cayennepfeffer

Für die Gemüsepavesen:

1 kleine Zwiebel · 100 g Lauch
150 g Champignons · ½ Apfel
2 EL Öl · Salz · Pfeffer aus der Mühle · gemahlener Kümmel
1 EL Petersilie (grob gehackt)
4 Scheiben Toastbrot · 2 Eier
1 EL fein geriebener Hartkäse (z. B. Emmentaler oder Parmesan)
1 EL Milch
frisch geriebene Muskatnuss
100 g frisch geriebenes Weißbrot
Öl zum Ausbacken

Für 4 Personen

1 Für den Dip Piment, Koriander, Zimt, Kardamom, Pfeffer, Wacholder und Kümmel in eine Gewürzmühle füllen. Die Paprika der Länge nach vierteln, entkernen, mit dem Sparschäler schälen und in kleine Würfel schneiden. In einer Pfanne im Olivenöl bei mittlerer Hitze andünsten, mit der Brühe ablöschen, einige Minuten leicht köcheln und dann abkühlen lassen.

2 Den Frischkäse mit der Sahne glatt rühren. Den Knoblauch schälen und fein hacken. Die angedünsteten Paprikawürfel mit dem Knoblauch, den Kräutern und der Zitronenschale unterrühren. Mit Salz, 1 Prise Cayennepfeffer und den Gewürzen aus der Mühle abschmecken.

3 Für die Gemüsepavesen die Zwiebel schälen und in kleine Würfel schneiden. Den Lauch putzen, waschen und in feine Streifen schneiden. Die Champignons putzen, trocken abreiben und klein hacken. Den Apfel vierteln, schälen, entkernen und in kleine Würfel schneiden.

4 Zwiebeln, Apfelwürfel und Lauch in einer Pfanne in 1 EL Öl bei milder Hitze glasig dünsten. Die Champignons in einer zweiten Pfanne im übrigen Öl wenige Minuten anbraten und mit Zwiebeln und Lauch vermischen. Mit Salz, Pfeffer und etwas Kümmel würzen, die Petersilie dazugeben und unterrühren.

5 Das Toastbrot horizontal halbieren, sodass 2 dünne Scheiben entstehen. 4 Toastscheiben mit Gemüsefüllung bestreichen, mit den übrigen Scheiben belegen und diese leicht andrücken. Die Ränder, falls nötig, noch glatt streichen.

6 Die Eier verquirlen, den geriebenen Käse mit der Milch dazugeben und mit Salz, Pfeffer und Muskatnuss würzen. Die Gemüsepavesen erst im Ei, dann in den Weißbrotbröseln wenden.

7 Die Pavesen in einer Pfanne mit reichlich Öl bei mittlerer Hitze von beiden Seiten insgesamt etwa 4 Minuten goldbraun ausbacken. Auf Küchenpapier abtropfen lassen, quer halbieren und mit dem Frischkäse-Kräuter-Dip servieren.

Kartoffeln, Knödel & Gemüse

Gemüsepfanne mit gedörrten Früchten und Speck

Für die Gewürzmischung:
1 EL Pimentkörner
1 EL schwarze Pfefferkörner
1 EL Szechuanpfeffer
1 EL kleine getrocknete Chilischoten
1 EL Korianderkörner

Für die Gemüsepfanne:
10 g getrocknete Mu-Err-Pilze
200 g Perlzwiebeln
100 g Mini-Maiskolben
100 g Mini-Möhren
2 Stangen Staudensellerie
3 EL Öl · 1 EL Puderzucker
50 ml Weißwein
100 ml Gemüsebrühe
100 g Rettich · 100 g Zuckerschoten
Salz · 2 Knoblauchzehen
1 Lorbeerblatt · 1 Thymianzweig
2 Scheiben Ingwer
je 1 Streifen unbehandelte Orangen- und Zitronenschale
je 50 g getrocknete Aprikosen und Datteln
100 g kleine Pfifferlinge
50 g süß-sauer eingelegter Kürbis
50 g Kidney-Bohnen (aus der Dose)
30 g Butter · Öl zum Anbraten
100 g Speckscheiben

Für 4 Personen

1 Für die Gewürzmischung Piment- und Pfefferkörner, Szechuanpfeffer, Chilischoten und Koriander in eine Gewürzmühle füllen.

2 Für die Gemüsepfanne die Mu-Err-Pilze 10 Minuten in etwas Wasser köcheln und auf einem Sieb abtropfen lassen. Die Perlzwiebeln schälen, die Maiskolben halbieren, die Möhren schälen und halbieren. Den Sellerie putzen, waschen und schräg in 2 cm breite Stücke schneiden.

3 Die Zwiebeln in einem breiten Topf in 2 EL Öl bei mittlerer Hitze andünsten und mit Puderzucker leicht bestäuben. Die Maiskolben, die Möhren und den Sellerie dazugeben und 5 Minuten mitdünsten. Mit Wein und Brühe ablöschen.

4 Den Rettich schälen, halbieren und in $1/2$ cm dicke Scheiben schneiden. Die Zuckerschoten putzen, waschen und mit den Rettichscheiben kurz in Salzwasser blanchieren, kalt abschrecken, abtropfen lassen und zu der Gemüsepfanne geben. Den Knoblauch schälen und halbieren. Den Lorbeer, den Thymian, die Ingwerscheiben, den Knoblauch und die Zitrusschalen hinzufügen. Die Aprikosen und die Datteln halbieren, mit den Mu-Err-Pilzen zum Gemüse geben und das Gemüse weitere 10 Minuten schmoren lassen.

5 Die Pfifferlinge putzen, trocken abreiben und in einer Pfanne im restlichen Öl bei milder Hitze kurz anbraten.

6 Den eingelegten Kürbis und die Kidney-Bohnen zur Gemüsepfanne geben und alles durchschwenken. Das Lorbeerblatt, den Ingwer, die Zitrusschalen, den Thymian und den Knoblauch wieder entfernen. Die Butter in der Gemüsepfanne schmelzen lassen. Die Gemüsepfanne mit der Gewürzmischung aus der Mühle und etwas Salz würzen.

7 Etwas Öl in eine Pfanne erhitzen und die Speckscheiben darin kross braten. Die Gemüsepfanne mit den Speckscheiben und den Pfifferlingen anrichten.

Kartoffeln, Knödel & Gemüse

Gemüsepizza mit Blätterteig

Für den Boden:
400 g Blätterteig (tiefgekühlt)
Mehl für die Arbeitsfläche
1 Eigelb · 3 EL Sahne
Mohn und Sesamsamen oder
Kürbiskerne zum Bestreuen

Für die Sauce:
1 Zwiebel
400 g geschälte Tomaten
(aus der Dose)
1 EL Olivenöl · 1 TL Zucker
1 Knoblauchzehe (fein gehackt)
Salz · Pfeffer aus der Mühle
Oregano
Cayennepfeffer

Für den Belag:
500 g Wurzelspinat · Salz
1 Fenchelknolle · 1 EL Olivenöl
1 gelber Zucchino
150 g Cocktailtomaten
200 g eingelegte Artischockenherzen (aus dem Glas)
50 g entsteinte schwarze Oliven
200 g Mozzarella

Zum Anrichten:
8 Scampi · 1 EL Olivenöl
Salz · Pfeffer aus der Mühle

Für 1 großes Backblech

1 Die Blätterteigplatten nebeneinander auslegen und auftauen lassen. Auf der bemehlten Arbeitsfläche zu einem Rechteck in der Größe eines Backblechs ausrollen. Den Teig auf das mit Backpapier ausgelegte Backblech setzen und mit einer Gabel mehrmals einstechen. Das Eigelb und die Sahne verrühren und die Teigränder damit gut 2 cm breit bestreichen. Mit Mohn und Sesamsamen oder mit Kürbiskernen bestreuen und kühl stellen.

2 Für die Tomatensauce die Zwiebel schälen und in kleine Würfel schneiden. Die Tomaten klein schneiden. Zwiebelwürfel mit dem Zucker in einem Topf im Olivenöl glasig dünsten. Den Knoblauch und die Tomaten dazugeben, mit Salz, Pfeffer und je 1 Prise Oregano und Cayennepfeffer würzen. Etwa 15 Minuten köcheln und etwas abkühlen lassen.

3 Für den Belag den Spinat putzen und gründlich waschen. In Salzwasser blanchieren, kalt abschrecken, auf einem Sieb abtropfen lassen und mit den Händen etwas ausdrücken. Den Fenchel putzen, der Länge nach in sehr dünne Scheiben schneiden und in einer Pfanne im Olivenöl kurz anbraten. Den gelben Zucchino putzen, waschen, der Länge nach halbieren und in schräge Scheiben schneiden. Die Cocktailtomaten waschen und halbieren. Die Artischockenherzen abtropfen lassen und halbieren. Die Oliven halbieren und den Mozzarella in dünne Scheiben schneiden.

4 Den Backofen auf 220 °C vorheizen. Die Tomatensauce dünn auf den Blätterteig streichen. Das Gemüse darauf verteilen und mit den Oliven und dem Mozzarella garnieren. Die Gemüsepizza im vorgeheizten Ofen auf der untersten Schiene etwa 20 Minuten goldbraun backen.

5 Zum Anrichten die Scampi waschen, trocken tupfen und in einer Pfanne im Olivenöl bei milder Hitze anbraten. Salzen und pfeffern und auf die gebackene Pizza setzen.

» Die Gemüsepizza können Sie je nach Geschmack statt mit Scampi auch mit gebratenen Pilzen, Parmaschinken oder marinierten Rucolablättern servieren. «

Kartoffeln, Knödel & Gemüse

Gemüseterrine

Für die Einlage:

je 3 große rote und gelbe Paprikaschoten
Olivenöl
Salz · Pfeffer aus der Mühle
9 reife Tomaten
1–2 TL Puderzucker
3 Knoblauchzehen (in Scheiben)
1 TL Rosmarinnadeln
3 Auberginen
2 Zucchini

Für das Gelee:

½ TL schwarze Pfefferkörner
½ TL Pimentkörner
3 Zacken Sternanis
½ TL Korianderkörner
ganzer Kümmel
1 Zwiebel
1 Möhre
10 reife Tomaten
1 EL Olivenöl
700 ml Gemüsebrühe
1 Scheibe Ingwer
½ kleines Lorbeerblatt
½ geschälte Knoblauchzehe
Salz
Cayennepfeffer
frisch geriebene Muskatnuss
8 Blatt Gelatine
Öl für die Form

Für 1 Terrinenform von 28 cm Länge und 1 ½ l Inhalt

1 Den Backofengrill einschalten. Paprikaschoten der Länge nach halbieren und entkernen. Mit der Haut nach oben auf ein Blech legen, mit Olivenöl bestreichen und auf der mittleren Schiene unter dem Grill so lange garen, bis die Haut Blasen wirft. Etwas abkühlen lassen, häuten, trocken tupfen und leicht salzen und pfeffern.

2 Den Backofen auf 100 °C vorheizen. Von den Tomaten die Stielansätze entfernen, die Tomaten überbrühen, kalt abschrecken, häuten, vierteln und entkernen. Ein Backblech mit Olivenöl bestreichen, Tomaten daraufsetzen, mit Salz, Puderzucker, Knoblauch und Rosmarin bestreuen. Mit Olivenöl beträufeln und im Ofen 1 bis 2 Stunden trocknen bzw. kandieren lassen. Die Tomaten auf Küchenpapier trocknen.

3 Auberginen und Zucchini putzen, waschen, und der Länge nach in dünne Scheiben schneiden. Die Auberginen mit Salz bestreuen, 20 Minuten ziehen lassen und trocken tupfen. Auberginen und Zucchini in einer Pfanne ohne Öl von beiden Seiten anbraten. Die Auberginen nur noch pfeffern, die Zucchini salzen und pfeffern.

4 Für das Gelee die Gewürze ohne Fett bei milder Hitze 2 Minuten rösten. Zwiebel und Möhre schälen. Die Tomaten waschen, vierteln und entkernen, dabei die Stielansätze entfernen. Das Gemüse klein schneiden. Möhre und Zwiebel in Öl glasig dünsten, Tomaten hinzufügen, kurz mitdünsten und die Brühe angießen. Einmal aufkochen, Ingwer, Lorbeer, Knoblauch und Gewürze dazugeben, 30 Minuten ziehen lassen.

5 Den Sud durch ein Sieb gießen, mit Salz, 1 Prise Cayennepfeffer und Muskatnuss abschmecken. Knoblauch aus dem Sieb nochmals einige Minuten im Sud ziehen lassen, anschließend entfernen. Gelatine in kaltem Wasser einweichen, ausdrücken und in ½ l warmem Gewürzsud auflösen. Bei Zimmertemperatur abkühlen, aber nicht stocken lassen.

6 Terrinenform mit Öl einpinseln und mit Frischhaltefolie auslegen. Mit den Auberginen (vorher durch den Sud ziehen!) quer auslegen, sodass auf jeder Seite 3 bis 4 cm überlappen. Den Boden mit Sud bedecken, darauf abwechselnd Paprika, Tomaten, Auberginen und Zucchini einschichten und zwischen jede Lage etwas Gelee geben. Alle Gemüse sollten dabei möglichst frei von Öl sein, damit das Gelee stabil bleibt. Überhängende Auberginen über der Terrine zusammenfalten, die Terrine mit Frischhaltefolie bedecken und 1 Tag kühl stellen. Die Terrine mithilfe der Folie stürzen und in Scheiben schneiden.

Kartoffeln, Knödel & Gemüse

Kartoffeln, Knödel & Gemüse

Kichererbsenpflanzerl auf Tomaten-Carpaccio

Für die Pflanzerl:

250 g getrocknete Kichererbsen
1 Zwiebel
Öl zum Braten
1 Knoblauchzehe
1 TL scharfer Senf · 1 Ei
1 EL Petersilie (grob gehackt)
Salz · Pfeffer aus der Mühle
frisch geriebene Muskatnuss
gemahlener Kreuzkümmel

Für das Carpaccio:

500 g feste, reife Tomaten
Salz · Pfeffer aus der Mühle
je 1 EL Balsamico- und Rotweinessig
4 EL Gemüsebrühe
2 EL Olivenöl
1 Knoblauchzehe
gemahlener Piment
Zucker · 2 Schalotten

Für 4 Personen

1 Am Vortag für die Pflanzerl die Kichererbsen mit Wasser übergießen und über Nacht einweichen. Dann die Kichererbsen in ein Sieb abgießen, abtropfen lassen und durch den Fleischwolf drehen oder im Mixer pürieren.

2 Die Zwiebel schälen, in kleine Würfel schneiden und in einer Pfanne in 1 EL Öl bei milder Hitze glasig dünsten. Den Knoblauch schälen und fein hacken. Zwiebel, Knoblauch, Senf, Ei und Petersilie unter den Kichererbsenbrei mischen. Mit Salz, Pfeffer, 1 Prise Muskatnuss und Kreuzkümmel würzen.

3 Aus dem Brei mit angefeuchteten Händen kleine Pflanzerl formen. In einer Pfanne im Öl bei milder Hitze von beiden Seiten goldbraun braten und auf Küchenpapier abtropfen lassen.

4 Für das Carpaccio die Tomaten waschen und in dünne Scheiben schneiden, dabei Stielansätze entfernen. Die Tomaten dachziegelartig auf flachen Tellern anrichten, mit Salz und Pfeffer leicht würzen.

5 Beide Essigsorten mit Brühe und Olivenöl verrühren, den Knoblauch schälen und dazugeben. Mit Salz, Pfeffer, Piment und 1 Prise Zucker würzen. Die Schalotten schälen, in kleine Würfel schneiden und unter das Dressing rühren. Den Knoblauch entfernen.

6 Das Tomaten-Carpaccio gleichmäßig mit dem Dressing beträufeln und kurz ziehen lassen. Die Kichererbsenpflanzerl darauf anrichten.

Kartoffeln, Knödel & Gemüse

Gemüseeintopf mit Steinpilzen

Für den Eintopf:

2 festkochende Kartoffeln
1 Möhre · 1 Zwiebel
200 g Kürbisfruchtfleisch
1 dünne Stange Lauch
120 g Kidney-Bohnen
(aus der Dose)
120 g Zucchini
2 Stangen Staudensellerie
¾ l Gemüsebrühe
getrocknetes Bohnenkraut
1 Streifen unbehandelte
Zitronenschale
1 kleines Lorbeerblatt
½ TL gehackter frischer Ingwer
½ Knoblauchzehe (fein gehackt)
Cayennepfeffer · Salz
50 g Butter

Für die Pilze:

150 g Steinpilze · 1 EL Öl
Salz · Pfeffer aus der Mühle

Zum Anrichten:
1 EL Petersilie (grob gehackt)

Für 4 Personen

1 Für den Eintopf die Kartoffeln, die Möhre und die Zwiebel schälen und ebenso wie den Kürbis in etwa 1 ½ cm große Stücke schneiden. Den Lauch putzen, der Länge nach halbieren, waschen und in 1 cm breite Streifen schneiden.

2 Die Bohnen in ein Sieb abgießen, waschen und abtropfen lassen. Die Zucchini putzen, waschen, der Länge nach halbieren und in nicht zu dicke Scheiben schneiden. Den Sellerie putzen, waschen und schräg in ½ cm breite Scheiben schneiden.

3 Die Brühe mit den Kartoffeln, der Möhre, der Zwiebel, dem Kürbis und dem Sellerie in einen Topf geben, aufkochen und knapp unter dem Siedepunkt etwa 25 Minuten garen. Nach 20 Minuten Lauch, Zucchini und Bohnen dazugeben, mit 1 Prise Bohnenkraut würzen. Die Zitronenschale und das Lorbeerblatt hinzufügen und noch 5 Minuten ziehen lassen.

4 Den Sud vorsichtig abgießen und auffangen. Ingwer und Knoblauch hinzufügen, mit 1 Prise Cayennepfeffer und Salz würzen und die Butter untermischen. Den Sud zum Gemüse zurückgießen, dabei die Zitronenschale und das Lorbeerblatt entfernen.

5 Für die Pilze die Steinpilze putzen, trocken abreiben und in Scheiben schneiden. In einer Pfanne im Öl bei mittlerer Hitze anbraten, mit Salz und Pfeffer würzen.

6 Zum Anrichten die Steinpilze in vorgewärmte tiefe Teller verteilen. Den Eintopf darübergeben und mit der Petersilie bestreuen.

» Statt der Steinpilze passen auch Pfifferlinge oder Champignons in den Gemüseeintopf. Die Pilze auf jeden Fall nicht mit Wasser waschen, sondern nur mit einem kleinen Messer und einem Küchentuch bzw. Küchenpapier säubern. «

Nudeln & Reis

Nudeln & Reis

Nudelsalat mit Gemüse und Egerlingen

Für die Nudeln:
300 g Farfalle
Salz
1–2 EL Öl

Für das Gemüse:
½ Bund grüner Spargel
150 g kleine Möhren
⅓ Salatgurke
1 kleiner Zucchino
150 g Egerlinge
350 ml Gemüsebrühe
1 EL Öl
Salz · Pfeffer aus der Mühle

Für die Marinade:
2 TL Puderzucker
5 EL Rotweinessig
3 EL weißer Portwein
1 TL scharfer Senf
2–3 EL Olivenöl
Salz · Pfeffer aus der Mühle
Cayennepfeffer
1 EL Dill (fein gehackt)

Für 4 Personen

1 Die Farfalle nach Packungsanweisung in reichlich Salzwasser bissfest kochen, dabei gelegentlich umrühren. In ein Sieb abgießen und abtropfen lassen. Das Öl darüberträufeln und mit den Nudeln vermischen.

2 Für das Gemüse den Spargel waschen, nur im unteren Drittel schälen, holzige Enden entfernen. Den Spargel der Länge nach halbieren und schräg in 1 bis 2 cm lange Stücke schneiden. Die Möhren schälen, der Länge nach vierteln und anschließend in 1 bis 2 cm lange Stifte schneiden. Die Gurke schälen, der Länge nach halbieren, entkernen und quer in ½ cm breite Stücke schneiden. Den Zucchino putzen, waschen, der Länge nach vierteln und in dünne Scheiben schneiden. Die Egerlinge putzen, trocken abreiben und vierteln.

3 Spargel, Möhren und Gurke in der Gemüsebrühe bissfest kochen, in ein Sieb abgießen und abtropfen lassen. Die Brühe auffangen und für die Marinade beiseitestellen.

4 Die Zucchinischeiben mit den Pilzen in einer Pfanne im Öl bei mittlerer Hitze 2 bis 3 Minuten anbraten. Dann mit Salz und Pfeffer würzen und mit dem restlichen Gemüse mischen.

5 Für die Marinade den Puderzucker in einer Pfanne bei mittlerer Hitze karamellisieren. Mit Essig und Portwein ablöschen und einköcheln lassen. ⅛ l Brühe dazugießen, die Pfanne vom Herd nehmen, den Senf und das Olivenöl hinzufügen und kräftig unterrühren. Die Marinade mit Salz, Pfeffer und Cayennepfeffer sowie nach Geschmack noch mit etwas Essig abschmecken.

6 Die Nudeln mit dem Gemüse, der Marinade und dem Dill mischen und durchziehen lassen. Den Nudelsalat kurz vor dem Servieren nochmals abschmecken.

» Der Nudelsalat sollte etwa 30 Minuten durchziehen. Dafür lässt man ihn am besten bei Zimmertemperatur stehen, da er dann viel mehr Aroma entfaltet als gekühlt. «

Nudeln & Reis

Nudeln & Reis

Spaghetti mit Rucola

*350–400 g Spaghetti
Meersalz · 1 EL Olivenöl
1 Bund Rucola
100 ml Geflügel- oder
Gemüsebrühe
1 kleine Chilischote (ersatzweise
Cayennepfeffer)
2 Scheiben Knoblauch · 30 g Butter
einige Tropfen Trüffelöl
Salz · Pfeffer aus der Mühle
2 EL frisch geriebener Parmesan*

Für 4 Personen

1. Die Spaghetti nach Packungsanweisung in reichlich Salzwasser bissfest kochen, dabei gelegentlich umrühren. In ein Sieb abgießen und abtropfen lassen. Das Olivenöl darüberträufeln und mit den Nudeln vermischen.

2. Den Rucola waschen, trocken schütteln und grob hacken. Die Brühe in einem Topf mit der Chilischote oder 1 Prise Cayennepfeffer, dem Knoblauch, der Butter und dem Trüffelöl erhitzen und die Nudeln hinzugeben. Sobald die Nudeln heiß sind, den gehackten Rucola unterheben und mit Salz und Pfeffer abschmecken. Mit dem Parmesan bestreuen und sofort servieren.

Geröstete Nudeln mit Erbsen

*350 g bunte, kurze Nudeln
(z. B. Penne, Spirelli)
Salz · 2 EL Olivenöl
250 g kalter Braten · 2 Cabanossi
40 g Butter
200 g blanchierte Erbsen
1–2 EL grob gehackte Kräuter
(z. B. Petersilie, Basilikum,
Schnittlauch, Dill,
Majoran, Rucola)
Pfeffer aus der Mühle
frisch geriebene Muskatnuss
2 Eier · 4 EL Sahne
1 EL frisch geriebener Parmesan*

Für 4 Personen

1. Die Nudeln nach Packungsanweisung in reichlich Salzwasser bissfest kochen. In ein Sieb abgießen und abtropfen lassen. Das Olivenöl darüberträufeln und mit den Nudeln vermischen.

2. Den kalten Braten erst in Scheiben und dann in etwa 1 cm breite Streifen schneiden. Die Cabanossi in Scheiben schneiden.

3. Die Nudeln in einer großen Pfanne in der Butter bei mittlerer Hitze anbraten. Die Bratenstreifen und die Wurstscheiben hinzufügen und kurz mitbraten. Die Erbsen und die Kräuter dazugeben, mit Salz, Pfeffer und etwas Muskatnuss würzen.

4. Als Variante können die Nudeln noch mit Ei gebunden werden. Dafür die Eier mit der Sahne verquirlen, mit Salz, Pfeffer und Muskatnuss würzen und mit dem Parmesan vermischen. Die Eiersahne unter die Nudeln ziehen.

» Für dieses Gericht kann man auch gekochten Schinken oder gekochtes Geflügelfleisch verwenden. «

Nudeln & Reis

Rigatoni mit Endivien und Kürbis

Für die Sauce:

½ Kopf Endiviensalat
2 Schalotten · 150 g Kürbis
1 rote Paprikaschote
1 Käsekrainer
2 Scheiben Knoblauch
2 EL Olivenöl · 100 ml Gemüsebrühe · 1 Scheibe Ingwer
1 Lorbeerblatt · Salz
Szechuanpfeffer aus der Mühle
30 g Butter
1 EL Kerbel (grob gehackt)

Für die Nudeln:

350 g Rigatoni · Salz · 1 EL Olivenöl

Für 4 Personen · Foto oben

1 Für die Sauce den Salat in Blätter zerteilen, waschen, trocken schleudern und in etwa 1 cm breite Streifen schneiden. Schalotten schälen, halbieren und in dünne Spalten schneiden. Kürbis schälen, zuerst in dünne Scheiben, dann in etwa 5 cm lange und 1 cm breite Stifte schneiden. Paprika halbieren, entkernen, waschen und in genauso große Stifte schneiden. Käsekrainer in dünne Scheiben schneiden.

2 Den Knoblauch in einer Pfanne im Olivenöl bei mittlerer Hitze kurz andünsten. Kürbis, Schalotten und Paprika dazugeben, kurz mitdünsten, mit Brühe ablöschen. Ingwer und Lorbeerblatt hineingeben. Das Gemüse bei milder Hitze 3 bis 4 Minuten weich dünsten. Mit Salz und Szechuanpfeffer würzen, die Butter darin schmelzen lassen.

3 Die Rigatoni in reichlich Salzwasser bissfest kochen, in ein Sieb abgießen, abtropfen lassen, mit dem Öl mischen und sofort in die Sauce geben. Endiviensalat und Käsekrainer untermischen, erwärmen. Gewürze entfernen, nochmals abschmecken und mit Kerbel bestreuen.

Nudeln & Reis

Rigatoni mit Salami, Zuckerschoten und weißer Pfeffersauce

Für die Sauce:

1 EL schwarze Pfefferkörner
2 EL Öl
1 TL Puderzucker
2 EL Cognac
⅛ l Geflügelbrühe
100 g Sahne
30 g kalte Butter
Salz
frisch geriebene Muskatnuss
Cayennepfeffer

Für die Nudeln:

150 g Zuckerschoten
Salz · 400 g Rigatoni
2 EL Olivenöl
150 g Shiitake-Pilze · 1 EL Öl
150 g Salami
½ Knoblauchzehe
1 Scheibe Ingwer
Pfeffer aus der Mühle
frisch geriebene Muskatnuss

Für 4 Personen

1 Für die Sauce die Pfefferkörner grob zerstoßen. Den feinen Staub absieben und den Pfefferschrot in einer Pfanne im nicht zu heißen Öl kurz anrösten und auf einem Sieb abtropfen lassen. In einem Topf den Puderzucker bei mittlerer Hitze karamellisieren. Mit Cognac ablöschen und den angerösteten Pfeffer dazugeben. Mit Brühe auffüllen, die Sahne dazugießen und 15 bis 20 Minuten leicht einköcheln lassen. Die Pfeffersauce durch ein Sieb gießen und die kalte Butter in Stücken dazugeben. Mit Salz, Muskatnuss und etwas Cayennepfeffer abschmecken.

2 Für die Nudeln die Zuckerschoten putzen, waschen und halbieren. In Salzwasser bissfest garen, kalt abschrecken und auf einem Sieb abtropfen lassen.

3 Die Rigatoni nach Packungsanweisung in reichlich Salzwasser bissfest kochen, dabei gelegentlich umrühren. In ein Sieb abgießen und abtropfen lassen. Das Olivenöl darüberträufeln und mit den Nudeln vermischen.

4 Die Shiitake-Pilze putzen, trocken abreiben, vierteln und in einer Pfanne im Öl bei mittlerer Hitze anbraten. Die Salami in Scheiben schneiden, halbieren und zu den Pilzen in die Pfanne geben. Den Knoblauch schälen, in feine Scheiben schneiden und mit dem Ingwer in der Pfanne mitdünsten. Zuletzt die Rigatoni und die Zuckerschoten hinzufügen, nochmals erhitzen und mit Pfeffer, Salz und Muskatnuss abschmecken.

5 Zum Servieren die weiße Pfeffersauce mit dem Stabmixer aufschäumen und über die Nudeln verteilen.

» Am besten eignen sich für dieses Nudelgericht feine Salamisorten. Anstelle von Schweinesalami kann man auch Rinder- oder Gamssalami verwenden. «

Nudeln & Reis

Nudeln & Reis

Buchweizennudeln mit Spinat, Bohnen und Kartoffeln

Für die Buchweizennudeln:

300 g Buchweizenmehl
(aus dem Reformhaus)
150 g Weizenmehl
½ TL Salz
Mehl zum Bestäuben
Grieß für das Blech

Für die Einlage:

150 g feine grüne Bohnen
(Keniabohnen)
Salz
200 g junge Spinatblätter
200 g halbfester Weichkäse
(z. B. Fontina)
250 g Kartoffeln
1 Zwiebel
2 EL Olivenöl
¼ l Gemüsebrühe
frische Salbeiblätter
1 Knoblauchzehe (in Scheiben)

Zum Fertigstellen:

50 g Butter
Cayennepfeffer

Für 4 Personen

1 Für die Nudeln Buchweizen- und Weizenmehl in eine große Schüssel sieben. Salz und etwa 300 ml Wasser dazugeben und alles zu einem glatten, elastischen Nudelteig verkneten. Falls der Teig zu hart ist, noch etwas Wasser hinzufügen. Den Teig in Frischhaltefolie wickeln und mindestens 30 Minuten ruhen lassen.

2 Den Teig vierteln und mithilfe der Nudelmaschine oder dem Nudelholz zu möglichst dünnen Teigbahnen ausrollen, dabei mit etwas Mehl bestäuben. Die fertigen Teigbahnen kurz antrocknen lassen und anschließend in ½ cm breite Nudeln schneiden. Die Nudeln bis zur Weiterverwendung auf ein mit Grieß bestreutes Brett legen.

3 Für die Einlage die Bohnen putzen, waschen und halbieren. In kochendem Salzwasser bissfest blanchieren, in kaltem Wasser abschrecken und gut abtropfen lassen. Die Spinatblätter putzen, waschen, trocken schleudern und je nach Größe in grobe Streifen schneiden. Den Käse entrinden und in 1 cm große Würfel schneiden. Die Kartoffeln schälen, waschen und in 1 bis 2 cm große Würfel schneiden. Die Zwiebel schälen, in kleine Würfel schneiden und in einem breiten Topf im Olivenöl bei milder Hitze glasig dünsten. Die Kartoffeln dazugeben, mit Brühe aufgießen und die Kartoffeln etwa 10 Minuten weich köcheln. Die Salbeiblätter grob hacken und mit den Knoblauchscheiben nach 5 Minuten zu den Kartoffeln geben.

4 Die Nudeln in reichlich siedendem Salzwasser 3 bis 4 Minuten garen. In ein Sieb abgießen und abtropfen lassen.

5 Zum Fertigstellen Bohnen und Spinat zu den Kartoffeln geben. Die Butter in dem Gemüse schmelzen lassen und die Nudeln unterheben. Mit Salz und Cayennepfeffer würzen und zuletzt die Käsewürfel unter die heißen Nudeln mischen. Auf vorgewärmte tiefe Teller verteilen und sofort servieren.

» Zu den Nudeln passen noch gut kleine Tomatenstücke. Dafür die Tomaten häuten, vierteln, entkernen und in kleine Würfel schneiden. Zusammen mit den Bohnen im Kartoffelsud erwärmen. «

Nudeln & Reis

Rote-Bete-Ravioli mit Mohnbutter

Für den Nudelteig:
200 g Mehl · 100 g Grieß
2 Eier · 2 Eigelb
2 EL Olivenöl · Salz

Zür die Füllung:
3 Rote Beten (à ca. 150 g)
Salz · ½ TL ganzer Kümmel
20 g Butter
Pfeffer aus der Mühle
getrockneter Thymian

Für die Ravioli:
Mehl zum Bestäuben
Grieß für das Brett
Salz · 80 g Butter
1 EL Mohn
Pfeffer aus der Mühle

Für 4 Personen

1. Für den Nudelteig Mehl, Grieß, Eier, Eigelbe, Öl und 1 Prise Salz zu einem glatten, elastischen Teig verkneten. In Frischhaltefolie wickeln und mindestens 30 Minuten ruhen lassen.

2. Für die Füllung die Rote Beten unter fließendem kaltem Wasser gründlich bürsten und in reichlich Salzwasser mit Kümmel weich kochen. Schälen und in möglichst kleine Würfel schneiden. In einer Pfanne die Butter schmelzen, die Rote-Bete-Würfel darin schwenken. Mit Salz, Pfeffer und 1 Prise Thymian würzen und abkühlen lassen.

3. Für die Ravioli den Teig mithilfe der Nudelmaschine oder dem Nudelholz zu dünnen Teigbahnen ausrollen, dabei mit etwas Mehl bestäuben. Leicht mit Wasser bestreichen und auf eine Hälfte des Teigs im Abstand von 8 cm je 1 EL Rote-Bete-Würfel setzen. Die zweite Teighälfte möglichst glatt darüberlegen, beide Teigplatten um die Füllung herum andrücken. Mit einem großen Plätzchenausstecher Ravioli ausstechen, bis zur Verwendung auf ein mit Grieß bestreutes Brett legen.

4. Zum Fertigstellen die Ravioli in siedendem Salzwasser ziehen lassen. Die Butter mit Mohn in einer Pfanne bei milder Hitze hell bräunen und die Ravioli darin schwenken. Mit Salz und Pfeffer abschmecken.

Fusilli mit grünen Bohnen und Oliven

200 g grüne Bohnen · Salz
150 g Champignons
70 g entsteinte schwarze und grüne Oliven
200 g Putenschinken
400 g Fusilli
5 EL Olivenöl
⅛ l Gemüsebrühe
1 EL kalte Butter
1 Knoblauchzehe
Pfeffer aus der Mühle
getrocknetes Bohnenkraut

Für 4 Personen

1. Die Bohnen putzen, waschen und in 2 bis 3 cm lange Stücke schneiden. In Salzwasser blanchieren, kalt abschrecken und abtropfen lassen. Die Champignons putzen, trocken abreiben und in Scheiben schneiden. Die Oliven halbieren und den Schinken in 3 cm lange Streifen schneiden.

2. Nudeln nach Packungsanweisung in Salzwasser bissfest kochen. In ein Sieb abgießen, abtropfen lassen und mit 1 EL Olivenöl vermischen.

3. In einem Topf die Brühe mit dem restlichen Olivenöl und der Butter erwärmen, die Nudeln mit Bohnen, Champignons, Oliven und Schinken darin erhitzen. Den Knoblauch schälen, fein hacken und unterrühren. Die Nudeln mit Salz, Pfeffer und 1 Prise Bohnenkraut würzen.

Nudeln & Reis

Bergbauern-Ravioli mit Salbeibutter

Für den Nudelteig:

140 g Mehl
60 g Weizengrieß
1 Ei · 1 Eigelb
2 EL Olivenöl
Salz
Grieß für das Brett

Für die Füllung:

ca. 450 g Spinatblätter
Salz
1 kleine Zwiebel
1 EL Butter
150 g Sahnequark
50 g geriebener würziger Bergkäse
Pfeffer aus der Mühle
frisch geriebene Muskatnuss
1 EL braune Butter (siehe S. 30)
1 TL Thymianblättchen
12 Wachteleier

Zum Fertigstellen:

Salz
50 g Butter
12 frische Salbeiblätter
1 EL braune Butter (siehe S. 30)
grob geraspelter Bergkäse
zum Bestreuen

Für 4 Personen

1 Für den Nudelteig Mehl, Weizengrieß, Ei, Eigelb, Olivenöl und 1 Prise Salz zu einem glatten, elastischen Teig verkneten. Den Teig in Frischhaltefolie wickeln und mindestens 30 Minuten ruhen lassen.

2 Für die Füllung die Spinatblätter putzen und waschen. In kochendem Salzwasser blanchieren, kalt abschrecken, abgießen, mit den Händen gut ausdrücken und fein hacken. Die Zwiebel schälen, in sehr kleine Würfel schneiden und in einer Pfanne in der Butter bei milder Hitze glasig dünsten. Gehackten Spinat mit Zwiebelwürfeln, Quark und Bergkäse gut mischen und mit Salz, Pfeffer, Muskatnuss und brauner Butter würzig abschmecken. Die Thymianblättchen fein hacken und unter die Spinat-Käse-Masse heben. Die Wachteleier vorsichtig trennen und das Eiweiß verquirlen.

3 Den Teig vierteln und mithilfe der Nudelmaschine oder dem Nudelholz zu möglichst dünnen Teigbahnen ausrollen, dabei mit etwas Mehl bestäuben. Bis zur Weiterverwendung mit Frischhaltefolie bedecken.

4 Die Spinat-Käse-Masse in einen Spritzbeutel mit großer Öffnung füllen. Die Hälfte der Teigbahnen dünn mit Eiweiß bestreichen. Darauf die Füllung in 12 kleinen Kränzen im Abstand von etwa 8 cm spritzen. In die Mitte der Kränze je 1 Wachteleigelb vorsichtig hineingleiten lassen und die restlichen Teigbahnen locker und so glatt wie möglich darüberlegen. Die obere Teigplatte mit den Fingern um die Füllung herum andrücken und dabei die Ränder ohne Luftblasen verschließen. Mit einem runden Ausstecher (etwa 8 cm Durchmesser) Ravioli ausstechen und bis zur Weiterverwendung auf ein mit Grieß bestreutes Brett legen.

5 Zum Fertigstellen die Ravioli in reichlich siedendem Salzwasser 2 Minuten ziehen lassen. Die Butter in einer Pfanne bei milder Hitze schmelzen lassen, Salbeiblätter und braune Butter dazugeben, leicht salzen und die Ravioli in der flüssigen Butter schwenken. Jeweils 3 Ravioli auf vorgewärmte Teller geben, mit etwas Butter beträufeln und mit Bergkäse und den Salbeiblättern bestreuen.

Nudeln & Reis

Nudeln & Reis

Ravioli von Geflügelleber und Apfel in Orangenbutter

Für den Nudelteig:

280 g Mehl
100 g Weizengrieß
3 Eier
2 Eigelb
4 EL Olivenöl
Salz

Für die Füllung:

400 g Hühnerleber
1 großer Apfel
1 TL Puderzucker
1 EL Butter
1 TL Majoran (grob gehackt)
1 Msp. abgeriebene unbehandelte Zitronenschale
Salz · Pfeffer aus der Mühle

Zum Fertigstellen:

Mehl zum Ausrollen
1 verquirltes Eiweiß
Grieß für das Brett
120 g braune Butter (siehe S. 30)
2 Streifen unbehandelte Orangenschale
1 Scheibe Knoblauch
1 Scheibe Ingwer
Salz
Majoran zum Garnieren

Für 4 Personen

1 Für den Nudelteig Mehl, Grieß, Eier, Eigelbe, Olivenöl und 1 Prise Salz zu einem glatten, elastischen Teig verkneten. Den Teig in Frischhaltefolie wickeln und mindestens 30 Minuten ruhen lassen.

2 Für die Füllung die Leber von Häuten und Sehnen befreien, gallige Stellen (grün) großzügig herausschneiden und die Leber in kleine Würfel schneiden. Den Apfel vierteln, schälen, entkernen und in höchstens 3 bis 4 mm große Würfel schneiden.

3 Den Puderzucker in einer Pfanne bei milder Hitze hell karamellisieren. Die Apfelwürfel mit der Butter darin 1 bis 2 Minuten andünsten. Die Leberwürfel mit Majoran und Zitronenschale hinzufügen und etwa $1/2$ Minute mitdünsten. Vom Herd nehmen, mit Salz und Pfeffer würzen und auf einem Sieb auskühlen lassen.

4 Zum Fertigstellen den Teig mithilfe der Nudelmaschine oder dem Nudelholz zu möglichst langen, dünnen Teigbahnen ausrollen, dabei mit etwas Mehl bestäuben. Bis zur Weiterverwendung mit Frischhaltefolie bedecken.

5 Die Hälfte der Teigbahnen dünn mit Eiweiß bestreichen und darauf im Abstand von 4 bis 5 cm mit einem Teelöffel etwas Apfel-Leber-Füllung setzen. Die übrigen Teigbahnen locker und so glatt wie möglich darüberlegen. Die obere Teigplatte mit den Fingern um die Füllung herum andrücken und dabei die Ränder ohne Luftblasen veschließen. Mit einem runden Ausstecher (etwa 6 cm Durchmesser) Ravioli ausstechen und bis zur Weiterverwendung auf ein mit Grieß bestreutes Brett legen.

6 Die braune Butter in einer Pfanne schmelzen lassen. Die Orangenschale mit Knoblauch und Ingwer dazugeben, einige Minuten in der Butter ziehen lassen und wieder entfernen.

7 Die Ravioli im reichlich siedendem Salzwasser 2 Minuten ziehen lassen. Die Nudeln mit einem Schaumlöffel aus dem Wasser heben, abtropfen lassen, auf vorgewärmte Teller verteilen und mit der Orangenbutter beträufeln. Mit frischem Majoran garnieren.

Nudeln & Reis

Linguine mit Parmesan

400 g Linguine
Salz · 1 EL Olivenöl
225 ml Geflügel- oder
Gemüsebrühe
Cayennepfeffer
einige Tropfen Trüffelöl
40 g kalte Butter
2 Scheiben Knoblauch
1 Scheibe Ingwer
3–4 EL Rucola (grob gehackt)
5 EL frisch geriebener Parmesan
Pfeffer aus der Mühle

Für 4 Personen · Foto oben

1 Die Linguine nach Packungsanweisung in reichlich Salzwasser bissfest kochen, dabei gelegentlich umrühren. In ein Sieb abgießen und abtropfen lassen. Das Olivenöl darüberträufeln und mit den Nudeln vermischen.

2 Für die Schaumsauce ⅛ l Brühe mit 1 Prise Cayennepfeffer erhitzen und einige Tropfen Trüffelöl hineingeben. Die Butter hineinmixen, falls nötig, noch etwas salzen.

3 In einem Topf die restliche Brühe mit dem Knoblauch, dem Ingwer und 1 Prise Cayennepfeffer erhitzen und die Nudeln dazugeben. Sobald die Nudeln heiß sind, den Topf vom Herd nehmen. Den Rucola und 3 EL Parmesan hinzufügen und mit Salz und Pfeffer abschmecken. Ingwer und Knoblauch wieder entfernen.

4 Die Nudeln in tiefen Tellern anrichten, mit restlichem Parmesan bestreuen, die Schaumsauce noch einmal aufmixen und darüberziehen.

Nudeln & Reis

Mangold-Lasagne mit Champignons und Speck

Für die Füllung:
500 g Mangold
2 mittelgroße Kohlrabi
300 g grüner Spargel
Salz
200 g Champignons
2 EL Öl
Pfeffer aus der Mühle
150 g gut durchwachsener Speck
(in dünnen Scheiben)
12 Lasagneblätter
Olivenöl zum Bestreichen

Für die Béchamelsauce:
½ l Milch
200 g Sahne
35 g Butter
40 g Mehl
1 Lorbeerblatt
1 Streifen unbehandelte Zitronenschale
Salz
Cayennepfeffer
frisch geriebene Muskatnuss

Zum Fertigstellen:
flüssige Butter für die Form
300 g geriebener Hartkäse
(z. B. Emmentaler)

Für 4–6 Personen

1 Für die Füllung den Mangold waschen und die Blätter von den Stielen schneiden. Die Stiele schälen und in 2 cm breite Stücke schneiden, die Blätter in breite Streifen schneiden. Den Kohlrabi putzen, schälen, halbieren und in ½ cm breite Scheiben schneiden. Den Spargel waschen, nur im unteren Drittel schälen und die Enden entfernen. Spargel der Länge nach halbieren und in 3 cm lange Stücke schneiden.

2 Mangoldblätter und -stiele, Kohlrabi und Spargel nacheinander in Salzwasser blanchieren, in kaltem Wasser abschrecken und abtropfen lassen. Die Champignons putzen, trocken abreiben, vierteln und in einer Pfanne in 1 EL Öl kurz anbraten. Leicht mit Salz und Pfeffer würzen, herausnehmen und beiseitestellen. Den Speck in breite Streifen schneiden und in der Pfanne im restlichen Öl kross braten. Auf Küchenpapier abtropfen lassen.

3 Die Lasagneblätter in Salzwasser etwa 5 Minuten kochen, herausheben, etwas ausdampfen lassen und mit Olivenöl bestreichen.

4 Für die Béchamelsauce Milch und Sahne erhitzen. Die Butter in einem Topf bei milder Hitze schmelzen. Das Mehl dazusieben, gut unterrühren und einige Minuten hell anschwitzen. Die Milch langsam dazugießen, dabei mit einem Schneebesen gut umrühren, damit sich keine Klümpchen bilden. Die Sauce bei milder Hitze 20 Minuten unter gelegentlichem Rühren sanft köcheln lassen. Nach 10 Minuten Lorbeerblatt und Zitronenschale hineingeben. Die Gewürze zum Schluss wieder entfernen und die Sauce mit Salz, 1 Prise Cayennepfeffer und Muskatnuss abschmecken.

5 Zum Fertigstellen den Backofen auf 175 °C vorheizen. Eine tiefe Auflaufform von etwa 20 x 30 cm mit Butter einpinseln. 3 Lasagneblätter nebeneinander auf den Boden der Form legen. Ein Drittel des Gemüses mit einem Drittel der Speckscheiben gleichmäßig darauf verteilen. Etwa ein Viertel der Sahnesauce darübergießen, etwas Käse darauf verteilen und mit 3 Lasagneblättern belegen. Den Vorgang mit den übrigen Zutaten noch zweimal wiederholen und die restliche Sahnesauce auf der Lasagne verteilen, mit dem restlichen Käse bestreuen.

6 Die Lasagne im vorgeheizten Ofen auf der mittleren Schiene 40 bis 50 Minuten goldbraun backen und heiß servieren.

Nudeln & Reis

Lasagne von allerhand Kräutern

Für die Béchamelsauce:

60 g Butter
60 g Mehl
½ l kalte Gemüsebrühe
½ l Milch
½ kleine Zwiebel
1 Lorbeerblatt
2 Gewürznelken
Salz · Cayennepfeffer
frisch geriebene Muskatnuss

Für die Einlage:

½ Zwiebel · 350 g Brunnenkresse
150 g junge Brennnesseln
250 g Bärlauchblätter (ohne Stiel)
20 g Butter
Salz · Pfeffer aus der Mühle
frisch geriebene Muskatnuss

Zum Fertigstellen:

flüssige Butter für die Form
9 Lasagneblätter
8 dünne Scheiben gekochter
Schinken (ca. 150 g)
120 g geriebener Emmentaler

Für 4 Personen

1 Für die Béchamelsauce die Butter in einem Topf schmelzen. Das Mehl dazusieben, gut unterrühren und einige Minuten hell anschwitzen. Die kalte Brühe mit der Milch unter Rühren hinzufügen.

2 Die Zwiebel schälen und mit Lorbeerblatt und Nelken spicken. Die Zwiebel zur Sauce in den Topf geben und alles unter Rühren langsam zum Kochen bringen, 5 bis 10 Minuten kaum merklich köcheln lassen. Die Zwiebel entfernen und die Sauce mit Salz, 1 Prise Cayennepfeffer und Muskatnuss würzen.

3 Für die Einlage die Zwiebel schälen und in kleine Würfel schneiden. Brunnenkresse- und Brennnesselblätter von den Stielen zupfen, mit den Bärlauchblättern waschen und trocken schleudern. Den Bärlauch klein schneiden.

4 Die Butter in einer großen Pfanne bei mittlerer Hitze schmelzen und die Zwiebel darin glasig dünsten. Die Kräuter hinzufügen und ebenfalls andünsten. Mit Salz, Pfeffer und Muskatnuss würzen.

5 Zum Fertigstellen den Backofen auf 175 °C vorheizen. Eine tiefe Auflaufform mit Butter einpinseln und den Boden mit 3 Lasagneblättern auslegen. Ein Viertel der Béchamelsauce darauf verteilen, die Hälfte der Kräuter daraufgeben und mit der Hälfte der Schinkenscheiben belegen. Darauf wieder 3 Lasagneblätter legen, erneut Béchamelsauce, Kräuter und Schinken darauf verteilen und wiederum mit 3 Lasagneblättern belegen. Die übrige Béchamelsauce daraufstreichen und mit dem Käse bestreuen.

6 Die Lasagne im vorgeheizten Ofen auf der mittleren Schiene etwa 50 Minuten goldbraun backen.

» Wer mag, kann die Kräuterblätter noch mit blanchiertem Blattspinat mischen. Für ein vegetarisches Gericht lässt man einfach den Schinken weg. «

Nudeln & Reis

Schlutzkrapfen mit Ricotta-Spinat-Füllung

Für den Nudelteig:
100 g Roggenmehl
100 g Weizenmehl
2 Eier · 1 EL Olivenöl · Salz

Für die Füllung:
350 g Spinatblätter · Salz
½ Zwiebel · 1 EL Butter
1 Msp. gehackter Knoblauch
150 g Ricotta
40 g frisch geriebener Parmesan
1 EL braune Butter (siehe S. 30)
Pfeffer aus der Mühle
frisch geriebene Muskatnuss

Zum Fertigstellen:
Mehl zum Ausrollen
1 Eiweiß
100 g Butter
2 Scheiben Knoblauch
Salz · Pfeffer aus der Mühle
1 EL Schnittlauchröllchen
1 EL frisch geriebener Parmesan
2 EL frisch gehobelter Parmesan

Für 4 Personen · Foto rechts

1 Für den Nudelteig beide Mehlsorten, Eier, Olivenöl und 1 Prise Salz zu einem glatten, elastischen Teig verkneten. Den Teig in Frischhaltefolie wickeln und mindestens 30 Minuten ruhen lassen.

2 Für die Füllung den Spinat putzen, waschen und abtropfen lassen, grobe Stiele entfernen. Den Spinat in Salzwasser blanchieren, kalt abschrecken, mit den Händen gut ausdrücken und hacken.

3 Die Zwiebel schälen, in kleine Würfel schneiden und in einer Pfanne in der Butter bei milder Hitze glasig dünsten. Den Knoblauch hinzufügen und die Pfanne vom Herd nehmen. Ricotta, Zwiebelwürfel, Knoblauch, Spinat, Parmesan und die braune Butter verrühren. Die Füllung mit Salz, Pfeffer und Muskatnuss abschmecken.

4 Zum Fertigstellen den Teig in 6 Portionen teilen und mithilfe der Nudelmaschine oder dem Nudelholz zu möglichst langen, dünnen Teigbahnen ausrollen, dabei mit etwas Mehl bestäuben. Die Teigbahnen mit Eiweiß bestreichen. Im Abstand von 3 bis 4 cm mit einem Teelöffel jeweils etwas Füllung in die Mitte der Teigbahnen setzen. Die einzelnen Teigbahnen längs über der Füllung zusammenfalten. Den Teig um die Füllung herum mit den Fingern andrücken, mit einem halbmondförmigen Ausstecher Täschchen ausstechen und die Ränder ohne Luftblasen verschließen.

5 Die Butter in einer Pfanne bei milder Hitze schmelzen und leicht bräunen lassen. Den Knoblauch hinzufügen. Die Schlutzkrapfen in siedendem Salzwasser 2 Minuten ziehen lassen, mit einem Schaumlöffel herausheben und abtropfen lassen. Den Knoblauch wieder aus der Butter entfernen und die Schlutzkrapfen in der Butter schwenken. Mit Salz und Pfeffer würzen, mit Schnittlauch und geriebenem und gehobeltem Parmesan bestreut servieren.

»Außerhalb der Saison, oder wenn es etwas schneller gehen soll, können Sie auch tiefgekühlten Blattspinat anstelle von frischem Spinat verwenden.«

Nudeln & Reis

Linguine mit Gorgonzolasauce

Für die Nudeln:
400 g Linguine · Salz
1–2 EL Olivenöl

Für die Sauce:
1 reife Birne
80 g Gorgonzola
¼ l Gemüsebrühe
4 EL Sahne
2 EL Butter
Cayennepfeffer
frisch geriebene Muskatnuss
Pfeffer aus der Mühle
2 EL Walnusshälften

Für 4 Personen

1. Für die Nudeln die Linguine nach Packungsanweisung in reichlich Salzwasser bissfest kochen, dabei gelegentlich umrühren. In ein Sieb abgießen und abtropfen lassen. Das Olivenöl darüberträufeln und mit den Nudeln vermischen.

2. Für die Sauce die Birne vierteln, schälen, entkernen und in kleine Würfel schneiden. Den Gorgonzola in Würfel schneiden. Die Brühe mit der Sahne erwärmen. Den Gorgonzola und die Butter dazugeben und die Sauce mit dem Stabmixer schaumig aufschlagen.

3. Die Birnenwürfel zur Sauce geben und je nach Reifegrad einige Minuten knapp unter dem Siedepunkt ziehen lassen, bis sie weich sind. Mit Cayennepfeffer, Muskatnuss, Pfeffer und nach Belieben Salz würzen.

4. Die Linguine mit der Gorgonzolasauce vermischen, auf vorgewärmten tiefen Tellern anrichten und mit den Walnüssen bestreuen.

Nudeln & Reis

Pappardelle mit Kaninchenragout

Für die Nudeln:

350 g Pappardelle
Salz · 1 EL Olivenöl

Für das Ragout:

2 Kaninchenkeulen (küchenfertig)
400 ml Geflügelbrühe
150 g Zucchini · 2 Schalotten
1 EL Öl · 80 ml trockener Weißwein
1 kleines Lorbeerblatt
3 Pimentkörner
50 g Sahne · 30 g kalte Butter
1–2 TL scharfer Senf
1 Streifen unbehandelte Zitronenschale
1 Knoblauchzehe
je einige Tropfen halbtrockener Sherry und Zitronensaft
etwas Cayennepfeffer
1 TL Estragon (gehackt)

Zum Anrichten:

100 ml Geflügelbrühe · 20 g Butter
Salz · Cayennepfeffer

Für 4 Personen

1 Für die Nudeln die Pappardelle nach Packungsanweisung in reichlich Salzwasser bissfest kochen, dabei gelegentlich umrühren. In ein Sieb abgießen und abtropfen lassen. Das Olivenöl darüberträufeln und mit den Nudeln vermischen.

2 Für das Ragout die Kaninchenkeulen in einem Topf mit der Brühe bedeckt knapp unter dem Siedepunkt etwa 40 Minuten gar ziehen lassen. Die Keulen herausnehmen und etwas abkühlen lassen, das Fleisch von den Knochen lösen und in Würfel schneiden. Die Brühe beiseitestellen.

3 Zucchini putzen, waschen und in etwa ½ cm große Würfel schneiden. Die Schalotten schälen, in kleine Würfel schneiden und in einem Topf im Öl bei milder Hitze glasig dünsten. Mit dem Wein ablöschen, das Lorbeerblatt und die Pimentkörner dazugeben und mit der Kaninchenkochbrühe aufgießen. 10 Minuten knapp unter dem Siedepunkt ziehen lassen.

4 Die Gewürze wieder entfernen und Sahne hinzufügen. Butter und Senf dazugeben und die Sauce mit dem Stabmixer aufschäumen. Knoblauch schälen und halbieren, mit der Zitronenschale hinzufügen, 5 Minuten in der Sauce ziehen lassen und wieder entfernen. Das Kaninchenfleisch und die Zucchiniwürfel in der Sauce erhitzen. Das Ragout mit Sherry, Zitronensaft, Salz und Cayennepfeffer abschmecken, zuletzt den Estragon dazugeben.

5 Zum Anrichten die Nudeln in der Brühe mit Butter erhitzen, mit Salz und Cayennepfeffer abschmecken und auf vorgewärmte tiefe Teller verteilen. Das Kaninchenragout darübergeben.

Nudeln & Reis

Pappardelle mit Hasenragout

Für die Nudeln:

320 g Pappardelle

Salz · 1–2 EL mildes Olivenöl

Für das Ragout:

4 nicht zu große Wildhasenkeulen (küchenfertig)

1 kleine Zwiebel · 1 Möhre

120 g Knollensellerie

1 kleine Petersilienwurzel

1 TL Puderzucker

2 EL Öl · 1 TL Tomatenmark

2 EL Cognac · 50 ml roter Portwein

⅛ l kräftiger Rotwein

350 ml Geflügelbrühe

1 Lorbeerblatt · 5 Pimentkörner

4 Wacholderbeeren

½ TL schwarze Pfefferkörner

1 Scheibe Ingwer

1 Streifen unbehandelte Orangenschale

1 Rosmarinzweig

Salz · Pfeffer aus der Mühle

1 EL Preiselbeeren (aus dem Glas)

20 g kalte Butter

5–10 g dunkle Schokolade

Zum Fertigstellen:

⅛ l Geflügelbrühe

1 Scheibe Knoblauch

1 Scheibe Ingwer

1 Streifen unbehandelte Zitronenschale

Cayennepfeffer

Für 4 Personen

1. Für die Nudeln die Pappardelle nach Packungsanweisung in reichlich Salzwasser bissfest kochen, dabei gelegentlich umrühren. In ein Sieb abgießen und abtropfen lassen. Das Olivenöl darüberträufeln und mit den Nudeln vermischen.

2. Für das Ragout die Wildhasenkeulen auslösen und das Fleisch in 1½ cm große Würfel schneiden. Das Gemüse schälen und in ½ bis 1 cm große Würfel schneiden.

3. Den Puderzucker in einer Pfanne bei mittlerer Hitze hell karamellisieren und das Gemüse darin wenige Minuten andünsten.

4. Das Fleisch in einem Bräter im Öl bei mittlerer Hitze rundherum anbraten. Das Gemüse hinzufügen, das Tomatenmark unterrühren und kurz anrösten. Mit Cognac, Portwein und der Hälfte des Rotweins ablöschen und sirupartig einköcheln lassen. Den restlichen Wein hinzufügen und ebenfalls einköcheln lassen. Mit der Brühe aufgießen und knapp unter dem Siedepunkt gut 1 Stunde ziehen lassen.

5. Alles in ein Sieb gießen und abtropfen lassen. 4 EL der Gemüsewürfel mit dem Stabmixer in die Sauce mixen. Lorbeerblatt, Pimentkörner, Wacholderbeeren, Pfefferkörner und Ingwer dazugeben, 10 Minuten ziehen lassen und die Sauce durch ein Sieb passieren.

6. Die Sauce zum Fleisch und den restlichen Gemüsewürfeln geben und erhitzen. Orangenschale und Rosmarin für einige Minuten dazugeben und anschließend wieder entfernen. Mit Salz, Pfeffer und Preiselbeeren abschmecken und zuletzt die Butter und die Schokolade darin schmelzen lassen.

7. Zum Fertigstellen in einem Topf die Brühe mit Knoblauch, Ingwer und Zitronenschale erhitzen und 1 Prise Cayennepfeffer hinzufügen. Die Nudeln darin erhitzen und die Gewürze wieder entfernen. In vorgewärmten tiefen Tellern anrichten und das Ragout darauf verteilen.

Nudeln & Reis

Nudelfleckerl mit Spitzkohl

Für die Nudeln:

250 g Mehl · 100 g Hartweizengrieß
1 Ei · 4 Eigelb · 2 EL Olivenöl · Salz
Öl zum Beträufeln

Zum Fertigstellen:

½ junger Spitz- oder Weißkohl
2 EL Öl · 100 ml Gemüsebrühe
1 Streifen unbehandelte
Zitronenschale
Salz · Pfeffer aus der Mühle
gemahlener Kümmel
20 g kalte Butter

Für 4 Personen

1. Für die Nudeln Mehl, Grieß, Ei, Eigelb, Olivenöl und 1 Prise Salz zu einem glatten Teig verkneten und in Frischhaltefolie gewickelt etwa 30 Minuten ruhen lassen. Den Teig mithilfe der Nudelmaschine oder dem Nudelholz dünn ausrollen und mit einem gezackten Teigrad in Dreiecke von 3 bis 4 cm Seitenlänge schneiden. In reichlich siedendem Salzwasser wenige Minuten garen. In ein Sieb abgießen und abtropfen lassen. Mit etwas Öl beträufeln und mischen.

2. Zum Fertigstellen den Spitzkohl putzen, waschen und in etwa gleich große Rauten schneiden. In einer großen Pfanne im Öl bei mittlerer Hitze anbraten, die Brühe hinzufügen, die Zitronenschale dazugeben, salzen und pfeffern. Die Nudelfleckerl dazugeben und mit anbraten. Mit Salz, Pfeffer und 1 Prise Kümmel abschmecken, die Zitronenschale entfernen und zuletzt die Butter darin schmelzen lassen.

Dampfnudeln mit Paprika-Rahmkraut

Für die Dampfnudeln:

½ Zwiebel
100 g durchwachsener Speck
½ Stange Lauch
1 EL Öl
Salz · Pfeffer aus der Mühle
200 ml Milch
25 g Hefe
Zucker
300 g Mehl
1 Ei
1 Eigelb
30 g weiche Butter
Mehl zum Formen
60 g Butterschmalz
40 g Butter

Für 8 Personen · Foto rechts

1. Für die Dampfnudeln die Zwiebel schälen und mit dem Speck in kleine Würfel schneiden. Die Lauchstange putzen, der Länge nach halbieren, waschen und in Streifen schneiden. Den Speck in einer Pfanne im Öl bei milder Hitze anbraten, etwas später Zwiebeln und Lauch hinzufügen und andünsten. Mit Salz und Pfeffer würzen, aus der Pfanne nehmen und abkühlen lassen.

2. In einem Topf 60 ml Milch auf etwa 30 °C erwärmen, die Hefe darin auflösen und 1 Prise Zucker hineinstreuen. Das Mehl in eine Schüssel sieben und eine kleine Mulde in die Mitte drücken. Die Hefemilch hineingeben, mit wenig Mehl vermischen und etwas Mehl darüberstäuben. Den Vorteig mit einem Küchentuch bedecken und bei Zimmertemperatur etwa 15 Minuten gehen lassen.

3. Die Speck-Zwiebel-Lauch-Mischung mit 60 ml Milch, dem verquirlten Ei und dem Eigelb sowie 1 TL Salz zum Mehl geben und alles vermischen. Die weiche Butter hinzufügen und mit einem Kochlöffel oder in der Küchenmaschine zu einem elastischen Teig verarbeiten. Mit einem Küchentuch abdecken und bei Zimmertemperatur mindestens 30 Minuten gehen lassen, bis der Teig sein Volumen verdoppelt hat.

Nudeln & Reis

Für das Gemüse:

2 Knoblauchzehen
1 EL weiche Butter
1 TL ganzer Kümmel
1 Streifen unbehandelte Zitronenschale
1 TL getrockneter Majoran
Salz
1 junger Weiß- oder Spitzkohl (ca. 800 g)
2 TL Puderzucker
1 TL Tomatenmark
2 TL Paprikapulver (edelsüß)
½ l Geflügelbrühe
200 g saure Sahne
Cayennepfeffer

4 Den Teig mit einem Kochlöffel kräftig durchrühren. Mit einem bemehlten Löffel gleich große Stücke von 50 bis 60 g abstechen, auf ein gut bemehltes Tuch setzen, mit etwas Mehl bestäuben und jedes Stück zu einer Kugel formen. Mit einem zweiten Küchentuch bedecken und nochmals 15 Minuten gehen lassen.

5 In einem flachen Topf (etwa 30 cm Durchmesser) Butterschmalz, Butter und restliche Milch erhitzen und die Teigkugeln hineinsetzen. Die Dampfnudeln zugedeckt bei milder Hitze etwa 20 Minuten garen. Den Deckel dabei geschlossen halten! Die Dampfnudeln sollten am Boden eine goldbraune Kruste haben und locker aufgegangen sein.

6 Für das Gemüse den Knoblauch schälen und mit Butter, Kümmel, Zitronenschale, Majoran und 1 Prise Salz zu einer Gewürzpaste hacken.

7 Die äußeren Blätter des Weißkohls entfernen, innere Blätter ablösen, von den Blattrippen befreien und in Rauten schneiden. Puderzucker in einer Pfanne bei mittlerer Hitze karamellisieren und den Kohl darin anbraten. Tomatenmark und Paprikapulver hineinrühren, Brühe dazugießen und aufkochen lassen. Vom Herd nehmen, die saure Sahne unterrühren und mit Salz, Cayennepfeffer und Gewürzpaste würzen.

Nudeln & Reis

Paella

Für 4 Personen

400 g Riesengarnelen
1 Zwiebel
1 Lorbeerblatt
3 Gewürznelken
300 g Miesmuscheln
Salz
6 EL Olivenöl
100 ml Weißwein
½ l Geflügelbrühe
1 Döschen Safranfäden
1 TL Paprikapulver (edelsüß)
Cayennepfeffer
1 rote Paprikaschote
Öl zum Bestreichen
2 Kaninchenkeulen (küchenfertig)
Pfeffer aus der Mühle
1 EL Schweineschmalz
400 g Rundkornreis
2 Knoblauchzehen
250 g gemischte Fischfilets
(ohne Haut und Gräten)
80 g blanchierte Erbsen
1 EL Petersilie (fein gehackt)

1 Von den Riesengarnelen das Schwanzfleisch aus den Schalen lösen und den Darm entfernen. Die Schalen und die Köpfe gründlich waschen und abtropfen lassen. Die Zwiebel schälen, mit Lorbeerblatt und Nelken spicken. Die Muscheln unter fließendem kaltem Wasser gründlich waschen und bürsten, geöffnete Exemplare aussortieren. In einem Topf etwas Salzwasser erhitzen, die Muscheln hineingeben und zugedeckt dämpfen, bis sie sich öffnen. In einem Sieb abtropfen lassen, geschlossene Muscheln aussortieren.

2 In einem Topf 2 EL Olivenöl erhitzen, die Garnelenschalen und -köpfe darin anbraten. Den Wein dazugießen, einköcheln lassen und mit Brühe aufgießen. Die gespickte Zwiebel hineinlegen, einmal aufkochen und 15 Minuten ziehen lassen. Anschließend durch ein Sieb gießen, mit Safranfäden, Paprikapulver und 1 Prise Cayennepfeffer würzen.

3 Den Backofengrill einschalten. Die Paprikaschote der Länge nach halbieren, entkernen, waschen und mit der Hautseite nach oben auf ein Backblech legen. Mit Öl bestreichen und unter dem Grill garen, bis die Haut dunkle Blasen wirft. Etwas abkühlen lassen, häuten und in Streifen schneiden.

4 Die Kaninchenkeulen auslösen, das Fleisch in 4 bis 5 Stücke teilen, mit Salz und Pfeffer würzen. In einer tiefen Pfanne 2 EL Olivenöl und das Schweineschmalz erhitzen, die Kaninchenteile darin bei mittlerer Hitze rundherum anbraten und aus der Pfanne nehmen. Den Reis in der Pfanne etwa 3 Minuten andünsten. Den heißen Sud angießen, unterrühren, die Kaninchenteile darauf verteilen und etwa 25 Minuten mehr ziehen als köcheln lassen.

5 Den Knoblauch schälen und fein hacken. Die Fischfilets waschen, trocken tupfen und in 2 cm große Würfel schneiden. Das Garnelenfleisch und die Fischwürfel mit Salz und Pfeffer würzen und im restlichen Olivenöl nacheinander kurz anbraten. Paprika und Erbsen untermischen, nach 20 Minuten mit dem Knoblauch unter den Reis rühren und 5 Minuten ziehen lassen. Zuletzt die Muscheln auf die Paella geben und mit der Petersilie bestreuen.

» Statt Kaninchenfleisch können Sie für die Paella natürlich auch Geflügelkeulen verwenden. «

Nudeln & Reis

Fenchel-Apfel-Risotto mit Safran

Für den Risotto:

1 große Fenchelknolle
(mit Fenchelgrün)
1 Zwiebel · 4 EL Olivenöl
250 g Risottoreis
100 ml Weißwein
¾ l heiße Gemüsebrühe
1 Scheibe Knoblauch
1 Scheibe Ingwer
1 Streifen unbehandelte
Zitronenschale
einige Safranfäden
Salz · Pfeffer aus der Mühle

Zum Fertigstellen:

1 großer Apfel
1 TL Puderzucker
3 EL Gemüsebrühe
4 EL Butter
50 g frisch geriebener Parmesan

Für 4 Personen

1 Für den Risotto den Fenchel putzen, waschen, vierteln, entstrunken und in ½ cm breite Streifen schneiden. Das Fenchelgrün zum Garnieren beiseitelegen. Die Zwiebel schälen, in kleine Würfel schneiden und in einem breiten Topf im Olivenöl bei milder Hitze glasig dünsten. Den Reis dazugeben und so lange mitdünsten, bis die Reiskörner glasig sind. Die Fenchelstreifen unterrühren, mit dem Wein ablöschen und vollständig einköcheln lassen. Mit etwas heißer Brühe aufgießen. Unter ständigem Rühren immer wieder etwas Flüssigkeit dazugeben und vom Reis aufsaugen lassen, bis die Reiskörner weich sind, aber noch Biss haben. Nach 10 Minuten Knoblauch, Ingwer, Zitronenschale und Safranfäden hinzufügen.

2 Zum Fertigstellen den Apfel waschen, vierteln, entkernen und in 1 cm große Spalten schneiden. Den Puderzucker in einer Pfanne bei mittlerer Hitze karamellisieren. Die Apfelspalten dazugeben, kurz anbraten, mit etwas Brühe ablöschen und 1 EL Butter darin schmelzen lassen. Gut durchschwenken.

3 Knoblauch, Ingwer und Zitronenschale aus dem Risotto entfernen. Den Risotto mit Salz und Pfeffer abschmecken. Die restliche Butter, die karamellisierten Apfelspalten und den Parmesan unter den Risotto heben. Das Fenchelgrün grob hacken. Den Risotto damit garnieren.

» Bei der Zubereitung von Risotto verwendet man immer heiße Flüssigkeit, damit die Reiskörner gleichmäßig garen können. Gießt man kalte Brühe an, wird der Garprozess immer wieder unterbrochen. Die notwendige Flüssigkeitsmenge ist je nach Reissorte verschieden. Ist der Risotto zu trocken, gibt man einfach noch etwas heiße Brühe dazu. «

Nudeln & Reis

Reiskrapfen auf Schwammerlragout

Für die Füllung:

ca. 400 ml Geflügelbrühe
150 g Risottoreis
2 EL Olivenöl · 100 ml Weißwein
2 Streifen unbehandelte Limettenschale
1 Scheibe Knoblauch
80 g gut durchwachsener Speck (in dünnen Scheiben)
½ Zwiebel · 1 EL Öl
80 g grob geriebener Bergkäse
2 Eigelb · 2 EL doppelgriffiges Mehl
1 Msp. fein gehackte unbehandelte Limettenschale
Salz · Pfeffer aus der Mühle
1 EL braune Butter (siehe S. 30)
2 EL Petersilie (grob gehackt)
Mehl zum Wenden

Für den Teig:

125 g Mehl · 125 g Speisestärke
30 g Backpulver
½ TL Thymian (gehackt)
Salz · Cayennepfeffer
Fett zum Frittieren

Für das Schwammerlragout:

½ Zwiebel · 1 ½ EL Öl
200 ml Geflügelbrühe
80 g Sahne · 3 EL Butter
Salz · Cayennepfeffer
1 EL Petersilie (grob gehackt)
200 g gemischte Pilze

Für 4 Personen

1 Für die Füllung die Brühe in einem Topf erhitzen. Den Reis in einem zweiten Topf im Olivenöl bei milder Hitze glasig dünsten, mit dem Wein ablöschen, einköcheln lassen und mit etwas heißer Brühe aufgießen. Unter ständigem Rühren immer wieder Brühe dazugeben, bis der Reis weich ist, aber noch Biss hat. Nach 10 Minuten Limettenschale und Knoblauch hinzufügen. Sobald der Reis gar ist, die Gewürze entfernen und den Reis in einer Schüssel abkühlen lassen.

2 Die Speckscheiben in dünne Streifen schneiden. Die Zwiebel schälen, in möglichst kleine Würfel schneiden und mit dem Speck in einer Pfanne im Öl bei mittlerer Hitze 1 bis 2 Minuten braten. Die Speck-Zwiebel-Mischung, den Bergkäse, die Eigelbe, Mehl und Limettenschale unter den Reis mischen. Die Reismasse mit Salz, Pfeffer und der braunen Butter abschmecken und die Petersilie unterheben. Aus der Masse kleine Kugeln von 3 cm Durchmesser formen und leicht in Mehl wenden.

3 Für den Teig Mehl und Speisestärke in eine Schüssel sieben und mit Backpulver mischen. Unter Rühren langsam etwas kaltes Wasser dazugeben, bis ein zähflüssiger Teig entsteht. Den Thymian untermischen und mit Salz und 1 Prise Cayennepfeffer würzen. Das Fett in der Fritteuse auf 160 °C erhitzen.

4 Für das Schwammerlragout Zwiebel schälen, in kleine Würfel schneiden und in einer Pfanne in 1 EL Öl bei mittlerer Hitze glasig dünsten. Mit der Brühe ablöschen und 5 Minuten köcheln lassen. Die Sahne hinzufügen, erhitzen und 2 EL Butter darin schmelzen lassen. Die Sauce mit Salz und Cayennepfeffer abschmecken und zuletzt die Petersilie dazugeben.

5 In der Zwischenzeit die Pilze putzen, trocken abreiben, je nach Größe halbieren oder vierteln. In einer Pfanne im restlichen Öl und der Butter bei mittlerer Hitze 1 bis 2 Minuten anbraten. Leicht salzen und unter die heiße Sauce mischen.

6 Die Reisbällchen nacheinander in den Teig tauchen und im heißen Öl goldbraun frittieren. Die Reiskrapfen auf Küchenpapier abtropfen lassen, leicht salzen und mit dem Schwammerlragout servieren.

» Den Reis für die Bällchen kann man auch schon am Vortag garen, abkühlen lassen und kühl aufbewahren. «

Nudeln & Reis

Nudeln & Reis

Risotto mit Flusskrebsen

Für die Flusskrebse:

12 Flusskrebse
(beim Fischhändler vorbestellen)
Salz · ganzer Kümmel
1 Zwiebel · ½ Möhre
2 Stangen Staudensellerie
½ Fenchelknolle
2 reife Tomaten
2 EL Olivenöl
1 TL Tomatenmark
1 TL Ketchup
50 ml Weißwein
4 EL Cognac
1,2 l Gemüsebrühe
1 Lorbeerblatt
1 Scheibe Ingwer
1 Knoblauchzehe
1 Streifen unbehandelte
Zitronenschale

Für den Risotto:

1 kleine Zwiebel
3 EL Olivenöl
300 g Risottoreis
1 Scheibe Knoblauch
1 Scheibe Ingwer
1 Streifen unbehandelte
Zitronenschale
Salz · Cayennepfeffer
20 g Butter
50 g frisch geriebener Parmesan

Zum Fertigstellen:

30 g Butter · Salz
1 TL Estragon (grob gehackt)

Für 4 Personen

1 Die Krebse in siedendem Salzwasser mit 1 Prise Kümmel 3 Minuten glasig durchziehen lassen. Kalt abschrecken und abtropfen lassen. Die Schwänze vom Körper trennen, schälen und den Darm entfernen. Die Scheren aus den Schalen brechen und das Krebsfleisch bis zur Weiterverwendung zugedeckt im Kühlschrank aufbewahren.

2 Den Backofen auf 170 °C vorheizen. Die Krebsschalen gründlich waschen, mit einer Schere grob zerkleinern und auf einem Backblech im Ofen auf der mittleren Schiene 10 bis 15 Minuten rösten.

3 Die Zwiebel und die Möhre schälen. Sellerie und Fenchel putzen und waschen. Das Gemüse in dünne Scheiben schneiden. Die Tomaten waschen und vierteln, dabei die Stielansätze entfernen. Die Krebsschalen aus dem Ofen nehmen, in ein Küchentuch wickeln und mit einem breiten Messerrücken oder einem Nudelholz fein zerkleinern.

4 Das Olivenöl in einem Topf erhitzen, die Schalen darin bei mittlerer Hitze kurz rösten, Tomatenmark und Ketchup dazugeben und kurz mitrösten. Das Gemüse hinzufügen und andünsten, mit Wein und Cognac ablöschen. Die Flüssigkeit sirupartig einköcheln lassen und mit der Brühe aufgießen. Den Krebsfond bei milder Hitze gut 20 Minuten mehr ziehen als köcheln lassen. Nach 10 Minuten Lorbeerblatt, Ingwer, ungeschälten Knoblauch und Zitronenschale hineingeben. Den Fond durch ein feines Sieb gießen, 1 l Krebsfond abmessen und warm halten.

5 Für den Risotto die Zwiebel schälen, in kleine Würfel schneiden und in einem breiten Topf im Olivenöl bei milder Hitze kurz andünsten. Den Reis dazugeben und so lange mitdünsten, bis die Reiskörner glasig sind. Mit etwas Krebsfond aufgießen. Unter ständigem Rühren immer wieder etwas Flüssigkeit dazugeben und vom Reis aufsaugen lassen, bis die Reiskörner weich sind, aber noch Biss haben. Nach 10 Minuten Knoblauch, Ingwer und Zitronenschale in den Risotto geben. Sobald der Reis fertig ist, die Gewürze wieder entfernen. Den Risotto mit Salz und 1 Prise Cayennepfeffer würzen, die Butter darin schmelzen lassen und zuletzt den Parmesan unterrühren. Nochmals abschmecken.

6 Zum Fertigstellen die Krebsschwänze und Scheren in einer Pfanne in der Butter bei milder Hitze erwärmen. Leicht salzen, mit Estragon bestreuen und auf dem Risotto verteilen.

Nudeln & Reis

Lamm-Pilaw

Für das Lamm:

1 EL Rosinen · 2 EL Cognac

750 g Lammschulter (ausgelöst)

2–3 EL Öl · Salz

1 TL Puderzucker

1 EL Tomatenmark

150 ml Rotwein

ca. ½ l Geflügelbrühe

1 große Zwiebel

150 g Knollensellerie

2 Möhren

2 Scheiben Knoblauch

Für den Reis:

½ Zwiebel

2 EL Olivenöl

200 g Basmatireis

400 ml Geflügelbrühe

je 1 Streifen unbehandelte Zitronen- und Limettenschale

1 Lorbeerblatt

1 Zacken Sternanis

2 cm Zimtrinde

Zum Fertigstellen:

2 EL Mandelblättchen

Salz · Cayennepfeffer

gemahlener Kardamom

Für 4 Personen

1 Für das Lamm die Rosinen heiß waschen und mindestens 2 Stunden, am besten über Nacht, im Cognac einweichen.

2 Lammfleisch von Sehnen und Häuten befreien, in 2 bis 3 cm große Würfel schneiden und in einem breiten Topf im Öl bei mittlerer Hitze von allen Seiten gut anbraten. Die Fleischwürfel mit Salz würzen und aus dem Topf nehmen. Den Puderzucker in dem heißen Topf karamellisieren. Das Tomatenmark dazugeben und kurz anrösten, mit dem Wein ablöschen und sirupartig einköcheln lassen. Die Lammwürfel wieder dazugeben und mit Brühe aufgießen, sodass das Fleisch vollständig bedeckt ist.

3 Zwiebel, Sellerie und Möhren schälen, in 1 cm große Würfel schneiden, in den Topf geben und unterrühren. Das Lammfleisch zugedeckt bei milder Hitze knapp unter dem Siedepunkt etwa 1 Stunde schmoren, bis es weich ist. Nach 45 Minuten den Knoblauch dazugeben.

4 Für den Reis den Backofen auf 180 °C vorheizen. Zwiebel schälen, in kleine Würfel schneiden und in einem breiten Topf im Olivenöl bei mittlerer Hitze glasig dünsten. Den Basmatireis dazugeben, unterrühren, mit der Brühe ablöschen und bei milder Hitze zum Köcheln bringen. Zitrusschalen, Lorbeerblatt, Sternanis und Zimt dazugeben und den Reis zugedeckt im vorgeheizten Ofen auf der mittleren Schiene 14 Minuten garen. Den Topf aus dem Ofen nehmen. Den Reis mit einer Gabel auflockern und die Gewürze dabei entfernen.

5 Zum Fertigstellen die Mandelblättchen in einer beschichteten Pfanne ohne Fett bei mittlerer Hitze hell anrösten und abkühlen lassen. Den Reis und die Rosinen unter das heiße Lammragout heben. Den Pilaw mit Salz, Cayennepfeffer und Kardamom abschmecken und 5 Minuten ziehen lassen. Nochmals abschmecken und den Knoblauch entfernen. Den Pilaw mit Mandelblättchen bestreuen und heiß servieren.

» Damit der Reis gleichmäßig gart und nicht austrocknet, ist es wichtig, dass der Topf gut verschlossen bleibt. Je nach Reissorte variiert die Garzeit, deshalb unbedingt die Packungsbeilage beachten. «

Fisch & Meeresfrüchte

Fisch & Meeresfrüchte

In Bierteig gebackener Karpfen auf Vogerlsalat

Für den Salat:

350 g Vogerlsalat (Feldsalat)
70 g geschälte Kartoffel
300 ml Gemüsebrühe
½ Knoblauchzehe (in Scheiben)
1 mittelscharfe Chilischote
1 Lorbeerblatt · 1 Thymianzweig
1 Streifen unbehandelte Zitronenschale
2 EL saure Sahne
1 TL scharfer Senf
1 EL Zitronensaft
2 EL mildes Olivenöl
1 TL halbtrockener Sherry
Salz · Zucker
1 EL Kerbel (grob gehackt)

Für den Karpfen:

je 1 EL ganzer Kümmel, zerbröselte Zimtrinde, Wacholderbeeren, schwarze Pfeffer- und Pimentkörner
100 g Speisestärke · ⅛ l Bier
400 g Karpfenfilet (ohne Haut und Gräten) · Salz
70 g Butterschmalz · 7 EL Öl
einige Spritzer Zitronensaft

Für 4 Personen

1 Für den Salat den Vogerlsalat putzen, gründlich waschen und trocken schleudern. Die Kartoffel klein schneiden und in einen Topf geben. Die Brühe dazugießen, Knoblauch, Chilischote und Lorbeerblatt dazugeben und die Kartoffelstücke etwa 20 Minuten weich kochen. Den Topf vom Herd nehmen, Thymian und Zitronenschale hineingeben und einige Minuten ziehen lassen. Thymian, Zitronenschale, Chilischote und Lorbeerblatt wieder entfernen.

2 Die saure Sahne, den Senf, den Zitronensaft und das Olivenöl zu den Kartoffelstücken geben und alles mit dem Stabmixer pürieren. Das Dressing mit Sherry, Salz und 1 Prise Zucker abschmecken und den Kerbel unterrühren.

3 Für den Karpfen Kümmel, Zimtrinde, Wacholderbeeren, Pfeffer- und Pimentkörner in eine Gewürzmühle füllen. Die Speisestärke auf einen Teller geben und mit der Gewürzmischung würzen. Das Bier ebenfalls in einen tiefen Teller geben.

4 Das Karpfenfilet waschen, trocken tupfen, in 4 bis 5 cm große Stücke schneiden und salzen. Abwechselnd 2-mal hintereinander erst in der Stärke, dann im Bier und zuletzt noch einmal in der Stärke wenden.

5 Das Butterschmalz und das Öl in einer Pfanne erhitzen und die panierten Karpfenstücke darin bei milder Hitze rundherum hell anbraten. Aus der Pfanne nehmen und auf Küchenpapier abtropfen lassen. Mit dem Zitronensaft beträufeln.

6 Den Vogerlsalat mit dem Kartoffel-Sauerrahm-Dressing vermischen. Die Karpfenstücke auf flache Teller verteilen und den Salat dekorativ darauf anrichten.

» Statt Speisestärke kann man zum Panieren auch doppelgriffiges Mehl verwenden. Dann wird die Hülle zwar nicht ganz so kross, bekommt aber eine schöne braune Farbe. «

Fisch & Meeresfrüchte

Fisch & Meeresfrüchte

Wallergulasch

2 kleine rote Paprikaschoten
1 kleine gelbe Paprikaschote
6 EL Öl
120 g Cocktailtomaten
1 kleine Zwiebel
300 ml Gemüsebrühe
2 Knoblauchzehen
1 Streifen unbehandelte Zitronenschale
½ TL ganzer Kümmel
½ TL getrockneter Majoran
Salz
2 TL Paprikapulver (edelsüß)
10 g kalte Butter
Cayennepfeffer
120 g kleine Champignons
Pfeffer aus der Mühle
500 g Wallerfilet (ohne Haut und Gräten)

Für 4 Personen

1 Den Backofengrill einschalten. Die Paprikaschoten der Länge nach vierteln, entkernen und waschen. Die Paprikaviertel mit der Schnittfläche nach unten auf ein Backblech legen und die Oberfläche mit 2 EL Öl bepinseln. Die Paprikaschoten unter dem Grill auf der mittleren Schiene garen, bis die Haut dunkle Blasen wirft. Aus dem Ofen nehmen, kurz abkühlen lassen und häuten. Die gelben Paprikaviertel in Rauten schneiden, die roten grob zerkleinern.

2 Die Cocktailtomaten waschen und vierteln. Die Zwiebel schälen, in kleine Würfel schneiden und in einem Topf in 1 EL Öl andünsten. Die roten Paprikastücke mit den Tomaten hinzufügen, die Brühe dazugießen und knapp unter dem Siedepunkt 10 bis 15 Minuten ziehen lassen. Mit dem Stabmixer pürieren, durch ein nicht zu feines Sieb passieren und in den Topf zurückgeben.

3 Eine Knoblauchzehe schälen und mit der Zitronenschale, dem Kümmel, dem Majoran und 1 Prise Salz zu einer Paste hacken. Die Suppe damit vorsichtig würzen, dann das Paprikapulver hinzufügen. Die kalte Butter dazugeben und alles mit dem Stabmixer aufschlagen. Die gelben Paprikarauten und 1 Prise Cayennepfeffer hinzufügen und, falls nötig, nochmals mit Salz und den Gewürzen abschmecken.

4 Die Pilze putzen, trocken abreiben und halbieren. 1 EL Öl in einer Pfanne erhitzen und die Pilze darin bei milder Hitze ½ bis 1 Minute anbraten. Dann erst wenden, mit Salz und Pfeffer würzen und aus der Pfanne nehmen.

5 Das Wallerfilet waschen, trocken tupfen, in 2 bis 2 ½ cm große Stücke schneiden und mit Salz und Pfeffer würzen. In einer Pfanne im restlichen Öl mit der übrigen ungeschälten Knoblauchzehe bei milder Hitze rundherum etwa 2 Minuten anbraten, aus der Pfanne nehmen und auf Küchenpapier abtropfen lassen.

6 Das Paprikagulasch auf vorgewärmten tiefen Tellern verteilen, die Champignons darübergeben und die Wallerstücke daraufsetzen.

Fisch & Meeresfrüchte

Gebeizter Huchen

500 g Huchenfilet (mit Haut, ohne Gräten)
3 EL mildes Olivenöl
⅛ l Gemüsebrühe
1 TL gelbe Senfkörner
1 Streifen unbehandelte Zitronenschale
einige Petersilienstiele
je 1 Scheibe Knoblauch und Ingwer
2 EL Zitronensaft
½ TL scharfer Senf
Salz · Cayennepfeffer
Zucker
1 EL Dill (fein gehackt)

Für 4 Personen

1. Das Huchenfilet waschen und trocken tupfen. Vom Filet schräg dünne Scheiben abschneiden, sodass dabei nur die Haut übrig bleibt.

2. Ein großes Stück Frischhaltefolie mit 1 EL Olivenöl bepinseln. Die Huchenscheiben mit etwas Abstand auf eine Hälfte der Frischhaltefolie legen, die andere Hälfte darüberlegen und mit der flachen Seite eines Fleischklopfers etwas flach klopfen, sodass gleichmäßig dünne Scheiben entstehen. Vorsichtig von der Frischhaltefolie lösen und flache Teller damit leicht überlappend belegen.

3. Die Brühe erhitzen, Senfkörner, Zitronenschale, Petersilie, Knoblauch und Ingwer dazugeben, einige Minuten ziehen lassen und die Brühe durch ein Sieb gießen. Zitronensaft, scharfen Senf und das restliche Olivenöl hinzufügen und mit dem Stabmixer aufschlagen. Mit Salz und je 1 Prise Cayennepfeffer und Zucker abschmecken. Den Dill unterrühren und die Sauce gleichmäßig auf den Huchen träufeln.

Renke auf Kartoffel-Bärlauch-Sauce

Für die Kartoffel-Bärlauch-Sauce:
2 EL Zwiebelwürfel · 1 EL Öl
50 g Kartoffelwürfel
300 ml Gemüsebrühe
½ Lorbeerblatt · ½ Chilischote
je 1 Scheibe Knoblauch und Ingwer
1 Streifen unbehandelte Zitronenschale
80 g Sahne · 20 g kalte Butter
Salz · Cayennepfeffer
frisch geriebene Muskatnuss
einige frische Bärlauchblätter

Für die Renke:
2 EL Öl · 6 Renkenfilets (à ca. 100 g; mit Haut, ohne Gräten)
Salz · Pfeffer aus der Mühle

Für 4 Personen

1. Für die Kartoffel-Bärlauch-Sauce die Zwiebelwürfel in einem Topf im Öl bei milder Hitze andünsten. Die Kartoffelwürfel hineingeben und mit der Brühe, dem Lorbeerblatt und der Chilischote knapp unter dem Siedepunkt etwa 30 Minuten gar ziehen lassen. Nach 25 Minuten Knoblauch, Ingwer und Zitronenschale hinzufügen.

2. Lorbeer, Chili, Knoblauch, Ingwer und Zitronenschale entfernen, Sahne und Butter dazugeben und alles mit dem Stabmixer pürieren. Mit Salz, 1 Prise Cayennepfeffer und Muskatnuss abschmecken. Den Bärlauch putzen, waschen, trocken schütteln, in feine Streifen schneiden und unter die Sauce rühren.

3. Für die Renke das Öl in einer Pfanne erhitzen. Die Fischfilets waschen, trocken tupfen, halbieren und mit Salz und Pfeffer würzen. Auf der Hautseite bei milder Hitze etwa 2 Minuten kross anbraten. Die Pfanne vom Herd nehmen, die Filets wenden und in der Resthitze etwa 1 Minute gar ziehen lassen. Die Renkenfilets mit der Kartoffel-Bärlauch-Sauce auf vorgewärmten Tellern anrichten.

Fisch & Meeresfrüchte

Süßwasserbarsch mit Wacholder und Senfkörnern

2 TL Wacholderbeeren
2 TL gelbe Senfkörner
2 TL schwarze Pfefferkörner
2–3 EL Olivenöl
einige Spritzer Zitronensaft
Salz
4 kleine Süßwasserbarsche (à ca. 350 g; küchenfertig)
2–3 EL Öl

Für 4 Personen

1. Den Backofen auf 100 °C vorheizen. Die Wacholderbeeren, die Senf- und die Pfefferkörner im Mörser fein zerstoßen. Mit Olivenöl, Zitronensaft und etwas Salz zu einer Paste verarbeiten.

2. Die Fische innen und außen waschen, trocken tupfen und die Haut auf beiden Seiten mehrmals leicht einritzen. Die Fische innen salzen und außen dünn mit der Gewürzpaste bestreichen.

3. Die Barsche nacheinander in einer großen Pfanne im Öl von beiden Seiten anbraten. Auf das Ofengitter legen und im vorgeheizten Ofen auf der mittleren Schiene 10 bis 15 Minuten fertig garen.

Zanderfilet auf rotem Zwiebelkraut mit Selleriesauce

500 g weiße Zwiebeln
1 EL Puderzucker
150 ml roter Portwein
¼ l Rotwein
1 Lorbeerblatt
1 EL Senfkörner
5 Pimentkörner
1 Streifen unbehandelte Orangenschale
je 1 Scheibe Knoblauch und Ingwer
Salz · Pfeffer aus der Mühle
100 g Knollensellerie
370 ml Gemüsebrühe
60 g Sahne
20 g kalte Butter

Für 4 Personen · Foto rechts

1. Für das Zwiebelkraut die Zwiebeln schälen und der Länge nach in Streifen schneiden. Den Puderzucker in einen Topf sieben und bei mittlerer Hitze karamellisieren. Mit dem Portwein und dem Rotwein ablöschen und das Lorbeerblatt sowie die Senf- und Pimentkörner hinzufügen. Den Wein einköcheln lassen.

2. Die Zwiebeln dazugeben. Orangenschale, Knoblauch und Ingwer hinzufügen, mit Salz und Pfeffer würzen und 15 Minuten ziehen lassen. Lorbeerblatt, Pimentkörner, Orangenschale, Knoblauch und Ingwer anschließend wieder entfernen.

3. Für die Selleriesauce den Sellerie schälen und in kleine Würfel schneiden. Die Brühe aufkochen und die Selleriewürfel darin bei milder Hitze etwa 30 Minuten weich garen. Anschließend die Sahne hinzufügen und alles mit dem Stabmixer pürieren. Die kalte Butter mit dem Stabmixer unterschlagen und die Sauce mit Salz, Pfeffer sowie 1 Prise Cayennepfeffer würzen.

Fisch & Meeresfrüchte

Salz · Pfeffer aus der Mühle
Cayennepfeffer

Für den Zander:
600 g Zanderfilet
(mit Haut, ohne Gräten)
Salz · Pfeffer aus der Mühle
1–2 EL Öl

4 Für den Zander das Filet waschen, trocken tupfen, in 8 gleich große Stücke teilen und mit Salz und Pfeffer würzen.

5 Das Öl in einer Pfanne erhitzen, den Fisch auf der Hautseite darin bei mittlerer Hitze 3 bis 4 Minuten kross anbraten. Wenden, die Pfanne vom Herd nehmen und den Fisch in der Resthitze gar ziehen lassen. Herausnehmen und auf Küchenpapier abtropfen lassen.

6 Zum Anrichten die Selleriesauce noch einmal aufschäumen. Das Zwiebelkraut auf vorgewärmten tiefen Tellern verteilen. Die Zanderfilets mit der Hautseite nach oben auf das Zwiebelkraut legen, die Selleriesauce daneben anrichten.

» Sie können die Selleriesauce raffiniert verfeinern, indem Sie die Haut von 1 oder 2 Räucherforellen einige Minuten in der fertigen Sauce ziehen lassen. Die Sauce bekommt dadurch einen leichten Räuchergeschmack. «

Fisch & Meeresfrüchte

Waller auf Rettich-Spinat-Gemüse mit roten Linsen

Für das Gemüse:
500 g milder weißer Rettich
Salz
300 g Spinatblätter
50 g rote Linsen
½ TL Puderzucker
⅛ l Gemüsebrühe
½ TL scharfer Senf
30 g Butter
Cayennepfeffer
frisch geriebene Muskatnuss

Für den Waller:
4 Wallerfilets (à 150 g; ohne Haut und Gräten)
Salz · Pfeffer aus der Mühle
gemahlener Koriander
1–2 EL Öl

Für 4 Personen

1 Für das Gemüse den Rettich schälen, der Länge nach vierteln und in ½ cm dicke Scheiben schneiden. In Salzwasser blanchieren, kalt abschrecken und abtropfen lassen. Den Spinat putzen, gründlich waschen und abtropfen lassen. Die Linsen in Salzwasser blanchieren, kalt abschrecken und abtropfen lassen.

2 Den Puderzucker in einem kleinen Topf karamellisieren, den Rettich hineingeben und kurz schwenken. Die Brühe dazugießen und erhitzen. Den Spinat hinzufügen, kurz erhitzen und die Linsen unterrühren. Das Gemüse in ein Sieb abgießen, dabei den Sud auffangen. Den Senf mit der Butter in den Sud geben, mit dem Stabmixer aufschlagen und wieder unter das Gemüse mischen. Mit Salz, 1 Prise Cayennepfeffer und Muskatnuss abschmecken.

3 Für den Waller die Fischfilets waschen, trocken tupfen und mit Salz, Pfeffer und Koriander würzen. In einer Pfanne im Öl bei mittlerer Hitze von beiden Seiten insgesamt etwa 4 Minuten glasig braten.

4 Das Gemüse mit dem Sud auf vorgewärmten Tellern verteilen und die gebratenen Wallerfilets darauf anrichten.

» Der Waller ist ein heimischer Süßwasserfisch mit festem, schmackhaftem, fast grätenlosem Fleisch. Im Handel werden meist junge Zuchtfische angeboten, die noch relativ klein und deshalb besonders zart sind. «

Fisch & Meeresfrüchte

Gebratene Forelle mit Gewürzbutter

Für die Forelle:

4 Forellen (küchenfertig)
Salz · Pfeffer aus der Mühle
4 Lorbeerblätter · 4 Thymianzweige
4 Knoblauchzehen
4 Streifen unbehandelte Zitronenschale
150 g doppelgriffiges Mehl · 4 EL Öl

Für die Gewürzbutter:

je 1 TL Wacholderbeeren, Pfeffer- und Senfkörner · 150 g Butter
1 Knoblauchzehe
einige Spritzer Zitronensaft

Für 4 Personen

1. Für die Forelle den Backofen auf 120 °C vorheizen. Die Forellen innen und außen waschen, trocken tupfen, mit Salz und Pfeffer würzen. Die Bauchhöhlen mit je 1 Lorbeerblatt, Thymianzweig, ungeschältem Knoblauch und Zitronenschalenstreifen füllen. Die Forellen im Mehl wenden und in einer Pfanne im Öl nacheinander von beiden Seiten anbraten. Auf ein Gitter mit Abtropfblech legen und im vorgeheizten Ofen auf der mittleren Schiene etwa 20 Minuten glasig garen.

2. Für die Gewürzbutter Wacholderbeeren, Pfeffer- und Senfkörner in einer Pfanne ohne Fett bei milder Hitze anrösten, bis die Gewürze zu duften beginnen. Die Butter mit dem ungeschälten Knoblauch hinzufügen und darin hell bräunen. Die Butter durch ein feines Sieb gießen.

3. Die gebratenen Forellen mit etwas Zitronensaft beträufeln und die Gewürzbutter darüber verteilen.

Karpfen in Polentahülle mit Gurken-Kräuter-Dip

Für den Dip:

2 Eigelb · Salz · 1–2 TL Rotweinessig
Worcestersauce · ½ TL Senf
Cayennepfeffer · 200 ml Öl
4 eingelegte Sardellenfilets
1 EL Kapern · 50 g kleine Gewürzgurken · 1 EL kleine Gurkenwürfel
1 EL Petersilie (grob gehackt)
½ TL Estragon (fein gehackt)

Für den Karpfen:

4 Karpfenfilets (à 150 g; ohne Haut und Gräten)
Salz · Pfeffer aus der Mühle
150 g Polentagrieß · Öl zum Braten

Für 4 Personen

1. Für den Dip die Eigelbe mit 1 Prise Salz verrühren und 1 Minute stehen lassen. Den Essig, einige Tropfen Worcestersauce, den Senf und 1 Prise Cayennepfeffer unterrühren. Das Öl zuerst nur tropfenweise, dann in einem dünnen Strahl langsam dazugeben und dabei ständig rühren, sodass eine homogene Mayonnaise entsteht.

2. Die Sardellenfilets abtropfen lassen und mit Kapern und Gewürzgurken klein hacken. Mit den Gurkenwürfeln, Petersilie und Estragon unter die Mayonnaise ziehen. Mit etwas Gewürzgurkensud, Salz und Cayennepfeffer abschmecken.

3. Für den Karpfen die Filets waschen, trocken tupfen, mit Salz und Pfeffer würzen und in Grieß wenden. So viel Öl in eine Pfanne geben, dass der Boden bedeckt ist. Fisch darin bei mittlerer Hitze von beiden Seiten insgesamt 4 bis 5 Minuten goldbraun braten. Abtropfen lassen und nach Belieben mit etwas Zitronensaft beträufeln. Mit dem Dip servieren.

Fisch & Meeresfrüchte

Laiberl von Lachsforelle und Flusskrebsen

Für die Laiberl:
200 g Lachsforellenfilet (ohne Haut und Gräten) · Salz
200 g Sahne · 1 TL scharfer Senf
Pfeffer aus der Mühle
Cayennepfeffer
frisch geriebene Muskatnuss
12 Flusskrebse
½ TL ganzer Kümmel
je 50 g Möhren- und Zucchiniwürfel
8–12 große Salatblätter

Für die Sauce:
1 kleine Stange Staudensellerie
1 Zwiebel
1 Petersilienwurzel
½ Fenchelknolle
1 Möhre · 2 Tomaten
1–2 TL Puderzucker
2 TL Tomatenmark
2 EL Cognac · 1 EL Wermut
50 ml Weißwein
400 ml Gemüsebrühe
150 g Sahne
1 kleines Lorbeerblatt
½ TL schwarze Pfefferkörner
10 g getrocknete Champignons
½ Knoblauchzehe (in Scheiben)
Salz · Cayennepfeffer
¼ Salatgurke
Meersalz · Öl für die Form
30 g kalte Butter

Für 4 Personen

1 Für die Laiberl Fisch waschen, trocken tupfen, in Würfel schneiden, salzen und ebenso wie die Sahne 10 Minuten ins Tiefkühlfach stellen. Fisch und Senf im Blitzhacker kurz pürieren, mit Pfeffer, Cayennepfeffer und Muskatnuss würzen. Nach und nach die Sahne hinzufügen, bis eine glatte, glänzende Farce entsteht. Abschmecken und kühl stellen.

2 Die Krebse 1 bis 2 Minuten in kochendes Salzwasser mit Kümmel geben, kalt abschrecken. Die Schwänze und Scheren vom Körper trennen. Schwänze schälen und den Darm entfernen. Scheren knacken und das Fleisch herauslösen. Die Karkassen für die Sauce aufbewahren. Die Gemüsewürfel in Salzwasser blanchieren, kalt abschrecken und abtropfen lassen. Das Krebsfleisch mit Salz und Pfeffer würzen, mit der Farce und den Gemüsewürfeln mischen.

3 Von den Salatblättern die Blattrippen entfernen, Blätter in kochendem Salzwasser blanchieren, kalt abschrecken und leicht überlappend zu 4 großen Kreisen legen. Zwischen zwei Küchentüchern mit einem Nudelholz glatt rollen. Einen Schöpflöffel mit je 1 Salatkreis auslegen. Ein Viertel der Farce hineinfüllen, die überlappenden Blätter darüberschlagen. Nacheinander auf diese Weise 4 Laiberl formen.

4 Für die Sauce den Backofen auf 200 °C vorheizen. Die Karkassen waschen, abtropfen lassen, im vorgeheizten Ofen etwa 20 Minuten trocknen lassen und zerkleinern. Das Gemüse schälen bzw. waschen und zerkleinern. Den Puderzucker in einem Topf karamellisieren, Tomatenmark und Tomaten dazugeben und kurz andünsten. Das restliche Gemüse und die Karkassen hinzufügen, mit Cognac, Wermut und Wein ablöschen und einköcheln lassen. Brühe, Sahne, Gewürze und Champignons dazugeben, knapp unter dem Siedepunkt 20 bis 30 Minuten ziehen lassen. Kurz vor Garzeitende den Knoblauch dazugeben, mit Salz und Cayennepfeffer abschmecken. Die Gurke schälen, mit einem Kugelausstecher kleine Kugeln ausstechen, in Salzwasser blanchieren, kalt abschrecken und abtropfen lassen.

5 Etwas Wasser mit Meersalz in einem Topf mit passendem Dämpfeinsatz aufkochen. Die Laiberl auf dem geölten Einsatz 12 Minuten dämpfen. Die Sauce durch ein Sieb gießen, nochmals erhitzen, die Butter hineingeben und die Sauce mit dem Stabmixer aufschäumen. Die Gurkenkugeln hineingeben und die Sauce mit den Laiberln anrichten.

Fisch & Meeresfrüchte

Fisch & Meeresfrüchte

Geräucherter Waller auf Rote-Bete-Birnen-Gemüse

Für das Gemüse:
400 g kleine Rote Beten
Salz
½ TL ganzer Kümmel
80 ml Gemüsebrühe
1 Streifen unbehandelte Zitronenschale
1 kleines Stück unbehandelte Orangenschale
je 1 Scheibe Knoblauch und Ingwer
1 kleiner Thymianzweig
20 g kalte Butter
Pfeffer aus der Mühle
einige Tropfen Rotweinessig
Zucker
1 reife, feste Birne
1–2 TL Puderzucker

Für den Waller:
2 EL nicht aromatisiertes Räuchermehl (aus dem Fischereibedarf)
1 EL Öl
Salz · Pfeffer aus der Mühle
8 Wallerfilets (à ca. 60 g; ohne Haut und Gräten)

Zum Fertigstellen:
1 EL gehobelter Meerrettich
1 EL Schnittlauchröllchen

Für 4 Personen

1 Für das Gemüse die Roten Beten in reichlich Salzwasser mit Kümmel gut 1 Stunde weich kochen. Abgießen, schälen und in schmale Spalten schneiden. Dabei nach Belieben Einweghandschuhe anziehen oder ein Küchentuch zur Hilfe nehmen.

2 Die Roten Beten in einer großen Pfanne in der Brühe mit der Zitronenschale, der Orangenschale, dem Knoblauch, dem Ingwer und dem Thymian bei milder Hitze erwärmen. Die Hälfte der Butter darin schmelzen lassen und mit Salz, Pfeffer, Essig und 1 Prise Zucker abschmecken. Die Gewürze wieder entfernen.

3 Die Birne waschen, vierteln, entkernen und in schmale Spalten schneiden. Den Puderzucker in einer Pfanne hell karamellisieren. Die Birnen dazugeben, anbräunen und wenden, die restliche Butter dazugeben und schmelzen lassen.

4 Für den Waller einen weiten, flachen Topf mit Alufolie auslegen und das Räuchermehl darauf verteilen. Ein passendes Dämpfgitter oder einen Asia-Dämpfkorb daraufsetzen und auf dem Herd bei milder Hitze erwärmen, bis leichter Rauch aufsteigt. Den Dämpfeinsatz dünn mit Öl bestreichen.

5 Die Wallerfilets waschen, trocken tupfen und mit Salz und Pfeffer würzen. Auf den Dämpfeinsatz legen, den Deckel auflegen und die Filets 10 bis 12 Minuten, je nach Dicke, darin gar räuchern.

6 Zum Fertigstellen das Rote-Bete-Gemüse auf vorgewärmten Tellern verteilen, die karamellisierten Birnenspalten dazwischenlegen und die Wallerfilets daneben anrichten. Mit frisch gehobeltem Meerrettich und Schnittlauch garnieren.

»Der Räuchergeschmack ist bei dieser Methode relativ intensiv. Er wird schwächer, wenn der Fisch vor dem Räuchern erst bei milder Hitze in der Pfanne vorgebraten wird. Die Räucherzeit verkürzt sich dann um einige Minuten.«

Fisch & Meeresfrüchte

Hechtnockerl auf Dill-Kraut-Fleckerl

Für die Hechtnockerl:
300 g gut gekühltes Hechtfilet (ohne Haut und Gräten)
Salz · Pfeffer aus der Mühle
300 g Sahne
1–2 TL scharfer Senf
Cayennepfeffer
frisch geriebene Muskatnuss

Für die Dill-Kraut-Fleckerl:
½ Kopf junger Weißkohl
1–2 EL Öl
80 ml Gemüsebrühe
je 1 Scheibe Knoblauch und Ingwer
1 Streifen unbehandelte Zitronenschale
20 g kalte Butter
Salz
Cayennepfeffer
1 EL Dill (fein gehackt)
einige Dillspitzen zum Garnieren

Für 4 Personen

1 Für die Nockerl das Fischfilet waschen, trocken tupfen und in Würfel schneiden. Mit Salz und Pfeffer würzen und ebenso wie die Sahne etwa 10 Minuten in das Tiefkühlfach stellen, bis sie leicht anfrieren.

2 Die Hälfte des Fischfilets in den Blitzhacker geben. Den Senf hinzufügen und mit 1 Prise Cayennepfeffer und etwas Muskatnuss würzen. Das Fischfilet pürieren, bis eine Bindung entsteht. Anschließend die Hälfte der Sahne in drei Portionen unterrühren, bis eine glatte, glänzende Farce entsteht. In eine Schüssel geben und kühl stellen. Das übrige Fischfilet mit der restlichen Sahne auf die gleiche Weise verarbeiten, ebenfalls in die Schüssel geben, alles gut miteinander verrühren und abschmecken. Bis zur Weiterverwendung kühl stellen.

3 In einem weiten Topf reichlich Wasser zum Kochen bringen und gut salzen. Die Hitze nun so weit reduzieren, dass sie sich knapp unter dem Siedepunkt hält. Aus der Fischfarce mit zwei angefeuchteten Esslöffeln 16 große Nockerl ausstechen, in das siedende Wasser geben und 15 bis 20 Minuten ziehen lassen.

4 Für die Dill-Kraut-Fleckerl den Weißkohl putzen und den Strunk entfernen. Die Blätter in Rauten schneiden und in einer großen Pfanne im Öl bei mittlerer Hitze einige Minuten anbraten. Die Brühe dazugießen, den Knoblauch, den Ingwer und die Zitronenschale hinzufügen, einige Minuten ziehen lassen und die Gewürze wieder entfernen. Die Butter darin schmelzen lassen und mit Salz und 1 Prise Cayennepfeffer abschmecken. Zuletzt den gehackten Dill dazugeben.

5 Die Dill-Kraut-Fleckerl auf vorgewärmten Tellern anrichten, die Hechtnockerl mit einem Schaumlöffel aus dem Salzwasser heben, etwas abtropfen lassen und daraufsetzen. Mit Dillspitzen garnieren.

»Hecht eignet sich hervorragend für die Zubereitung einer Farce, da sein Fleisch eine gute Bindefähigkeit besitzt. Achtung bei den Gräten: Sie wachsen Y-förmig und müssen mit einem scharfen Messer herausgeschnitten werden. Wenn man die Gräten vor dem Mixen nicht entfernt, muss die Farce danach mithilfe einer Teigkarte durch ein feines Sieb gestrichen werden – so bleiben die Grätenstücke zurück.«

Fisch & Meeresfrüchte

Gebratener Lachs-Zander-Strudel auf Spinat-Kohlrabi-Salat

Für die Farce:
175 g Lachsfilet
(ohne Haut und Gräten)
Salz · Pfeffer aus der Mühle
175 g Sahne
1 TL scharfer Senf
einige Spritzer Zitronensaft
frisch geriebene Muskatnuss
1 TL Dill (fein gehackt)

Für den Strudel:
4 Strudelteigblätter (à 20 x 20 cm; aus dem Kühlregal)
flüssige Butter zum Bestreichen
1 Zitrone · 1 Knoblauchzehe
4 Zanderfilets (à 100 g; ohne Haut und Gräten)
Salz · Pfeffer aus der Mühle
etwas Öl zum Braten

Für den Salat:
300 g junge Spinatblätter
1 Kohlrabi
1 reife Avocado
1 Schalotte
½ Knoblauchzehe
100 ml Gemüsebrühe
1 EL Weißweinessig
Puderzucker · Salz
2 EL Olivenöl
1 TL Walnussöl
Pfeffer aus der Mühle
1 EL Kapern

Für 4 Personen

1 Für die Farce das Lachsfilet waschen, trocken tupfen und klein schneiden, mit Salz und Pfeffer würzen. Die Lachsstücke und die Sahne jeweils etwa 10 Minuten in das Tiefkühlfach stellen, bis sie leicht anfrieren. Die eiskalten Lachsstücke in den Blitzhacker geben und so lange pürieren, bis eine Bindung entsteht. Den Senf und ein Drittel der eiskalten Sahne zum Fisch geben und unterrühren. Die restliche Sahne in zwei Portionen untermixen, bis eine glatte, glänzende Farce entsteht. Mit etwas Zitronensaft und etwas Muskatnuss abschmecken, falls nötig, nachwürzen. Zum Schluss den gehackten Dill unterrühren.

2 Für den Strudel die Strudelteigblätter mit flüssiger Butter bestreichen. Knapp die Hälfte der Farce in der Größe der Zanderstücke auf die Teigblätter streichen. Zitrone und Knoblauch halbieren. Die Zanderfilets waschen, trocken tupfen, mit Salz und Pfeffer würzen und mit den Zitronen- und Knoblauchhälften einreiben. Auf die mit Farce bestrichenen Strudelblätter setzen und mit der restlichen Farce rundherum bedecken. Die Teigblätter über dem Fisch zusammenklappen, die offenen Enden andrücken und, falls nötig, etwas abschneiden.

3 Den Backofen auf 100 °C vorheizen. Etwas Öl in einer Pfanne erhitzen, die Strudelpäckchen mit der Nahtseite nach unten hineinlegen und bei mittlerer Hitze von beiden Seiten goldbraun braten. Herausnehmen und auf Küchenpapier abtropfen lassen. Die Strudel auf ein Backblech legen und im vorgeheizten Ofen auf der mittleren Schiene 5 bis 7 Minuten ziehen lassen.

4 Für den Salat den Spinat putzen, waschen und abtropfen lassen. Den Kohlrabi putzen, schälen, vierteln und in Scheiben hobeln. Die Avocado schälen, halbieren, entkernen und in Würfel oder Scheiben schneiden. Die Schalotte schälen und in kleine Würfel schneiden.

5 Für das Salatdressing eine Salatschüssel mit der halben Knoblauchzehe ausreiben. Schalottenwürfel, Brühe, Essig, 1 Prise Puderzucker, Salz, Olivenöl und Walnussöl in der Schüssel gut mischen und mit Pfeffer würzen. Kohlrabi und Avocado mit den abgetropften Kapern unter den Spinat heben. Den Salat auf Tellern anrichten und mit dem Strudel servieren.

Fisch & Meeresfrüchte

Fisch & Meeresfrüchte

Pochierte Stückerl von der Lachsforelle auf Endivien-Kohlrabi-Gemüse

Für das Gemüse:

4 kleine Kohlrabi (etwa 500 g)
400 ml Gemüsebrühe
60 g Sahne
20 g kalte Butter
1 EL braune Butter (siehe S. 30)
3 Scheiben Knoblauch
2 TL geröstete Mandelblättchen
Salz
Cayennepfeffer
frisch geriebene Muskatnuss
50 g Endiviensalat

Für die Lachsforelle:

50 g braune Butter (siehe S. 30)
1 Scheibe Knoblauch
1 Scheibe Ingwer
1 Streifen unbehandelte Zitronenschale
Salz · Pfeffer aus der Mühle
einige Spritzer Zitronensaft
600 g Lachsforellenfilet
(ohne Haut und Gräten)
Kräuterblätter zum Garnieren

Für 4 Personen

1 Für das Gemüse die Kohlrabi putzen, schälen, vierteln und in 3 bis 4 mm dicke Scheiben schneiden. Die Kohlrabischeiben mit der Brühe in einem weiten Topf knapp unter dem Siedepunkt 15 bis 20 Minuten gar ziehen lassen. Zwei Drittel der Kohlrabischeiben als Einlage herausnehmen. Den Rest mit dem Kochsud, der Sahne, der kalten Butter, der braunen Butter und dem Knoblauch mit dem Stabmixer pürieren. Zuletzt die Mandeln hinzufügen, mit Salz, 1 Prise Cayennpfeffer und Muskatnuss würzen und nochmals mit dem Stabmixer aufschlagen.

2 Die Endiviensalatblätter gründlich waschen, in knapp ½ cm dicke Streifen schneiden und mit den Kohlrabischeiben und der Kohlrabisauce vermischen.

3 Für die Lachsforelle die braune Butter in einer Pfanne nur leicht erwärmen, Knoblauch, Ingwer und Zitronenschale darin einige Minuten ziehen lassen und wieder entfernen. Die Butter mit Salz, Pfeffer und Zitronensaft würzen.

4 Das Lachsforellenfilet waschen, trocken tupfen und in 3 bis 4 cm große Stücke schneiden. In einem Topf Wasser zum Kochen bringen und reichlich salzen. Den Topf vom Herd nehmen, die Forellenstücke hineingeben und 1 bis 1 ½ Minuten ziehen lassen, bis der Fisch glasig durch ist. Mit einem Schaumlöffel die Fischstücke herausheben, abtropfen lassen, auf einen vorgewärmten Teller geben und mit der Butter beträufeln.

5 Zum Servieren das Endivien-Kohlrabi-Gemüse auf vorgewärmten tiefen Teller verteilen, die Lachsforellenstückerl darauflegen und mit den Kräuterblättern garnieren.

»Pochieren ist eine sehr schonende Garmethode für sensibles Gargut wie Fisch, verlorene Eier, aber auch Geflügel, Kalbs- oder Rinderfilet. Da das Gargut meist direkt mit der Garflüssigkeit in Verbindung kommt, wird entweder reichlich gesalzenes Wasser oder stark abgeschmeckter Fond verwendet, damit das Gargut nicht auslaugt. Die Gartemperatur liegt immer unter dem Siedepunkt, meist bei ca. 80 °C.«

Fisch & Meeresfrüchte

Saiblingtatar auf Schwarzbrot

Für die Schnittlauchsauce:
- 200 g Crème fraîche
- 50 g saure Sahne
- 50 g Sahne
- ½ TL scharfer Senf
- einige Spritzer Zitronensaft
- Salz
- Cayennepfeffer
- Zucker
- 2 EL Schnittlauchröllchen

Für das Schwarzbrot:
- 24 ausgestochene Scheiben Roggenmischbrot (4–5 cm Durchmesser)
- 40 g Butter

Für das Saiblingtatar:
- 500 g Saiblingfilets (mit Haut, ohne Gräten)
- 3 EL mildes Olivenöl
- Saft von ½ Zitrone
- Salz · Pfeffer aus der Mühle
- gemahlener Koriander
- 2 EL Saiblingkaviar

Für 4 Personen

1 Für die Schnittlauchsauce die Crème fraîche mit der sauren Sahne, der Sahne und dem Senf verrühren. Mit dem Zitronensaft, Salz sowie je 1 Prise Cayennepfeffer und Zucker würzen und zuletzt den Schnittlauch untermischen.

2 Die Brotscheiben in einer Pfanne in der Butter bei milder Hitze von beiden Seiten hell anrösten.

3 Für das Saiblingtatar die Fischfilets waschen und trocken tupfen. Von den Filets schräg dünne Scheiben abschneiden, sodass nur die Haut übrig bleibt. Das Fischfleisch erst in dünne Streifen, dann in kleine Würfel schneiden und in eine Schüssel geben.

4 Die Fischwürfel zuerst mit dem Olivenöl mischen, anschließend den Zitronensaft hinzufügen und alles mit Salz, Pfeffer und etwas Koriander würzen.

5 Die Brotscheiben auf eine Platte legen und mit einem Eiskugelausstecher je 1 Halbkugel des Tatars daraufsetzen. Etwas Schnittlauchsauce darüberträufeln und auf jede Schwarzbrotscheibe mit Tatar etwas Saiblingkaviar geben.

»Diese kleinen Tatartörtchen können zum Aperitif gereicht oder mit etwas Blattsalat als Vorspeise serviert werden. Das Tatar kann einige Stunden vor dem Servieren geschnitten werden, sollte aber erst unmittelbar vor dem Anrichten mariniert werden, da es nachzieht und allmählich wieder an Geschmack verliert. Wichtig beim Marinieren ist, dass zuerst das Olivenöl hinzugefügt wird, dann der Zitronensaft und die Gewürze.«

Fisch & Meeresfrüchte

Saibling im Salzteig mit Basilikumöl

Für den Salzteig:
1,8 kg Mehl · 900 g feines Salz
7 EL Olivenöl · 6 Eier
Mehl für die Arbeitsfläche

Für den Saibling:
4 Saiblinge (küchenfertig)
Salz · Pfeffer aus der Mühle
4 Scheiben Ingwer
2 halbierte Knoblauchzehen
4 Thymianzweige
4 Streifen unbehandelte
Zitronenschale · Öl für das Blech
2 Eigelb · 3 EL Sahne

Für das Basilikumöl:
8 EL Olivenöl · 8 Basilikumblätter
1 EL Zitronensaft
Salz · Pfeffer aus der Mühle

Für 4 Personen · Foto rechts

1. Für den Salzteig Mehl, Salz, $3/4$ l Wasser, Olivenöl und Eier zu einem glatten Teig verkneten und auf der bemehlten Arbeitsfläche etwa 1 cm dick ausrollen. Den Backofen auf 220 °C vorheizen.

2. Für den Saibling von den Fischen die Kiemen entfernen, die Fische innen und außen waschen und trocken tupfen und mit Salz und Pfeffer würzen. In die Bauchhöhlen je 1 Ingwerscheibe, $1/2$ Knoblauchzehe, 1 Thymianzweig und 1 Zitronenschale legen. Die Fische nacheinander einzeln in den ausgerollten Salzteig wickeln, die Enden dabei gut andrücken. Die Saiblinge im Salzteig mit der Nahtseite nach unten auf ein leicht geöltes Backblech setzen. Mit dem Restteig können die Fische verziert werden. Die Eigelbe mit der Sahne verrühren und die Oberfläche der Salzteigfische damit bestreichen. Die Fische im vorgeheizten Ofen auf der mittleren Schiene knapp 20 Minuten backen.

3. Für das Basilikumöl die Basilikumblätter in Streifen schneiden und mit Olivenöl, Zitronensaft, Salz und Pfeffer verrühren.

4. Zum Anrichten die Teigkruste seitlich aufschneiden, aufklappen und die Fische im Ganzen mit dem Basilikumöl servieren.

Thunfisch-Rettich-Carpaccio

Für das Carpaccio:
400 g weißer Rettich · Salz
300 g Thunfisch (Sushi-Qualität)
Öl für die Folie

Für die Marinade:
5 EL Olivenöl
2 EL Zitronensaft
Salz · Pfeffer aus der Mühle

Zum Anrichten:
1 EL Schnittlauchröllchen

Für 4 Personen

1. Für das Carpaccio den Rettich schälen, in dünne Scheiben schneiden, in Salzwasser bissfest blanchieren, auf einem Sieb abtropfen lassen und trocken tupfen. Den Thunfisch waschen, trocken tupfen und in möglichst dünne Scheiben schneiden. Falls die Scheiben nicht dünn genug sind, zwischen zwei geölten Frischhaltefolien flach klopfen.

2. Für die Marinade das Olivenöl mit dem Zitronensaft verrühren und nach Geschmack mit Salz und Pfeffer würzen.

3. Zum Anrichten große flache Teller mit etwas Marinade bestreichen, Thunfisch und Rettich abwechselnd dachziegelartig darauf anrichten und mit der übrigen Marinade beträufeln. Mit Schnittlauch bestreuen.

Fisch & Meeresfrüchte

Zitronengrasspieße mit Garnelen und Schwertfisch

Für die Spieße:
12 kleinere Riesengarnelen
1 dicke Scheibe Schwertfisch
(etwa 300 g; ohne Haut und Gräten)
1 kleiner Zucchino
12 kleine Cocktailtomaten
12 Zitronengrasstängel
(à 15 cm Länge)
Salz · Pfeffer aus der Mühle
1 EL Olivenöl
Olivenöl und Zitronensaft zum Beträufeln

Für 4 Personen

1 Die Garnelen schälen, am Rücken entlang einschneiden und den Darm entfernen. Die Garnelen waschen und trocken tupfen. Den Schwertfisch waschen, trocken tupfen und in 3 cm große Würfel schneiden. Den Zucchino putzen, waschen und in 12 Scheiben schneiden. Die Cocktailtomaten waschen und abtropfen lassen.

2 Die Zitronengrasstängel am dünnen Ende etwas zuspitzen. Je 1 Garnele mit 1 Zucchinischeibe, 1 Cocktailtomate und 1 Schwertfischwürfel auf die Zitronengrashalme stecken, die Spieße mit Salz und Pfeffer würzen.

3 Die Spieße in einer Pfanne im Öl bei mittlerer Hitze von beiden Seiten knusprig braten und auf vorgewärmten Tellern anrichten. Die Spieße mit etwas Olivenöl und Zitronensaft beträufeln.

Fisch & Meeresfrüchte

Renke auf Tomaten-Olivenöl-Dressing

Für das Dressing:
1 Schalotte · 5 reife Tomaten
1 EL Rotweinessig · 3 EL Olivenöl
Salz · Pfeffer aus der Mühle
Zucker
½ TL Estragon (fein gehackt)

Für die Renke:
1 TL Wacholderbeeren
1 TL Korianderkörner
1 EL schwarze Pfefferkörner
1 TL Pimentkörner
1 TL getrocknete Chilischote
8 Renkenfilets (mit Haut, ohne Gräten) · Salz · 2 EL Olivenöl

Für 4 Personen

1 Für das Dressing Schalotte schälen und in kleine Würfel schneiden. Die Tomaten waschen und vierteln, dabei die Stielansätze entfernen. Die Tomatenviertel im Mixer pürieren und durch ein Sieb streichen. Das Tomatenpüree mit Schalotten, Essig und Olivenöl verrühren und mit Salz, Pfeffer und 1 Prise Zucker abschmecken. Zuletzt den Estragon unterrühren.

2 Für die Renke Wacholderbeeren, Koriander-, Pfeffer- und Pimentkörner und Chilischote in eine Gewürzmühle füllen. Die Renkenfilets waschen, trocken tupfen, halbieren, mit Salz und den Gewürzen aus der Mühle würzen. In einer Pfanne im Olivenöl bei mittlerer Hitze auf der Hautseite kross anbraten. Den Fisch wenden, die Pfanne vom Herd nehmen und den Fisch glasig durchziehen lassen.

3 Zum Anrichten die Renkenfilets auf vorgewärmte Teller setzen und mit dem Tomaten-Olivenöl-Dressing großzügig beträufeln.

Kabeljau in Brotkruste mit jungem Weißkraut und Pfifferlingen

Für den Kabeljau:
4 Kabeljaufilets
(à 125 g; ohne Haut und Gräten)
Salz · Pfeffer aus der Mühle
8 hauchdünne Scheiben
Bauernbrot (entrindet) · 2 EL Öl

Für Weißkraut und Pfifferling:
1 kleiner Kopf junger Weißkohl
gemahlener Kümmel
2 EL Öl · 70 ml Gemüsebrühe
Salz · Pfeffer aus der Mühle
2 EL braune Butter (siehe S. 30)
250 g Pfifferlinge · 1 EL Petersilie
(grob gehackt) · 20 g kalte Butter

Für 4 Personen

1 Für den Kabeljau die Fischfilets waschen, trocken tupfen, mit Salz und Pfeffer würzen und beide Seiten mit je 1 Brotscheibe belegen. In der Pfanne im Öl bei milder Hitze von beiden Seiten kross braten. Auf Küchenpapier abtropfen lassen.

2 Für das Weißkraut den Krautkopf in einzelne Blätter zerlegen, den Strunk herausschneiden und die Blätter klein schneiden. Mit 1 Prise Kümmel in einer Pfanne in 1 EL Öl bei mittlerer Hitze anbraten und mit der Brühe ablöschen. Die Brühe fast einkochen lassen und das Kraut bissfest garen. Mit Salz und Pfeffer würzen und zuletzt die braune Butter hineingeben. Für die Pilze die Pfifferlinge putzen, je nach Größe halbieren oder vierteln und in einer Pfanne in 1 EL Öl 1 bis 2 Minuten anbraten. Mit Salz und Pfeffer würzen und die Petersilie dazugeben. Die Butter hinzufügen und darin schmelzen lassen.

3 Zum Anrichten das Kraut auf vorgewärmten Tellern verteilen, den Kabeljau daraufsetzen und die Pfifferlinge rundherum verteilen.

Fisch & Meeresfrüchte

Lachsforelle im Nudelblatt mit Spinat und Senfsauce

Für die Nudelblätter:

125 g Mehl · 50 g Hartweizengrieß
1 Ei · 1 Eigelb
1 EL Olivenöl · Salz
Mehl zum Ausrollen
Öl für das Blech
100 ml Gemüsebrühe · 1 EL Butter

Für den Spinat:

500 g Wurzelspinat · Salz
50 ml Gemüsebrühe · 1 EL Butter
Pfeffer aus der Mühle
frisch geriebene Muskatnuss

Für die Lachsforelle:

4 Lachsforellenfilets
(ohne Haut und Gräten)
Salz · Pfeffer aus der Mühle
etwas Olivenöl

Für die Sauce:

100 ml Gemüsebrühe
80 g Sahne
1–2 TL scharfer Senf · Salz
Cayennepfeffer
20 g kalte Butter

Für 4 Personen

1 Für die Nudelblätter Mehl, Grieß, Ei, Eigelb, Olivenöl, 1 Prise Salz und 1 EL kaltes Wasser zu einem festen, glatten Teig verkneten. Den Teig in Frischhaltefolie wickeln und 30 Minuten ruhen lassen. Mithilfe einer Nudelmaschine oder einem Nudelholz dünn ausrollen, dabei mit etwas Mehl bestäuben. 12 Nudelblätter von 7 x 7 cm Seitenlänge ausschneiden und in Salzwasser bissfest garen. Auf einem geölten Blech bis zur Weiterverwendung aufbewahren. Kurz vor dem Anrichten in Brühe und Butter erhitzen.

2 Den Spinat putzen, waschen und in Salzwasser blanchieren. Kalt abschrecken, abtropfen lassen und mit den Händen gut ausdrücken. Zum Anrichten in Brühe und Butter erhitzen und mit Salz, Pfeffer und Muskatnuss abschmecken.

3 Für die Lachsforelle den Backofen auf 80 bis 90 °C vorheizen. Die Forellenfilets waschen, trocken tupfen, mit Salz und Pfeffer würzen und nebeneinander auf einen geölten Teller oder in eine geölte Auflaufform legen. Mit Frischhaltefolie nicht zu straff bespannen und im vorgeheizten Ofen auf der mittleren Schiene gut 20 Minuten glasig durchziehen lassen.

4 Für die Sauce die Brühe aufkochen, Sahne und Senf hinzufügen und mit dem Pürierstab aufschäumen. Mit Salz, 1 Prise Cayennepfeffer und noch etwas Senf herzhaft abschmecken und zuletzt die kalte Butter in der Sauce schmelzen lassen.

5 Zum Anrichten 4 Nudelblätter auf 4 vorgewärmte tiefe Teller setzen, den Spinat darüber verteilen, jeweils 1 weiteres Nudelblatt darauflegen, je 1 Lachsforellenfilet anrichten und mit den übrigen Nudelblättern bedecken. Die Senfsauce darüber verteilen.

» Wenn Sie für dieses Rezept junge Spinatblätter verwenden, müssen Sie diese nicht blanchieren. Den Spinat einfach direkt nach dem Waschen in einer Pfanne in etwas Öl und mit 1 Scheibe Knoblauch bei mittlerer Hitze anbraten. Mit Salz, Pfeffer, Muskatnuss und brauner Butter abschmecken und sofort weiterverarbeiten. «

Fisch & Meeresfrüchte

Rotbarsch in der Brotkruste auf Mangoldgemüse

Für das Mangoldgemüse:
100 g getrocknete weiße Bohnen
1 Knoblauchzehe
1 Lorbeerblatt
1 Bohnenkrautzweig
(ersatzweise Thymian)
Salz
500 g Mangold
(am besten junger Mangold)
4 reife Tomaten
1 kleine Zwiebel
40 g Butter
2 Scheiben Knoblauch
⅛ l Gemüsebrühe
Pfeffer aus der Mühle
gemahlener Koriander

Für den Rotbarsch:
4 Rotbarschfilets (à 150 g;
ohne Haut und Gräten)
Salz · Pfeffer aus der Mühle
8 hauchdünne, große Scheiben
Ciabattabrot (vom Vortag)
1 TL Thymianblättchen
4 EL Olivenöl

Für 4 Personen

1 Für das Mangoldgemüse die Bohnen über Nacht in kaltem Wasser einweichen. Die Bohnen abgießen und mit frischem Wasser aufkochen, Hitze reduzieren und die Bohnen je nach Sorte etwa 45 Minuten weich köcheln. Nach 25 Minuten ungeschälten Knoblauch, Lorbeerblatt und Bohnenkraut dazugeben. Die Bohnen erst kurz vor Ende der Garzeit mit Salz würzen. Abgießen, die Gewürze entfernen und die Bohnen beiseitestellen.

2 Den Mangold putzen und die Blätter von den Stielen schneiden. Die Blätter entstrunken, in reichlich kochendem Salzwasser kurz blanchieren, kalt abschrecken, abtropfen lassen, gut ausdrücken und grob hacken. Die Mangoldstiele putzen und schräg in etwa 2 cm breite Rauten schneiden. In kochendem Salzwasser bissfest blanchieren, kalt abschrecken und abtropfen lassen.

3 Von den Tomaten die Stielansätze entfernen, die Tomaten überbrühen, kalt abschrecken, häuten, vierteln, entkernen und quer halbieren. Die Zwiebel schälen, in kleine Würfel schneiden und in einem weiten Topf in 20 g Butter glasig dünsten. Mangoldblätter und -stiele mit dem Knoblauch dazugeben, kurz mitdünsten und mit Brühe ablöschen. Bohnen und Tomaten hinzufügen und erwärmen. Mit Salz, Pfeffer und 1 Prise Koriander abschmecken. Die restliche Butter hinzufügen und schmelzen lassen

4 Für den Rotbarsch die Fischfilets waschen, trocken tupfen und so zuschneiden, dass sie etwas kleiner als die Brotscheiben sind. Mit Salz und Pfeffer würzen. Mit Thymianblättchen bestreuen und wie ein Sandwich zwischen jeweils 2 Ciabattascheiben legen. Die Brotscheiben gut andrücken. Die Filets in einer Pfanne im Olivenöl bei mittlerer Hitze von beiden Seiten insgesamt 4 bis 5 Minuten kross braten. Aus der Pfanne nehmen, auf Küchenpapier abtropfen lassen und mit dem Mangoldgemüse servieren.

» Um Zeit zu sparen, kann man statt der getrockneten Bohnen weiße Bohnen aus der Dose verwenden. Dafür die Bohnen abgießen, mit kaltem Wasser abbrausen, abtropfen lassen und zuletzt im Mangoldsud erwärmen. «

Fisch & Meeresfrüchte

Fisch & Meeresfrüchte

Gegrillte Tintenfische mit schwarzem Pesto

Für das Pesto:
1 Knoblauchzehe
2 eingelegte Sardellenfilets
1 TL Kapern
2 Päckchen Tintenfischtinte
(aus dem Fischgeschäft)
1 EL Zitronensaft
8 EL Olivenöl
Pfeffer aus der Mühle

Für den Tintenfisch:
4 große Tintenfische (à ca. 400 g)
Salz · Pfeffer aus der Mühle
1 EL Olivenöl

Zum Anrichten:
1 EL Petersilie (grob gehackt)

Für 4 Personen

1 Für das Pesto den Knoblauch schälen. Die Sardellen waschen, trocken tupfen, mit Knoblauch und Kapern fein hacken und in eine Schüssel geben. Die Tinte mit Zitronensaft dazugeben, anschließend das Olivenöl unterrühren. Das Pesto mit Pfeffer abschmecken.

2 Für den Tintenfisch Kopf und Arme der Tintenfische mit den Eingeweiden aus dem Körperbeutel ziehen, durchsichtiges Fischbein auslösen. Die Arme vom Kopf trennen, waschen und grob zerkleinern, den Rest bis auf die Körperbeutel wegwerfen. Körperbeutel innen und außen waschen, dabei die braunviolette Haut abziehen. Mit Küchenpapier gut trocken tupfen und mit Salz und Pfeffer würzen.

3 Eine Grillpfanne erhitzen, Olivenöl hineingeben, die Tintenfischtuben zusammen mit den Armen darin bei mittlerer Hitze einige Minuten rundherum braten. Oder auf dem Holzkohlengrill braten.

4 Die Tintenfische mit den Tintenfischarmen auf vorgewärmten Tellern anrichten, mit dem schwarzen Pesto beträufeln und mit Petersilie bestreuen. Mit frischem Weißbrot als Vorspeise servieren.

Rote-Bete-Salat mit Matjes

4 Matjes-Doppelfilets
(ohne Gräten)
1 Rote Bete · Salz
1 Apfel · 2 Lauchzwiebeln
2 kleine Gewürzgurken
1–2 EL Zitronensaft · 1 EL Olivenöl
Cayennepfeffer
gemahlener Kreuzkümmel
1 EL Petersilie (grob gehackt)
frisch geriebener Meerrettich

Für 4 Personen

1 Matjes waschen, trocken tupfen und in 2 cm große Stücke schneiden.

2 Für den Salat die Rote Bete waschen, Blätter abschneiden, die Knolle dabei aber nicht verletzen. In Salzwasser 1 Stunde weich kochen. Mithilfe eines Tuchs schälen und in 1 cm große Würfel schneiden. Apfel vierteln, schälen, entkernen und in kleine Würfel schneiden. Lauchzwiebeln putzen, mit den Gurken in $\frac{1}{2}$ cm breite Scheiben schneiden.

3 Rote-Bete-Würfel mit Apfel, Lauchzwiebeln und Gurken mischen. Zitronensaft und Olivenöl verrühren. Zum Salat geben und mit Salz sowie 1 Prise Cayennepfeffer und Kreuzkümmel würzen. Matjesstücke locker unter den Salat mischen und den Salat mit gehackter Petersilie und frischem Meerrettich bestreuen.

Fisch & Meeresfrüchte

Krebssülze im weißen Tomatenmantel

Für den Sülzenstand:
6 Blatt Gelatine
400 ml Gemüsebrühe
1 kleines Lorbeerblatt
½ TL schwarze Pfefferkörner
1 Streifen unbehandelte Zitronenschale
1 Scheibe Ingwer
1 Knoblauchzehe
Salz · Zucker
1 EL Weißweinessig

Für den Sülzenkern mit Krebs:
60 g Möhre
60 g Zucchino
Salz
200 g eingelegtes Krebsfleisch (in der Lake)
Öl für die Formen

Für die Tomatenmousse:
550 g reife Tomaten
150 ml Gemüsebrühe
150 g Sahne
6 Blatt Gelatine
Salz
Cayennepfeffer

Für 1 Terrinenform von 25 cm Länge und 1 l Inhalt
sowie 1 halbrunde Terrinenform von 25 cm Länge und ½ l Inhalt

1 Für den Sülzenstand die Gelatine in kaltem Wasser einweichen. Die Brühe erhitzen, Lorbeer, Pfefferkörner, Zitronenschale, Ingwer und geschälten Knoblauch dazugeben, aufkochen, 15 Minuten ziehen lassen und den Sud durch ein Sieb gießen. Die ausgedrückte Gelatine in 300 ml Sud auflösen, mit Salz, Zucker und Essig kräftig abschmecken. Bei Zimmertemperatur abkühlen lassen, nicht in den Kühlschrank stellen, da die Sülze sonst gelieren würde.

2 Für den Sülzenkern Möhre schälen, Zucchino waschen und beides in möglichst kleine Würfel schneiden. In Salzwasser nacheinander blanchieren, kalt abschrecken, auf einem Sieb abtropfen lassen und mit Küchenpapier trocken tupfen. Das Krebsfleisch abtropfen lassen, trocken tupfen, mit Gemüsewürfeln und 300 ml Sülze mischen.

3 Die kleine Terrinenform mit Öl einpinseln, mit Frischhaltefolie auslegen und die Krebssülze einfüllen. Im Kühlschrank einige Stunden – am besten über Nacht – fest werden lassen, anschließend mithilfe der Frischhaltefolie stürzen.

4 Für die Mousse die Tomaten waschen, vierteln, entkernen und klein schneiden, dabei die Stielansätze entfernen. Mit der Brühe im Mixer pürieren. Das Tomatenpüree in ein festes Küchentuch binden, über Nacht im Kühlschrank abtropfen lassen und den Fond auffangen.

5 Die Sahne halb steif schlagen. Die Gelatine in kaltem Wasser einweichen, gut ausdrücken, 300 ml Tomatenfond erwärmen und die Gelatine darin auflösen. In eine Schüssel geben und auf Eiswasser kräftig schlagen, bis eine weiße, dickschaumige Masse entsteht. Vom Eiswasser nehmen und die geschlagene Sahne unterziehen. Mit Salz und 1 Prise Cayennepfeffer abschmecken.

6 Zum Fertigstellen die große Terrinenform ebenfalls mit Öl einpinseln, mit Frischhaltefolie auslegen und bis zu einem Viertel mit Tomatenmousse füllen. Glatt streichen und im Kühlschrank fest werden lassen. Die restliche Mousse bei Zimmertemperatur aufbewahren, damit sie bis zum weiteren Gebrauch nicht fest wird.

7 Gestürzte Krebssülze mit der Rundung nach unten auf die Mousse in die größere Form legen. Mit der übrigen Tomatenmousse auffüllen und im Kühlschrank über Nacht zugedeckt fest werden lassen. Zum Servieren Sülze mithilfe der Folie stürzen und in Scheiben schneiden.

Fisch & Meeresfrüchte

Waller in der Senfkruste mit Wirsing-Birnen-Gemüse

Für die Gratiniermasse:

125 g weiche Butter
1 kleine Knoblauchzehe
60 g Weißbrotbrösel
1 EL Rosmarin (gehackt)
1 EL Petersilie (grob gehackt)
1 TL frisch geriebener Parmesan
Salz · Pfeffer aus der Mühle

Für den Waller:

500 g Wallerfilet
(ohne Haut und Gräten)
Salz · Pfeffer aus der Mühle
Olivenöl zum Braten und für die Form
3 EL scharfer Senf

Für das Gemüse:

½ Kopf Wirsing · Salz
2 Schalotten · 1 EL Öl
1 Birne · 100 g Sahne
1–2 EL Sahnemeerrettich
Cayennepfeffer
frisch geriebene Muskatnuss

Für 4 Personen · Foto rechts

1 Für die Gratiniermasse die Butter schaumig rühren. Den Knoblauch schälen und fein hacken. Mit Weißbrotbröseln, Rosmarin, Petersilie und Parmesan unter die Butter mischen, mit Salz und Pfeffer würzen. Die Gratiniermasse mithilfe von Pergamentpapier zu einer 3 cm dicken Rolle formen und kühl stellen.

2 Für den Waller den Backofengrill einschalten. Das Wallerfilet waschen, trocken tupfen und in dünne Scheiben schneiden. Mit Salz und Pfeffer würzen und in einer Pfanne in etwas Öl bei mittlerer Hitze von beiden Seiten leicht anbraten. Die Filets in eine gefettete Auflaufform legen und mit Senf bestreichen. Die Butterrolle in dünne Scheiben schneiden und dachziegelartig auf die Senfschicht legen. Die Wallerfilets unter dem Grill auf der mittleren Schiene goldbraun gratinieren.

3 Für das Gemüse den Wirsing putzen, die Blätter ablösen, den harten Strunk entfernen und die Blätter in kochendem Salzwasser einige Minuten blanchieren. Kalt abschrecken und gut abtropfen lassen, bei Bedarf noch mit den Händen ausdrücken. Die Blätter übereinanderlegen und in etwa 3 cm große Stücke schneiden.

4 Die Schalotten schälen, halbieren und in dünne Stifte schneiden. Im Öl bei mittlerer Hitze andünsten und den Wirsing hinzufügen. Die Birne vierteln, schälen und entkernen. Die Birnenviertel in Würfel schneiden und zum Wirsing geben. Alles gut vermischen und mit der Sahne aufgießen, kurz ziehen lassen und mit Meerrettich, 1 Prise Cayennepfeffer, Muskatnuss und Salz abschmecken.

5 Den gratinierten Waller mit dem Wirsing-Birnen-Gemüse auf vorgewärmten Tellern anrichten.

» Gut in Frischhaltefolie verpackt, kann die Gratiniermasse bis zu 1 Monat eingefroren werden. Bereitet man sie statt mit Rosmarin mit Thymian zu, passt sie hervorragend zu rosa gebratenem Lammfilet. «

Fisch & Meeresfrüchte

Rotbarbe mit Kartoffel-Zitronen-Püree

Für das Püree:

500 g Kartoffeln · Salz
1/8 l Milch
abgeriebene Schale von
1/2 unbehandelten Zitrone
3 EL Olivenöl
Cayennepfeffer
frisch geriebene Muskatnuss

Für die Rotbarbe:

8 Rotbarbenfilets
(mit Haut, ohne Gräten)
Salz · Pfeffer aus der Mühle
2 EL Öl
Olivenöl zum Beträufeln

Für 4 Personen

1. Für das Püree die Kartoffeln schälen, waschen und in Salzwasser weich kochen. In ein Sieb abgießen und noch heiß durch die Kartoffelpresse drücken. Die Milch aufkochen und mit der geriebenen Zitronenschale unter den Kartoffelschnee rühren. Anschließend das Olivenöl in einem dünnen Strahl dazugeben und langsam unterrühren. Das Püree mit Salz, 1 Prise Cayennepfeffer und Muskatnuss würzen, warm halten.

2. Für die Rotbarbe die Fischfilets waschen, trocken tupfen und mit Salz und Pfeffer würzen. Auf der Hautseite in einer Pfanne im Öl bei milder Hitze etwa 2 Minuten anbraten, wenden, die Pfanne vom Herd nehmen und den Fisch in der Resthitze glasig durchziehen lassen. Auf Küchenpapier abtropfen lassen.

3. Die Rotbarbenfilets mit dem Kartoffel-Zitronen-Püree auf vorgewärmten Tellern anrichten und mit etwas Olivenöl beträufeln.

Fisch & Meeresfrüchte

Matjesrahmtatar auf gerösteten Bauernbrotscheiben

Für das Tatar:
3 Matjes-Doppelfilets
(ohne Gräten)
1 kleine rote Zwiebel
4 kleine Gewürzgurken
2 EL Kapern
2 EL Sahne · 50 g saure Sahne
½ TL Wacholderbeeren
1–2 Lorbeerblätter
2 cm Zimtrinde
2–3 EL Zitronensaft
Salz
2 EL Dill (grob gehackt)
2 EL Schnittlauchröllchen

Zum Fertigstellen:
4 dünne Scheiben Bauernbrot
40–50 g Butter

Für 4 Personen

1 Für das Tatar die Matjesfilets waschen, trocken tupfen, halbieren, die Schwanzflosse entfernen. Die Filets der Länge nach in ½ cm dicke Streifen und anschließend in möglichst kleine Würfel schneiden. Die Zwiebel schälen und in kleine Würfel schneiden. Die Gewürzgurken ebenfalls in kleine Würfel schneiden. Die Kapern grob hacken.

2 In einer Schüssel Matjes, Zwiebel, Gurken und Kapern mit Sahne und saurer Sahne vermischen. Wacholderbeeren, Lorbeerblätter und Zimtrinde in eine Gewürzmühle füllen. Das Matjestatar mit Zitronensaft, Salz und den Gewürzen aus der Mühle abschmecken. Zuletzt Dill und Schnittlauch unterheben. Das Tatar im Kühlschrank zugedeckt 30 Minuten ziehen lassen und nochmals abschmecken.

3 Zum Fertigstellen die Bauernbrotscheiben je nach Größe halbieren oder vierteln. Butter in einer Pfanne bei milder Hitze aufschäumen lassen und die Brotscheiben darin von beiden Seiten hellbraun anbraten. Auf Küchenpapier abtropfen lassen.

4 Aus dem Tatar mit zwei angefeuchteten Esslöffeln Nocken formen und je 1 Nocke auf 1 geröstete Bauernbrotscheibe setzen. Sofort servieren.

» Wegen seines hohen Salzgehalts schmeckt Matjes am besten in kalten Zubereitungen. Anstatt mit den Gewürzen aus der Mühle kann man das Tatar auch mit einer fertigen Brotgewürzmischung abschmecken. «

Fisch & Meeresfrüchte

Marinierter Seeteufel mit eingelegtem Gemüse

Für das Gemüse:

2 rote Paprikaschoten
1 gelbe Paprikaschote
1 Zucchino · 1 Zwiebel
1 TL Puderzucker
Salz · Pfeffer aus der Mühle
ca. 3 EL Balsamicoessig
¼ l Gemüsebrühe
1 Lorbeerblatt
getrocknetes Bohnenkraut
½ Knoblauchzehe
4 EL Olivenöl

Für den Seeteufel:

1 Zacken Sternanis · 1 TL Kardamomkapseln · 3 cm Zimtrinde
Öl zum Bestreichen
500 g Seeteufelfilet
Salz · Pfeffer aus der Mühle

Für 4 Personen

1 Für das Gemüse die Paprikaschoten der Länge nach halbieren, entkernen, waschen und in große Würfel schneiden. Den Zucchino waschen, längs halbieren und in dicke Scheiben schneiden. Die Zwiebel schälen und ebenfalls in grobe Stücke schneiden.

2 In einem Bräter den Puderzucker bei mittlerer Hitze karamellisieren. Paprika und Zwiebel darin andünsten, mit Salz und Pfeffer würzen, mit 2 EL Essig ablöschen und mit der Brühe aufgießen. Lorbeerblatt und 1 Prise Bohnenkraut hinzufügen und bei milder Hitze 20 Minuten schmoren. Nach 10 Minuten die Zucchinistücke mit dem geschälten Knoblauch dazugeben. Das Gemüse nach Garzeitende kurz abkühlen lassen, das Olivenöl hinzufügen und mit Salz und Pfeffer und etwas Balsamico abschmecken.

3 Für den Seeteufel in einem Dämpftopf etwas Wasser mit Sternanis, aufgebrochenen Kardamomkapseln und Zimt erhitzen, den Dämpfeinsatz mit Öl bestreichen und darauflegen. Das Filet waschen, trocken tupfen und mit Salz und Pfeffer würzen. Auf den Einsatz legen und zugedeckt etwa 4 Minuten glasig dämpfen. Den Fisch noch warm in das Gemüse geben, mindestens 1 Stunde ziehen lassen. Lauwarm servieren.

Kabeljau in der Kartoffelkruste

4 kleine festkochende Kartoffeln
4 Kabeljaufilets (à 130–150 g; mit Haut, ohne Gräten)
Salz · Pfeffer aus der Mühle
2–3 EL Olivenöl
1 Knoblauchzehe
1 Rosmarinzweig

Für 4 Personen

1 Kartoffeln schälen, waschen und in hauchdünne Scheiben hobeln. Die Filets, falls nötig, entschuppen, waschen, trocken tupfen und mit Salz und Pfeffer würzen. Die Hautseite schuppenartig mit den Kartoffelscheiben belegen. Leicht andrücken und die Filets zuächst auf der Kartoffelseite in einer Pfanne im Öl bei mittlerer Hitze 2 bis 3 Minuten goldbraun braten. Inzwischen die unbelegte Seite mit Kartoffelscheiben bedecken, leicht andrücken und die Filets vorsichtig wenden. Knoblauch und Rosmarin in die Pfanne geben und die Filets bei milder Hitze einige Minuten fertig braten, bis die Kartoffelscheiben kross sind. Den Kabeljau leicht mit Salz würzen und sofort servieren.

Fisch & Meeresfrüchte

Offene Lasagne von Rotbarbe und Seeteufel

Für den Nudelteig:
160 g Mehl · 40 g Hartweizengrieß
1 Ei · 1 Eigelb · 2 EL Olivenöl
Salz · Mehl zum Ausrollen
einige schöne Kräuterblätter
Grieß zum Bestreuen

Für die Füllung:
500 g grüne Saubohnen
(in der Schale)
Salz
4 Rotbarbenfilets (à ca. 70 g;
mit Haut, ohne Gräten)
Pfeffer aus der Mühle
12 fingerdicke Seeteufelmedaillons
(ohne Haut und Gräten)
2 EL Öl

Für die Sauce:
1/8 l Gemüsebrühe
1 EL Mascarpone
1 Msp. abgeriebene unbehandelte
Limettenschale
1 Scheibe Knoblauch
Salz · Cayennepfeffer

Zum Fertigstellen:
Salz
2 EL Olivenöl
Pfeffer aus der Mühle

Für 4 Personen

1 Für den Nudelteig Mehl, Hartweizengrieß, Ei, Eigelb, Olivenöl und 1 Prise Salz zu einem glatten, elastischen Teig verkneten. Den Teig in Frischhaltefolie wickeln und mindestens 30 Minuten ruhen lassen.

2 Den Teig mithilfe der Nudelmaschine oder dem Nudelholz zu dünnen Bahnen ausrollen, dabei mit etwas Mehl bestäuben. Die Hälfte der Teigbahnen mit etwas Wasser bestreichen, in gleichmäßigen Abständen mit den Kräuterblättern belegen und mit den restlichen Teigbahnen bedecken. Die Teigbahnen nochmals durch die Nudelmaschine laufen lassen, bis die gewünschte Dicke erreicht ist. Aus dem Teig 12 etwa 6 x 5 cm große Lasagneblätter schneiden und die Blätter bis zur Weiterverarbeitung auf einem mit Grieß bestreuten Tablett auslegen.

3 Für die Füllung die Bohnen aus der Schale palen und die Bohnenkerne aus der dicken Haut lösen. In Salzwasser blanchieren, kalt abschrecken und auf einem Sieb abtropfen lassen.

4 Die Rotbarbenfilets und Seeteufelmedaillons waschen, trocken tupfen und mit Salz und Pfeffer würzen. Die Rotbarbenfilets auf der Hautseite mit den Seeteufelmedaillons in einer Pfanne im Öl bei milder Hitze 2 bis 3 Minuten braten, dabei einmal wenden. Die Pfanne vom Herd nehmen und den Fisch in der Resthitze gar ziehen lassen. Herausnehmen und warm halten.

5 Für die Sauce das Fett aus der Pfanne tupfen und die Brühe hineingeben. Mascarpone, Limettenschale und Knoblauch hinzufügen und 1 Minute köcheln lassen. Den Knoblauch wieder entfernen und die Sauce mit Salz und Cayennepfeffer abschmecken.

6 Zum Fertigstellen die Lasagneblätter in siedendem Salzwasser 2 Minuten ziehen lassen, mit einem Schaumlöffel herausheben und abtropfen lassen. Die Bohnenkerne im Olivenöl erhitzen und mit Salz und Pfeffer würzen. Auf vorgewärmte Teller jeweils 1 Nudelblatt legen. Je 3 Seeteufelmedaillons und 1 weiteres Nudelblatt darauflegen, die Rotbarbenfilets nach Belieben halbieren, daraufsetzen und mit je 1 Nudelblatt bedecken. Die Lasagne mit der Sauce beträufeln und mit den Bohnenkernen anrichten.

Fisch & Meeresfrüchte

Fisch & Meeresfrüchte

Seeteufel mit Kümmel und kandierten Tomaten auf Lauchgemüse

Für die Tomaten:

6 reife Tomaten
½ Knoblauchzehe
1 Rosmarinzweig
½ TL Puderzucker
1 EL Olivenöl

Für das Lauchgemüse:

2 Stangen Lauch
1 EL Olivenöl
Salz · Pfeffer aus der Mühle
4 EL Gemüsebrühe
30 g Butter
1 EL Petersilie (grob gehackt)

Für den Seeteufel:

500 g Seeteufelfilet
(ohne Haut und Gräten)
Salz · Pfeffer aus der Mühle
1 EL ganzer Kümmel
1 EL Olivenöl

Für 4 Personen

1 Für die kandierten Tomaten von den Tomaten die Stielansätze entfernen, die Tomaten überbrühen, kalt abschrecken, häuten, vierteln, entkernen und auf ein Backblech legen. Den Backofen auf 100 °C vorheizen. Den Knoblauch schälen und in Scheiben schneiden, den Rosmarin grob hacken. Die Tomatenfilets mit dem Puderzucker bestäuben, Knoblauch und Rosmarin darüber verteilen und alles mit Olivenöl beträufeln. Im vorgeheizten Ofen auf der mittleren Schiene 1 bis 2 Stunden trocknen bzw. kandieren lassen.

2 Für das Lauchgemüse den Lauch putzen, das Grün entfernen, die Stangen der Länge nach halbieren, gründlich waschen und in 1 cm breite Streifen schneiden. In einer Pfanne im Öl andünsten, mit Salz und Pfeffer würzen und die Brühe dazugießen. Den Lauch wenige Minuten bissfest garen, die Tomaten hinzufügen und die Butter dazugeben und schmelzen lassen. Das Gemüse etwas nachwürzen und zuletzt mit der Petersilie bestreuen.

3 Für den Seeteufel das Fischfilet waschen, trocken tupfen und in 2 cm dicke Medaillons schneiden. Mit Salz und Pfeffer würzen und mit Kümmel bestreuen. Das Olivenöl in einer Pfanne erhitzen und die Fischmedaillons darin bei mittlerer Hitze von beiden Seiten 4 bis 5 Minuten braten.

4 Das Lauchgemüse mit den kandierten Tomaten auf vorgewärmte Teller verteilen und die Seeteufelmedaillons darauf anrichten.

» Der Kümmel kann sein Aroma besonders gut entfalten, wenn Sie ihn in einer Pfanne ohne Fett kurz anrösten. «

Fisch & Meeresfrüchte

Wolfsbarsch in der Salzkruste auf Limettenspinat

Für den Wolfsbarsch:
1 Wolfsbarsch (ca. 1,2 kg; küchenfertig)
1 Scheibe unbehandelte Orange
2 Scheiben unbehandelte Limette
1–2 EL Fenchelsamen
1 kleines Lorbeerblatt
2 Scheiben Knoblauch
½ TL schwarze Pfefferkörner
2 Petersilienstiele
5 Eiweiß
1 ½ kg grobes Meersalz
60 g Mehl
60 g Speisestärke
Olivenöl zum Bestreichen

Für den Limettenspinat:
500 g Spinatblätter · Salz
50 ml heiße Gemüsebrühe
1 Scheibe Knoblauch
1 EL Butter
abgeriebene Schale von 1 unbehandelten Limette
Cayennepfeffer
frisch geriebene Muskatnuss

Für 4 Personen

1 Für den Wolfsbarsch den Backofen auf 200 °C vorheizen. Den Wolfsbarsch innen und außen waschen, trocken tupfen und die Flossen abschneiden. Die Orangenscheibe halbieren und mit den Limettenscheiben, den Fenchelsamen, dem Lorbeerblatt, dem Knoblauch, den Pfefferkörnern und der Petersilie in die Bauchhöhle geben.

2 Die Eiweiße leicht schaumig schlagen und mit Meersalz, Mehl und Speisestärke vermischen. Ein Backblech mit Backpapier auslegen und knapp die Hälfte der Salzmasse daraufstreichen. Den Fisch auf beiden Seiten mit Olivenöl bestreichen, auf das Salzbett legen und mit der restlichen Salzmasse bedecken. Den Fisch im vorgeheizten Ofen auf der mittleren Schiene etwa 40 Minuten garen.

3 Für den Limettenspinat den Spinat putzen, waschen und abtropfen lassen, grobe Stiele entfernen. In Salzwasser etwa 15 Sekunden blanchieren, mit dem Schaumlöffel herausheben und mit der Brühe in eine Pfanne geben. Den Knoblauch und die Butter hinzufügen und den Spinat kurz garen. Mit Limettenschale, Salz, Cayennepfeffer und Muskatnuss würzen. Den Knoblauch wieder entfernen.

4 Zum Anrichten die Salzkruste aufklopfen und den Fisch filetieren. Die Wolfsbarschfilets mit dem Limettenspinat auf vorgewärmten Tellern anrichten. Nach Belieben mit abgeriebener unbehandelter Limettenschale und Fenchelsamen bestreuen.

» Die dichte, harte Salzkruste bewahrt den Eigengeschmack des Fischs auf besondere Weise. Diese Zubereitungsart lohnt sich auch bei anderen aromatischen Fischen wie Dorade oder Lachs. Dazu passt z. B. mariniertes Gemüse oder grünes Pesto. «

Fisch & Meeresfrüchte

Gedämpfter Kabeljau auf Wurzelpüree

Für das Wurzelpüree:
300 g Möhren · 3 große Zwiebeln
300 g Knollensellerie
300–350 ml Gemüsebrühe
80 g Sahne
Salz · Cayennepfeffer
frisch geriebene Muskatnuss
30 g Butter

Für den Kabeljau:
Salz · 1 Zitronengrasstängel
2 Streifen unbehandelte
Limettenschale
2 Zacken Sternanis
Öl zum Bestreichen
4 Kabeljaufilets (à 150 g;
mit Haut, ohne Gräten)
Pfeffer aus der Mühle
1–2 EL Öl
frisch gehobelter Meerrettich

Für 4 Personen

1. Für das Wurzelpüree Möhren, Zwiebeln und Sellerie schälen, in 2 cm große Stücke schneiden und in einen Topf geben. Mit der Brühe zugedeckt bei milder Hitze gut 20 Minuten dünsten, bis fast die gesamte Flüssigkeit verdampft und das Gemüse sehr weich ist.

2. Die Sahne dazugeben und alles mit dem Stabmixer fein pürieren. Mit Salz, Cayennepfeffer und 1 Prise Muskatnuss abschmecken und die Butter darin schmelzen lassen. Das Püree warm halten.

3. Für den Kabeljau etwas Wasser in einem Dämpftopf oder einer Pfanne mit asiatischem Dämpfeinsatz zum Köcheln bringen. Das Wasser salzen. Zitronengras, Limettenschale und Sternanis dazugeben. Den Dämpfeinsatz leicht mit Öl bestreichen und daraufsetzen.

4. Die Kabeljaufilets waschen, trocken tupfen und mit Salz und Pfeffer würzen. In einer Pfanne im Öl bei mittlerer Hitze auf der Hautseite 1 bis 2 Minuten anbraten. Die Fischfilets aus der Pfanne nehmen und mit der Hautseite nach oben auf den Dämpfeinsatz legen. Den Kabeljau zugedeckt einige Minuten glasig dämpfen.

5. Das Wurzelpüree auf vorgewärmte Teller geben, mit frischen Meerrettichspänen bestreuen und die Kabeljaustücke daneben anrichten.

» Eine Sauce erhalten Sie, wenn Sie einen Teil des Pürees mit etwas Brühe und Sahne verdünnen, erwärmen und mit einem kleinen Stück Butter mit dem Stabmixer schaumig aufschlagen. Die Sauce mit wenig Sahnemeerrettich, einigen Spritzern Zitronensaft, Salz und Cayennepfeffer abschmecken. «

Fisch & Meeresfrüchte

Fisch & Meeresfrüchte

Rochenflügel auf Erbsen-Feldsalat-Sauce

Für die Garnitur:
2 Scheiben Toastbrot
5 EL Öl
1 EL Butter
2 EL Kapernäpfel

Für die Sauce:
40 g Feldsalat
80 g Erbsen · Salz
1 kleine Zwiebel
30 g Butter
2 Scheiben Knoblauch
200 ml Gemüsebrühe
70 g Sahne
Pfeffer aus der Mühle
braune Butter (siehe S. 30)

Für den Rochen:
4 Rochenfilets (à 150 g; ohne Haut und Gräten)
Salz · Pfeffer aus der Mühle
4 EL doppelgriffiges Mehl
1–2 EL Olivenöl
1 EL Butter

Für 4 Personen

1 Für die Garnitur das Toastbrot entrinden. Mit einem scharfen Messer die Scheiben noch einmal der Länge nach durchschneiden, in ½ cm dünne Streifen und dann in möglichst kleine Würfel schneiden. Das Öl und die Butter in einer Pfanne erhitzen und die Brotwürfel darin bei mittlerer Hitze hell bräunen. Die Croûtons auf Küchenpapier abtropfen lassen. Die Kapernäpfel je nach Größe halbieren.

2 Für die Sauce den Feldsalat putzen, waschen und trocken schütteln. Erbsen in kochendem Salzwasser kurz blanchieren, kalt abschrecken und abtropfen lassen. Die Zwiebel schälen, in kleine Würfel schneiden und in einem Topf in 1 EL Butter bei milder Hitze glasig dünsten. Knoblauch, Feldsalat und zwei Drittel der Erbsen dazugeben, mit der Brühe ablöschen und 1 bis 2 Minuten sanft köcheln lassen. Die Sahne dazugießen und die Sauce mit dem Stabmixer grob pürieren. Die restliche Butter darin schmelzen lassen, mit Salz, Pfeffer und etwas brauner Butter abschmecken. Die Sauce warm halten.

3 Für den Rochen die Fischfilets waschen, trocken tupfen und je nach Größe halbieren. Mit Salz und Pfeffer würzen und leicht im Mehl wenden. In einer Pfanne im Öl bei mittlerer Hitze von beiden Seiten je nach Filetdicke insgesamt etwa 4 Minuten braten.

4 Den Fisch aus der Pfanne nehmen und auf vorgewärmten Tellern anrichten. Croûtons, Kapernäpfel und die übrigen Erbsen mit der Butter in die Pfanne geben, durchschwenken und über die Rochenflügel verteilen.

5 Die warme Sauce nochmals mit dem Stabmixer aufschäumen und zum Fisch servieren.

» Vom Rochen werden in der Regel nur die Flügel verzehrt, die man dann als Filets bezeichnet. Das Fleisch ist eiweißreich und sehr fettarm, also ideal für alle, die auf ihr Gewicht achten wollen. Die Erbsen-Feldsalat-Sauce sollte erst kurz vor dem Servieren zubereitet werden, damit sie ihre leuchtend grüne Farbe behält. «

Fisch & Meeresfrüchte

Fisch & Meeresfrüchte

Geschmorter Aal auf Fenchelrisotto

Für den Aal:

½ Zwiebel

½ dünne Stange Lauch (ca. 100 g)

1 EL schwarze Pfefferkörner

je 1 TL Wacholderbeeren
und Pimentkörner

½ TL Korianderkörner

4 EL Olivenöl · 80 ml Weißwein

1 EL Tomatenmark · 1 Lorbeerblatt

150 ml Gemüsebrühe

300 g Tomatenstücke
(aus der Dose)

Salz · Zucker

Cayennepfeffer

1 Thymianzweig

3 Scheiben Knoblauch

400 g Aalfilet (ohne Haut
und Gräten)

1 EL Petersilie (gehackt)

Für den Risotto:

½ Zwiebel · 1 kleine Fenchelknolle

3 EL Olivenöl

300 g Risottoreis

ca. ¾ l heiße Gemüsebrühe

je 1 Scheibe Knoblauch
und Ingwer

1 Streifen unbehandelte
Zitronenschale

Salz · Cayennepfeffer

2 EL Mascarpone

1 EL Thymian (gehackt)

50 g frisch geriebener Parmesan

Für 4 Personen

1 Für den Aal die Zwiebel schälen und in kleine Würfel schneiden. Den Lauch putzen, der Länge nach halbieren, waschen und quer in dünne Streifen schneiden. Pfefferkörner, Wacholderbeeren, Piment- und Korianderkörner in eine Gewürzmühle füllen.

2 Die Zwiebelwürfel in einem flachen, weiten Topf in 1 EL Olivenöl bei milder Hitze glasig dünsten, die Lauchstreifen dazugeben und kurz mitdünsten. Mit Wein ablöschen und das Tomatenmark unterrühren. Das Lorbeerblatt hinzufügen und die Flüssigkeit auf die Hälfte einköcheln lassen. Die Brühe und die Tomatenstücke dazugeben, mit Salz, Zucker und Cayennepfeffer sowie den Gewürzen aus der Mühle würzen.

3 Den Thymian in die Sauce geben und die Sauce knapp unter dem Siedepunkt 5 Minuten ziehen lassen. Dann den Thymian wieder entfernen. Ein Viertel der Sauce abnehmen, mit dem restlichen Olivenöl und dem Knoblauch mit dem Stabmixer aufschlagen und wieder unter die restliche Sauce rühren. Nach Belieben noch etwas nachwürzen und in eine Auflaufform geben.

4 Den Backofen auf 100 °C vorheizen. Den Aal waschen, trocken tupfen und in 5 cm große Stücke schneiden. In die Sauce legen und im vorgeheizten Ofen auf der mittleren Schiene 10 bis 15 Minuten in der Sauce garen. Mit der Petersilie bestreuen.

5 Für den Risotto die Zwiebel schälen und in kleine Würfel schneiden. Fenchel putzen, waschen und ebenfalls in kleine Würfel schneiden. Beides in einem weiten Topf im Olivenöl bei milder Hitze andünsten, den Reis dazugeben und unter Rühren glasig dünsten. Etwas heiße Brühe angießen und einkochen lassen. Unter häufigem Rühren immer wieder etwas Brühe angießen und bei milder Hitze einkochen lassen, bis die Reiskörner weich sind, aber noch Biss haben.

6 Nach 15 Minuten Knoblauch, Ingwer und Zitronenschale unter den Risotto rühren. Sobald der Reis gar ist, Knoblauch, Ingwer und Zitronenschale wieder entfernen. Den Risotto mit Salz und Cayennepfeffer würzen und Mascarpone, Thymian und Parmesan unterrühren. Den Fenchelrisotto nach Belieben noch einmal mit Salz und Cayennepfeffer abschmecken.

7 Den Fenchelrisotto auf vorgewärmte Teller verteilen, in die Mitte eine Vertiefung drücken und den geschmorten Aal mit der Sauce darin anrichten.

Fisch & Meeresfrüchte

Gebratener Tintenfisch auf Kartoffel-Lauch-Rösti

Für den Kapern-Sardellen-Dip:
2 TL Kapern
5 eingelegte Sardellenfilets
3 EL Sahne · 50 g Frischkäse
200 g saure Sahne
2 EL grob gehackte Kräuter
(z. B. Petersilie, Basilikum, Dill, Estragon)
1 TL Zitronensaft
Salz · Cayennepfeffer

Für die Rösti:
500 g festkochende Kartoffeln
Salz
½ Stange Lauch
Pfeffer aus der Mühle
frisch geriebene Muskatnuss
3 EL Öl

Für den Tintenfisch:
600 g Tintenfisch (Kalmar oder Sepia) · 5 EL Olivenöl
1 kleine Zwiebel
1 kleiner Zucchino
1 Msp. gehackter Knoblauch
Salz · Pfeffer aus der Mühle
1 EL Petersilie (grob gehackt)

Für 4 Personen

1 Für den Dip die Kapern hacken, die Sardellen abtropfen lassen und klein schneiden. Sahne, Frischkäse und saure Sahne glatt rühren. Kapern, Sardellen, Kräuter und Zitronensaft unterrühren und mit Salz und 1 Prise Cayennepfeffer abschmecken.

2 Für die Rösti die Kartoffeln schälen, in feine Streifen hobeln, etwas salzen, auf einem Sieb abtropfen lassen und kräftig ausdrücken. Den Lauch putzen, waschen und in feine Streifen schneiden. Mit den Kartoffeln mischen und mit Salz, Pfeffer und Muskatnuss würzen. In einer Pfanne im Öl bei milder Hitze nacheinander 4 kleine Rösti backen. Dabei die Rösti einmal wenden und von beiden Seiten goldgelb backen. Auf Küchenpapier abtropfen lassen und warm stellen.

3 Für den Tintenfisch Kopf und Arme der Tintenfische mit den Innereien aus dem Körperbeutel ziehen. Die Tintenfischarme waschen, gut abtropfen lassen und grob zerkleinern. Die Körperbeutel vom durchsichtigen Fischbein befreien, der Länge nach einmal aufschneiden, die braunviolette Haut abziehen. Die Tintenfischbeutel waschen, trocken tupfen und in 3 cm große Stücke schneiden.

4 Den Tintenfisch in einer heißen Pfanne in insgesamt 4 EL Olivenöl portionsweise etwa 30 Sekunden anbraten, kurz wenden, weitere 10 Sekunden braten. Auf einen vorgewärmten Teller geben.

5 Die Zwiebel schälen und in kleine Würfel schneiden. Den Zucchino waschen und ebenfalls in kleine Würfel schneiden. Die Gemüsewürfel mit dem Knoblauch in der Pfanne in 1 EL Olivenöl bei mittlerer Hitze andünsten. Mit Salz und Pfeffer würzen, die Tintenfischstücke mit der Petersilie hinzufügen.

6 Die Rösti mit dem gebratenen Tintenfisch auf vorgewärmten Tellern anrichten und den Kapern-Sardellen-Dip separat dazu reichen.

» Bei der Zubereitung des Tintenfischs ist es wichtig, ihn portionsweise in einer heißen Pfanne kurz anzubraten. Dabei zieht er kein Wasser, und das Fleisch bleibt zart. «

Fisch & Meeresfrüchte

Gratinierte Austern mit Curry-Hollandaise

Für die Austern:
16 frische Austern (möglichst groß)
ca. 1 kg grobes Meersalz

Für die Hollandaise:
150 g Butter
1 Schalotte
½ TL Puderzucker
100 ml Weißwein
5 schwarze Pfefferkörner
2 Pimentkörner
1 Lorbeerblatt
⅛ l Gemüsebrühe
3 Eigelb
1 TL Currypulver
3 EL geschlagene Sahne
Salz
Cayennepfeffer
1 Spritzer Zitronensaft

Zum Anrichten:
grobes Meersalz
einige Algenblätter
(vom Fischhändler)

Für 4 Personen

1 Die Austern mithilfe eines Austernmessers vorsichtig öffnen. Das Fleisch herauslösen und das Austernwasser auffangen. Die untere Austernschale waschen und abtrocknen. Eine Auflaufform oder ein Backblech großzügig mit grobem Meersalz bestreuen und die Austernschalen waagerecht nebeneinander darauf verteilen.

2 Für die Hollandaise die Butter bei milder Hitze schmelzen lassen, den dabei entstehenden Schaum an der Oberfläche abnehmen. Die geklärte Butter ohne den entstandenen milchigen Bodensatz in einen kleinen Topf gießen.

3 Die Schalotte schälen, halbieren und in kleine Würfel schneiden. Den Puderzucker in einem kleinen Topf bei mittlerer Hitze karamellisieren. Die Schalottenwürfel dazugeben, kurz andünsten und mit dem Wein ablöschen. Die Pfeffer- und Pimentkörner und das Lorbeerblatt dazugeben. Die Brühe und 2 bis 3 EL Austernwasser hinzufügen, vom Herd nehmen, die Sauce 5 Minuten ziehen lassen und durch ein feines Sieb gießen.

4 Die Eigelbe mit dem Currypulver und der Brühe im warmen Wasserbad zu einem feinporigen Schaum (Sabayon) aufschlagen. Die Temperatur sollte dabei 80 °C erreichen, aber nicht überschreiten. Aus dem Wasserbad nehmen und die flüssige, geklärte Butter erst tropfenweise, dann in einem dünnen Strahl in die Sabayon rühren, sodass eine homogene Masse entsteht. Zuletzt die geschlagene Sahne unterheben. Mit Salz, Cayennepfeffer und Zitronensaft abschmecken.

5 Den Backofengrill einschalten. In jede Austernschale 1 Auster legen und mit 1 bis 2 EL Hollandaise bedecken. Die Austern unter dem Grill auf der mittleren Schiene 2 bis 3 Minuten hellbraun gratinieren.

6 Zum Anrichten Teller mit Meersalz bestreuen, damit die gratinierten Austern beim Servieren Stand haben und nicht verrutschen. Mit Algen garnieren. Die gratinierten Austern aus dem Ofen nehmen und auf den Tellern anrichten. Sofort servieren.

Fisch & Meeresfrüchte

Jakobsmuscheln in Limetten-Vinaigrette

20 frische Jakobsmuscheln
7 EL Olivenöl
1 TL Limettensaft
abgeriebene Schale von
1 unbehandelten Limette
Salz · Pfeffer aus der Mühle
½ rote Chilischote
150 g kleine Zucchini
¼ gelber Zucchino
60 g kleine Champignons
50 g Rucola
1 EL Basilikum (gehackt)
1 Knoblauchzehe
1 Rosmarinzweig

Für 4 Personen · Foto oben

1. Das Muschelfleisch aus den Schalen lösen. Das weiße Muschelfleisch von dem orangeroten Corail lösen, waschen, trocken tupfen und jeweils in 3 Scheiben schneiden.

2. Für die Vinaigrette 5 EL Olivenöl, Limettensaft und -schale verrühren und mit Salz und Pfeffer würzen. Die Chilischote entkernen, waschen, in feine Streifen schneiden und unter die Vinaigrette mischen.

3. Beide Zucchinisorten waschen, die Champignons putzen und trocken abreiben. Das Gemüse in dünne Scheiben hobeln. Den Rucola putzen, waschen und trocken schütteln. Das Gemüse, den Rucola und das Basilikum mit der Vinaigrette vermischen.

4. Das restliche Olivenöl in einer Pfanne bei mittlerer Hitze erwärmen, salzen und den ungeschälten Knoblauch und den Rosmarin dazugeben. Jakobsmuscheln darin von beiden Seiten je etwa 30 Sekunden anbraten. Auf Küchenpapier abtropfen lassen und mit dem Salat anrichten.

Fisch & Meeresfrüchte

Oktopusgröstl mit Bratkartoffeln

Für den Oktopus:

1 kleiner Oktopus (1 – 1 ½ kg)
½ Zwiebel
1 Lorbeerblatt · 2 Gewürznelken
1 kleine Möhre
½ Scheibe Knollensellerie
½ Stange Lauch (der helle Teil)
¼ l Weißwein · Salz
1 Streifen unbehandelte Zitronenschale
2 Knoblauchzehen
1 TL schwarze Pfefferkörner

Für das Gröstl:

500 g kleine festkochende Kartoffeln
Salz · ½ TL ganzer Kümmel
200 g Austernpilze · 2 EL Öl
gemahlener Kümmel
getrocknetes Bohnenkraut

Zum Fertigstellen:

5 Lauchzwiebeln · 2 EL Olivenöl
Salz · Pfeffer aus der Mühle
2 EL Petersilie (grob gehackt)
mildes Olivenöl zum Beträufeln

Für 4 Personen

1 Für den Oktopus die Fangarme des Oktopus so vom Kopfteil abschneiden, dass sie noch zusammenhängen. Die Arme gründlich unter fließendem Wasser waschen und abtropfen lassen.

2 Die Zwiebel schälen, mit Lorbeerblatt und Nelken spicken. Die Möhre und den Sellerie schälen und halbieren. Den Lauch waschen.

3 Den Oktopus, das Gemüse und den Wein in einen Topf geben und mit so viel Wasser auffüllen, dass der Oktopus vollständig bedeckt ist. Salzen und die Flüssigkeit einmal aufkochen lassen. Die Hitze reduzieren und den Oktopus etwa 1 ½ Stunden köcheln lassen, bis er weich ist. Nach 1 Stunde Zitronenschale, ungeschälten Knoblauch und Pfefferkörner hinzufügen. Oktopus aus dem Sud heben und abkühlen lassen.

4 Für das Gröstl die Kartoffeln waschen, in Salzwasser mit Kümmel weich kochen. Abkühlen lassen, pellen und in Scheiben schneiden. Die Austernpilze putzen, trocken abreiben und in grobe Stücke zupfen.

5 Die Kartoffelscheiben in einer großen Pfanne im Öl bei mittlerer Hitze goldbraun anbraten. Die Austernpilze dazugeben, kurz braten und mit Salz sowie je 1 Prise Kümmel und Bohnenkraut würzen.

6 Zum Fertigstellen die Lauchzwiebeln putzen, waschen und schräg in Scheiben schneiden. In der Zwischenzeit die Oktopusarme in 2 bis 3 cm dicke Scheiben schneiden und in einer zweiten Pfanne im Olivenöl anbraten. Die Lauchzwiebeln dazugeben, leicht salzen und durchschwenken.

7 Den Oktopus zu den Kartoffeln geben und untermischen. Das Gröstl mit Salz und Pfeffer abschmecken und mit der Petersilie bestreuen. Mit etwas Olivenöl beträufeln und heiß servieren.

» Verwenden Sie für das Gröstl die gleiche Menge Oktopus- und Kartoffelscheiben. Falls gekochter Oktopus übrig bleibt, kann man diesen in dünne Scheiben schneiden, mit Balsamicoessig, Olivenöl, Salz und Pfeffer marinieren und als Vorspeise servieren. «

Fisch & Meeresfrüchte

Fleisch

Fleisch

Schweinekarree mit geschmortem Knoblauchgemüse

1 kg grüne Saubohnen (in der Schote)
Salz
2 Zwiebeln · 400 g Möhren
600 g Kartoffeln
1 ½ kg Stielkotelett (am Stück; Knochen freigelegt)
Pfeffer aus der Mühle
2 TL ganzer Kümmel · 3 EL Öl
20 geschälte Knoblauchzehen
¼ l Geflügelbrühe
1 Lorbeerblatt
50 g eingelegte getrocknete Tomaten
1 große rote Chilischote
getrockneter Majoran
1 Msp. abgeriebene unbehandelte Zitronenschale

Für 4 Personen

1 Die Saubohnen aus den Schoten brechen und die Schoten entfernen. Die Bohnenkerne in Salzwasser bissfest blanchieren, kalt abschrecken und auf einem Sieb abtropfen lassen. Die dicke äußere Haut der Bohnenkerne entfernen. Die Zwiebeln schälen und in 2 cm große Blätter schneiden. Die Möhren schälen und schräg in dünne Scheiben schneiden. Die Kartoffeln schälen, waschen und in Würfel schneiden.

2 Für das Schweinekarree die Schwarte des Stielkoteletts rautenförmig einschneiden. Das Stielkotelett mit Salz und Pfeffer würzen, mit Kümmel bestreuen und in einem Bräter im heißen Öl zuerst auf der Schwartenseite goldbraun anbraten. Anschließend wenden und das Fleisch bei milder Hitze von den anderen Seiten anbraten. Den Backofen auf 140 °C vorheizen.

3 Die Zwiebeln, die Möhren und die Knoblauchzehen zum Fleisch geben und etwas mitschmoren lassen. Mit der Brühe aufgießen, das Lorbeerblatt und die Kartoffelwürfel dazugeben. Das Karree mit der Schwarte nach oben im vorgeheizten Ofen etwa 2 Stunden braten.

4 Die Tomaten abtropfen lassen und in Streifen schneiden. Die Chilischote längs halbieren, entkernen, waschen und in feine Streifen schneiden. Tomaten, Bohnen und die Chilistreifen 15 Minuten vor Garzeitende in den Bräter geben. Zuletzt die Sauce mit 1 Prise Majoran, Zitronenschale und Salz abschmecken.

» Das Schweinekarree bekommt eine schöne krosse Kruste, wenn Sie kurz vor Garzeitende den Backofengrill zuschalten. «

Fleisch

Fleisch

Krustenbraten mit Schmorgemüse

Für den Krustenbraten:

500 g Schweineknochen (vom Metzger grob gehackt)

1 ½ kg Wammerl (Schweinebauch)

Salz · Pfeffer aus der Mühle

2 EL Öl

½ l Geflügelbrühe

Für das Gemüse:

1,2 kg kleine festkochende Kartoffeln

2 große Zwiebeln

3 Möhren

200 g Knollensellerie

½ TL Puderzucker

1 TL Tomatenmark

150 ml dunkles Bier (am besten Malzbier)

300 ml Geflügelbrühe

2 Knoblauchzehen

2 Scheiben Ingwer

2 Lorbeerblätter

½ TL ganzer Kümmel

½ TL getrockneter Majoran

Für 8 Personen

1 Für den Krustenbraten den Backofen auf 200 °C vorheizen. Die gehackten Schweineknochen auf einem Backblech verteilen und im vorgeheizten Ofen auf der mittleren Schiene gut 30 Minuten rundherum goldbraun rösten. Aus dem Ofen nehmen und abtropfen lassen.

2 Den Backofen auf 140 °C herunterschalten. Das Wammerl mit Salz und Pfeffer würzen. In einem Bräter im Öl mit der Fleischseite nach unten bei mittlerer Hitze hell anbraten, wenden und mit der Geflügelbrühe aufgießen. Die Fettschicht sollte dabei ganz mit der Brühe bedeckt sein, ansonsten noch etwas Brühe dazugeben. Die gerösteten Knochen dazugeben und das Wammerl im vorgeheizten Ofen 1 Stunde braten.

3 Für das Gemüse die Kartoffeln schälen, waschen und der Länge nach vierteln. Die Zwiebeln schälen, vierteln und in 2 bis 3 cm große Scheiben schneiden. Die Möhren schälen und schräg in Scheiben schneiden. Den Sellerie schälen und in 2 cm große Würfel schneiden.

4 Den Puderzucker in einem weiten, ofenfesten Topf bei mittlerer Hitze karamellisieren. Das Tomatenmark dazugeben, kurz anrösten und mit dem Bier ablöschen. Das Bier fast vollständig einköcheln lassen, das Gemüse dazugeben und mit der Brühe aufgießen.

5 Den Krustenbraten aus dem Ofen nehmen, die Temperatur auf 160 °C erhöhen. Das Fleisch mit der Fettseite nach oben auf ein Brett legen und die Schwarte mit einem scharfen Messer rautenförmig einschneiden. Den Bratensaft durch ein Sieb gießen und zu dem Gemüse geben. Das Wammerl mit der Schwarte nach oben auf das Gemüse setzen und im vorgeheizten Ofen etwa 1 Stunde fertig schmoren. Etwa 20 Minuten vor Ende der Garzeit Knoblauch, Ingwer, Lorbeerblätter, Kümmel und Majoran in den Topf geben.

6 Falls die Kruste nicht kross genug ist, zuletzt die Oberhitze bzw. den Backofengrill zuschalten. Den Braten aus dem Ofen nehmen, Knoblauch, Ingwer und Lorbeer entfernen und das Fleisch in Scheiben schneiden. Das Gemüse und den Bratensaft mit Salz und Pfeffer abschmecken und zum Fleisch servieren.

» Für eine schmackhaftere Kruste kann das Wammerl auch über Nacht eingesalzen und mit Pfeffer gewürzt werden. «

Fleisch

Schweinebraten »Südtiroler Stuben«

1 ½ kg rohes Wammerl (Schweinebauch)
½ l Geflügelbrühe
500 g kleine Schalotten
1–2 Möhren
1 große Stange Staudensellerie
2 EL Olivenöl
150 ml Rotwein
1–2 TL Tomatenmark
200 g Cocktailtomaten
1 Knoblauchzehe
1 Streifen unbehandelte Zitronenschale
½ TL ganzer Kümmel
½ TL getrockneter Oregano
1 EL weiche Butter
Salz · Pfeffer aus der Mühle

Für 6–8 Personen

1. Den Backofen auf 130 °C vorheizen. Das Wammerl mit der Fettschicht nach unten in einen Bräter legen und die Hälfte der Brühe angießen. Die Fettschicht sollte völlig mit Brühe bedeckt sein, ansonsten noch etwas Brühe dazugießen.

2. Das Fleisch im vorgeheizten Ofen 1 Stunde garen. Herausnehmen, wenden und die Schwarte mit einem scharfen Messer in Scheibendicke einschneiden. Die Brühe abgießen, beiseitestellen und den Bräter trocken tupfen.

3. Die Schalotten schälen. Die Möhren schälen und in ½ bis 1 cm breite und 3 cm lange Stifte schneiden. Den Sellerie putzen, waschen und in 2 bis 3 cm lange Stifte schneiden.

4. Schalotten, Möhren und Sellerie im Bräter im Olivenöl bei milder Hitze andünsten. Mit dem Wein ablöschen, das Tomatenmark unterrühren und sirupartig einköcheln lassen. Die beiseitegestellte Brühe mit der restlichen Brühe angießen und den Schweinebraten auf das Gemüse setzen. Die Backofentemperatur auf 160 °C erhöhen und den Braten weitere 2 ½ Stunden garen. Für eine schöne Kruste in den letzten 20 Minuten die Oberhitze auf 220 °C zuschalten.

5. Die Cocktailtomaten waschen, vierteln und 10 bis 15 Minuten vor Ende der Garzeit zum Braten geben.

6. Den Knoblauch schälen und ebenso wie die Zitronenschale sehr klein schneiden. Beides mit dem Kümmel und dem Oregano im Mörser fein zerreiben. Die Gewürzmischung mit der Butter verrühren und 5 Minuten vor Ende der Garzeit zum Gemüse geben.

7. Den Braten aus dem Ofen nehmen, in Scheiben schneiden und mit Salz und Pfeffer würzen. Das Gemüse und den Bratensaft ebenfalls mit Salz und Pfeffer würzen und mit dem Schweinebraten auf vorgewärmten Tellern anrichten.

» Beim Braten im Ofen sollten Ober- und Unterhitze verwendet werden, da die Sauce bei Umluftbetrieb zu stark verdunsten würde. Lässt sich die Oberhitze nicht – wie oben beschrieben – extra zuschalten, kann man für eine schöne Kruste die Ofentemperatur zuletzt auf 220 bis 240 °C erhöhen. «

Fleisch

Kross gebratene Schweineschulter

500 g Kalbsknochen (vom Metzger fein gehackt)
2 kg Schweineschulter (mit Schwarte)
Salz · Pfeffer aus der Mühle
2 EL Öl
¾ l Geflügelbrühe
1 kg kleine festkochende Kartoffeln
300 g Schalotten
2 Möhren
200 g Knollensellerie
1 TL Puderzucker
1 TL Tomatenmark
⅛ l Malzbier
2 Knoblauchzehen
2 Scheiben Ingwer
2 Lorbeerblätter
½ TL ganzer Kümmel
½ TL getrockneter Majoran

Für 6 Personen

1 Den Backofen auf 200 °C vorheizen. Die gehackten Kalbsknochen gleichmäßig auf einem Backblech verteilen und im vorgeheizten Ofen auf der mittleren Schiene etwa 1 Stunde rundherum goldbraun rösten. Aus dem Ofen nehmen und abtropfen lassen.

2 Den Backofen auf 140 °C herunterschalten. Die Schweineschulter mit Salz und Pfeffer würzen und mit der Hautseite nach unten in einen Bräter im Öl anbraten. Wenden und etwa ½ l Brühe dazugießen, sodass die Fettschicht ganz mit Brühe bedeckt ist. Die gerösteten Knochen dazugeben und das Fleisch im Ofen 1 Stunde garen.

3 Das Gemüse schälen, die Kartoffeln und die Schalotten der Länge nach vierteln. Die Möhren und den Sellerie in etwa 1 cm breite und 3 cm lange Spalten schneiden. Den Puderzucker in einem weiten, großen Topf bei mittlerer Hitze karamellisieren. Das Tomatenmark dazugeben, kurz anrösten und mit dem Malzbier ablöschen. Das Bier fast vollständig einköcheln lassen, das Gemüse hineingeben und die restliche Brühe dazugießen.

4 Den Braten aus dem Ofen nehmen. Das Fleisch mit der Fettseite nach oben auf ein Brett legen und die Schwarte mit einem Messer rautenförmig einschneiden. Den Bratensaft durch ein Sieb gießen und zu dem Gemüse geben. Das Fleisch mit der Schwarte nach oben auf das Gemüse legen und bei 160 °C etwa 1 ½ Stunden fertig schmoren. Etwa 20 Minuten vor Garzeitende geschälten Knoblauch, Ingwer, Lorbeerblätter, Kümmel und Majoran dazugeben.

5 Falls die Kruste nicht kross genug ist, zuletzt die Oberhitze bzw. den Backofengrill zuschalten. Den Braten aus dem Ofen nehmen, Knoblauch, Ingwer und Lorbeer entfernen und das Fleisch in Scheiben schneiden. Das Gemüse und den Bratensaft mit Salz und Pfeffer abschmecken und zum Fleisch servieren.

»Wird der Braten zuerst mit der Schwarte nach unten 1 Stunde in der Brühe gegart, wird die Schwarte weich und lässt sich wesentlich leichter einschneiden als in rohem Zustand.«

Fleisch

Fleisch

Gefüllte Spanferkelbrust

Für die Füllung:

2 EL getrocknete Totentrompeten
250 g Toastbrot (entrindet)
½ Zwiebel
1 EL Öl
⅛ l Milch
3 Eier
1 EL Petersilie (fein gehackt)
Salz · Pfeffer aus der Mühle
frisch geriebene Muskatnuss

Für die Spanferkelbrust:

500 g Kalbsknochen (klein gehackt)
500 g Schalotten
2 Möhren
2 Stangen Staudensellerie
1 ½ kg Spanferkelbrust (mit eingeschnittener Tasche)
Salz · Pfeffer aus der Mühle
2 EL Öl
½ l Geflügelbrühe
1 TL Puderzucker
1 TL Tomatenmark
1 Lorbeerblatt
ganzer Kümmel
½ Knoblauchzehe
2 Scheiben Ingwer
1 Streifen unbehandelte Zitronenschale
Cayennepfeffer

Für 4 Personen

1 Die Totentrompeten in Wasser 5 Minuten köcheln lassen, abgießen und klein schneiden. Das Toastbrot in Würfel schneiden. Die Zwiebel schälen, in kleine Würfel schneiden und in einer Pfanne im Öl andünsten. Die Milch über das Brot gießen und mit den verquirlten Eiern, den Trompetenpilzen, den Zwiebeln und der Petersilie zu einem lockeren Knödelteig verarbeiten. Mit Salz, Pfeffer und Muskatnuss würzen.

2 Für die Spanferkelbrust den Backofen auf 220 °C vorheizen. Die Kalbsknochen auf einem Backblech verteilen und im vorgeheizten Ofen auf der mittleren Schiene etwa 45 Minuten goldbraun rösten, das austretende Fett anschließend entfernen. Die Schalotten schälen und halbieren, die Möhren schälen und schräg in ½ cm dicke Scheiben schneiden. Den Sellerie putzen, waschen und schräg in ½ cm dicke Scheiben schneiden. Die Backofentemperatur auf 140 °C reduzieren.

3 Die Spanferkelbrust mit der Knödelmasse füllen, mit Rouladenspießen zustecken, salzen und pfeffern. In einem Bräter auf der Fleischseite im Öl anbraten, herausnehmen und das Bratfett abgießen. Die Brühe in den Bräter geben und die Spanferkelbrust mit der Schwartenseite nach unten hineinlegen. Bei geschlossenem Deckel 1 Stunde darin garen, dabei gelegentlich übergießen.

4 Das Fleisch nach 1 Stunde wenden, aus dem Bräter nehmen und die Schwarte so einschneiden, wie das Fleisch zum Servieren tranchiert wird. Die Brühe ebenfalls aus dem Bräter gießen. Für die Sauce den Puderzucker im Bräter bei mittlerer Hitze karamellisieren, das Tomatenmark dazugeben und kurz anrösten. Die Brühe wieder hinzufügen, die gebräunten Knochen hineingeben und die Spanferkelbrust mit der Schwartenseite nach oben daraufsetzen.

5 Den Braten ohne Deckel 1 ½ Stunden weiterschmoren und herausnehmen. Die Sauce durch ein Sieb gießen und die Knochen entfernen. Die passierte Sauce mit dem vorbereiteten Gemüse, dem Lorbeerblatt und dem Braten wieder in den Bräter geben, 1 Prise Kümmel daraufstreuen und weitere 30 bis 45 Minuten offen schmoren, bis das Gemüse weich ist. Zuletzt für einige Minuten den Backofengrill zuschalten, damit die Schwarte kross brät.

6 Knoblauch, Ingwer und Zitronenschale in die Sauce geben, einige Minuten ziehen lassen und mit dem Lorbeerblatt wieder entfernen. Die Sauce mit Salz und Cayennepfeffer würzen. Das Fleisch in Scheiben schneiden und mit der Sauce und dem Schmorgemüse servieren.

Fleisch

Surschnitzel

Für die Lake:
75 g Pökelsalz (vom Metzger)
½ TL Zucker
1 Lorbeerblatt
½ TL schwarze Pfefferkörner
5 Wacholderbeeren
5 Pimentkörner
½ TL Korianderkörner
½ TL ganzer Kümmel
½ Knoblauchzehe
1 Streifen unbehandelte Zitronenschale

Für die Schnitzel:
8 Schweineschnitzel (aus der Oberschale; à 60 g)
Pfeffer aus der Mühle
2 Eier
1 EL halb steife Sahne
Salz · Pfeffer aus der Mühle
80 g doppelgriffiges Mehl
200 g Weißbrotbrösel
Butterschmalz zum Ausbacken

Für 4 Personen

1 Für die Lake in einem Topf 1 ½ l Wasser mit allen Gewürzen einmal aufkochen und abkühlen lassen.

2 Für die Schnitzel die Lake in eine weite Schüssel oder eine Auflaufform geben, die Schnitzel darin einlegen und im Kühlschrank 1 Tag ziehen lassen.

3 Die Schnitzel herausnehmen, kurz abwaschen, trocken tupfen, flach klopfen und mit Pfeffer würzen.

4 Die Eier in einem tiefen Teller verquirlen, die Sahne unterziehen und mit Salz und Pfeffer würzen. Das Mehl und die Weißbrotbrösel jeweils in tiefe Teller geben.

5 Die Schnitzel nacheinander zuerst im Mehl wenden, dann durch die Eier-Sahne-Mischung ziehen und anschließend in den Weißbrotbröseln wenden.

6 In einer Pfanne fingerhoch Butterschmalz bei mittlerer Temperatur erhitzen. Die Schnitzel hineingeben, hell anbräunen, wenden, auf der zweiten Seite ebenfalls anbräunen und dabei häufig mit dem heißen Fett übergießen. Auf Küchenpapier abtropfen lassen.

7 Als Beilage zu den Surschnitzeln passt Kartoffel-Gurken-Salat.

» Damit die Schnitzel besser schmecken, ist es wichtig, die Panade zu würzen. Das Fleisch wird zwar gesalzen und gepfeffert, aber die Panade aus Mehl, Ei und Weißbrotbröseln hat kaum Eigengeschmack und braucht Gewürze. So können z. B. für Fischschnitzel die Brotbrösel oder das Ei mit etwas Curry oder edelsüßem Paprikapulver gewürzt werden. Für Gemüseschnitzel (wie gekochte Sellerie-, Rote-Bete- oder Zucchinischeiben) kann man unter das Ei Parmesan und unter die Brösel zusätzlich Mohn oder Sesam mischen. «

Fleisch

Bayerisches Wurzelfleisch

Für den Sud:
½ l Geflügelbrühe
1 EL Zucker · Salz
3 EL Rotweinessig
*je ½ TL Piment-,
schwarze Pfeffer- und
Korianderkörner*
1 kleines Lorbeerblatt
2 Wacholderbeeren

Für das Fleisch:
500 g Schweinefilet
1 EL Öl

Für das Gemüse:
1 Möhre · 1 weiße Zwiebel
100 g Knollensellerie
50 g Lauch · 1 EL Öl
1 Knoblauchzehe
1 Scheibe Ingwer

Für die Sauce und zum Anrichten:
1 TL Senf · 2 EL Sahnemeerrettich
40 g Butter
frisch geriebene Muskatnuss · Salz
frisch geriebener Meerrettich
1 EL Schnittlauchröllchen

Für 4 Personen

1 Am Vortag für den Sud die Brühe in einem Topf aufkochen, mit Zucker, Salz und Essig süßsauer würzen. Piment-, Pfeffer- und Korianderkörner, das Lorbeerblatt sowie die Wacholderbeeren dazugeben und den Sud anschließend abkühlen lassen.

2 Für das Fleisch das Schweinefilet in einer Pfanne im Öl bei mittlerer Hitze von allen Seiten kurz anbraten und in den Sud legen. 1 Tag darin gekühlt marinieren. Am nächsten Tag das Fleisch aus der Marinade nehmen, die Marinade durch ein Sieb gießen und auffangen.

3 Für das Gemüse Möhre, Zwiebel und Sellerie schälen, den Lauch putzen, waschen und alles in feine Streifen schneiden. Die Gemüsestreifen in einem Topf im Öl bei milder Hitze glasig dünsten, mit der Marinade auffüllen und aufkochen lassen. Das Schweinefilet mit dem geschälten Knoblauch und dem Ingwer in den Topf geben und knapp unter dem Siedepunkt 15 bis 20 Minuten saftig durchziehen lassen.

4 Das Fleisch herausnehmen und warm halten, Knoblauch und Ingwer ebenfalls herausnehmen. Den Sud durch ein Sieb gießen, Gemüsestreifen beiseitestellen. Für die Sauce die Hälfte des Suds mit Senf, Sahnemeerrettich und der Butter aufschlagen. Mit etwas Muskatnuss und, falls nötig, mit Salz würzig abschmecken.

5 Zum Anrichten das Schweinefilet in 1 cm dicke Scheiben schneiden, mit dem Gemüse und etwas Meerrettichsauce in vorgewärmte tiefe Teller setzen. Zuletzt etwas frisch geriebenen Meerrettich und Schnittlauchröllchen über das Fleisch streuen.

» Wenn man das Bayerische Wurzelfleisch als Hauptgericht serviert, passen als Beilage sehr gut Salzkartoffeln dazu. «

Fleisch

Glasierter Schweinebauch

Für den Schweinebauch:

2 Zwiebeln · 1 Möhre
100 g Knollensellerie
1 ½ kg gepökelter Schweinebauch (mit Schwarte)
Salz · Pfeffer aus der Mühle
2 EL Öl
400 ml Gemüsebrühe
10 Gewürznelken
40 g Butter · 1 EL Honig
1 Knoblauchzehe
1 Scheibe Ingwer
1 Streifen unbehandelte Zitronenschale
getrockneter Majoran
Cayennepfeffer

Für das Gemüse:

1 große Fenchelknolle
250 g Perlzwiebeln
1 Apfel
1 EL Puderzucker
250 g Maronen (vakuumverpackt oder aus dem Glas)
Salz · Pfeffer aus der Mühle
100 ml Gemüsebrühe
Cayennepfeffer
30 g Butter

Für 4 Personen

1. Für den Schweinebauch das Gemüse schälen und in 1 bis 2 cm große Würfel schneiden. Den Backofen auf 140 °C vorheizen. Die Schwarte kreuzweise einschneiden und das Fleischstück rundherum mit Salz und Pfeffer würzen. In einem Bräter im Öl auf der Schwartenseite anbraten, wenden und auch die Fleischseite kurz anbraten, bis sich die Poren schließen. Das Öl abgießen, den Bratensatz mit der Brühe ablöschen und das Gemüse zum Fleisch dazugeben. Das Fleisch im vorgeheizten Ofen etwa 2 ½ Stunden garen. Den Braten dabei ab und zu mit dem Bratensaft begießen. Nach 30 Minuten Garzeit die Nelken in die Schnittkreuze der Schwarte stecken.

2. Zuletzt die Butter mit dem Honig schmelzen lassen, mit Salz und Pfeffer würzen. Die Schwarte etwa 10 Minuten vor Garzeitende mehrmals damit bestreichen und die Honigbutter antrocknen lassen. Dabei, falls nötig, noch den Backofengrill zuschalten, damit die Schwarte eine schöne Kruste bekommt.

3. Das Fleisch herausnehmen und warm halten. Den Knoblauch schälen, halbieren und mit dem Ingwer und der Zitronenschale in die Sauce geben, 1 Prise Majoran hinzufügen. Knoblauch, Ingwer und Zitronenschale nach 5 Minuten wieder entfernen. Die Sauce durch ein Sieb passieren und mit Salz und 1 Prise Cayennepfeffer abschmecken.

4. Für das Gemüse den Fenchel putzen, waschen und in dünne Spalten schneiden. Das Fenchelgrün klein schneiden und beiseitestellen. Die Perlzwiebeln schälen. Den Apfel vierteln, schälen, entkernen und die Apfelviertel in Spalten schneiden.

5. In einem Topf den Puderzucker karamellisieren, den Topf vom Herd nehmen und Fenchel, Perlzwiebeln und Maronen hineinrühren. Leicht mit Salz und Pfeffer würzen, die Brühe angießen und alles zugedeckt etwa 15 Minuten bissfest garen, bis die Flüssigkeit sirupartig eingekocht ist. Die Apfelspalten hineingeben und in der Sauce erhitzen. Die Sauce mit Salz und 1 Prise Cayennepfeffer abschmecken und die Butter mit dem Fenchelgrün hineingeben.

6. Den Schweinebauch in Scheiben schneiden und mit der Sauce und dem Schmorgemüse auf vorgewärmten Tellern anrichten.

Fleisch

Schweinshaxenvögerl auf asiatische Art

Für das Fleisch:
2 hintere Schweinshaxen (à 1,2 kg)
1 Chilischote
Salz · Pfeffer aus der Mühle
2 EL Öl
¼ l Gemüsebrühe
100 ml Ananassaft
3 EL Sojasauce
1 EL Austernsauce
2 EL süßsaure Chilisauce
1 TL Zitronengras (fein gehackt)
1 große Knoblauchzehe (fein gehackt)
1 TL Ingwer (fein gehackt)
½ TL Speisestärke
1 EL Kokosmilch

Für das Gemüse:
½ Chinakohl
1 Bund Lauchzwiebeln
½ rote Paprikaschote
1 EL Erdnussöl
frisch geriebene Muskatnuss
Salz · Pfeffer aus der Mühle

Für 4 Personen

1 Für das Fleisch die Schwarte von den Schweinshaxen abschneiden, das Fleisch vom Knochen lösen und in die einzelnen Muskelpartien (Vögerl) zerteilen, dabei die Sehnen entfernen. Die Chilischote längs halbieren, entkernen, waschen und in dünne Streifen schneiden. Die Schweinshaxenvögerl mit Salz und Pfeffer würzen und in einem Bräter im Öl bei mittlerer Hitze rundherum anbraten. Den Backofen auf 140 °C vorheizen.

2 Das Fleisch mit der Brühe und dem Ananassaft aufgießen. Sojasauce, Austernsauce, Chilisauce, Zitronengras, Knoblauch, Ingwer und Chilistreifen in die Sauce geben und einmal aufkochen lassen. Die Schweinshaxenvögerl im vorgeheizten Ofen zugedeckt 1 ½ Stunden schmoren lassen. Den Deckel nach 1 Stunde abnehmen.

3 Für das Gemüse den Chinakohl putzen, waschen, halbieren und in dünne Streifen schneiden. Die Lauchzwiebeln putzen, waschen und schräg in ½ cm breite Stücke schneiden. Die Paprikaschote der Länge nach vierteln, entkernen, waschen und quer in ½ cm breite Streifen schneiden. Den Chinakohl in einer Pfanne im Erdnussöl bei mittlerer Hitze mit den Frühlingszwiebeln und den Paprikastreifen 2 Minuten anbraten. Mit Muskatnuss, Salz und Pfeffer würzen.

4 Das Fleisch aus dem Bräter nehmen. Die Speisestärke mit wenig kaltem Wasser glatt rühren. Die Sauce durch ein Sieb streichen, leicht mit der Stärke binden und kurz köcheln lassen. Zuletzt mit Salz, Pfeffer und Kokosmilch abschmecken.

5 Die Schweinshaxenvögerl mit dem Gemüse und der Sauce auf vorgewärmten Tellern anrichten.

» Vögerl heißen im süddeutschen Raum kleine Rouladen. In Österreich werden so auch kleine, ausgelöste Muskelstücke aus der Haxe bezeichnet, wie z. B. hier vom Schwein. «

Fleisch

Panierte Schweinebacken

Zum Pökeln:

50 g Pökelsalz · Zucker
1–2 Knoblauchzehen
5 Korianderkörner
ganzer Kümmel
1–2 Wacholderbeeren
1 Lorbeerblatt
2 Scheiben Ingwer
1 Streifen unbehandelte Zitronenschale
4 Schweinebacken (ausgelöst)

Für den Sud:

1 Möhre · 150 g Knollensellerie
½ Zwiebel
1 Lorbeerblatt · 2 Gewürznelken
¾ l Gemüsebrühe · 2 Pimentkörner

Für die Panade:

2 Eier
40 g doppelgriffiges Mehl
Salz · Pfeffer aus der Mühle
150 g Weißbrotbrösel
Öl zum Braten

Für 4 Personen

1 Am Vortag zum Pökeln 1 l Wasser mit Pökelsalz und 1 Prise Zucker verrühren. Den Knoblauch schälen und halbieren. Mit Korianderkörnern, 1 Prise Kümmel, Wacholderbeeren, Lorbeerblatt, Ingwer und Zitronenschale zur Pökellake geben.

2 Die Schweinebacken gegebenenfalls von Fett und Sehnen befreien und in die Pökellake geben. Zugedeckt im Kühlschrank höchstens 20 Stunden pökeln.

3 Für den Sud die Möhre schälen und halbieren. Den Sellerie schälen und waschen. Die Zwiebel schälen und mit Lorbeerblatt und Nelken spicken. Die Brühe mit der Möhre, der gespickten Zwiebel, dem Sellerie und den Pimentkörnern zum Sieden bringen.

4 Die Schweinebacken aus der Lake nehmen und gut abwaschen. In der Brühe bei milder Hitze knapp unter dem Siedepunkt etwa 30 Minuten ziehen lassen, bis sie weich sind. Die Schweinebacken in der Brühe abkühlen lassen, aus dem Sud nehmen und mit Küchenpapier leicht trocken tupfen.

5 Für die Panade die Eier mit dem Mehl verquirlen und mit etwas Salz und Pfeffer würzen. Die Schweinebacken in ½ bis 1 cm dicke Scheiben schneiden. Jede Scheibe zuerst in der Ei-Mehl-Mischung, dann in den Weißbrotbröseln wenden. Die panierten Schweinebackenscheiben in einer Pfanne in reichlich Öl bei mittlerer Hitze goldbraun braten. Auf Küchenpapier abtropfen lassen und leicht mit Salz würzen.

6 Die panierten Schweinebacken nach Belieben mit dem süßsauren Kartoffel-Lauch-Gemüse von Seite 131 servieren.

» Schweinebacken müssen beim Metzger vorbestellt werden. Am besten lässt man die Schweinebacken dann auch gleich vom Metzger auslösen, dabei sollten auch Sehnenreste und das Fett vollständig entfernt werden. «

Fleisch

Fleisch

Hackbraten mit Kohlrabi-Pfifferling-Salat

Für den Hackbraten:
70 g Weißbrot (entrindet)
100 ml Milch · 1 kleine Zwiebel
½ kleiner Zucchino
½ rote Paprikaschote
10 g getrocknete Trompetenpilze
2 EL Öl
½ Knoblauchzehe (fein gehackt)
100 g Kalbsbrät · 1–2 EL Sahne
150 g Hähnchenschenkelfleisch
(ohne Haut und Knochen)
350 g Schweinehackfleisch
2 Eier · 1 TL scharfer Senf
Salz · getrockneter Majoran
Cayennepfeffer
80 g grob geriebener Bergkäse
2 EL Petersilie (grob gehackt)
Öl für das Blech
8 kandierte Tomaten (siehe S. 110)

Für den Salat:
8 Wachteleier
1 mittelgroßer Kohlrabi · Salz
1 Bund Mini-Möhren (10–12 Stück)
200 g junge Spinatblätter (geputzt)
1 Schalotte · 150 g Pfifferlinge
1 EL Öl · Pfeffer aus der Mühle

Für das Dressing:
2–3 EL Rotweinessig
⅛ l Gemüsebrühe
½ TL scharfer Senf · Zucker
1 Scheibe Knoblauch
Salz · Pfeffer aus der Mühle
4 EL Öl

Für 6–8 Personen

1 Für den Hackbraten das Weißbrot in Milch einweichen. Die Zwiebel schälen und in sehr kleine Würfel schneiden. Zucchino putzen und waschen. Paprika entkernen und waschen. Beides in ½ cm kleine Würfel schneiden. Die Pilze in etwas Wasser aufkochen, 10 Minuten quellen lassen. Abgießen, ausdrücken und grob hacken. Gemüsewürfel im Öl bei mittlerer Hitze 1 Minute anbraten, Pilze und Knoblauch dazugeben und kurz mitdünsten. Das Kalbsbrät mit der Sahne glatt rühren. Das Hähnchenfleisch durch den Fleischwolf drehen.

2 Das Weißbrot ausdrücken, mit Hackfleisch, Kalbsbrät und Hähnchenfleisch, Eiern, Senf und dem angedünsteten Gemüse vermischen, sodass eine kompakte Masse entsteht. Mit Salz und je 1 Prise Majoran und Cayennepfeffer gut würzen, Käse und Petersilie untermischen.

3 Den Backofen auf 140 °C vorheizen. Zwei Drittel der Masse auf einem geölten Backblech zu einem schmalen, 3 cm hohen Laib formen, die Oberfläche leicht flach drücken. Die kandierten Tomaten darauf verteilen und mit der restlichen Masse bedecken. Zu einem schmalen Hackbraten formen und mit angefeuchteten Händen glatt streichen. Den Braten im vorgeheizten Ofen 20 bis 25 Minuten garen, dann die Temperatur auf 160 °C erhöhen und noch gut 10 Minuten weitergaren.

4 Für den Salat Wachteleier 4 Minuten hart kochen, abschrecken, pellen und der Länge nach halbieren. Den Kohlrabi putzen, schälen, vierteln, in Spalten schneiden und halbmondförmig zuschneiden. In Salzwasser bissfest blanchieren, kalt abschrecken und abtropfen lassen. Die Möhren putzen, dabei etwas vom Grün an den Enden lassen, schälen, längs halbieren und bissfest blanchieren. Den Spinat putzen, waschen und trocken tupfen. Die Schalotte schälen und in kleine Würfel schneiden. Die Pfifferlinge putzen, trocken abreiben, je nach Größe halbieren und mit den Schalotten in einer Pfanne im Öl bei mittlerer Hitze kurz anbraten. Mit Salz und Pfeffer würzen.

5 Für das Dressing Essig, Brühe, Senf, 1 Prise Zucker, Knoblauch, etwas Salz und Pfeffer mit dem Stabmixer schaumig aufschlagen. Dabei das Öl langsam dazugießen, falls nötig, nachwürzen.

6 Kohlrabi, Möhren, Spinatblätter und lauwarme Pfifferlinge mit dem Dressing mischen und zuletzt die Wachteleier unterheben. Den Hackbraten in dicke Scheiben schneiden und mit dem Salat servieren.

Fleisch

Fleisch

Gefülltes Schweineschnitzel im Parmesanmantel

Für die Rosmarinkartoffeln:
600 g kleine festkochende Kartoffeln
Salz · 40 g Butter
1 Rosmarinzweig
½ Knoblauchzehe
Pfeffer aus der Mühle

Für die Schnitzel:
180 g Champignons
80 g gekochter Schinken
2 Schalotten · 1 EL Butter
Salz · Pfeffer aus der Mühle
1 EL Petersilie (grob gehackt)
4 Eier
100 g frisch geriebener Parmesan
frisch geriebene Muskatnuss
100 g doppelgriffiges Mehl
4 Schweinerückenscheiben (à 140 g)
Öl für die Folie · 4 EL Öl

Für 4 Personen

1 Für die Rosmarinkartoffeln die Kartoffeln schälen, waschen und in Salzwasser kochen. Abgießen und halbieren. Die Butter in einer Pfanne bei milder Hitze schmelzen. Den Rosmarin und den Knoblauch dazugeben und die Kartoffeln darin goldbraun braten. Mit Salz und Pfeffer würzen.

2 Für die Schnitzel die Champignons putzen, trocken abreiben und klein schneiden. Den Schinken in sehr kleine Würfel schneiden, die Schalotten schälen und ebenfalls in kleine Würfel schneiden. Die Butter in einer Pfanne bei milder Hitze schmelzen, Champignon-, Schinken- und Schalottenwürfel darin 1 bis 2 Minuten andünsten. Die Füllung mit Salz, Pfeffer und Petersilie würzen und aus der Pfanne nehmen.

3 Die Eier in einem tiefen Teller verquirlen, den Parmesan unterrühren und mit Salz, Pfeffer und Muskatnuss würzen. Das Mehl ebenfalls in einen tiefen Teller geben. Die Schweinerückenscheiben mit einem scharfen Messer der Länge nach halbieren, jedoch nicht ganz durchschneiden, sodass die Schnitzel an einer Seite noch zusammenhalten.

4 Die Schnitzel aufklappen und zwischen zwei Blatt geölter Frischhaltefolie flach klopfen, mit Salz und Pfeffer würzen. Die Pilzfüllung auf einer Schnitzelhälfte so verteilen, dass der Rand frei bleibt. Die zweite Hälfte darüberklappen und die Enden gut andrücken.

5 Die Schnitzel vorsichtig erst im Mehl, dann in der Parmesan-Eier-Mischung wenden. Sofort in einer Pfanne im Öl bei milder Hitze hell anbraten. Die Schnitzel aus der Pfanne nehmen und auf Küchenpapier abtropfen lassen.

6 Die Schnitzel mit den Rosmarinkartoffeln auf vorgewärmten Tellern anrichten und nach Belieben mit frischem Rosmarin garnieren.

»Die Schnitzel gelingen ganz leicht, wenn Sie sie in einer mild temperierten Pfanne von einer Seite so lange anbraten, bis die Panade durchgebacken ist. So verhindert man, dass die Panade beim Wenden reißt oder an der Pfanne festklebt. Außerdem empfiehlt es sich, eine beschichtete Pfanne zu verwenden.«

Fleisch

Fleisch

Schäufele

1 große Zwiebel
1 Möhre
150 g Knollensellerie
2 Schweinsschäufele nach fränkischem Schnitt (nur der obere Teil der Schweineschulter, in dem das Schulterblatt steckt, der Länge nach mit dem Blatt in ca. 10 cm dicke Scheiben geschnitten, die Schwarte bleibt dran)
Salz · 2 EL Öl
ca. $^1\!/_2$ l Geflügelbrühe
Pfeffer aus der Mühle
ganzer Kümmel
1 Streifen unbehandelte Zitronenschale
1 Scheibe Ingwer
$^1\!/_2$ Knoblauchzehe

Für 4–6 Personen

1 Das Gemüse schälen, die Zwiebel vierteln und in $^1\!/_2$ cm breite Streifen schneiden, die Möhre der Länge nach halbieren und schräg in $^1\!/_2$ cm breite Scheiben schneiden. Den Sellerie in genauso große Stifte schneiden.

2 Den Backofen auf 140 °C vorheizen. Die Schäufelestücke mit Salz würzen und in einem Bräter im Öl bei mittlerer Hitze auf allen Fleischseiten, aber nicht auf der Schwartenseite anbraten. Herausnehmen, das Bratfett abgießen, mit einem Teil der Brühe ablöschen. Die Schäufelescheiben mit der Schwartenseite nach unten in die Brühe legen, das Gemüse dazugeben und alles im vorgeheizten Ofen 1 $^1\!/_2$ bis 2 Stunden weich schmoren, dabei ab und zu mit Brühe übergießen.

3 Um einen guten Bratensaft zu erhalten, am Anfang nicht zu viel Brühe angießen, erst nach und nach, je nach Bedarf, immer wieder etwas Brühe hinzufügen. Dabei den angebratenen Saft vom Bräterrand ablösen und wieder in die Flüssigkeit rühren. Nach 1 Stunde Garzeit die Fleischstücke wenden, sodass die Schwartenseite oben liegt. Die Schwarte so einschneiden, wie das Fleisch anschließend zum Servieren tranchiert wird. Mit Pfeffer und 1 Prise Kümmel würzen.

4 Zuletzt den Backofengrill zuschalten und die Schwarte einige Minuten kross bräunen. Zitronenschale, Ingwer und Knoblauch in die Sauce geben, mehrere Minuten ziehen lassen und wieder entfernen.

5 Die Schäufelestücke in Scheiben schneiden und mit der Sauce und dem Schmorgemüse servieren.

» Für Portionsschäufele wird die Schweineschulter mit dem Schulterblatt in 5 cm breite Scheiben geschnitten, von beiden Seiten angebraten und in der Bratflüssigkeit gegart. Schäufele ist im fränkischen Raum sehr beliebt. Andernorts sollte man das Fleisch beim Metzger vorbestellen, da er das Schulterblatt mit der Säge schneiden muss. «

Fleisch

Gemischte Filetspitzen

1 Zwiebel
600 g gemischte Filetspitzen (Rind, Kalb, Schwein)
3 EL Öl
1 TL Puderzucker
1 TL Tomatenmark
⅛ l Weißwein
ca. ½ l Geflügelbrühe
1 TL Speisestärke
1 Lorbeerblatt
1 Streifen unbehandelte Zitronenschale
1 Scheibe Ingwer
1 Scheibe Knoblauch
100 g Sahne · 1 TL scharfer Senf
40 g kalte Butter
80 g kleine, geschlossene Champignons
Salz · Cayennepfeffer
2 EL grob gehackte Kräuter (z. B. Kerbel, Dill, Estragon, Petersilie)

Für 4 Personen

1 Die Zwiebel schälen und in kleine Würfel schneiden. Die Filetspitzen in dickere Scheiben oder Streifen schneiden und in einer großen Pfanne im Öl bei mittlerer Hitze von allen Seiten hellbraun anbraten. Die Filetspitzen dabei am besten portionsweise nacheinander braten, damit das Fleisch kein Wasser zieht. Das Fleisch sollte innen noch rosa sein. Die Filetstücke aus der Pfanne nehmen und auf Küchenpapier abtropfen lassen.

2 Den Puderzucker in der Pfanne karamellisieren. Das Tomatenmark dazugeben und kurz anrösten lassen. Die Zwiebelwürfel hinzufügen und glasig dünsten. Mit dem Wein ablöschen, sirupartig einköcheln lassen und mit der Brühe aufgießen. Die Speisestärke mit wenig Wasser glatt rühren und die Brühe damit binden.

3 Lorbeerblatt, Zitronenschale, Ingwer und Knoblauch hineingeben. Alles bei milder Hitze etwa 10 Minuten köcheln lassen, die Gewürze wieder entfernen. Sahne und Senf hinzufügen, die Sauce nicht mehr kochen lassen und mit dem Stabmixer fein pürieren. Die Butter in Stücken dazugeben und die Sauce nochmals aufschlagen.

4 Die Champignons putzen, trocken abreiben und in sehr feine Scheiben schneiden oder mit dem Trüffelhobel fein hobeln. Die Filetspitzen mit den Champignons in die Sauce geben und darin erwärmen. Mit Salz und Cayennepfeffer abschmecken, zuletzt mit frischen Kräutern bestreuen und sofort servieren.

» Zu den Filetspitzen passen sehr gut kleine Semmelknödel. Dafür aus der Knödelmasse von Seite 20 mit angefeuchteten Händen kleine Knödel von 5 bis 6 cm Durchmesser formen und in siedendem Salzwasser 10 bis 15 Minuten gar ziehen lassen. Herausnehmen und sofort mit dem Fleisch servieren. «

Fleisch

Geschmorte Kalbshaxenscheiben

Für die Haxenscheiben:
1 Zwiebel
1 Möhre
150 g Knollensellerie
4 Scheiben Kalbshaxe
(jeweils 3–4 cm dick,
ca. 1 1/2 kg; küchenfertig)
Salz · Pfeffer aus der Mühle
2 EL Olivenöl
1/8 l Rotwein
1 EL Tomatenmark
400 ml Geflügelbrühe
1 Knoblauchzehe
1 Lorbeerblatt
1 Rosmarinzweig
2 Streifen unbehandelte
Zitronenschale

Für den Spargel:
400 g grüner Spargel
1 EL Olivenöl
1/8 l Gemüsebrühe
1 Msp. abgeriebene unbehandelte
Orangenschale
1 EL Butter
Salz · Pfeffer aus der Mühle
Cayennepfeffer
10 Cocktailtomaten
2 EL Petersilie (grob gehackt)

Für 4 Personen

1 Für die Haxenscheiben Zwiebel, Möhre und Sellerie schälen und in kleine Würfel schneiden. Die Fleischscheiben mit Salz und Pfeffer würzen. In einem weiten Topf im Olivenöl bei mittlerer Hitze von beiden Seiten anbraten und herausnehmen. Die Gemüsewürfel im Topf im verbliebenen Bratensatz bei milder Hitze andünsten. Mit dem Wein ablöschen und sirupartig einköcheln lassen. Das Tomatenmark unterrühren, die Brühe angießen und das Fleisch auf das Gemüse legen.

2 Die Kalbshaxenscheiben zugedeckt bei milder Hitze 1 1/4 bis 1 1/2 Stunden schmoren, bis das Fleisch weich ist. Dabei ein- bis zweimal wenden. Den ungeschälten Knoblauch halbieren und 10 Minuten vor Ende der Garzeit mit dem Lorbeerblatt, dem Rosmarin und der Zitronenschale hinzufügen.

3 Die Fleischscheiben aus der Sauce nehmen und Knoblauch, Lorbeerblatt, Rosmarin und Zitronenschale wieder entfernen. Die Sauce durch ein Sieb passieren, falls nötig, noch etwas einköcheln lassen und mit Salz und Pfeffer abschmecken.

4 Für den Spargel den grünen Spargel waschen, nur im unteren Drittel schälen und die holzigen Enden entfernen. Den Spargel längs halbieren und schräg in 3 bis 4 cm lange Stücke schneiden.

5 Das Olivenöl in einer Pfanne erhitzen und den Spargel darin bei milder Hitze anbraten. Die Brühe angießen und den Spargel etwa 4 Minuten garen. Die Orangenschale mit der Butter dazugeben und den Spargel mit Salz, Pfeffer und Cayennepfeffer abschmecken. Die Cocktailtomaten waschen, halbieren oder vierteln und mit der Petersilie zum Spargelgemüse geben.

6 Die Kalbshaxenscheiben mit reichlich Sauce und dem Spargelgemüse auf vorgewärmten Tellern anrichten.

» Das Besondere an den Kalbshaxenscheiben ist, dass beim Braten und Schmoren das Mark aus dem Knochen die Sauce würzt. Bestellen Sie die Kalbshaxenscheiben am besten bei Ihrem Metzger vor. «

Fleisch

237

Fleisch

Böfflamott

Für die Beize:

1 EL Puderzucker
¾ l kräftiger Rotwein
1 ½ kg flache Rinderschulter

Für den Schmorbraten:

4 Zwiebeln
80 g Möhren
100 g Knollensellerie
2 EL Öl · 1 EL Tomatenmark
2 EL Cognac
½ l Geflügelbrühe
je ½ TL Piment- und
schwarze Pfefferkörner
2 Zacken Sternanis
1 cm Zimtrinde
5 Wacholderbeeren
1 Lorbeerblatt
½ Knoblauchzehe
2 Scheiben Ingwer
je 1 Streifen unbehandelte
Zitronen- und Orangenschale
2 TL Puderzucker
50 ml Rotweinessig
40 g kalte Butter
Salz · Zucker
Cayennepfeffer

Für 4 Personen

1. Für die Beize den Puderzucker in einen Topf sieben und bei milder Hitze hell karamellisieren, mit dem Wein ablöschen, einmal aufkochen und abkühlen lassen. Die Rindfleischschulter in ein passendes Gefäß geben und mit der Marinade bedecken. 3 bis 6 Tage an einem kühlen Ort darin beizen.

2. Für den Schmorbraten das Gemüse schälen und in grobe Würfel schneiden, das Fleisch aus der Marinade nehmen und trocken tupfen. Die Marinade in einem weiten Topf auf ein Drittel einköcheln lassen. Aufsteigenden Schaum dabei mit einem Schaumlöffel abnehmen.

3. Die Rinderschulter in einem Topf im Öl bei mittlerer Hitze rundherum anbräunen und aus dem Topf nehmen. Das Tomatenmark hineinrühren und kurz anrösten, mit Cognac ablöschen, die Beize und die Brühe dazugießen. Anschließend das angebratene Fleischstück wieder einlegen, das Wurzelgemüse dazugeben. Mit geschlossenem Deckel etwa 3 Stunden knapp unter dem Siedepunkt ziehen lassen, bis es weich ist.

4. Etwa 20 Minuten vor Garzeitende Piment- und Pfefferkörner, Sternanis, Zimtrinde, Wacholderbeeren, Lorbeerblatt, Knoblauch, Ingwer, Zitronen- und Orangenschale hineingeben.

5. Das Fleisch aus der Schmorsauce nehmen, die Sauce durch ein Sieb gießen, dabei das Gemüse etwas ausdrücken und die Sauce noch etwas einköcheln lassen.

6. Den Puderzucker in einer Pfanne bei milder Hitze hell karamellisieren, mit Essig ablöschen und sirupartig einköcheln lassen. Die Butter in Stücken hineinrühren. Die Sauce mit der Essigreduktion, Salz und je 1 Prise Zucker und Cayennepfeffer abschmecken.

7. Das Böfflamott in Scheiben schneiden, auf vorgewärmten Tellern anrichten und mit der Sauce überziehen.

»Dieses Gericht leitet sich ab von dem klassischen französischen Bœuf à la mode. Das Fleisch wurde herkömmlich in Rotwein eingelegt. Regional unterschiedlich wird es aber auch in Weißwein mariniert.«

Fleisch

Geschmorter Kalbstafelspitz

1 Möhre
1 Zwiebel
150 g Knollensellerie
2 Tomaten
1 kg Kalbstafelspitz
Salz · Pfeffer aus der Mühle
2 EL scharfer Senf
2 EL Öl
1 TL Puderzucker
1 EL Tomatenmark
300 ml Rotwein
½ l Geflügelbrühe
1 TL schwarze Pfefferkörner
1 Lorbeerblatt
6 Pimentkörner
10 g getrocknete Pilze
30 g kalte Butter
½ Knoblauchzehe
1 Streifen unbehandelte Zitronenschale
2 Thymianzweige

Für 4 Personen

1. Den Backofen auf 140 °C vorheizen. Das Gemüse schälen, die Tomaten waschen, die Stielansätze entfernen und alles klein schneiden.

2. Den Kalbstafelspitz mit Salz und Pfeffer würzen und mit etwas Senf bestreichen. In einem Bräter im Öl bei mittlerer Hitze von allen Seiten anbraten und herausnehmen.

3. Den Puderzucker im Bräter bei mittlerer Hitze hell karamellisieren. Das Tomatenmark hineinrühren und kurz anrösten. Zwei Drittel des Weins in zwei Portionen angießen und fast vollständig einköcheln lassen. Dann das Gemüse hinzufügen und alles mit dem restlichen Wein und der Brühe auffüllen. Aufkochen lassen und den angebratenen Tafelspitz hineingeben.

4. Den Tafelspitz zugedeckt im vorgeheizten Ofen 3 Stunden weich schmoren, dabei häufig mit der Schmorflüssigkeit begießen.

5. Nach gut 2 Stunden Garzeit die Gewürze in die Sauce geben. Die Trockenpilze etwa 20 Minuten vor Garzeitende hinzufügen und in der Sauce ziehen lassen.

6. Das Fleisch aus der Schmorsauce nehmen, die Sauce mit dem Gemüse in ein Sieb geben und mit einem Schöpflöffel kräftig durchdrücken, damit die Sauce eine natürliche Bindung erhält. Die Butter in Stücken mit dem restlichen Senf hineinmixen, Knoblauch, Zitronenschale und Thymian dazugeben, einige Minuten in der Sauce ziehen lassen und wieder entfernen.

7. Den Kalbstafelspitz in Scheiben schneiden und mit der Schmorsauce auf vorgewärmten Tellern servieren.

»Das Schmorgemüse eignet sich nach dem Garen auch als Beilage zum Fleisch, da es durch den Rotwein selbst nach 3 Stunden Garzeit noch seine Form behält und etwas Biss hat. Die Gewürze lassen sich leichter entfernen, wenn man sie mit den Trockenpilzen in einen Einwegteebeutel füllt und dann in die Sauce gibt.«

Fleisch

Kalbsrahmgulasch

900 g Kalbfleisch (aus der Schulter)
900 g Zwiebeln · 2 EL Öl
1 TL Tomatenmark
½ l Geflügelbrühe
2 kleine Knoblauchzehen
je 1 TL ganzer Kümmel und getrockneter Majoran
1–2 Streifen unbehandelte Zitronenschale
½–1 EL Paprikapulver (edelsüß)
80 g Sahne
Salz · Cayennepfeffer

Für 4 Personen

1 Das Kalbfleisch von groben Sehnen befreien und in 3 bis 4 cm große Würfel schneiden.

2 Die Zwiebeln schälen und in Streifen schneiden. Die Kalbfleischwürfel in einem großen Bräter im Öl bei mittlerer Hitze anbraten. Die Zwiebeln dazugeben und darin andünsten lassen, das Tomatenmark hineinrühren und kurz mitrösten. Mit der Brühe aufgießen und das Fleisch gut 2 Stunden mehr ziehen als köcheln lassen.

3 Den Knoblauch schälen und mit Kümmel, Majoran und Zitronenschale zu einer feinen Paste hacken. Das Gulasch mit der Gewürzpaste und dem Paprikapulver etwa 15 Minuten vor Garzeitende würzen. Zuletzt die Sahne hinzufügen und das Gulasch mit Salz und 1 Prise Cayennepfeffer abschmecken.

Zwiebelfleisch mit Kartoffel-Endivien-Püree

Für das Zwiebelfleisch:
1,2 kg gepökelte Rinderbrust
500 g Zwiebeln · 2 Lorbeerblätter
2 Gewürznelken
2 EL Butter
1 EL Puderzucker
50 ml roter Portwein
300 ml Rotwein
1 EL Tomatenmark
½ l Geflügelbrühe
100 g getrocknete Aprikosen
1 EL gelbe Senfkörner
1 Streifen unbehandelte Zitronenschale
2 Scheiben Knoblauch

Für 4 Personen · Foto rechts

1 Für das Zwiebelfleisch Wasser in einem Topf aufkochen. Die Rinderbrust waschen, abtropfen lassen und in das kochende Wasser legen. 1 Zwiebel mit 1 Lorbeerblatt und den Nelken spicken und dazugeben. Die Hitze reduzieren und das Fleisch knapp unter dem Siedepunkt 1 Stunde mehr ziehen als köcheln lassen.

2 Die restlichen Zwiebeln schälen und in Streifen schneiden. In einer Pfanne in der Butter langsam bräunen.

3 Den Puderzucker in einem großen, weiten Topf bei mittlerer Hitze karamellisieren. Mit dem Portwein und einem Drittel des Rotweins ablöschen, das Tomatenmark dazugeben und den Wein einköcheln lassen. Den übrigen Rotwein in zwei Portionen dazugeben und ebenfalls einköcheln lassen. Die Brühe dazugießen, das Fleisch aus dem Wasser nehmen und mit den angebratenen Zwiebeln in die Sauce geben. Das Fleisch bei milder Hitze weitere 2 Stunden zugedeckt weich schmoren, dabei ab und zu wenden.

Fleisch

2 Scheiben Ingwer
1 Thymianzweig
Salz · getrockneter Majoran
Pfeffer und Piment aus der Mühle

Für das Kartoffel-Endivien-Püree:
1 kg Kartoffeln · Salz
1 TL ganzer Kümmel
ca. ¼ l Milch
30 g kalte Butter
60 g durchwachsener Speck
1 EL Öl
¼ Kopf Endiviensalat
30 g braune Butter (siehe S. 30)
frisch geriebene Muskatnuss

4 Die Aprikosen halbieren und nach 1 ½ Stunden mit den Senfkörnern und mit 1 Lorbeerblatt zum Schmorbraten geben. Einige Minuten vor Garzeitende die Zitronenschale, den Knoblauch, den Ingwer und den Thymian dazugeben. Die Gewürze wieder entfernen und die Sauce mit Salz, 1 Prise Majoran, Pfeffer und Piment würzen.

5 Für das Kartoffel-Endivien-Püree die Kartoffeln waschen, in Salzwasser mit Kümmel weich kochen, abgießen, pellen und noch heiß durch die Kartoffelpresse drücken. Die Milch erhitzen und langsam zu den Kartoffeln geben. So viel Milch unterrühren, bis das Püree sämig und locker ist. Die Butter unterrühren.

6 Die Speckscheiben in 1 cm breite Streifen schneiden, in einer Pfanne im Öl bei mittlerer Hitze kross anbraten, herausnehmen und auf Küchenpapier abtropfen lassen. Den Endiviensalat waschen, gut abtropfen lassen und in dünne Streifen schneiden. Speck- und Salatstreifen unter das warme Kartoffelpüree mischen und mit brauner Butter, Muskatnuss und Salz abschmecken. Das Fleisch in Scheiben schneiden und mit dem Karoffelpüree und der Sauce servieren.

Ausgelöste Kalbshaxe mit Oliven und Salbei

Für die Kalbshaxe:
1 Kalbshaxe (2½ – 3 kg)
1 Möhre · 2 Zwiebeln
120 g Knollensellerie
3 reife Tomaten
Salz · Pfeffer aus der Mühle
2 EL Olivenöl
1 EL Tomatenmark
350 ml Weißwein
½ l Geflügelbrühe
1 Knoblauchzehe
1 Streifen unbehandelte Zitronenschale
1 kleines Lorbeerblatt
1 kleine getrocknete Chilischote
5 frische Salbeiblätter
50 g grüne und schwarze Oliven (entsteint)
70 g eingelegte getrocknete Tomaten
30 g kalte Butter

Zum Anrichten:
5 Scheiben gut durchwachsener Speck
1 EL Öl

Für 4 Personen

1 Die Kalbshaxe auslösen und in die einzelnen Muskelpartien zerteilen. Die Möhre, die Zwiebeln und den Sellerie schälen und in kleine Würfel schneiden. Die Tomaten waschen und klein schneiden, dabei die Stielansätze entfernen.

2 Den Backofen auf 140 °C vorheizen. Die Kalbshaxenstücke mit Salz und Pfeffer würzen und in einem Bräter im Olivenöl rundherum anbraten. Das Tomatenmark hineinrühren und kurz anrösten, mit einem Drittel des Weins ablöschen und sirupartig einköcheln lassen. Den übrigen Wein in zwei Portionen dazugeben und ebenfalls einköcheln lassen. Die Gemüsewürfel hinzufügen und die Brühe dazugießen. Das Fleisch im vorgeheizten Ofen etwa 1 ½ Stunden weich schmoren lassen.

3 Etwa 15 Minuten vor Garzeitende den ungeschälten Knoblauch, die Zitronenschale, das Lorbeerblatt, die Chilischote und die Salbeiblätter dazugeben. Die Oliven halbieren und die getrockneten Tomaten in Streifen schneiden.

4 Das Kalbfleisch aus der Schmorsauce nehmen und beiseitestellen, die Sauce durch ein Sieb passieren. Die Butter hineinrühren und die Sauce mit Salz und Pfeffer abschmecken. Das Fleisch mit den getrockneten Tomaten und den Oliven wieder in die Sauce geben.

5 Den Speck in Streifen schneiden und in einer Pfanne im Öl kross braten. Auf Küchenpapier abtropfen lassen. Das Fleisch mit der Sauce auf vorgewärmten Tellern anrichten und mit dem Speck garnieren.

» Um ein sehr zartes Fleisch zu erhalten, müssen die Kalbfleischstücke ganz sanft bei milder Hitze geschmort werden. «

Kalbfleischpflanzerl auf feurigem Kartoffelsalat

Für die Kalbfleischpflanzerl:

2 Semmeln (Brötchen; vom Vortag)
150 ml Milch
1 kleine Zwiebel · 3 EL Öl
500 g Kalbshackfleisch · 1 Ei
2 TL mittelscharfer Senf
Salz · Pfeffer aus der Mühle
getrockneter Majoran
½ Knoblauchzehe (fein gehackt)
1 EL Petersilie (grob gehackt)

Für das Tomatenpesto:

½ weiße Zwiebel
80–100 ml Olivenöl
½ Chilischote
50 g eingelegte getrocknete Tomaten
1 TL Knoblauch (fein gehackt)
1 TL Zitronensaft

Für den Kartoffelsalat:

½ kleine Aubergine (etwa 150 g)
2 EL Olivenöl
Salz · Pfeffer aus der Mühle
1 kg festkochende Kartoffeln
½ TL ganzer Kümmel
400 ml Gemüsebrühe
2 EL Weißweinessig
1 TL scharfer Senf · Zucker
Cayennepfeffer

Für 4 Personen

1 Für die Kalbfleischpflanzerl die Semmeln in der Milch einweichen, gut ausdrücken und klein hacken. Die Zwiebel schälen, in kleine Würfel schneiden und in einer Pfanne in 1 EL Öl glasig dünsten.

2 Das Kalbshackfleisch mit den Semmeln, dem Ei, dem Senf und den Zwiebelwürfeln mischen und mit Salz, Pfeffer, 1 Prise Majoran, Knoblauch und Petersilie würzen.

3 Aus der Hackmasse mit angefeuchteten Händen kleine Fleischpflanzerl formen und in einer Pfanne in 2 EL Öl bei milder Hitze von beiden Seiten hell anbraten. Auf Küchenpapier abtropfen lassen.

4 Für das Tomatenpesto die Zwiebel schälen und in kleine Würfel schneiden. In einer Pfanne in etwas Olivenöl bei mittlerer Hitze glasig dünsten und abkühlen lassen. Die Chilischote entkernen, waschen und in Streifen schneiden. Die Tomaten in grobe Stücke hacken und mit Zwiebelwürfeln, Chilistreifen, Knoblauch, Zitronensaft und dem restlichen Olivenöl im Mixer zu einer glatten Paste pürieren.

5 Für den Kartoffelsalat die Aubergine in ½ cm große Würfel schneiden und in einer Pfanne im Olivenöl bei mittlerer Hitze kross braten, mit Salz und Pfeffer würzen. Die Kartoffeln waschen und in Salzwasser mit dem Kümmel weich kochen. Das Wasser abgießen, die Kartoffeln möglichst heiß pellen, in Scheiben schneiden und in eine große Schüssel geben.

6 Die Brühe mit Essig, Senf, 1 Prise Zucker und etwas Salz verrühren, über die warmen Kartoffelscheiben gießen und kurz ziehen lassen. Etwa 3 EL Tomatenpesto und die Auberginenwürfel vorsichtig unter die Kartoffeln mischen, je nach Geschmack mehr oder weniger Tomatenpesto in den Salat geben. Mit 1 Prise Cayennepfeffer abschmecken.

7 Den Kartoffelsalat auf Tellern anrichten und die Kalbfleischpflanzerl danebensetzen.

Fleisch

Gekochtes Kalbsschwanzragout mit gebratenen Pilzen

Für den Kalbsschwanz:
1 Möhre · 1 Zwiebel
1 Scheibe Knollensellerie
4 Kalbsschwänze (1 ½ kg)
2 EL Öl · 1 l Gemüsebrühe

Für das Ragout:
2 kleine Möhren
600 g kleine festkochende Kartoffeln
8 Schalotten
3 Stangen Staudensellerie
1 TL Puderzucker
⅛ l Weißwein
1 Scheibe Ingwer
1 Streifen unbehandelte Zitronenschale
1 Lorbeerblatt
1 Scheibe Knoblauch
1 TL Speisestärke
1 TL scharfer Senf
einige Spritzer Zitronensaft
Salz · Cayennepfeffer
100 g Sahne

Für die Pilze:
200 g gemischte Pilze der Saison (z. B. Austernpilze, Pfifferlinge, Champignons)
1 EL Öl · Salz

Zum Fertigstellen:
1 TL Estragon (grob gehackt)
1 EL Petersilie (grob gehackt)

Für 4 Personen

1 Für den Kalbsschwanz das Gemüse schälen und in 2 cm große Stücke schneiden. Kalbsschwänze mit einem Ausbeinmesser oder einem spitzen, scharfen Messer in ihre natürlichen Segmente schneiden. Dabei mit dem Daumen die Gelenke der Kalbschwänze ertasten und an dieser Stelle mit dem Messer durchtrennen.

2 Die Kalbsschwanzstücke in einem weiten Topf im Öl bei mittlerer Hitze von allen Seiten goldbraun anbraten, Gemüsewürfel dazugeben und kurz mitbraten. Mit Brühe aufgießen, sodass die Fleischstücke vollständig bedeckt sind. Die Kalbsschwanzstücke bei milder Hitze knapp unter dem Siedepunkt weich kochen, bis sich das Fleisch ganz leicht vom Knochen lösen lässt. Aus der Brühe nehmen und auskühlen lassen. Die Brühe durch ein Sieb gießen und ½ l abmessen.

3 Für das Ragout Möhren schälen, in 4 cm lange Stücke schneiden und je nach Dicke vierteln oder achteln. Kartoffeln schälen, waschen, längs achteln und bis zur Weiterverwendung in kaltes Wasser legen. Schalotten schälen, halbieren und in dünne Spalten schneiden. Sellerie putzen, zuerst in 4 cm lange Stücke und dann in dünne Stifte schneiden.

4 Den Puderzucker in einem Topf bei mittlerer Hitze karamellisieren. Möhren, Kartoffeln, Schalotten und Sellerie dazugeben und kurz mitdünsten, mit dem Wein ablöschen und sirupartig einköcheln lassen. Mit der Kalbsschwanzbrühe aufgießen und bei milder Hitze 10 Minuten sanft köcheln lassen. In der Zwischenzeit das Kalbsschwanzfleisch von den Knochen lösen.

5 Ingwer, Zitronenschale, Lorbeerblatt und Knoblauch zum Ragout geben. Die Speisestärke mit 1 bis 2 EL kaltem Wasser glatt rühren, das Ragout unter Rühren damit binden und weitere 5 bis 8 Minuten köcheln lassen. Die Gewürze entfernen, mit Senf, Zitronensaft, Salz und Cayennepfeffer würzen. Die ausgelösten Kalbsschwanzstücke unterrühren, erwärmen und das Ragout mit Sahne verfeinern.

6 Die Pilze putzen, trocken abreiben, je nach Größe halbieren oder vierteln und in einer Pfanne im Öl bei mittlerer Hitze kurz von allen Seiten anbraten. Leicht mit Salz würzen und auf das Ragout geben.

7 Zum Fertigstellen das Kalbsschwanzragout nochmals abschmecken, mit Estragon und Petersilie bestreuen und servieren.

Fleisch

Fleisch

Rindsgulasch mit gebratenen Kardamom-Grießnockerln

Für das Gulasch:

900 g Rindfleisch (aus der Wade)
900 g Zwiebeln
2 EL Öl · 1 TL Tomatenmark
1–2 EL Paprikapulver (edelsüß)
½ l Geflügelbrühe
3 Knoblauchzehen
1 TL ganzer Kümmel
1 TL getrockneter Majoran
1 Streifen unbehandelte Zitronenschale
Salz · Cayennepfeffer

Für die Grießnockerl:

120 g Hartweizengrieß
175 ml Gemüsebrühe · 175 ml Milch
1 Knoblauchzehe
1 Streifen unbehandelte Zitronenschale
frisch geriebene Muskatnuss
Salz · Pfeffer aus der Mühle
gemahlener Kardamom
1 Ei · 1 Eigelb
50 g braune Butter (siehe S. 30)

Für die Brösel:

2 EL Weißbrotbrösel
80 g Butter
Salz · Pfeffer aus der Mühle

Für 4 Personen

1 Für das Gulasch das Rindfleisch von groben Sehnen befreien und in 3 bis 4 cm große Würfel schneiden. Die Zwiebeln schälen, halbieren und in Streifen schneiden. Die Rindfleischwürfel in einem großen Bräter im Öl bei mittlerer Hitze anbraten. Das Tomatenmark hineinrühren und kurz anrösten. Die Zwiebelstreifen dazugeben und 3 Minuten mitdünsten. Mit Paprikapulver würzen und mit der Brühe aufgießen. Das Gulasch bei milder Hitze gut 2 Stunden mehr ziehen als köcheln lassen.

2 Den Knoblauch schälen und mit Kümmel, Majoran und Zitronenschale zu einer feinen Paste hacken. Das Gulasch etwa 15 Minuten vor Garzeitende mit der Paste würzen. Zuletzt mit Salz und 1 Prise Cayennepfeffer würzig abschmecken.

3 Für die Grießnockerl den Grieß in einer Pfanne ohne Fett bei milder Hitze rösten, bis er anfängt zu duften, dann abkühlen lassen. Die Brühe mit der Milch, dem ungeschälten Knoblauch und der Zitronenschale aufkochen, mit Muskatnuss, Salz, Pfeffer und Kardamom würzen. Den Grieß unter Rühren hineinrieseln lassen, 3 bis 5 Minuten zu einem Brei kochen und etwas abkühlen lassen. Das Ei und das Eigelb verquirlen und unterrühren. Die braune Butter ebenfalls unter den Grießbrei rühren, den Brei gut abkühlen lassen.

4 Aus der abgekühlten Masse mit zwei angefeuchteten Teelöffeln Nockerl formen und in siedendem Salzwasser etwa 8 Minuten ziehen lassen. Die Nockerl mit einem Schaumlöffel herausnehmen und auf Küchenpapier abtropfen lassen.

5 Für die Brösel die Weißbrotbrösel in der Butter bei milder Hitze bräunen, mit Salz und Pfeffer würzen. Die Grießnockerl in den gerösteten Butterbröseln wenden.

6 Die Kardamom-Grießnockerl mit dem Gulasch auf vorgewärmten Tellern anrichten und nach Belieben mit Petersilienblättern garnieren.

Fleisch

Kalbsleber mit Rotweinbutter und Birnen-Kartoffel-Püree

Für das Püree:

1 kg mehlig kochende Kartoffeln
Salz · ¼ l Milch
1 Birne
1 TL Puderzucker
20 g Butter
30 g braune Butter (siehe S. 30)
frisch geriebene Muskatnuss

Für die Rotweinbutter:

1 TL Puderzucker · 200 ml Rotwein
100 g sehr kalte Butter
1 Scheibe Ingwer
1 Scheibe Knoblauch
je 1 Streifen unbehandelte
Orangen- und Zitronenschale
Salz · Pfeffer aus der Mühle

Für die Leber:

4 Scheiben Kalbsleber
(à 150 g; küchenfertig)
Salz · Pfeffer aus der Mühle
1 EL Öl · 200 g Trompetenpilze
20 g Butter

Zum Anrichten:

Kerbelblättchen zum Garnieren

Für 4 Personen

1 Für das Püree die Kartoffeln schälen, waschen und in Salzwasser weich kochen. Die Milch vorsichtig erhitzen. Die Kartoffeln durch ein Sieb gießen, noch heiß durch die Kartoffelpresse drücken und die heiße Milch langsam auf den Kartoffelschnee geben. So viel Milch unterrühren, bis das Püree sämig und locker ist. Falls das Püree zu fest ist, noch etwas heiße Milch dazugeben.

2 Die Birne vierteln, schälen, entkernen und in kleine Stücke schneiden. Den Puderzucker in einer Pfanne bei mittlerer Hitze karamellisieren. Die Butter dazugeben und schmelzen lassen, die Birnenstücke hinzufügen und darin schwenken. Die karamellisierten Birnenwürfel und die braune Butter zum Püree geben, das Püree mit Muskatnuss abschmecken und warm halten.

3 Für die Rotweinbutter den Puderzucker in einem Topf oder einer Pfanne bei mittlerer Hitze karamellisieren. Mit dem Wein ablöschen und auf zwei Drittel einköcheln lassen. Bei milder Hitze nach und nach die kalte Butter in Stücken unter ständigem Rühren dazugeben. Ingwer, Knoblauch und die Zitrusschalen kurz mitziehen lassen, wieder entfernen und die Buttersauce mit Salz und Pfeffer abschmecken. Die Sauce darf dabei nicht kochen.

4 Für die Leber die Scheiben mit Salz und Pfeffer würzen und in einer Pfanne im Öl bei mittlerer Hitze von beiden Seiten einige Minuten braten. Die Trompetenpilze gründlich waschen, trocken tupfen und in einer Pfanne in der Butter bei mittlerer Hitze kurz andünsten, mit Salz und Pfeffer würzen.

5 Zum Anrichten die Leberscheiben mit dem Birnen-Kartoffel-Püree und den Trompetenpilzen auf vorgewärmte Teller setzen, mit der Rotweinbutter beträufeln und mit Kerbelblättchen garnieren.

Fleisch

Wiener Schnitzel mit Pommes frites und Tomatenketchup

Für die Schnitzel:

2 Eier
1 EL geschlagene Sahne
80 g doppelgriffiges Mehl
200 g Weißbrotbrösel
8 dünne Kalbsschnitzel (aus der Oberschale; à 60 g)
Salz · Pfeffer aus der Mühle
ca. 200 g Butterschmalz
einige Spritzer Zitronensaft

Für das Tomatenketchup:

1 Zwiebel
750 g geschälte Tomaten (aus der Dose; grob gehackt)
25 g Tomatenmark
20 g brauner Zucker
2 cm Zimtrinde
1 TL gelbe Senfkörner
70 g Puderzucker
ca. 100 ml Weißweinessig
2 TL Salz
Cayennepfeffer
½ TL gemahlener Piment

Für die Pommes frites:

1 kg große Kartoffeln
Öl zum Frittieren · Salz

Für 4 Personen

1 Für die Schnitzel die Eier mit der Sahne verquirlen und in einen tiefen Teller geben. Das Mehl und die Weißbrotbrösel ebenfalls in tiefe Teller geben. Die Kalbsschnitzel mit Salz und Pfeffer würzen, nacheinander zuerst im Mehl wenden, dabei überschüssiges Mehl abklopfen, dann durch die Eier-Sahne-Mischung ziehen und zuletzt in den Weißbrotbröseln wenden, ohne diese zu fest anzudrücken.

2 Reichlich Butterschmalz in einer Pfanne erhitzen und die panierten Schnitzel darin bei mittlerer Hitze zuerst auf einer Seite goldbraun backen. Wenden, eventuell noch etwas Butterschmalz dazugeben und das Fett durch eine leichte Vor- und Rückwärtsbewegung der Pfanne über die Schnitzel »schwappen« lassen, sodass die Panade der Schnitzel sich wellenartig wölbt. Die Schnitzel goldbraun braten, aus der Pfanne nehmen und auf Küchenpapier abtropfen lassen. Nach Belieben leicht mit Salz würzen und mit etwas Zitronensaft beträufeln.

3 Für das Tomatenketchup die Zwiebel schälen, in kleine Würfel schneiden und mit Tomaten, Tomatenmark, braunem Zucker, Zimtrinde und Senfkörnern in einen Topf geben. Die Sauce bei milder Hitze etwa 30 Minuten köcheln lassen.

4 In der Zwischenzeit den Puderzucker in einer Pfanne bei mittlerer Hitze karamellisieren, mit 100 ml Essig ablöschen und auf die Hälfte einköcheln lassen.

5 Das Tomatenketchup mit dem Stabmixer aufschlagen. Mit der Essigreduktion, Salz, Cayennepfeffer, Piment und etwas zusätzlichem Weißweinessig abschmecken. Das Ketchup abkühlen lassen und je nach Geschmack nachwürzen.

6 Für die Pommes frites die Kartoffeln schälen und in 1 cm breite Stäbchen schneiden. Kurz in kaltem Wasser waschen und auf einem Küchentuch abtropfen lassen. Das Öl in einer Fritteuse auf 130 °C erhitzen, die Pommes frites darin farblos vorbacken und herausnehmen. Kurz vor dem Servieren das Öl in der Fritteuse auf 170 bis 180 °C erhitzen und die Pommes frites darin knusprig ausbacken. Abtropfen lassen und mit Salz würzen.

Fleisch

249

Fleisch

Zwiebelrostbraten

*8 Scheiben aus
der Rinderhüfte (à 100 g)
Salz · Pfeffer aus der Mühle
2 EL Öl
¾ l Geflügelbrühe
3 Zwiebeln
40 g Butter
1 TL Puderzucker
1 TL Tomatenmark
150 ml Rotwein
getrockneter Majoran
20 g kalte Butter*

Für 4 Personen

1 Die Fleischscheiben flach klopfen, salzen, pfeffern und in einer Pfanne im Öl von beiden Seiten anbraten. Aus der Pfanne nehmen, das Fett abgießen und den Bratensatz mit der Brühe ablöschen.

2 Die Zwiebeln schälen, halbieren und in feine Streifen schneiden. In einer Schmorpfanne mit der Butter und dem Puderzucker bei mittlerer Hitze hell bräunen. Das Tomatenmark hineinrühren und kurz anrösten lassen. Mit dem Wein ablöschen und fast vollständig einköcheln lassen. Die Brühe dazugießen und aufkochen lassen. Das Fleisch hineinlegen und knapp unter dem Siedepunkt 20 bis 30 Minuten weich schmoren. Dabei immer wieder mit Sud begießen. Nach 10 Minuten 1 Prise Majoran hinzufügen.

3 Nach Garzeitende die Butter in der Sauce schmelzen lassen und mit Salz und Pfeffer abschmecken.

Kalbsrahmbraten

*2 Zwiebeln · 1 Möhre
½ Stange Lauch
1 ½ kg flache Schulter vom Kalb
Salz · Pfeffer aus der Mühle
2 EL Öl · 1 TL Puderzucker
¼ l Rotwein
1 EL Tomatenmark
350 ml Geflügelbrühe
5 g getrocknete Steinpilze
1 Lorbeerblatt · 3 Wacholderbeeren
250 g Sahne
1 Knoblauchzehe
1 Streifen unbehandelte
Zitronenschale
Cayennepfeffer*

Für 4 Personen

1 Die Zwiebeln und die Möhre schälen und in 1 bis 2 cm große Würfel schneiden. Den Lauch putzen, waschen und grob zerkleinern. Den Backofen auf 140 °C vorheizen.

2 Das Fleisch mit Salz und Pfeffer würzen und in einem Bräter im Öl bei mittlerer Hitze rundherum anbraten. Herausnehmen, das Fett abgießen, den Puderzucker hineinstäuben, karamellisieren und mit der Hälfte des Weins ablöschen. Das Tomatenmark hineinrühren und die Flüsigkeit sirupartig einköcheln lassen. Den restlichen Wein dazugießen, auf die Hälfte einköcheln lassen und mit Brühe aufgießen.

3 Das Fleisch in die Sauce legen, das Gemüse hinzufügen und zugedeckt im vorgeheizten Ofen etwa 2 ½ Stunden schmoren lassen, dabei immer wieder wenden. 20 Minuten vor Garzeitende getrocknete Pilze, Lorbeerblatt und Wacholderbeeren in die Sauce geben.

4 Die Sahne unterrühren. Den Knoblauch schälen, halbieren und mit der Zitronenschale dazugeben, den Braten herausnehmen und in Scheiben schneiden. Die Sauce durch ein Sieb streichen, mit dem Stabmixer aufschlagen, mit Salz und Cayennepfeffer abschmecken.

Paprikarahmschnitzel

1 rote Paprikaschote
Öl zum Bestreichen
½ Zwiebel
1 TL Puderzucker
¼ l Gemüsebrühe
80 g Sahne · Salz
½ TL Paprikapulver (edelsüß)
Cayennepfeffer
1 Streifen unbehandelte Zitronenschale
2 Scheiben Knoblauch
20 g kalte Butter
8 kleine, dünn geschnittene Kalbsschnitzel (aus der Oberschale; à 70 g)
Öl für die Folie
Pfeffer aus der Mühle
1–2 EL Öl

Für 4 Personen

1 Den Backofengrill einschalten. Die Paprikaschote der Länge nach vierteln, entkernen und waschen. Die Paprikaviertel mit der Schnittfläche nach unten auf ein Backblech legen und die Oberfläche mit Öl bestreichen. Die Paprikaschoten auf der mittleren Schiene unter dem Grill garen, bis die Haut dunkle Blasen wirft. Aus dem Ofen nehmen, kurz abkühlen lassen und häuten. Die Zwiebel schälen und in kleine Würfel schneiden.

2 Den Puderzucker in einem Topf bei milder Hitze hell karamellisieren und die Zwiebelwürfel darin glasig dünsten. Die Paprikaschoten dazugeben, mit der Brühe auffüllen und das Gemüse knapp unter dem Siedepunkt 10 bis 15 Minuten weich ziehen lassen.

3 Die Sahne hinzufügen und das Gemüse im Mixer fein pürieren. Mit Salz, Paprikapulver und 1 Prise Cayennepfeffer herzhaft abschmecken. Zitronenschale und Knoblauch dazugeben, einige Minuten in der Sauce ziehen lassen und wieder entfernen. Zuletzt die Butter in die Sauce mixen und, falls nötig, noch etwas abschmecken.

4 Die Kalbsschnitzel zwischen zwei Lagen geölter Frischhaltefolie mit der flachen Seite eines Schnitzelklopfers dünn klopfen, mit Salz und Pfeffer würzen. In einer Pfanne im Öl bei mittlerer Hitze von beiden Seiten anbraten. Zum Warmhalten in die Sauce legen oder mit dieser sofort servieren.

» Diese Sauce bekommt durch das gegarte, pürierte Gemüse eine natürliche Bindung, daher kann man auf Mehl verzichten. Außerdem sorgt die gehäutete Paprika für einen feinen Röstgeschmack. Statt Kalbsschnitzel können Sie für dieses Rezept auch Puten- oder Schweineschnitzel verwenden. «

Sellerierostbraten auf Dillbohnen

Für das Fleisch:

4 Scheiben Rinderfilet (à 100 g)
Salz · Pfeffer aus der Mühle
1 EL Öl · Fett für die Form

Für das Selleriepüree:

350 g Knollensellerie
100 g Sahne
50 g braune Butter (siehe S. 30)
Salz · Pfeffer aus der Mühle
frisch geriebene Muskatnuss

Für die Gratiniermasse:

1 kleine Knoblauchzehe
125 g weiche Butter
60 g Weißbrotbrösel
1 EL gehackter Rosmarin
1 EL Petersilie (grob gehackt)
1 TL frisch geriebener Parmesan
Salz · Pfeffer aus der Mühle

Für die Dillbohnen:

400 g breite grüne Bohnen · Salz
80 ml Gemüsebrühe · 20 g Butter
Pfeffer aus der Mühle
1 EL Dill (fein gehackt)
50 g Speckwürfel · 1 EL Öl

Für 4 Personen · Foto rechts

1 Für das Fleisch die Rinderfiletscheiben mit dem Handballen etwas flach drücken und mit Salz und Pfeffer würzen. Das Öl in einer Pfanne erhitzen und das Fleisch darin bei mittlerer Hitze von beiden Seiten 1 bis 2 Minuten braten. Die Filets in eine gefettete Auflaufform oder auf ein gefettetes Backblech legen.

2 Für das Selleriepüree den Sellerie schälen und in kleine Würfel schneiden. In einem Topf die Sahne erhitzen, die Selleriestücke hineingeben und etwa 20 Minuten zugedeckt weich dünsten. Den Sellerie abgießen, dabei die Kochflüssigkeit auffangen. Die Selleriestücke mit dem Stabmixer pürieren, dabei so viel Kochflüssigkeit wie nötig hinzufügen. Die braune Butter unter das Selleriepüree rühren, das Püree mit Salz, Pfeffer und Muskatnuss abschmecken.

3 Für die Gratiniermasse den Knoblauch schälen und fein hacken. Die weiche Butter schaumig rühren, Weißbrotbrösel, Rosmarin, Petersilie, Parmesan und Knoblauch untermischen. Die Butter mit Salz und Pfeffer würzen, mithilfe von Pergamentpapier zu einer 3 cm dicken Rolle formen und kühl stellen. Den Backofengrill einschalten. Je 1 EL Selleriepüree auf die Rindfleischscheiben streichen. Die Kräuterbutter in dünne Scheiben schneiden und das Rindfleisch damit dachziegelartig bedecken. Das Fleisch auf der mittleren Schiene unter dem Grill goldbraun überbacken.

4 Für die Dillbohnen die Bohnen putzen, waschen und schräg in 1 bis 2 cm breite Stücke schneiden. In Salzwasser blanchieren, kalt abschrecken und auf einem Sieb abtropfen lassen. Die Brühe erhitzen, die Bohnen darin heiß schwenken, die Butter hineinrühren und die Bohnen mit Salz, Pfeffer und Dill würzen. Die Speckwürfel in einer Pfanne im Öl kross braten und zu den Bohnen geben.

5 Die Dillbohnen auf vorgewärmten Tellern verteilen und den Sellerierostbraten darauf anrichten.

» Den Sellerierostbraten am besten mit Kalbssauce servieren. Dazu 200 ml Kalbssauce (siehe S. 41) mit 50 g brauner Butter und 1 EL frisch gehackten Kräutern abschmecken. «

Fleisch

Salat vom Tafelspitz

Für die Croûtons:

2 Scheiben Toastbrot · 20 g Butter

Für das Dressing:

1/8 l Rinderbrühe · 2 EL Rotweinessig

1/2 TL scharfer Senf · 3 EL Öl

1 Scheibe Knoblauch

1 EL Dill (fein gehackt)

Salz · Pfeffer aus der Mühle · Zucker

Für den Salat:

120 g breite grüne Bohnen

Salz · 120 g Radieschen

120 g Champignons · 1 EL Öl

600 g warmer Tafelspitz (s. S. 239)

150 g Salatblätter (gewaschen)

Für 4 Personen

1 Für die Croûtons Toastbrot entrinden, in 1 cm große Würfel schneiden und in der Butter knusprig braten. Auf Küchenpapier abtropfen lassen.

2 Für das Dressing Brühe, Essig und Senf mischen. Öl einrühren, Knoblauch und Dill dazugeben, mit Salz, Pfeffer und 1 Prise Zucker würzen.

3 Für den Salat die Bohnen putzen, waschen und in etwa 4 cm lange Stücke schneiden. In Salzwasser bissfest blanchieren, kalt abschrecken und abtropfen lassen. Die Radieschen putzen, waschen und vierteln. Die Champignons putzen, trocken abreiben, ebenfalls vierteln und in einer Pfanne im Öl etwa 2 Minuten braten. Salzen und Pfeffern.

4 Den warmen Tafelspitz in etwa 1/2 cm dicke Scheiben schneiden. Die Fleischscheiben mit den Salatblättern auf einer Platte oder auf Tellern anrichten. Das vorbereitete Gemüse darauf verteilen und die Dillmarinade darüberträufeln, mit den Croûtons bestreuen.

Fleisch

Rosa gegartes Roastbeef mit Senfsauce und Gurken-Erbsen-Salat

Für das Roastbeef:

600 g Roastbeef (ohne Knochen und Fettschicht)

Salz · Pfeffer aus der Mühle

1–2 EL Öl

Für den Salat:

2 Salatgurken

Salz

200 g Erbsen

3 reife Tomaten

Für das Dressing:

2–3 EL Weißweinessig

100 ml Geflügelbrühe

Salz · Zucker

1 EL Walnussöl · 2 EL Öl

2 EL Dill (grob gehackt)

Für die Senfsauce:

100 g Crème fraîche

50 g Sahne

1 TL scharfer Senf

Salz · Cayennepfeffer

Zucker

Für 4 Personen

1. Für das Roastbeef den Backofen auf 120 °C vorheizen. Das Ofengitter auf die mittlere Schiene und darunter ein Abtropfblech schieben. Das Roastbeef mit Salz und Pfeffer würzen und in einer entsprechend großen Pfanne im Öl bei mittlerer Hitze rundherum hell anbraten, sodass sich die Poren schließen. Das Roastbeef aus der Pfanne nehmen, auf das Ofengitter legen und im vorgeheizten Ofen etwa 1 Stunde rosa garen. Einen Holzlöffel zwischen Ofen und Türe stecken, damit das Fleisch bei trockener Hitze gart. Das fertig gegarte Roastbeef bei Zimmertemperatur abkühlen lassen.

2. Für den Salat die Salatgurken schälen, der Länge nach halbieren, die Kerne entfernen und die Gurken in sehr dünne Scheiben schneiden. Mit etwas Salz bestreuen, vermischen und auf ein Sieb geben.

3. Die Erbsen in reichlich kochendem Salzwasser bissfest blanchieren, in kaltem Wasser abschrecken und auf einem Sieb abtropfen lassen.

4. Von den Tomaten die Stielansätze entfernen, die Tomaten überbrühen, kalt abschrecken, häuten, halbieren, entkernen und in kleine Würfel schneiden.

5. Für das Dressing Essig, Brühe, etwas Salz, 1 Prise Zucker und beide Ölsorten verrühren. Tomatenwürfel, Gurken und Erbsen mit dem Dressing mischen und zuletzt den Dill darüberstreuen.

6. Für die Senfsauce die Crème fraîche mit der Sahne und dem Senf glatt rühren und mit Salz, Cayennepfeffer und 1 Prise Zucker abschmecken.

7. Das abgekühlte Roastbeef mit einem scharfen Messer in dünne Scheiben schneiden. Mit dem Gurken-Erbsen-Salat und der Senfsauce servieren.

> *» Das Roastbeef lässt sich auch gut schon am Vortag zubereiten. Das Fleisch nach dem Abkühlen zugedeckt im Kühlschrank aufbewahren. «*

Fleisch

Fleisch

Rindsrouladen mit getrüffeltem Brät

Für die Rouladen:

150 g Poulardenbrust (ohne Haut)
Salz · Pfeffer aus der Mühle
150 g Sahne
1 EL Walnussöl
frisch geriebene Muskatnuss
40 g eingelegter schwarzer Trüffel
(aus der Dose)
100 g gekochter Schinken
(in Scheiben)
12 Stangen Mini-Spargel
(oder 4 grüne Spargelstangen)
8 dünne Scheiben Rinderlende
(à 50–60 g)
Öl für die Folie · 1 EL Olivenöl

Für die Sauce:

1 Zwiebel
120 g Knollensellerie
1 Möhre
1 TL Tomatenmark
150 ml Rotwein
200 ml Geflügelbrühe
1 kleines Lorbeerblatt
½ Knoblauchzehe
1 Scheibe Ingwer
1 dünner Streifen unbehandelte
Zitronenschale
1 kleiner Thymianzweig
30 g kalte Butter
einige Schnittlauchhalme

Für 4 Personen · Foto rechts

1 Für die Rouladen das Poulardenfleisch waschen, trocken tupfen, in kleine Würfel schneiden und kräftig mit Salz und Pfeffer würzen. Wie die Sahne gut durchkühlen lassen. Die Poulardenwürfel in den Blitzhacker geben und grob pürieren, bis das Fleisch anfängt zu binden. Die Sahne nach und nach dazugeben und alles gut durchpürieren. Dabei ist wichtig, dass sich die Sahne jeweils gut mit der Fleischmasse verbindet, bevor die nächste Portion Sahne dazugegeben wird. Zuletzt das Walnussöl hinzufügen, mit Salz, Pfeffer und etwas Muskatnuss würzen. Alles gut durchmixen und kühl stellen.

2 Trüffel und Schinken in etwa 3 mm große Würfel schneiden und unter die Farce mischen. Den Spargel in Salzwasser blanchieren, kalt abschrecken und auf einem Sieb abtropfen lassen (große Spargelstangen auf Rouladengröße zuschneiden).

3 Die Rinderlendenscheiben zwischen zwei Lagen geölter Frischhaltefolie mit der flachen Seite eines Schnitzelklopfers dünn klopfen. Mit Salz und Pfeffer würzen, das Brät daraufstreichen und je 3 Mini-Spargelstangen (oder eine große Spargelstange) in die Mitte legen. Die Längsseiten der Rouladen etwas einschlagen und das Fleisch von der schmalen Seite her aufrollen, mit Zahnstochern feststecken.

4 Für die Sauce Zwiebel, Sellerie und Möhre schälen und in etwa ½ cm große Würfel schneiden. Die Rouladen in einer Pfanne im Olivenöl bei milder Hitze rundherum anbraten und wieder herausnehmen. Das Tomatenmark in der Pfanne etwas anrösten. Die Gemüsewürfel hinzufügen, mit dem Wein ablöschen und etwas einköcheln lassen. Die Brühe dazugießen, das Lorbeerblatt hineinlegen und alles 25 Minuten leise köcheln lassen. Die Rouladen wieder in die Pfanne geben und zugedeckt bei milder Hitze etwa 15 Minuten schmoren lassen. Die letzten 5 Minuten Knoblauch, Ingwer, Zitronenschale und Thymian dazugeben. Die Gewürze wieder aus der Sauce nehmen, die Butter dazugeben und schmelzen lassen.

5 Die Rouladen herausnehmen, die Zahnstocher entfernen und zum Servieren 1 Schnittlauchhalm um jede Roulade binden. Mit der Schmorsauce anrichten.

» Das Poulardenbrät kann durch Kalbsbrät vom Metzger, unter das man noch etwas flüssige Sahne rührt, ersetzt werden. «

Fleisch

Gekochte Rinderbrust mit Gemüse

800 g Rinderbrust
Salz · Pfeffer aus der Mühle
2 EL Öl
2 Zwiebeln · 150 g Möhren
200 g Knollensellerie
300 g festkochende Kartoffeln
1 Lorbeerblatt
1 Knoblauchzehe
1 Chilischote
1 Rosmarinzweig
20 g Butter (ersatzweise
2 EL Oliven- oder Kürbiskernöl)
gemahlener Koriander
1 EL Petersilie (grob gehackt)

Für 4 Personen

1 Die Rinderbrust leicht mit Salz und Pfeffer würzen und in einem Topf im Öl rundherum anbraten. Mit Wasser auffüllen, sodass das Fleisch 2 cm bedeckt ist, und knapp unter dem Siedepunkt 2 Stunden ziehen lassen. Aufsteigende Trübstoffe mit einem Schaumlöffel abnehmen.

2 Das Gemüse schälen und in 1 ½ cm große Würfel schneiden. 20 Minuten vor Garzeitende zum Fleisch in die Suppe geben und darin weich köcheln. Nach 10 Minuten Lorbeer, ungeschälten Knoblauch, Chili und Rosmarin hinzufügen, kurz ziehen lassen und wieder entfernen.

3 Das Fleisch aus dem Topf nehmen und warm stellen. Die Brühe durch ein Sieb gießen, das Gemüse auffangen. Von der Brühe ½ l abmessen und in einen Topf geben, das Gemüse dazugeben und die Butter darin schmelzen lassen. Den Gemüseeintopf mit Salz und Koriander würzen und in vorgewärmten tiefen Tellern anrichten. Die Rinderbrust in Scheiben schneiden, je 1 bis 2 Scheiben auf den Gemüseeintopf legen und mit Petersilie bestreut servieren.

Fleisch

Gebackene Leberknödel auf Lauch-Champignon-Gemüse

Für die Leberknödel:

250 g Toastbrotscheiben
je 1 EL sehr kleine Zwiebel-, Möhren- und Knollenselleriewürfel
20 g Butter
200 ml Rinder- oder Geflügelbrühe
70 g Sahne
1 Msp. gehackter Knoblauch
1 Lorbeerblatt
2 Eier · 1 TL scharfer Senf
150 g Rinderleber (durch den Fleischwolf gedreht)
1 Msp. fein gehackte unbehandelte Zitronenschale
getrockneter Majoran
1 EL Petersilie (grob gehackt)
Salz · Pfeffer aus der Mühle
frisch geriebene Muskatnuss

Für das Gemüse:

2 Stangen Lauch (der helle Teil)
200 g kleine Champignons
40 g Butter · 80 ml Weißwein
150 ml Rinder- oder Geflügelbrühe
1 Msp. gehackter Knoblauch
Salz · Pfeffer aus der Mühle
50 g Sahne
1 EL Petersilie (grob gehackt)

Zum Fertigstellen:

Öl zum Frittieren
60–70 g Weißbrotbrösel

Für 4 Personen

1 Für die Leberknödel das Toastbrot entrinden, zuerst in ½ bis 1 cm breite Scheiben und dann anschließend in kleine Würfel schneiden.

2 Zwiebel-, Möhren- und Selleriewürfel in einer Pfanne in der Butter bei milder Hitze 1 bis 2 Minuten andünsten, mit Brühe und Sahne ablöschen. Knoblauch und Lorbeerblatt dazugeben, kurz ziehen lassen und über die Toastbrotwürfel gießen. Das Brot 5 Minuten quellen lassen und dann das Lorbeerblatt entfernen.

3 Die Eier mit dem Senf verquirlen und mit der durchgedrehten Leber, der Zitronenschale, 1 Prise Majoran und der Petersilie unter die Toastbrotmischung heben. Die so entstandene Knödelmasse mit Salz, Pfeffer und 1 Prise Muskatnuss würzen.

4 Für das Gemüse den Lauch putzen, waschen, in 1 bis 2 cm breite Scheiben schneiden und gut abtropfen lassen. Die Champignons putzen, trocken abreiben und in dünne Scheiben schneiden.

5 Den Lauch in einem Topf oder einer Pfanne in 20 g Butter bei mittlerer Hitze 2 Minuten andünsten. Mit dem Wein ablöschen und sirupartig einköcheln lassen. Mit der Brühe aufgießen und kurz ziehen lassen. Den Knoblauch und die Champignons dazugeben, mit Salz und Pfeffer abschmecken, Sahne dazugießen, die restliche Butter darin schmelzen lassen und zuletzt mit Petersilie bestreuen.

6 Zum Fertigstellen das Öl in der Fritteuse auf 160 bis 170 °C erhitzen.

7 Aus der Lebermasse mit angefeuchteten Händen kleine Knödel formen. Die Leberknödel in den Weißbrotbröseln wenden und im heißen Öl goldbraun frittieren. Auf Küchenpapier abtropfen lassen und mit dem Lauch-Champignon-Gemüse servieren.

» Bei der Zubereitung von größeren Leberknödeln werden die Knödel zuerst goldbraun frittiert und dann in heißer Gemüsebrühe knapp unter dem Siedepunkt 5 bis 10 Minuten fertig gegart. Die Knödel entweder in der Brühe oder mit dem Lauch-Champignon-Gemüse servieren. «

Fleisch

Fleisch

Kalbslüngerl mit Wachtelspiegelei

Für das Lüngerl:

500 g Kalbslunge (küchenfertig)
400 g Kalbsherz (küchenfertig)
Salz · 2 Zwiebeln
2 Lorbeerblätter
2 Gewürznelken
2 Knoblauchzehen
½ TL schwarze Pfefferkörner
8 Wacholderbeeren
150 ml Rotweinessig
3 Pimentkörner
1 Streifen unbehandelte Zitronenschale
1 Möhre
100 g Knollensellerie
1 TL Puderzucker
2 TL Tomatenmark
⅛ l Rotwein
1 gestr. EL Speisestärke
80 g Sahne · 40 g Butter
4 kleine Gewürzgurken
1 Msp. fein gehackte unbehandelte Zitronenschale
Pfeffer aus der Mühle
Essig zum Abschmecken

Für die Garnitur:

1 EL Butter · Salz
4–6 Wachteleier
1–2 EL Petersilie (grob gehackt)

Für 4–6 Personen

1 Für das Lüngerl Lunge und Herz in reichlich kaltem Wasser etwa 1 Stunde wässern, das Wasser zwischendurch erneuern. Die Lunge mit einem spitzen Messer mehrmals einstechen, damit der Kochsud eindringen kann. Lunge und Herz in einen Topf geben, mit Wasser knapp bedecken und salzen. Zugedeckt bei milder Hitze etwa 1 ½ Stunden weich köcheln lassen. Den dabei aufsteigenden Schaum mit einem Schaumlöffel abnehmen und stets so viel Wasser dazugießen, dass die Innereien gerade bedeckt sind.

2 Nach 1 Stunde Garzeit 1 Zwiebel schälen und mit 1 Lorbeerblatt sowie 1 Nelke spicken. Die gespickte Zwiebel, 1 Knoblauchzehe, Pfefferkörner, 6 Wacholderbeeren und den Essig zu den Innereien geben und noch 30 Minuten kochen. Die Gewürze aus dem Sud entfernen und die Innereien im Sud, am besten über Nacht, abkühlen lassen, dabei kräftig beschweren. Das abgekühlte Fleisch in feine Streifen schneiden und den Kalbsfond aufbewahren.

3 Das übrige Lorbeerblatt mit 1 Nelke, 1 Knoblauchzehe, 2 Wacholderbeeren, den Pimentkörnern und der Zitronenschale in einen Einwegteebeutel geben und verschließen. Die übrige Zwiebel, die Möhre und den Sellerie schälen und in feine Streifen schneiden.

4 Den Puderzucker in einem Topf bei mittlerer Hitze karamellisieren die Gemüsestreifen darin andünsten. Das Tomatenmark hineinrühren und kurz anrösten. Mit dem Wein ablöschen, sirupartig einköcheln lassen und mit ¾ l Kalbsfond aufgießen. Speisestärke mit 3 EL kaltem Wasser glatt rühren und den Sud damit binden. Das Gewürzsäckchen hineinhängen, bei milder Hitze 10 Minuten ziehen lassen und wieder entfernen. Den Sud durch ein feines Sieb gießen. Mit der Sahne und der Butter in kleinen Stücken mit dem Stabmixer schaumig aufschlagen.

5 Gewürzgurken in Streifen schneiden. Fleisch- und Gemüsestreifen, Zitronenschale und Gewürzgurken in die Sauce geben, erwärmen und mit Salz, Pfeffer und mit etwas Essig abschmecken.

6 Für die Garnitur die Butter mit 1 Prise Salz in einer Pfanne bei milder Hitze aufschäumen. Die Wachteleier vorsichtig öffnen, einzeln in die Pfanne gleiten lassen und zu Spiegeleiern braten. Das Kalbslüngerl auf vorgewärmten Tellern anrichten, mit Petersilie bestreuen und mit jeweils 1 Wachtelei garnieren.

Fleisch

Geschmorte Lammhaxerl

1 größere Zwiebel
1 Möhre
120 g Knollensellerie
½ kleine Fenchelknolle
½ dünne Stange Lauch
4 Lammhinterhaxerl (à 350 g)
Salz · Pfeffer aus der Mühle
2 EL Öl · 1 EL Puderzucker
100 ml roter Portwein
¼ l kräftiger Rotwein
1 EL Tomatenmark
400 ml Geflügelbrühe
1 Lorbeerblatt · 3 Pimentkörner
1 Splitter Zimtrinde
½ Knoblauchzehe
2 Scheiben Ingwer
1 Streifen unbehandelte Zitronenschale
3 Thymianzweige
20 g Butter

Für 4 Personen

1 Die Zwiebel, die Möhre und den Sellerie schälen, den Fenchel und den Lauch putzen, gründlich waschen und alles in ½ bis 1 cm große Würfel schneiden. Den Backofen auf 140 °C vorheizen.

2 Die Lammhaxerl mit Salz und Pfeffer würzen und in einem Bräter im Öl bei mittlerer Hitze rundherum anbraten. Die Haxerl herausnehmen und das Bratfett abgießen. Den Puderzucker in dem Bräter karamellisieren und mit Portwein und einem Drittel des Rotweins ablöschen. Das Tomatenmark hineinrühren und alles sirupartig einköcheln lassen. Den restlichen Rotwein in zwei Portionen hinzufügen und ebenfalls einköcheln lassen. Zwiebeln, Möhren, Sellerie und Fenchel dazugeben, mit der Brühe aufgießen und die Lammhaxerl wieder darauflegen. Mit geschlossenem Deckel im vorgeheizten Ofen 3 ½ bis 4 Stunden weich schmoren, dabei ab und zu wenden. 30 Minuten vor Garzeitende das Lorbeerblatt mit dem Lauch hinzufügen, das Lorbeerblatt anschließend wieder entfernen.

3 Die Lammhaxerl herausnehmen, die Sauce durch ein Sieb gießen und etwas einköcheln lassen. Den Topf vom Herd nehmen, Pimentkörner, Zimtrinde, Knoblauch, Ingwer, Zitronenschale und Thymian in die Sauce geben und nach mehreren Minuten wieder entfernen. Die Butter in der Sauce schmelzen lassen. Mit Salz und Pfeffer abschmecken und das Gemüse und die Lammhaxerl wieder in der Sauce erwärmen.

» Beim Karamellisieren des Puderzuckers sollte der Topf nicht zu heiß sein. Braten Sie die Haxerl deshalb bei mittlerer Hitze an, und stellen Sie den Bräter eventuell kurz neben den Herd, bevor Sie den Puderzucker hineingeben. «

Fleisch

Lammschulter mit geschmortem Weißkraut und Kopfsalatpesto

Für das Pesto:

70 g Kopfsalatblätter
1 Bund Petersilie · Salz
3 EL Mandelblättchen
1 Knoblauchzehe
2 EL frisch geriebener Parmesan
einige Spritzer Zitronensaft
60 ml mildes Olivenöl
60 g braune Butter (siehe S. 30)
Cayennepfeffer

Für den Braten:

2 Zwiebeln · 150 g Knollensellerie
2 kleine Möhren
1 Lammschulter
(ohne Knochen; ca. 1,3 kg)
Salz · Pfeffer aus der Mühle
4 EL Öl · 1–2 TL Puderzucker
300 ml Rotwein
1 EL Tomatenmark
½ l Geflügelbrühe · 1 Lorbeerblatt
2 Scheiben Knoblauch
2 Scheiben Ingwer
1 Rosmarinzweig
1 Streifen unbehandelte
Zitronenschale
Cayennepfeffer

Für das Weißkraut:

½ Kopf junger Spitzkohl
1 EL Olivenöl · 1 EL Butter
Salz · Pfeffer aus der Mühle
gemahlener Kümmel

Für 4 Personen

1 Für das Pesto die Salatblätter und die Petersilie waschen und trocken schütteln. Die Petersilienblätter von den Stielen zupfen, in Salzwasser 1 bis 2 Minuten blanchieren, kalt abschrecken und gut ausdrücken. Die Mandeln in einer beschichteten Pfanne ohne Fett bei milder Hitze anrösten. Den Knoblauch schälen und klein schneiden. Die Salatblätter mit der blanchierten Petersilie, Mandeln, Knoblauch, Parmesan, Zitronensaft, Olivenöl und brauner Butter im Mixer pürieren und mit Salz und Cayennepfeffer abschmecken.

2 Für den Braten das Gemüse schälen, die Zwiebeln in Spalten, Sellerie und Möhren in 1 cm breite und 3 cm lange Stücke schneiden. Die Lammschulter mit Salz und Pfeffer würzen und in einem Bräter in 2 EL Öl rundherum anbraten. Das Fleisch herausnehmen und das Bratfett abgießen. Den Puderzucker im Bräter bei milder Hitze karamellisieren, mit einem Drittel des Weins ablöschen. Das Tomatenmark hinzufügen und die Flüssigkeit einköcheln lassen. Den restlichen Wein in zwei Portionen dazugeben und ebenfalls einköcheln lassen. Die Brühe dazugießen, das Gemüse und die Lammschulter hineingeben und etwa 2 ½ Stunden schmoren, dabei das Fleisch immer wieder mit der Brühe übergießen.

3 Das Fleisch aus dem Topf nehmen, die Sauce nach Belieben noch etwas einköcheln lassen. Lorbeerblatt, Knoblauch, Ingwer, Rosmarin und Zitronenschale einige Minuten in der Sauce ziehen lassen und wieder entfernen. Mit Salz und Cayennepfeffer abschmecken.

4 Für das Weißkraut vom Spitzkohl die äußeren Blätter entfernen, den Kohl in 8 Spalten schneiden, vom Strunk so viel abschneiden, dass die Blätter noch zusammenhalten. Die Kohlstücke in einer Pfanne in Olivenöl und Butter bei milder Hitze von beiden Seiten insgesamt etwa 3 Minuten anbraten, mit Salz, Pfeffer und Kümmel würzen.

5 Zum Anrichten das Fleisch in Scheiben schneiden, auf vorgewärmten Tellern anrichten und etwas Sauce darüber verteilen. Das Weißkraut danebenlegen und mit warmem Kopfsalatpesto beträufeln.

»Für die Zubereitung des Weißkrauts sollte unbedingt sehr junger, frischer Spitzkohl verwendet werden, damit die Blätter trotz der kurzen Bratzeit gar werden.«

Fleisch

263

Fleisch

Gekochte Lammschulter mit Meerrettich-Kräuter-Pesto

Für die Lammschulter:

1 Lammschulter
(ohne Knochen; ca. 1,2 kg)
Salz · Pfeffer aus der Mühle
2 EL Öl · 2–3 l Geflügelbrühe
1 Lorbeerblatt
2 Knoblauchzehen
5 Pimentkörner · 1 Thymianzweig
1 kleine getrocknete Chilischote
1 Streifen unbehandelte
Zitronenschale
1 Möhre
500 g kleine festkochende
Kartoffeln
150 g Knollensellerie · 1 Zwiebel

Für das Pesto:

30 g geschälte Mandeln
1 Bund Basilikum
50 g Spinatblätter · Salz
1 EL geriebener Parmesan
1–2 EL Sahnemeerrettich
½ TL Zitronensaft · 150 ml Olivenöl
Pfeffer aus der Mühle

Für 4 Personen

1 Für die Lammschulter das Fleisch mit Küchengarn zu einer Rolle binden und mit Salz und Pfeffer würzen. In einer Pfanne im Öl bei mittlerer Hitze rundherum anbraten. Das Fleisch mit so viel Brühe in einen Topf geben, dass es bedeckt ist, und 2 Stunden knapp unter dem Siedepunkt ziehen lassen, die dabei aufsteigenden Trübstoffe mit einem Schaumlöffel abschöpfen. Nach 15 Minuten den Knoblauch schälen und mit Lorbeerblatt, Piment, Thymian, Chili und Zitronenschale dazugeben.

2 Die Gemüse schälen. Die Möhre schräg in etwa 1 cm dicke Scheiben schneiden. Die Kartoffeln waschen, der Länge nach halbieren und quer in 1 cm dicke Scheiben schneiden. Sellerie und Zwiebel in gleich große Stücke schneiden. 30 Minuten vor Garzeitende das Gemüse in die Suppe geben und weich garen. Die Gewürze entfernen.

3 Für das Pesto die Mandeln in einer beschichteten Pfanne ohne Fett hell rösten und abkühlen lassen. Das Basilikum waschen, trocken schütteln und die Blätter von den Stielen zupfen. Die Spinatblätter putzen, waschen und trocken schütteln. In reichlich kochendem Salzwasser kurz blanchieren, kalt abschrecken, abgießen und gut ausdrücken. Alle Zutaten im Mixer zu einer glatten Paste pürieren, mit Salz und Pfeffer würzen.

4 Zum Anrichten die Lammschulter aus der Brühe nehmen, das Küchengarn entfernen und das Fleisch in Scheiben schneiden. Die Brühe durch ein feines Sieb gießen und mit Salz und Pfeffer würzen. Die Fleischscheiben mit dem Gemüse und etwas Brühe in vorgewärmten tiefen Tellern anrichten und mit je 1 EL Meerrettich-Kräuter-Pesto beträufeln.

» *Damit das Pesto seine schöne grüne Farbe behält, die benötigte Menge am besten erst unmittelbar vor der Verwendung salzen.* «

Fleisch

Wirsing-Lamm-Laiberl mit Rotweinbutter

Für die Laiberl:

4 große, schöne Wirsingblätter
Salz
je 1 EL sehr kleine Möhren- und Zucchiniwürfel
300 g Kalbsbrät (vom Metzger)
2 EL Sahne
150 g Schweinehackfleisch
1 Msp. fein gehackte unbehandelte Zitronenschale
½ TL Senf
Pfeffer aus der Mühle
160 g Lammrücken (ohne Knochen und Häute)
1 EL Öl
4 kleine Rosmarinzweige
Geflügelbrühe zum Dämpfen

Für die Rotweinbutter:

1 TL Puderzucker
150 ml Rotwein
50 ml Portwein
100 g kalte Butter
je 1 Streifen unbehandelte Orangen- und Zitronenschale
1 Scheibe Ingwer
1 Scheibe Knoblauch
1 Rosmarinzweig
Salz · Pfeffer aus der Mühle

Für 4 Personen

1. Für die Laiberl die Wirsingblätter entstrunken, dabei aber ganz lassen, waschen und in reichlich kochendem Salzwasser bissfest blanchieren. Kalt abschrecken, gut abtropfen lassen und zwischen zwei Küchentüchern mit einem Nudelholz leicht glatt rollen.

2. Die Gemüsewürfel in kochendem Salzwasser bissfest blanchieren, kalt abschrecken, abtropfen lassen und mit Küchenpapier trocken tupfen.

3. Das Kalbsbrät mit der Sahne glatt rühren. Schweinehackfleisch, Zitronenschale, Gemüsewürfel und Senf unter das Kalbsbrät mischen und die entstandene Farce mit etwas Salz und Pfeffer würzen.

4. Lammrücken in 4 gleich große, etwa 2 bis 3 cm breite Stücke schneiden. Mit Salz und Pfeffer würzen und in einer Pfanne im Öl bei mittlerer Hitze von allen Seiten nur kurz anbraten. Aus der Pfanne nehmen und auf Küchenpapier abtropfen lassen.

5. Je 1 Wirsingblatt in einen großen Schöpflöffel (⅛ l Fassungsvermögen) legen, sodass die Ränder etwas überlappen. Mit 1 EL Farce füllen, ein Lammstück darauflegen und mit 2 EL Farce bedecken. Die Kelle sollte ausgefüllt sein. Die überlappenden Ränder des Wirsingblatts darüberschlagen, gut andrücken und aus der Kelle stürzen. Auf die Wölbung 1 Rosmarinzweig legen und das Laiberl in Frischhaltefolie wickeln. Auf diese Weise alle Wirsinglaiberl formen.

6. Etwas Brühe in einem Topf mit passendem Dämpfeinsatz zum Köcheln bringen. Die Laiberl auf den Einsatz setzen und mit aufgelegtem Deckel etwa 15 Minuten gar dämpfen. Die Lammrückenstücke sollten dabei rosa bleiben.

7. Für die Rotweinbutter den Puderzucker in einem Topf oder einer Pfanne bei mittlerer Hitze karamellisieren, mit Rotwein und Portwein ablöschen und fast sirupartig einköcheln lassen. Bei milder Hitze nach und nach die kalte Butter in Stücken unter ständigem Rühren dazugeben, die Flüssigkeit dabei nicht kochen lassen. Sobald die Sauce die gewünschte Konsistenz hat, die Pfanne vom Herd nehmen. Die Gewürze dazugeben, 3 bis 4 Minuten ziehen lassen, wieder entfernen und die Sauce mit Salz und Pfeffer abschmecken. Die Wirsing-Lamm-Laiberl aus der Folie nehmen, in der Mitte durchschneiden und mit der noch heißen Rotweinbutter servieren.

Fleisch

Gratiniertes Butterschnitzel vom Lamm mit Chicorée

Für die Gratiniermasse:

125 g weiche Butter
1 TL Thymian (gehackt)
1 EL Petersilie (grob gehackt)
1 Knoblauchzehe (fein gehackt)
1 EL frisch geriebener Parmesan
60 g Weißbrotbrösel
Salz · Pfeffer aus der Mühle

Für die Schnitzel:

60 g Weißbrot (entrindet)
60 ml Milch
50 g eingelegte getrocknete Tomaten
175 g Lammhackfleisch
175 g Schweinehackfleisch
je 1–2 TL gehackte eingelegte Sardellenfilets und Kapern
1 TL scharfer Senf
50 g Sahne · 2 Eigelb
Salz · Pfeffer aus der Mühle
getrockneter Majoran
1 Knoblauchzehe (fein gehackt)
frisch geriebene Muskatnuss
Butter zum Braten

Für den Chicorée:

2 Stauden Chicorée
1 gestr. EL Puderzucker
3 EL weißer Portwein
1 EL Butter
Salz · Pfeffer aus der Mühle

Für 4 Personen

1 Für die Gratiniermasse die Butter mit Thymian, Petersilie, Knoblauch und Parmesan verrühren. Die Weißbrotbrösel untermischen und die Masse mit Salz und Pfeffer würzen. Auf Pergamentpapier verteilen, zu einer Rolle formen und kühl stellen.

2 Für die Schnitzel das Weißbrot entrinden und in Würfel schneiden, die Milch darüberträufeln und beides vermischen. Die getrockneten Tomaten abtropfen lassen, klein hacken und dazugeben. Beide Hackfleischsorten, Sardellen, Kapern, Senf, Sahne und Eigelbe dazugeben und alles zu einem Teig vermischen. Mit Salz, Pfeffer, 1 Prise Majoran, Knoblauch und Muskatnuss würzen.

3 Aus dem Hackfleischteig mit angefeuchteten Händen 8 kleine oder 4 große Schnitzel formen. In einer Pfanne in Butter bei sehr milder Hitze von beiden Seiten 4 Minuten langsam anbraten, herausnehmen, auf Küchenpapier abtropfen lassen und auf ein Backblech legen.

4 Den Backofengrill einschalten. Die Gratiniermasse aus dem Pergamentpapier wickeln und in dünne Scheiben schneiden. Leicht überlappend auf die Oberseite der Schnitzel legen und die Schnitzel auf der mittleren Schiene unter dem Grill 4 Minuten überbacken.

5 Für den Chicorée die Chicoréestauden putzen, waschen und halbieren. Den Puderzucker in einer Pfanne bei mittlerer Hitze karamellisieren. Die Chicoréehälften auf der Schnittseite darin hell anbraten, mit Portwein ablöschen, den Chicorée wenden, 4 Minuten weitergaren, die Butter dazugeben und im Gemüse schmelzen lassen. Mit Salz und Pfeffer würzen.

6 Die Butterschnitzel und den Chicorée auf vorgewärmten Tellern anrichten und je nach Geschmack mit Petersilie garnieren.

» Die Gratiniermasse lässt sich sehr gut auf Vorrat zubereiten. Sie hält sich 1 Woche im Kühlschrank oder gut verpackt mehrere Monate im Tiefkühlfach. «

Fleisch

Geflügel & Wild

Geflügel & Wild

Freilandhendlbrust mit gebratenem Gemüse und Erdnusssauce

Für das Gemüse:

2 Möhren
20 Stangen grüner Mini-Spargel
80 g Zuckerschoten
8 Röschen Romanesco
Salz · 8 kleine Cocktailtomaten
12 kleine Champignons
8 Mini-Maiskolben
1 EL Olivenöl
½ Knoblauchzehe (fein gehackt)
1 Scheibe Ingwer
1 Streifen unbehandelte Zitronenschale · Bohnenkraut
50 ml Geflügelbrühe
20 g kalte Butter · 1 EL Sojasauce
Szechuanpfeffer aus der Mühle

Für das Fleisch:

4 Freiland-Hähnchenbrustfilets
Salz
Szechuanpfeffer aus der Mühle
1 EL Öl
2 Knoblauchzehen
1 Rosmarinzweig

Für die Sauce:

100 ml Geflügelbrühe
50 g Erdnussbutter
1 EL Kokosmilch
Salz · Szechuanpfeffer aus der Mühle
Cayennepfeffer
20 g kalte Butter

Für 4 Personen

1 Für das Gemüse die Möhren schälen, den Spargel waschen und quer halbieren. Die Zuckerschoten putzen und waschen. Spargel, Romanesco und Zuckerschoten in Salzwasser bissfest blanchieren, kalt abschrecken und auf einem Sieb abtropfen lassen. Die Cocktailtomaten waschen und halbieren, die Champignons putzen und trocken abreiben. Die Maiskolben der Länge nach halbieren.

2 Für das Fleisch die Hähnchenbrustfilets waschen, trocken tupfen, die Haut entfernen und das Fleisch quer in 2 cm breite Streifen schneiden. Mit Salz und Szechuanpfeffer würzen und in einer Pfanne im Öl mit dem Knoblauch bei mittlerer Hitze 4 bis 5 Minuten rundherum sanft braten. Zuletzt den Rosmarinzweig dazugeben, dann die Pfanne vom Herd nehmen und das Hähnchenfleisch saftig durchziehen lassen.

3 In einer Pfanne die Maiskolben, die Zuckerschoten, den Spargel und den Romanesco im Olivenöl bei milder Hitze andünsten. Die Möhren auf einem feinen Hobel in dünnen Scheiben darüberraspeln. Den ungeschälten Knoblauch, den Ingwer und die Zitronenschale dazugeben und unterrühren. Mit 1 Prise Bohnenkraut würzen, mit der Brühe aufgießen und das Gemüse knapp unter dem Siedepunkt 3 bis 4 Minuten ziehen lassen.

4 Zuletzt die Champignons und die Cocktailtomaten in die Pfanne geben und alles nochmals erhitzen. Die Butter hinzufügen und schmelzen lassen, das Gemüse mit der Sojasauce, Salz und Szechuanpfeffer abschmecken und gut durchschwenken.

5 Für die Sauce die Brühe in einem kleinen Topf bei mittlerer Temperatur erhitzen und die Erdnussbutter darin auflösen. Kokosmilch dazugeben und die Sauce mit Salz, Szechuanpfeffer sowie 1 Prise Cayennepfeffer abschmecken. Zuletzt die Butter hinzufügen und in der Sauce schmelzen lassen.

6 Das Gemüse auf vorgewärmten Tellern anrichten, die Hähnchenbruststreifen daraufsetzen und mit der Erdnusssauce beträufeln.

Geflügel & Wild

271

Geflügel & Wild

Huhn aus dem Pfeffertopf

Für das Huhn:

1 Zwiebel
4 Hühnerkeulen · Salz
1 EL schwarze Pfefferkörner
3 cl ital. Weinbrand
(z. B. Vecchia Romagna)
100 ml Olivenöl
200 ml Weißwein
200 ml Geflügelbrühe
1 Rosmarinzweig
2 cm Zimtrinde
1 kleines Lorbeerblatt
2 Scheiben Knoblauch
1 Streifen unbehandelte
Zitronenschale
3 Pimentkörner

Für das Gemüse:

500 g kleine festkochende
Kartoffeln · 5 EL Olivenöl
2–3 Knoblauchzehen
einige Thymianblättchen
grobes Meersalz · 1 rote Chilischote
400 g kleine Fenchelknollen · Salz
1 EL Butter
1 Streifen unbehandelte
Orangenschale
Cayennepfeffer
Fenchelsamen aus der Mühle

Für 4 Personen

1 Für das Huhn die Zwiebel schälen und in 1 cm große Würfel schneiden. Die Hühnerkeulen waschen, trocken tupfen und die Haut abziehen, das Fleisch mit Salz würzen.

2 Die Pfefferkörner grob zerstoßen, den feinen Staub absieben und den Pfefferschrot in einer beschichteten Pfanne ohne Fett bei milder Hitze anrösten. Den Weinbrand hinzufügen und flambieren. 1 EL Olivenöl dazugeben und die Hühnerkeulen darin von beiden Seiten anbraten. Die Zwiebelwürfel hinzufügen und den Wein und die Brühe angießen. Rosmarin, Zimt, Lorbeerblatt, Knoblauch, Zitronenschale und Pimentkörner in die Pfanne geben und die Keulen zugedeckt knapp unter dem Siedepunkt 20 Minuten garen.

3 Die Keulen aus der Pfanne nehmen. Den Sud noch etwas einköcheln lassen und durch ein Sieb gießen. Das restliche Olivenöl mit dem Stabmixer unterrühren. Die Sauce mit Salz würzen, die Keulen wieder dazugeben und warm halten.

4 Für das Gemüse den Backofen auf 180 °C vorheizen. Die Kartoffeln schälen, waschen, halbieren, mit dem Olivenöl mischen und auf einem Backblech verteilen. Den ungeschälten Knoblauch andrücken und mit dem Thymian zu den Kartoffeln geben. Die Kartoffeln mit Meersalz bestreuen und im vorgeheizten Ofen auf der mittleren Schiene etwa 30 Minuten garen. Die Chilischote längs halbieren, entkernen, waschen und quer in Streifen schneiden. Die Chilistreifen 5 Minuten vor Ende der Garzeit über die Kartoffeln streuen.

5 Die Fenchelknollen putzen, waschen und längs halbieren. In Salzwasser blanchieren, kalt abschrecken und auf einem Sieb abtropfen lassen. Die Butter in einer Pfanne bei milder Hitze schmelzen lassen und den Fenchel mit der Orangenschale darin erhitzen. Mit Salz und Cayennepfeffer würzen. Die Ofenkartoffeln hinzufügen und das Gemüse mit frisch gemahlenen Fenchelsamen würzen. Die Orangenschale wieder entfernen.

6 Die Hähnchenkeulen mit dem Kartoffel-Fenchel-Gemüse und der Sauce auf vorgewärmten Tellern anrichten.

» Das Flambieren fördert den Röstvorgang des Pfeffers auf raffinierte Art. Vorsicht: Das Öl erst in die Pfanne gießen, wenn die Flammen erloschen sind! «

Geflügel & Wild

Geflügel & Wild

Zitronenhähnchen

Für das Hähnchen:

1 Masthähnchen (1,8–2 kg; küchenfertig)
Salz · Pfeffer aus der Mühle
1 Knoblauchzehe
1 Rosmarinzweig
1 Streifen unbehandelte Zitronenschale
200 ml Geflügelbrühe
3 EL Olivenöl · Saft von ½ Zitrone
1 Lorbeerblatt

Für das Gewürzöl:

½ rote Chilischote
1 Knoblauchzehe · 5 EL Olivenöl
1 EL Rosmarin (gehackt)
Saft von ½ Zitrone
abgeriebene Schale von 1 unbehandelten Zitrone
Salz · Pfeffer aus der Mühle

Für 4 Personen

1. Für das Hähnchen den Backofen auf 160 °C vorheizen. Das Hähnchen innen und außen waschen, trocken tupfen und mit Salz und Pfeffer würzen. Den Knoblauch schälen und halbieren. Mit dem Rosmarin und der Zitronenschale in die Bauchhöhle des Hähnchens geben.

2. Die Brühe mit dem Olivenöl und dem Zitronensaft in einen Bräter geben und das Lorbeerblatt hinzufügen. Das Hähnchen in den Bräter setzen und mit etwas Brühe begießen. Im vorgeheizten Ofen auf der untersten Schiene etwa 2 Stunden garen, dabei gelegentlich mit dem Bratfond begießen.

3. Für das Gewürzöl die Chilischote entkernen, waschen und klein hacken. Den Knoblauch schälen und fein hacken. Das Olivenöl mit Chilischote, Knoblauch, Rosmarin, Zitronensaft und -schale vermischen und mit Salz und Pfeffer würzen.

4. Die Ofentemperatur auf 200 °C erhöhen und das Hähnchen weitere 15 bis 20 Minuten garen. 10 Minuten vor Ende der Garzeit das Hähnchen mit dem Gewürzöl bestreichen.

5. Das Hähnchen tranchieren, auf vorgewärmten Tellern anrichten und mit dem restlichen Gewürzöl beträufeln.

*» Damit das Hähnchen einen noch kräftigeren Zitronengeschmack bekommt, kann man es unter der Haut mit Zitronenöl bestreichen. Dafür 2 bis 3 EL Olivenöl mit etwas abgeriebener unbehandelter Zitronenschale, Salz und Pfeffer verrühren. Mithilfe eines Esslöffelstiels die Brusthaut vom Hals her vom Fleisch lösen. Das Zitronenöl auf das Brustfleisch streichen, die Haut straff darüberziehen und das Hähnchen wie oben beschrieben weiterverarbeiten.
Zu dem Zitronenhähnchen schmeckt ein gemischter Salat, gedämpftes Gemüse oder Rosmarinkartoffeln. «*

Geflügel & Wild

Entenragout mit Pfirsich

Für die Gnocchi:

700 g mehlig kochende Kartoffeln
Salz · 50 g Speisestärke · 2 Eigelb
abgeriebene Schale von
2 unbehandelten Orangen
Mehl zum Ausrollen
Öl zum Bestreichen

Für das Ragout:

2½ Zwiebeln · 1 Apfel
5 Petersilienstiele (grob zerkleinert)
2 Thymianzweige (grob zerkleinert)
1 Bauernente
(ca. 2½ kg; küchenfertig)
Salz · Pfeffer aus der Mühle
¼ l Gemüsebrühe
100 g Knollensellerie · 1 Möhre
3 TL Puderzucker · 120 ml Rotwein
100 ml Marsala (ital. Dessertwein)
1 EL Tomatenmark
¾ l Geflügelbrühe
je 2 Scheiben Knoblauch
und Ingwer
1 Streifen unbehandelte
Orangenschale
1 TL Speisestärke
1 reifer, fester Pfirsich (in Würfeln)

Zum Fertigstellen:

70 ml Gemüsebrühe
1 EL braune Butter (siehe S. 30)
1 Streifen unbehandelte
Orangenschale
2 cm Zimtrinde · 5 Salbeiblätter
Salz · Pfeffer aus der Mühle

Für 4 Personen

1 Für die Gnocchi die Kartoffeln schälen, waschen und in Salzwasser weich kochen. Abgießen und noch heiß durch die Kartoffelpresse drücken. Von der Masse 600 g abmessen und mit der Speisestärke, 1 Prise Salz, den Eigelben und der Orangenschale rasch zu einem glatten Teig verkneten. Mit etwas Mehl zu 2 cm breiten Rollen formen und in 1 bis 2 cm lange Stücke schneiden. Die Gnocchi in siedendem Salzwasser garen, bis sie nach oben steigen, und weitere 2 Minuten ziehen lassen. Herausheben und auf einem geölten Blech abkühlen lassen.

2 Für das Ragout den Backofen auf 150 °C vorheizen. Die Zwiebelhälfte schälen, den Apfel waschen, halbieren und entkernen. Zwiebel und eine Apfelhälfte in kleine Würfel, die andere Apfelhälfte in Scheiben schneiden und beiseitelegen. Zwiebel- und Apfelwürfel mit Petersilie und Thymian mischen. Die Ente innen und außen waschen, trocken tupfen und mit Salz und Pfeffer würzen. Mit der Zwiebelmischung füllen und verschließen. In einen Bräter setzen, die Brühe angießen und die Ente im vorgeheizten Ofen zugedeckt etwa 2½ Stunden braten. Austretendes Fett zwischendurch abschöpfen und aufheben. Falls zu viel Flüssigkeit verdampft, noch Wasser angießen.

3 Die restlichen Zwiebeln, Sellerie und Möhre schälen und in 1 bis 2 cm große Würfel schneiden. Von der gegarten Ente Brüste und Keulen entlang der Karkasse auslösen und aus den Keulen den Oberschenkelknochen entfernen. Die Füllung aus der Bauchhöhle entfernen. Die Entenkarkasse mit den Flügelknochen und dem Hals klein hacken. Vom Entenfleisch die Haut abziehen und das Fleisch in etwa 1 cm große Würfel schneiden.

4 In einem breiten Topf 2 TL Puderzucker hell karamellisieren. Beide Weinsorten angießen, Tomatenmark unterrühren und auf die Hälfte einköcheln lassen. Knochen und Gemüse hinzufügen, Brühe angießen und alles bei milder Hitze 1 Stunde köcheln lassen. Nach 50 Minuten Apfelscheiben, Knoblauch, Ingwer und Orangenschale dazugeben.

5 Nach Garzeitende die Sauce durch ein Sieb gießen und auf die Hälfte einköcheln lassen. Die angerührte Stärke dazugeben und noch 2 Minuten köcheln lassen. Restlichen Puderzucker hell karamellisieren, den Pfirsich darin andünsten. Mit dem Fleisch zur Sauce geben.

6 Zum Fertigstellen Brühe mit Butter, Orangenschale, Zimt und Salbei erhitzen und die Gnocchi darin erwärmen. Salzen, pfeffern, Orangenschale, Zimt und Salbei entfernen. Entenragout mit Gnocchi anrichten.

Kross gebratene Bauernente

Für die Ente:
½ Zwiebel
½ Apfel
1 Bauernente (ca. 2½ kg; küchenfertig)
Salz · Pfeffer aus der Mühle

Für die Sauce:
2 Zwiebeln
1 Möhre
150 g Knollensellerie
1 TL Puderzucker oder Zucker
1 TL Tomatenmark
400 ml Rotwein
½ l Geflügelbrühe
½ Apfel
½ TL getrockneter Majoran
2 Scheiben Knoblauch
2 Scheiben Ingwer
1 Streifen unbehandelte Orangenschale
Salz
30 g Butter

Zum Fertigstellen:
Öl für das Blech

Für 4 Personen

1 Für die Ente den Backofen auf 140 °C vorheizen. Die Zwiebelhälfte schälen, den Apfel waschen, entkernen und beides in grobe Würfel schneiden. Von der Ente die Flügelknochen und den Hals abschneiden. Die Ente innen und außen waschen, trocken tupfen, mit Salz und Pfeffer würzen. Die Bauchhöhle mit Zwiebel- und Apfelwürfeln füllen und mit einem Schaschlikspieß verschließen. Die gefüllte Ente in einen Bräter setzen und ½ l Wasser dazugießen. Im vorgeheizten Ofen etwa 3 Stunden garen, das dabei austretende Fett zwischendurch abschöpfen und beiseitestellen. Falls zu viel Flüssigkeit verdampft, etwas Wasser dazugeben.

2 Für die Sauce das Gemüse schälen und in 1 bis 2 cm große Würfel schneiden. Von der Ente Brüste und Keulen entlang der Karkasse auslösen und aus den Keulen den Oberschenkelknochen entfernen. Die Füllung aus der Bauchhöhle entfernen. Die Entenkarkasse mit den Flügelknochen und dem Hals klein hacken.

3 Puderzucker oder Zucker in einem weiten Topf bei mittlerer Hitze karamellisieren. Die Knochen dazugeben, kurz anrösten und das Tomatenmark unterrühren. Mit der Hälfte des Weins ablöschen und sirupartig einköcheln lassen. Den übrigen Wein in zwei Portionen dazugeben und ebenfalls einköcheln lassen. Das Gemüse hinzufügen, mit der Brühe aufgießen und bei milder Hitze gut 30 Minuten sanft köcheln lassen. Den Apfel waschen, vierteln, entkernen, in Scheiben schneiden und nach 15 Minuten mit dem Majoran, Knoblauch, Ingwer und der Orangenschale in die Sauce geben. Die Sauce durch ein feines Sieb gießen und auf die Hälfte einköcheln lassen. Kurz vor dem Servieren die Sauce mit Salz abschmecken. Die Butter darin schmelzen lassen.

4 Zum Fertigstellen den Backofengrill einschalten. Die Entenbrüste und -keulen mit der Hautseite nach oben auf ein leicht geöltes Blech legen und unter dem Grill auf der untersten Schiene 10 bis 15 Minuten kross braten. Die Entenbrüste und -keulen mit der Sauce auf vorgewärmten Tellern anrichten. Dazu passen kleine Kartoffelknödel und das Schokoladenblaukraut von Seite 130.

» Wer eine sämigere Sauce bevorzugt, kann diese mit wenig angerührter Speisestärke vor dem Reduzieren binden. «

Geflügel & Wild

Geflügel & Wild

Geräucherte Barbarie-Entenbrust mit Schwarzwurzelgemüse und Trüffeln

Für das Gemüse:

200 g Zuckerschoten

Salz

700 g Schwarzwurzeln

2 EL Öl

⅛ l süßer Weißwein

150 g Sahne

Cayennepfeffer

je 1 Streifen unbehandelte Zitronen- und Orangenschale

20 g Butter

1 EL Petersilie (grob gehackt)

Für die Entenbrust:

4 EL Räuchermehl (aus dem Fischereibedarf)

1–2 EL Öl

2–4 Barbarie-Entenbrustfilets (ca. 700 g)

Salz · Pfeffer aus der Mühle

Zum Fertigstellen:

4–8 schwarze Trüffelscheiben (1–2 g pro Person)

1 EL Walnussöl

Für 4 Personen

1 Für das Gemüse die Zuckerschoten putzen, waschen und schräg halbieren. In kochendem Salzwasser bissfest blanchieren, kalt abschrecken und gut abtropfen lassen.

2 Die Schwarzwurzeln unter fließendem kaltem Wasser bürsten, mit dem Spargelschäler schälen und schräg in dünne Scheiben schneiden. Die Schwarzwurzelscheiben in einem weiten Topf im Öl bei mittlerer Hitze 2 bis 3 Minuten andünsten, mit dem Wein ablöschen, sirupartig einköcheln lassen und mit der Sahne aufgießen. Die Schwarzwurzeln bei milder Hitze weich dünsten. Mit Salz und 1 Prise Cayennepfeffer abschmecken, Zuckerschoten und Zitrusschalen dazugeben und erwärmen. Kurz vor dem Servieren die Zitrusschalen entfernen und das Gemüse nochmals abschmecken. Die Butter hinzufügen und schmelzen lassen, die Petersilie darüberstreuen.

3 Für die Entenbrust einen Dämpf- oder Räuchertopf (mit Dämpfeinsatz und Deckel) mit Alufolie auslegen, das Räuchermehl auf der Folie verteilen. Den Dämpfeinsatz leicht einölen, auf die Folie setzen, den Deckel darauflegen und den Topf bei mittlerer Temperatur erhitzen, bis leichter Rauch aufsteigt.

4 Die Entenbrustfilets von den Sehnen befreien, waschen und trocken tupfen. Eventuell vorhandene Federkiele mit einer Pinzette herauszupfen. Die Hautseite rautenförmig einschneiden und von beiden Seiten mit Salz und Pfeffer würzen.

5 Die Entenbrustfilets in einer Pfanne bei mittlerer Hitze auf der Hautseite 4 bis 5 Minuten kross anbraten, einmal kurz wenden, aus der Pfanne nehmen und nebeneinander mit der Hautseite nach oben auf den Dämpfeinsatz legen. Den Deckel wieder auflegen und die Entenbrüste bei milder Hitze 5 bis 10 Minuten rosa garen.

6 Zum Fertigstellen die Trüffelscheiben in einer Pfanne im Walnussöl bei milder Hitze von beiden Seiten nur kurz anbraten und auf das Schwarzwurzelgemüse legen. Die Entenbrüste in dünne Scheiben schneiden und sofort mit dem Gemüse servieren.

Geflügel & Wild

Geflügel & Wild

Ganserlleber-Mousse mit Portweingelee und glasierten Birnenspalten

Für das Gelee:
1 ½ Blatt Gelatine
20 g Zucker
100 ml roter Portwein
50 ml Cognac

Für die Mousse:
350 g Gänseleber
(ersatzweise Entenleber)
½ TL Zucker
100 g kalte Butter
getrockneter Majoran
Quatre épices (siehe unten)
Cayennepfeffer
2 EL Cognac
2 EL Portwein
1 EL Apfelgelee
je 1 Streifen unbehandelte
Orangen- und Zitronenschale
130 g Sahne
Salz

Für die Birnenspalten:
2 kleine, reife Birnen
½ TL Puderzucker
2 EL Geflügelbrühe
20 g Butter

Für 4 Personen

1 Für das Gelee die Gelatine in kaltem Wasser einweichen. Zucker, Portwein und Cognac in einem kleinen Topf bei milder Hitze zum Köcheln bringen, den Topf vom Herd nehmen. Die Gelatine ausdrücken und in der heißen Flüssigkeit auflösen. Das Portweingelee bei Zimmertemperatur abkühlen lassen, sodass es nicht stockt.

2 Für die Mousse die Leber putzen, waschen, trocken tupfen und in 2 cm große Stücke schneiden. Den Zucker in einer Pfanne bei milder Hitze karamellisieren, die Leber und 1 EL Butter dazugeben. Mit je 1 Prise Majoran, Quatre épices und Cayennepfeffer würzen. Die Leber 1 bis 2 Minuten rundherum rosa braten, mit Cognac und Portwein ablöschen und das Apfelgelee unterrühren. Die Zitrusschalen hineingeben, mit Sahne aufgießen, leicht erwärmen und mit Salz würzen. Kurz ziehen lassen und die Zitrusschalen wieder entfernen. Alles im Mixer mit der restlichen Butter glatt pürieren. Die Masse eventuell durch ein feines Sieb streichen und nochmals abschmecken.

3 Die Mousse etwa drei Viertel hoch in eine flache Form oder Schale füllen, glatt streichen und im Kühlschrank 30 Minuten fest werden lassen. Aus dem Kühlschrank nehmen und das noch flüssige Portweingelee als etwa ½ cm hohe Schicht auf die Mousse gießen. Mindestens 2 Stunden in den Kühlschrank stellen.

4 Für die Birnenspalten die Birnen waschen, vierteln, entkernen und in Spalten schneiden. Den Puderzucker in einer Pfanne bei mittlerer Hitze karamellisieren und die Birnenspalten darin durchschwenken. Mit der Brühe ablöschen, die Butter hinzufügen und schmelzen lassen.

5 Zum Anrichten einen kleinen Löffel in heißes Wasser tauchen und mit dem warmen Löffel kleine Nocken aus der Ganserlleber-Mousse stechen. Jeweils 2 Nocken auf einem Teller anrichten und die noch warmen Birnenspalten neben die Moussenocken legen. Gut passen dazu ein kleiner Salat und getoastete Brot- oder Briochescheiben.

» Quatre épices ist eine französische Mischung aus gemahlenen oder geriebenen Gewürzen. Sie besteht aus Gewürznelken, Muskatnuss, Pfeffer und Zimt und ist in Feinkostläden erhältlich. «

Geflügel & Wild

Gebratene Geflügelbrust auf Pesto-Risotto

Für die Geflügelbrust:
4 Geflügelbrustfilets
(à ca. 150 g; mit Haut)
12 schöne Kräuterblätter
(z. B. Petersilie oder Basilikum)
Salz · Pfeffer aus der Mühle
2 EL Öl

Für den Risotto:
1 Zwiebel
2 EL Olivenöl
300 g Risottoreis
1 kleines Lorbeerblatt
80 ml Weißwein
ca. 3/4 l heiße Geflügelbrühe
1/2 Knoblauchzehe
1 Scheibe Ingwer
1 Streifen unbehandelte Zitronenschale
Salz · Cayennepfeffer
frisch geriebene Muskatnuss
3 EL grünes Pesto
2 EL frisch geriebener Parmesan

Für 4 Personen

1 Für die Geflügelbrust den Backofen auf 100 °C vorheizen, ein Ofengitter auf die mittlere Schiene und darunter ein Abtropfblech schieben.

2 Die Geflügelbrustfilets waschen und trocken tupfen. Die Haut auf einer Seite anheben, die Kräuterblätter darunterschieben und die Haut straff darüberziehen. Die Geflügelbrüste mit Salz und Pfeffer würzen und auf der Hautseite in einer Pfanne im Öl bei milder Hitze 5 bis 6 Minuten kross anbraten. Die Pfanne vom Herd nehmen, die Geflügelbrüste wenden, noch kurz in der Resthitze ziehen lassen und dann auf dem Gitter im vorgeheizten Ofen 15 bis 20 Minuten fertig garen.

3 Für den Risotto die Zwiebel schälen und in kleine Würfel schneiden. In einem Topf im Olivenöl bei mittlerer Hitze glasig dünsten. Den Reis dazugeben und so lange mitdünsten, bis die Reiskörner glasig sind. Das Lorbeerblatt dazugeben, mit Wein ablöschen und vollständig einkochen lassen. Etwas heiße Brühe angießen und ebenfalls einkochen lassen. Unter ständigem Rühren bei milder Hitze immer wieder etwas Brühe dazugeben und vom Reis aufsaugen lassen, bis die Reiskörner weich sind, aber noch Biss haben.

4 Nach 10 Minuten den Knoblauch schälen und mit dem Ingwer und der Zitronenschale zum Risotto geben. Sobald der Reis gar ist, die ganzen Gewürze wieder entfernen. Den Risotto mit Salz, Cayennepfeffer und Muskatnuss würzen, das Pesto und den Parmesan untermischen.

5 Die Geflügelbrüste in Scheiben schneiden und mit dem Pesto-Risotto auf vorgewärmten Tellern anrichten.

» Den Risotto sollten Sie wirklich nur bei milder Hitze garen, damit die Flüssigkeit zwar nach und nach von den Reiskörnern aufgenommen wird, aber nicht zu stark verdampft und der Geschmack dadurch zu intensiv wird.
Pesto und Parmesan erst am Ende der Garzeit dazugeben und den Risotto nicht mehr kochen lassen. So bleibt das Pesto schön grün, und der Parmesan klumpt nicht. «

Geflügel & Wild

Gefülltes Perlhuhn mit Pilzen

Für die Fülle und das Perlhuhn:
250 g Kalbsbrät (vom Metzger)
2 EL Sahne
je ½ TL Knoblauch und Ingwer (fein gehackt)
1 EL Petersilie (grob gehackt)
2 Scheiben Toastbrot (50 g)
4 EL Öl · 20 g Butter
1 Perlhuhn (ca. 1 kg; küchenfertig)
Salz · Pfeffer aus der Mühle

Für die Sauce und das Dressing:
½ Zwiebel · 1 kleine Möhre
80 g Knollensellerie
1 TL Puderzucker
1 TL Tomatenmark
80 ml Rotwein
300 ml Geflügelbrühe
1 Rosmarinzweig
1 Knoblauchzehe
1 Scheibe Ingwer
1 Streifen unbehandelte Zitronenschale
Salz · Pfeffer aus der Mühle

Für die Pilze:
400 g gemischte Pilze
1 EL Öl
20 g Butter
Salz · Pfeffer aus der Mühle
1 EL Petersilie (grob gehackt)

Für 4 Personen · Foto rechts

1 Für die Fülle das Brät mit der Sahne glatt rühren und mit Knoblauch, Ingwer und Petersilie würzen. Das Toastbrot entrinden, in 1 cm große Würfel schneiden und in einer Pfanne in Öl und Butter bei mittlerer Hitze goldbraun braten. Die Croûtons auf Küchenpapier abkühlen lassen und unter das Kalbsbrät heben.

2 Das Perlhuhn waschen, trocken tupfen und mit den Flügeln nach oben auf die saubere Arbeitsfläche legen. Entlang des Rückgrats mit einem kleinen, scharfen Küchenmesser einschneiden. Das Fleisch von der Karkasse und die Flügel und Keulen aus den Gelenken lösen. Das Brustfleisch vom Knochen lösen. Mit dem Messer vorsichtig über das Brustbein fahren, damit die dünne Haut nicht verletzt wird, die andere Seite von oben in umgekehrter Reihenfolge auslösen. Die Karkasse aus dem Fleisch nehmen und das Perlhuhn flach auf die Hautseite legen, mit Salz und Pfeffer würzen.

3 Den Backofen auf 200 °C vorheizen. Die Füllung in der Mitte des Perlhuhns der Länge nach verteilen, das Fleisch darüber zusammenklappen, die Fleischenden dabei etwas übereinanderlegen und mit Zahnstochern feststecken. Das Geflügel auf den Rücken drehen, in die ursprüngliche Form bringen und außen mit Salz und Pfeffer würzen. Die Karkasse klein hacken und auf einem Blech im Ofen braun rösten.

4 Für die Sauce Zwiebel, Möhre und Sellerie schälen und grob zerkleinern. Im Bräter den Puderzucker karamellisieren. Die Knochen dazugeben, Tomatenmark hineinrühren, mit dem Wein ablöschen und sirupartig einköcheln lassen. Den Backofen auf 140 °C vorheizen.

5 Das Gemüse hinzufügen, die Brühe dazugießen, das gefüllte Perlhuhn in die Mitte des Bräters setzen und im Ofen knapp 1 Stunde garen. Nach 30 Minuten Rosmarin, ungeschälten Knoblauch, Ingwer und Zitronenschale dazugeben. Das Huhn aus dem Bräter nehmen, die Zahnstocher entfernen und das Huhn warm halten. Die Sauce durch ein Sieb gießen und einköcheln lassen, mit Salz und Pfeffer würzen.

6 Die Pilze putzen, trocken abreiben, je nach Größe halbieren oder in Scheiben schneiden. In einer Pfanne im Öl etwa 2 Minuten leicht anbraten, die Butter dazugeben, die Pilze mit Salz und Pfeffer würzen und mit der Petersilie bestreuen.

7 Zum Anrichten die Pilze auf vorgewärmten Tellern verteilen, mit der Sauce beträufeln. Das Perlhuhn in Scheiben schneiden und darauflegen.

Geflügel & Wild

Poulardenkeule aus dem Pfeffertopf

2 Kartoffeln
½ Zwiebel · 1 Möhre
80 g Knollensellerie
1 rote Chilischote
1 EL grob gemahlener
schwarzer Pfeffer · 4 EL Öl
4 Poulardenkeulen · Salz
150 ml Olivenöl · 1 Lorbeerblatt
150 ml Weißwein
150 ml Geflügelbrühe
Cayennepfeffer
2 Scheiben Ingwer
½ Knoblauchzehe
1 Streifen unbehandelte
Zitronenschale

Für 4 Personen

1 Kartoffeln, Zwiebel, Möhre und Sellerie schälen und in etwa 1 ½ cm große Würfel schneiden. Die Chilischote längs halbieren, entkernen und waschen. Den Backofen auf 140 °C vorheizen. Den Pfeffer in einem Bräter im Öl etwas anrösten und auf einem Sieb abtropfen lassen. Die Poulardenkeulen waschen, trocken tupfen, mit Salz würzen und im Bräter in 2 EL Ölivenöl rundherum anbraten. Gemüse, Pfefferschrot, Chilischote und Lorbeerblatt hinzufügen, den Wein mit der Brühe und dem übrigen Olivenöl dazugeben. Alles zugedeckt 40 Minuten im Ofen schmoren.

2 Die Keulen aus dem Bräter nehmen und unter dem Backofengrill leicht nachbräunen lassen. Den Gemüsesud mit Cayennepfeffer würzen, Ingwer, Knoblauch und Zitronenschale hineinlegen und etwas ziehen lassen. Den Sud, falls nötig, etwas einköcheln lassen, mit Salz würzen und durch ein Sieb gießen. Die Poulardenkeulen mit dem Pfeffersud und dem Gemüse auf vorgewärmten Tellern anrichten.

Geflügel & Wild

Rebhuhn auf zwei Arten

Für die geschmorten Rebhuhnkeulen:
2 Rebhühner (küchenfertig)
200 g Knollensellerie
2 Zwiebeln · 2 Möhren
Salz · Pfeffer aus der Mühle
1–2 EL Öl
1 EL Tomatenmark
200 ml Rotwein
5 EL roter Portwein · 2 EL Cognac
Zucker
600 ml Geflügelbrühe
1 Streifen unbehandelte Orangenschale
2 cm Zimtrinde
2 Scheiben Ingwer
1 Lorbeerblatt
1 kleiner Thymianzweig
5 Wacholderbeeren
½ TL Pfefferkörner
10 g getrocknete Pilze
1 EL Preiselbeeren (aus dem Glas)
20 g Butter

Für die gebratenen Rebhuhnbrüste:
Salz · Pfeffer aus der Mühle
2 EL Öl

Für 4 Personen

1. Für die Rebhuhnkeulen die Rebhühner waschen, trocken tupfen und die Keulen und Flügel abtrennen. Aus den Keulen mit einem spitzen Messer die Oberschenkelknochen entfernen. Die Rebhuhnbrüste an der Karkasse lassen.

2. Sellerie, Zwiebeln und Möhren schälen und in 1 bis 2 cm große Stücke schneiden. Die Keulen leicht mit Salz und Pfeffer würzen und mit den Flügeln in einem Topf im Öl bei mittlerer Hitze auf der Hautseite braun anbraten. Die Keulen wenden und mit den Flügeln aus dem Topf nehmen. Das Gemüse dazugeben und 1 bis 2 Minuten andünsten. Tomatenmark hineinrühren, leicht anrösten, mit Rotwein, Portwein und Cognac ablöschen und die Flüssigkeit sirupartig einköcheln lassen. Mit 1 Prise Zucker würzen, Keulen und Flügel wieder hineinlegen und mit der Brühe aufgießen. Die Keulen bei milder Hitze knapp unter dem Siedepunkt 35 bis 45 Minuten weich schmoren. Nach 25 Minuten Orangenschale, Zimt, Ingwer, Lorbeerblatt, Thymian, Wacholderbeeren, Pfefferkörner und Pilze dazugeben.

3. Für die gebratenen Rebhuhnbrüste den Backofen auf 130 °C vorheizen. Ein Ofengitter auf die mittlere Schiene und darunter ein Abtropfblech schieben. Die Rebhuhnbrüste an der Karkasse innen und außen mit Salz und Pfeffer würzen, in einer Pfanne im Öl bei mittlerer Hitze von allen Seiten hell anbraten. Mit der Brustseite nach oben auf das Gitter legen im Ofen 20 bis 25 Minuten rosa garen.

4. Die geschmorten Keulen aus dem Topf nehmen, die Sauce durch ein Sieb gießen und auf etwa die Hälfte einköcheln lassen. Mit Preiselbeeren, Salz und Pfeffer abschmecken. Zuletzt die Butter in der Sauce schmelzen lassen.

5. Die Rehhuhnbrüste mit einem Messer von der Karkasse lösen und mit den Keulen und der Sauce servieren. Dazu passt sehr gut das Champagnerkraut von Seite 131.

» Für eine gebundene Sauce kann das Gemüse in der Sauce püriert werden. Dazu Gewürze und Flügel vorher entfernen. «

Geflügel & Wild

Geflügel & Wild

Fasanenbrust auf Spitzkohl

Für das Fleisch:
4 Fasanenbrustfilets
Salz · Pfeffer aus der Mühle
1 ½ EL Öl · 20 g Butter
1 Knoblauchzehe
2 Thymianzweige
4 Scheiben durchwachsener Speck

Für das Gemüse:
1 EL Rosinen
2 EL halbtrockener Sherry
½ weiße Zwiebel
2 EL getrocknete Trompetenpilze
2 kleine Möhren
400 g Spitzkohl · 1 EL Öl
Salz · Pfeffer aus der Mühle
40 g Butter

Für die Sauce:
1 rote Chilischote
80 g Aprikosenkonfitüre
2 EL Reisessig · Salz

Für 4 Personen · Foto rechts

1 Für das Fleisch die Fasanenbrustfilets waschen, trocken tupfen und mit Salz und Pfeffer würzen. In einer Pfanne 1 EL Öl und die Butter erhitzen und die Fasanenbrüste mit dem ungeschälten Knoblauch und den Thymianzweigen hineingeben. Die Fasanenbrüste bei milder Hitze von beiden Seiten insgesamt etwa 4 Minuten sanft anbraten, herausnehmen und warm halten. Den Speck in einer Pfanne im restlichen Öl kross braten, auf Küchenpapier abtropfen lassen und in breite Stücke schneiden.

2 Für das Gemüse die Rosinen in dem Sherry einweichen. Die Zwiebel schälen und in kleine Würfel schneiden. Die Trompetenpilze in etwas Wasser einmal aufkochen, dann kurz darin ziehen lassen, bis sie weich sind. Die Pilze abgießen und grob zerkleinern. Die Möhren schälen. Den Spitzkohl putzen, waschen, den Strunk entfernen und den Kohl in Rauten schneiden.

3 Die Zwiebelwürfel in einer Pfanne im Öl bei mittlerer Hitze glasig dünsten. Den Spitzkohl hinzufügen und die Möhren auf einem feinen Hobel in dünnen Scheiben darüberraspeln. Beides bissfest garen, die Trompetenpilze und die eingeweichten Rosinen mit dem Sherry hinzufügen, mit Salz und Pfeffer würzen. Die Butter hinzufügen und schmelzen lassen.

4 Für die Sauce die Chilischote längs halbieren, entkernen, waschen und in feine Streifen schneiden. Die Aprikosenkonfitüre in einem kleinen Topf mit 6 EL Wasser erhitzen und durch ein Sieb streichen. Den Reisessig und die Chilistreifen hinzufügen, die Sauce vom Herd nehmen und mit Salz abschmecken.

5 Das Spitzkohlgemüse auf vorgewärmten Tellern verteilen, die Fasanenbrüste und Speckstücke darauf anrichten. Mit der Sauce beträufeln.

» Trompetenpilze, auch Herbsttrompeten genannt, sind dunkel bis schwarz und wachsen auf Laubwaldböden. Anstelle der Trompetenpilze kann man auch getrocknete Mu-Err-Pilze verwenden. Dafür die getrockneten Pilze 10 Minuten in Wasser köcheln lassen, in ein Sieb abgießen und weiterverarbeiten. «

Geflügel & Wild

Wildhacksteaks

1 EL schwarze Pfefferkörner
je 1 TL Piment- und Korianderkörner, Wacholderbeeren, Kardamom und getrocknete Chilischoten
½ zerbröselte Zimtrinde
2 Semmeln (Brötchen; vom Vortag)
150 ml Milch
1 kleine Zwiebel · Öl zum Braten
je 180 g Hackfleisch von Reh, Schwein und Kalb
1 großes Ei
1 Msp. abgeriebene unbehandelte Orangenschale · Salz
1 Msp. fein gehackter Ingwer

Für 4 Personen

1. Pfeffer-, Piment- und Korianderkörner, Wacholderbeeren, Kardamom, Chilischoten sowie Zimtrinde in eine Gewürzmühle füllen.

2. Die Semmeln mit der Milch begießen und einweichen lassen. Die Semmeln gut ausdrücken und klein hacken. Die Zwiebel schälen, in kleine Würfel schneiden und in einer Pfanne in 1 EL Öl glasig dünsten.

3. Reh-, Schweine- und Kalbshackfleisch mit den Semmeln, dem Ei, der Orangenschale und den Zwiebelwürfeln mischen und mit Salz, Ingwer und der Gewürzmischung aus der Mühle würzen.

4. Aus der Hackfleischmasse mit angefeuchteten Händen Hacksteaks formen und in einer Pfanne im Öl bei mittlerer Hitze von beiden Seiten hell braten. Auf Küchenpapier abtropfen lassen.

5. Als Vorspeise die Wildhacksteaks etwas kleiner formen und auf mariniertem Feldsalat servieren.

Geflügel & Wild

Gebeizter Rehbraten mit Perlzwiebeln und karamellisierten Äpfeln

Für die Beize:

1 Zwiebel · 1 kleine Möhre
120 g Knollensellerie
1,2 kg Rehfleisch (aus der Keule)
1 l Rotwein
4 EL Cognac

Zum Schmoren:

3 EL Öl
1 TL Puderzucker
1 EL Tomatenmark
300 ml kräftige Geflügelbrühe
1 Lorbeerblatt
5 Wacholderbeeren
1 TL schwarze Pfefferkörner
1 TL Pimentkörner

Für die Perlzwiebeln:

500 g Perlzwiebeln
1 TL Puderzucker
200 ml Portwein
⅛ l Geflügelbrühe
1 Lorbeerblatt

Zum Fertigstellen:

40 g kalte Butter
je 1 Streifen unbehandelte
Zitronen- und Orangenschale
1 EL Preiselbeeren (aus dem Glas)

Für die Äpfel:

1 roter Apfel
1 TL Puderzucker
20 g Butter

Für 4 Personen

1 Für die Beize das Gemüse schälen und in 1 cm große Würfel schneiden. Das Fleisch und das Gemüse mit Wein und Cognac begießen. 1 bis 2 Tage zugedeckt an einem kühlen Ort marinieren.

2 Zum Schmoren den Backofen auf 140 °C vorheizen. Das Fleisch aus der Beize nehmen und trocken tupfen. Die Beize durch ein Sieb in einen kleinen Topf gießen, dabei das Gemüse auffangen. Die Beize langsam aufkochen lassen, den dabei aufsteigenden Schaum mit einem Schaumlöffel abschöpfen und den Topf vom Herd nehmen.

3 Das Fleisch in einem Bräter im Öl bei mittlerer Hitze rundherum sanft anbraten und aus dem Topf nehmen. Das Fett abgießen, den Puderzucker in den Bräter geben und karamellisieren. Mit einem Viertel der Beize ablöschen, Tomatenmark hineinrühren und die Flüssigkeit sirupartig einköcheln lassen. Die übrige Beize in drei Portionen dazugeben und ebenfalls einköcheln lassen. Das Gemüse hinzufügen, die Brühe dazugießen und den Rehbraten hineinlegen. Zugedeckt im vorgeheizten Ofen etwa 2 ½ Stunden schmoren, dabei den Braten immer wieder wenden. 20 Minuten vor Garzeitende die Gewürze hinzufügen.

4 Die Perlzwiebeln schälen, dafür am besten vorher einige Zeit in Wasser legen. In einem Topf den Puderzucker karamellisieren, die Perlzwiebeln darin kurz andünsten. Mit der Hälfte des Portweins aufgießen und einköcheln lassen. Den restlichen Portwein hinzufügen, ebenfalls einköcheln lassen, dann die Brühe dazugießen und das Lorbeerblatt hineinlegen. Die Zwiebeln 30 bis 40 Minuten weich schmoren, das Lorbeerblatt danach entfernen.

5 Zum Fertigstellen den Braten aus der Sauce nehmen, in Scheiben schneiden und warm stellen. Die Sauce durch ein Sieb streichen, das Gemüse dabei ausdrücken und die Gewürze entfernen. Die Butter in die Sauce mixen und die Perlzwiebeln unterrühren. Die Zitrusschalen hinzufügen, einige Minuten ziehen lassen und entfernen. Die Preiselbeeren in die Sauce rühren, das Fleisch dazugeben und warm halten.

6 Apfel waschen, vierteln, entkernen und in schmale Spalten schneiden. In einer Pfanne den Puderzucker karamellisieren und die Äpfel darin von beiden Seiten bräunen. Butter darin schmelzen lassen. Den Rehbraten mit Perlzwiebeln und karamellisierten Apfelspalten anrichten.

Rehragout

Für das Ragout:
800 g Rehfleisch (aus der Schulter)
200 g Knollensellerie · 1 Möhre
2 Zwiebeln
1–2 EL Öl · 1 EL Tomatenmark
200 ml Rotwein · 4 EL Cognac
½ l Geflügelbrühe
1 Lorbeerblatt
½ TL schwarze Pfefferkörner
5 Pimentkörner
5 Wacholderbeeren
½ Knoblauchzehe
1 Scheibe Ingwer
1 Streifen unbehandelte Orangenschale
1 TL Puderzucker
5 EL Rotweinessig
10 g dunkle Schokolade
1 EL Johannisbeergelee
Salz · Pfeffer aus der Mühle
20 g Butter

Für die Garnitur:
80 g kernlose grüne Trauben
4 dünne Scheiben gut durchwachsener Speck (60 g)
1 TL Öl
2 Scheiben Toastbrot
50 g Butter
40 g Walnusshälften

Für 4 Personen

1. Für das Ragout das Rehfleisch von Sehnen befreien und in 3 bis 4 cm große Würfel schneiden. Sellerie, Möhre und Zwiebeln schälen und in 2 cm große Würfel schneiden.

2. Das Rehfleisch in einem weiten Topf im Öl bei mittlerer Hitze von allen Seiten anbraten. Das Gemüse mit dem Tomatenmark hinzufügen und kurz mitdünsten, mit dem Wein und dem Cognac ablöschen und die Flüssigkeit sirupartig einköcheln lassen. Mit so viel Brühe aufgießen, dass die Fleischstücke gut bedeckt sind. Das Rehfleisch bei milder Hitze knapp unter dem Siedepunkt 1 bis 1 ½ Stunden weich schmoren. Nach 1 Stunde Lorbeerblatt, Pfeffer- und Pimentkörner und Wacholderbeeren dazugeben.

3. Die geschmorten Fleischstücke aus dem Topf nehmen. Die Sauce durch ein Sieb passieren und je nach Konsistenz noch etwas einköcheln lassen. Knoblauch, Ingwer und Orangenschale dazugeben, einige Minuten ziehen lassen und wieder entfernen.

4. Den Puderzucker in einer Pfanne bei mittlerer Hitze hell karamellisieren, mit dem Essig ablöschen und auf die Hälfte einköcheln lassen.

5. Die Schokolade in der Sauce schmelzen lassen, mit dem Johannisbeergelee, Salz, Pfeffer und der Essigreduktion abschmecken. Die Butter in der Sauce schmelzen lassen. Das Fleisch wieder dazugeben und in der Sauce erwärmen. Nach Belieben mit etwas Sahne verfeinern.

6. Für die Garnitur die Trauben waschen, abtropfen lassen, eventuell häuten und je nach Größe halbieren. Die Speckscheiben in 1 bis 2 cm breite Streifen schneiden, in einer Pfanne im Öl bei mittlerer Hitze kross braten, herausnehmen und auf Küchenpapier abtropfen lassen. Das Toastbrot entrinden und in 1 cm große Würfel schneiden. In einer Pfanne in 40 g Butter bei milder Hitze goldbraun rösten und ebenfalls auf Küchenpapier abtropfen lassen. Die Walnusshälften halbieren.

7. Die Trauben in einer Pfanne in der restlichen Butter bei milder Hitze andünsten, Speck und Walnüsse hinzufügen und mit den Croûtons auf das Rehragout streuen.

Geflügel & Wild

Geräucherter Rehrücken auf Rosenkohlblättersalat

Für das Fleisch:
1 TL Pimentkörner
½ TL schwarze Pfefferkörner
½ TL Wacholderbeeren
dünne Schalen von je ½ unbehandelten Orange und Zitrone
1 TL Rosmarinnadeln
2 EL Zucker · 1 geh. EL Salz
500 g Rehrückenfilet
1 EL Öl · 4 EL Räuchermehl (aus dem Fischereibedarf)

Für das Dressing:
50 ml Gemüsebrühe
1 EL Rotweinessig
1 TL scharfer Senf · 2 EL Walnussöl
Salz · Pfeffer aus der Mühle · Zucker

Für den Salat:
2 EL Perlgraupen · Salz
150 g Pilze (z. B. Champignons, Steinpilze oder Pfifferlinge)
1 EL Öl · Pfeffer aus der Mühle
¼ reife Mango · 250 g Rosenkohl
frisch geriebene Muskatnuss

Für die Sauce:
150 g Crème fraîche
Saft von ½ Orange
1 TL Zitronensaft · 1 EL Walnussöl
Salz · Cayennepfeffer
1 EL Schnittlauchröllchen

Für 4 Personen

1 Am Vortag für das Fleisch die Piment- und Pfefferkörner grob zerstoßen, die Wacholderbeeren etwas andrücken, Orangen- und Zitronenschale klein schneiden und alles mit Rosmarinnadeln, Zucker und Salz mischen. Das Filet damit gleichmäßig bestreuen, etwas festdrücken und zugedeckt in einer Schüssel etwa 1 Tag im Kühlschrank ziehen lassen, dabei öfter wenden.

2 Am nächsten Tag die Gewürzmischung vom Rehrücken entfernen, das Fleisch trocken tupfen und in einer Pfanne im Öl bei milder Hitze etwa 3 Minuten rundherum leicht anbraten. Einen Dämpf- oder Räuchertopf (mit Dämpfeinsatz und Deckel) mit Alufolie auslegen, das Räuchermehl auf der Folie verteilen. Ein passendes Dämpf- oder Kuchengitter daraufsetzen, den Deckel auflegen und den Topf bei mittlerer Temperatur erhitzen, bis leichter Rauch aufsteigt. Dann den Rehrücken auf das Gitter legen und mit aufgelegtem Deckel gut 10 Minuten räuchern.

3 Für das Dressing Brühe, Essig, Senf und Öl in einer Schüssel verrühren und mit Salz, Pfeffer und 1 Prise Zucker abschmecken.

4 Für den Salat die Graupen in einem Sieb waschen und abtropfen lassen. In reichlich Salzwasser etwa 45 Minuten weich köcheln, durch ein Sieb gießen und abkühlen lassen. Die Pilze putzen, trocken abreiben und vierteln, in einer Pfanne im Öl bei mittlerer Hitze kurz anbraten, mit Salz und Pfeffer würzen. Die Mango schälen und in kleine Scheiben schneiden.

5 Den Rosenkohl putzen, waschen und in die einzelnen Blätter teilen. In Salzwasser bissfest blanchieren und noch warm in das Dressing geben. Pilze, Graupen und Mangoscheiben zum Rosenkohl geben, vorsichtig vermischen und mit Muskatnuss würzen.

6 Für die Schnittlauchsauce die Crème fraîche mit Orangen- und Zitronensaft verrühren, das Walnussöl hineinrühren, mit Salz und 1 Prise Cayennepfeffer abschmecken. Zuletzt den Schnittlauch hinzufügen.

7 Den Rosenkohlsalat auf Teller verteilen, den Rehrücken in dünne Scheiben schneiden und auf dem Salat anrichten. Die Schnittlauchsauce als Dip zu dem Fleisch reichen.

Geflügel & Wild

Saltimbocca vom Reh

je 1 EL schwarze Pfefferkörner,
Wacholderbeeren und Pimentkörner · 1 cm Zimtrinde
1 Lorbeerblatt
400 g Rehfleisch
(aus der Oberschale)
3 EL Öl · Salz
12 dünne Scheiben Südtiroler Speck
ca. ½ TL Puderzucker
80 ml roter Portwein
2 EL kalte Butter
150 g kernlose grüne Trauben
40 g Walnussviertel
20 kleine Salbeiblätter
Öl zum Frittieren

Für 4 Personen · Foto oben

1 Die Gewürze in eine Mühle füllen. Das Rehfleisch in 6 Scheiben schneiden, die Scheiben halbieren und zwischen zwei Lagen geölter Frischhaltefolie flach klopfen. Die Fleischscheiben leicht mit Salz und den Gewürzen aus der Mühle würzen und die Speckscheiben mithilfe von Zahnstochern darauf feststecken.

2 Die Schnitzel in einer Pfanne im restlichen Öl bei mittlerer Hitze zuerst auf der Speckseite, dann auf der anderen Seite je 1 bis 2 Minuten anbraten und aus der Pfanne nehmen. Das Bratfett abgießen, etwas Puderzucker im Bratensatz karamellisieren und mit Portwein ablöschen. Einköcheln lassen und 1 EL Butter hineinrühren, die Sauce leicht mit Salz würzen.

3 Die Trauben halbieren und mit den Walnüssen, der restlichen Butter und etwas Puderzucker in einer Pfanne erhitzen. Die Salbeiblätter in Öl frittieren. Die Schnitzel auf vorgewärmte Teller legen, mit Trauben, Walnüssen und den Salbeiblättern garnieren und mit Sauce beträufeln.

Wildhasenragout mit Melone

4 Wildhasenkeulen
1 Zwiebel · 1 kleine Möhre
120 g Knollensellerie
3 EL Öl · 1 TL Tomatenmark
2 EL Orangenlikör · ⅛ l Rotwein
350 ml Geflügelbrühe
1 Lorbeerblatt · 4 Wacholderbeeren
5 Pimentkörner · 1 Scheibe Ingwer
1 Streifen unbehandelte
Orangenschale · 1 Rosmarinzweig
100 g gut durchwachsener Speck
(in dünnen Scheiben)
je ¼ Cantaloup- und Honig-
melone · 20 g Butter
2 EL geröstete Haselnussblättchen

Für 4 Personen

1 Die Wildhasenkeulen auslösen und in 2 cm große Würfel schneiden. Das Gemüse schälen und in 1 cm große Würfel schneiden. Das Fleisch im Bräter in 2 EL Öl anbraten, das Gemüse hinzufügen, das Tomatenmark unterrühren und kurz anrösten, mit dem Likör und der Hälfte des Weins ablöschen. Sirupartig einköcheln lassen, den restlichen Wein dazugießen, ebenfalls einköcheln lassen und mit der Brühe aufgießen. 1 Stunde leicht köcheln lassen. Lorbeerblatt, Wacholderbeeren, Pimentkörner, Ingwer, Orangenschale und Rosmarin in die Sauce rühren und 15 Minuten ziehen lassen.

2 Die Fleischstücke herausnehmen und die Sauce durch ein Sieb passieren. Das Fleisch wieder in die Sauce geben. Den Speck in 1 cm breite Streifen schneiden, in 1 EL Öl kross anbraten und auf Küchenpapier abtropfen lassen. Aus den Melonen kleine Kugeln ausstechen und in einer Pfanne in der Butter 1 bis 2 Minuten andünsten.

3 Das Ragout in eine vorgewärmte Servierschale geben, die Melonenkugeln darauf verteilen und mit Speck und Haselnussblättchen bestreuen.

Hirschschnitzel in Haselnuss-Panade

150 g Weißbrotbrösel
50 g grob gemahlene Haselnüsse
2 Eier · 80 g Mehl
8 dünne Hirschschnitzel (aus der
Keule; à 60–70 g)
Salz · Gewürzmischung
(je ½ TL schwarze Pfefferkörner,
Pimentkörner, Wacholderbeeren,
zerbröckelte Zimtrinde und
2 Chilischoten)
ca. 200 g Butterschmalz
Saft von ½ Zitrone oder Orange

Für 4 Personen

1 Weißbrotbrösel und Haselnüsse mischen. Die Eier in einem tiefen Teller verquirlen. Bröselmischung und Mehl ebenfalls in tiefe Teller geben. Die Hirschschnitzel zwischen zwei Lagen Frischhaltefolie flach klopfen und mit Salz würzen. Die Gewürze in eine Gewürzmühle füllen und die Schnitzel damit würzen. Nacheinander zuerst im Mehl wenden, dabei überschüssiges Mehl abklopfen. Dann durch die Eier ziehen und in den Bröseln wenden, diese nicht zu fest andrücken.

2 Reichlich Butterschmalz in einer Pfanne bei mittlerer Temperatur erhitzen und die Schnitzel darin zuerst auf einer Seite goldbraun backen. Wenden und die zweite Seite ebenfalls goldbraun backen. Die Schnitzel mit heißem Fett begießen, bis die Panade sich von der Fleischoberfläche leicht gelöst hat und beide Seiten gleichmäßig gebräunt sind. Die Schnitzel auf Küchenpapier abtropfen lassen, leicht salzen und je nach Geschmack mit etwas Zitronen- oder Orangensaft beträufeln.

Geflügel & Wild

Hirschgröstl

Für die Sauce:

1 ½ kg Hirschrücken
(am Knochen)
300 g Kalbsknochen
2 Zwiebeln
1 Möhre
150 g Knollensellerie
1 EL Puderzucker
300 ml kräftiger Rotwein
2 TL Tomatenmark
2 l Geflügel- oder Gemüsebrühe
30 g Lebkuchen (unglasiert)
1 TL Wacholderbeeren
½ TL Pimentkörner
1 kleines Lorbeerblatt
2 Scheiben Ingwer
2 Scheiben Knoblauch
2 Streifen unbehandelte
Orangenschale
Salz · Pfeffer aus der Mühle
1 EL schwarze Johannisbeerkonfitüre
1 EL Cassislikör
80 g kleine Brombeeren

Für das Gröstl:

Salz · Pfeffer aus der Mühle
2 EL Öl
1 große, reife Birne
2 TL Puderzucker
20 g Butter
80 g Himbeeren

Für 4 Personen

1 Den Backofen auf 220 °C vorheizen. Für die Sauce den Hirschrücken vom Knochen lösen und von allen Sehnen befreien. Die Rückenknochen mit den Kalbsknochen klein hacken, mit den Sehnen auf einem Backblech verteilen und im vorgeheizten Ofen etwa 45 Minuten bräunen. Das dabei austretende Fett entfernen. Das Gemüse schälen und in 2 ½ bis 3 cm große Stücke schneiden.

2 Den Puderzucker in einem flachen Topf bei milder Hitze hell karamellisieren, mit einem Drittel des Weins ablöschen, das Tomatenmark unterrühren und sirupartig einköcheln lassen. Den restlichen Wein in zwei Portionen dazugeben und ebenfalls einköcheln lassen. Die gebräunten Knochen mit dem Gemüse dazugeben und mit der Brühe auffüllen, sodass alles gerade bedeckt ist. Knapp unter dem Siedepunkt etwa 2 Stunden ziehen lassen, abgießen und dabei die Sauce auffangen.

3 Lebkuchen, Wacholderbeeren, Pimentkörner und Lorbeerblatt in die Sauce geben, die Sauce sämig einkochen und durch ein Sieb passieren. Ingwer, Knoblauch und Orangenschale dazugeben, 5 Minuten ziehen lassen und wieder entfernen. Die Sauce mit Salz, Pfeffer, Johannisbeerkonfitüre und Cassislikör abschmecken und die gewaschenen Brombeeren hineingeben.

4 Für das Gröstl das Hirschfleisch in 2 cm große Würfel schneiden, mit Salz und Pfeffer würzen. In einer Pfanne im Öl bei mittlerer Hitze portionsweise rundherum anbräunen, in die heiße, aber nicht kochende Sauce geben und noch einige Minuten ziehen lassen.

5 Die Birne waschen, vierteln, entkernen und in schmale Spalten schneiden. Den Puderzucker in einer Pfanne bei milder Hitze hell karamellisieren und die Birnenspalten darin von beiden Seiten hell anbraten. Die Butter dazugeben und schmelzen lassen.

6 Kurz vor dem Anrichten die gewaschenen Himbeeren zum Fleisch geben. Die Hirschfleischstücke mit den Beeren auf vorgewärmten Tellern anrichten, mit den Birnenspalten garnieren und mit der Sauce beträufelt servieren.

Geflügel & Wild

Rosa gebratener Hirschrücken mit Rosenkohl-Nudelfleckerln

Für die Hirschsauce:

1 kg Hirschknochen
(vom Metzger klein gehackt)
200 g Knollensellerie · 1 Möhre
2 Zwiebeln · 1 TL Puderzucker
1 EL Tomatenmark
400 ml kräftiger Rotwein
50 ml roter Portwein
¾ l Geflügelbrühe
5 g getrocknete Pilze
je 1 Streifen unbehandelte
Zitronen- und Orangenschale
2 Lorbeerblätter
1 Scheibe Knoblauch
1 Scheibe Ingwer
5 Wacholderbeeren
3 Pimentkörner · 2 cm Zimtrinde
1 Rosmarinzweig
Salz · Pfeffer aus der Mühle
30 g Butter

Für die Nudelfleckerl:

250 g Mehl · 100 g Hartweizengrieß
1 Ei · 4 Eigelb · 2 EL Olivenöl
Salz · 250 g Rosenkohl

Für den Hirschrücken:

600 g Hirschrückenfilet
Salz · Pfeffer aus der Mühle
2 EL Öl

Zum Fertigstellen:

Salz · 20 g Butter
Pfeffer aus der Mühle
frisch geriebene Muskatnuss

Für 4 Personen

1 Für die Hirschsauce den Backofen auf 200 °C vorheizen. Die Hirschknochen auf einem Backblech im Ofen auf der mittleren Schiene gut 30 Minuten dunkelbraun rösten. Auf einem Sieb abtropfen lassen. Das Gemüse schälen und in 2 cm große Würfel schneiden.

2 Puderzucker in einem weiten Topf bei mittlerer Hitze karamellisieren. Knochen dazugeben und andünsten. Das Tomatenmark unterrühren, kurz anrösten und mit der Hälfte des Rotweins und dem Portwein ablöschen. Die Flüssigkeit sirupartig einköcheln lassen, den restlichen Wein angießen und ebenfalls einköcheln lassen. Gemüse dazugeben und so viel Brühe dazugießen, dass die Knochen bedeckt sind. Bei milder Hitze knapp unter dem Siedepunkt etwa 1 Stunde ziehen lassen. Nach 45 Minuten Pilze, Zitrusschalen, Lorbeer, Knoblauch und Ingwer dazugeben.

3 Die Sauce durch ein feines Sieb gießen und auf etwa zwei Drittel einköcheln lassen. Wacholderbeeren, Pimentkörner, Zimt und Rosmarin dazugeben, 5 Minuten ziehen lassen. Gewürze entfernen, die Sauce mit Salz und Pfeffer würzen und die Butter darin schmelzen lassen.

4 Für die Nudelfleckerl Mehl, Grieß, Ei, Eigelbe, Olivenöl und 1 Prise Salz zu einem glatten, festen Teig verarbeiten. In Frischhaltefolie wickeln und 30 Minuten ruhen lassen. Mithilfe der Nudelmaschine oder einem Nudelholz dünn ausrollen und in 3 cm breite Vierecke schneiden. Bis zur Weiterverwendung auf ein mit Grieß bestreutes Brett legen.

5 Rosenkohl putzen und einzelne Blätter abzupfen. Blätter in Salzwasser bissfest blanchieren, kalt abschrecken und abtropfen lassen.

6 Für den Hirschrücken den Backofen auf 120 °C vorheizen. Ein Ofengitter auf die mittlere Schiene und darunter ein Abtropfblech schieben. Hirschrücken halbieren, salzen und pfeffern und in einer Pfanne im Öl von allen Seiten kurz anbraten. Das Fleisch auf dem Gitter im Ofen etwa 20 Minuten rosa garen.

7 Zum Fertigstellen die Nudelfleckerl in siedendem Salzwasser garen, abgießen und in einer Pfanne in der Butter bei mittlerer Hitze hell anbraten. Die Rosenkohlblätter dazugeben, durchschwenken und mit Salz, Pfeffer und Muskatnuss würzen. Den Hirschrücken dünn aufschneiden, mit den Nudelfleckerln und der Sauce servieren.

Geflügel & Wild

Geflügel & Wild

Geschmorte Wildschweinschulter

Für das Fleisch:

1 Wildschweinschulter (2 ½–3 kg)
2 Zwiebeln
1 Möhre · 150 g Knollensellerie
Salz · Pfeffer aus der Mühle
3 EL Öl · 1 TL Puderzucker
1 TL Tomatenmark
2 EL Cognac
6 EL roter Portwein
½ l Rotwein
400 ml Geflügelbrühe

Für die Sauce:

½ TL schwarze Pfefferkörner
½ TL Korianderkörner
2 Wacholderbeeren · 1 Gewürznelke
1 kleines Lorbeerblatt
1 halbierte Knoblauchzehe
je 1 Streifen unbehandelte
Zitronen- und Orangenschale
1 Thymianzweig
30 g kalte Butter
1 TL gehackte dunkle Schokolade
Salz

Für die Birnen:

1 reife, feste Birne
2 TL Puderzucker · 20 g Butter

Für 4 Personen

1 Für das Fleisch den Backofen auf 180 °C vorheizen. Den Knochen der Wildschweinschulter auslösen und klein hacken (kann vom Metzger vorbereitet werden). Die Knochenstücke auf einem Blech im vorgeheizten Ofen 30 Minuten trocknen lassen. Das Gemüse schälen und grob zerkleinern. Die Backofentemperatur auf 140 °C reduzieren.

2 Das Wildschweinfleisch mit Salz und Pfeffer würzen und in einem Bräter im Öl rundherum anbraten. Herausnehmen und das Öl abgießen. Den Puderzucker im Bräter karamellisieren und die gebräunten Knochen dazugeben. Das Tomatenmark unterrühren und mit dem Cognac, dem Portwein und einem Drittel des Rotweins ablöschen und sirupartig einköcheln lassen. Den übrigen Wein in zwei Portionen dazugeben und ebenfalls einköcheln lassen. Zuletzt das Gemüse hinzufügen, die Brühe dazugießen und das Fleisch hineinlegen.

3 Die Wildschweinschulter zugedeckt im vorgeheizten Ofen etwa 2 ½ Stunden weich schmoren, dabei öfter mit Bratensaft begießen. Für die Sauce 30 Minuten vor Garzeitende Pfeffer- und Korianderkörner, Wacholderbeeren, Gewürznelke und Lorbeerblatt hinzufügen.

4 Die Schulter aus dem Bräter nehmen und warm stellen. Die Sauce durch ein grobes Sieb in einen kleinen Topf gießen, dabei das Gemüse etwas ausdrücken.

5 Die Sauce erwärmen, Knoblauch, Zitrusschalen und Thymian hinzufügen und einige Minuten ziehen lassen. Die Sauce nochmals durchsieben, die Butter mit der Schokolade darin schmelzen lassen und die Sauce mit Salz abschmecken.

6 Die Birnen schälen, halbieren, entkernen und in dünne Spalten schneiden. Den Puderzucker in einer Pfanne bei milder Hitze karamellisieren und die Birnenspalten darin anbraten. Zuletzt die Butter dazugeben und schmelzen lassen.

7 Das Fleisch in Scheiben schneiden, mit der Sauce auf vorgewärmten Tellern anrichten und die Birnen danebenlegen. Dazu passen Spätzle.

Geflügel & Wild

Wildschweinbraten

1 EL Puderzucker
4 EL Armagnac
(franz. Weinbrand)
150 ml roter Portwein
10 Backpflaumen
2 Zwiebeln
1 Möhre
120 g Knollensellerie
1,2 kg Wildschweinschulter
Salz · Pfeffer aus der Mühle
2 EL Öl
300 ml kräftiger Rotwein
1 TL Tomatenmark
½ l Geflügelbrühe
2 EL getrocknete Champignons
1 TL schwarze Pfefferkörner
1 TL Wacholderbeeren
½ TL Pimentkörner
1 Lorbeerblatt
1 Splitter Zimtrinde
je 1 Streifen unbehandelte
Zitronen- und Orangenschale
2 Scheiben Ingwer
30 g kalte Butter
120 g Maronen (vakuumverpackt)
100 g kleine, kernlose Trauben
(gewaschen)

Für 4 Personen

1 Den Puderzucker in einer Pfanne bei mittlerer Hitze hell karamellisieren, mit Armagnac und Portwein ablöschen, auf etwa die Hälfte einköcheln lassen und die Backpflaumen dazugeben.

2 Den Backofen auf 140 °C vorheizen. Zwiebeln, Möhre und Sellerie schälen und in 1 bis 2 cm große Würfel schneiden. Die Wildschweinschulter mit Salz und Pfeffer würzen und in einem Bräter im Öl bei mittlerer Hitze rundherum anbraten. Herausnehmen und das Bratfett abgießen. Ein Drittel des Rotweins in den Bräter geben, das Tomatenmark hineinrühren und alles sirupartig einköcheln lassen. Den restlichen Wein in zwei Portionen dazugeben und ebenfalls einköcheln lassen. Mit der Brühe auffüllen, das Gemüse hinzufügen und die Wildschweinschulter hineinlegen. Zugedeckt im vorgeheizten Ofen gut 3 Stunden schmoren, dabei immer wieder wenden.

3 Etwa 20 Minuten vor Garzeitende getrocknete Pilze, Pfefferkörner, Wacholderbeeren, Pimentkörner, Lorbeerblatt und Zimtrinde in die Sauce geben. Zuletzt Zitrusschalen und Ingwer noch einige Minuten darin ziehen lassen.

4 Das Fleisch herausnehmen, die Sauce durch ein Sieb passieren und die Butter in Stücken hineinmixen. Die Pflaumen mit der Einweichflüssigkeit, den Maronen und den Trauben hinzufügen und mit Salz und Pfeffer abschmecken.

5 Den Wildschweinbraten in Scheiben schneiden, mit der Sauce beträufeln und servieren.

» Damit der Wein seinen guten Geschmack an die Sauce abgibt, sollte er reduziert werden, bevor mit der Brühe aufgegossen wird. Darunter versteht man das Einköcheln bis auf etwa ein Drittel. So verdichtet sich der Geschmack, und die Säure geht dabei weitgehend verloren. Sollte an einer fertigen Sauce noch etwas Wein fehlen, diesen immer nur als Reduktion und nicht aus der Flasche hinzufügen. «

Geflügel & Wild

Wildschweinragout mit Polenta-Mandel-Püree

Für das Ragout:

800 g Wildschweinschulter (ohne Knochen)

200 g Knollensellerie · 1 Möhre

2 Zwiebeln · 1–2 EL Öl

200 ml Rotwein

4 EL Cognac

1 EL Tomatenmark

ca. ½ l Geflügelbrühe

1 Lorbeerblatt

½ TL schwarze Pfefferkörner

5 Wacholderbeeren

5 Pimentkörner

2 cm Zimtrinde

1 halbierte Knoblauchzehe

1 Scheibe Ingwer

1 Streifen unbehandelte Orangenschale

½ TL Puderzucker

4 EL Balsamicoessig

je 40 g getrocknete Feigen und Aprikosen

5 g dunkle Schokolade

Salz · Pfeffer aus der Mühle

2 EL Butter

Für das Püree:

2–3 EL Mandelblättchen · 1 EL Öl

je ½ l Geflügelbrühe und Milch

1 kleines Lorbeerblatt

100 g Maisgrieß · Salz

frisch geriebene Muskatnuss

Für 4 Personen

1 Für das Ragout das Fleisch in 2 bis 3 cm große Würfel schneiden. Den Sellerie, die Möhre und die Zwiebeln schälen und in 1 bis 2 cm große Würfel schneiden.

2 Das Fleisch in einem weiten Topf im Öl bei mittlerer Hitze portionsweise von allen Seiten anbraten und herausnehmen. Den Bratensatz mit der Hälfte des Weins und dem Cognac ablöschen, das Tomatenmark unterrühren und sirupartig einköcheln lassen. Den restlichen Wein angießen und nochmals einköcheln lassen.

3 Das Gemüse und die Fleischwürfel dazugeben und mit so viel Brühe aufgießen, dass das Fleisch gut bedeckt ist. Bei milder Hitze knapp unter dem Siedepunkt etwa 1 ½ Stunden weich schmoren. Nach 1 Stunde Lorbeerblatt, Pfefferkörner, Wacholderbeeren, Pimentkörner und zerstoßene Zimtrinde dazugeben.

4 Nach dem Ende der Garzeit das Fleisch aus dem Topf nehmen. Die Sauce durch ein Sieb passieren und je nach Konsistenz noch etwas einköcheln lassen. Ungeschälten Knoblauch, Ingwer und Orangenschale hinzufügen, einige Minuten in der Sauce ziehen lassen und wieder entfernen.

5 Den Puderzucker in einer Pfanne bei mittlerer Hitze hell karamellisieren, mit dem Essig ablöschen und auf die Hälfte einköcheln lassen.

6 Die Feigen und die Aprikosen vierteln und mit der Schokolade zur Schmorsauce geben. Mit Salz, Pfeffer und dem reduzierten Balsamico abschmecken. Die Butter dazugeben und schmelzen lassen. Das Fleisch wieder in die Sauce geben und kurz erwärmen.

7 Für das Püree die Mandelblättchen in einer beschichteten Pfanne ohne Fett goldbraun rösten, herausnehmen und mit dem Öl verrühren. Die Brühe mit der Milch und dem Lorbeerblatt aufkochen, den Maisgrieß einrieseln und unter häufigem Rühren etwa 30 Minuten köcheln lassen. Die Mandeln mit dem Öl unterrühren. Das Lorbeerblatt entfernen und das Püree mit Salz und Muskatnuss abschmecken.

8 Das Wildschweinragout mit dem Polenta-Mandel-Püree auf vorgewärmten Tellern anrichten.

Geflügel & Wild

Geschmorte Wildhasenkeulen mit Schokoladen-Kirsch-Chutney

Für das Fleisch:

je ½ TL Piment- und schwarze Pfefferkörner
1 Sternanis · 1 cm Zimtrinde
5 Wacholderbeeren
400 ml Rotwein · 1 EL Zucker
4 Wildhasenkeulen

Für die Sauce:

1 Möhre · 1 Zwiebel
120 g Knollensellerie
Salz · Pfeffer aus der Mühle
2 EL Öl · 1 TL Tomatenmark
¼ l Geflügelbrühe · 1 Lorbeerblatt
je 1 Streifen unbehandelte Orangen- und Zitronenschale
1 Thymianzweig
1 Scheibe Ingwer
30 g kalte Butter

Für das Chutney:

60 g Zwiebel
100 g Knollensellerie
1 EL Öl
je 50 ml Rotwein und Portwein
⅛ l Sauerkirschsaft
1 leicht geh. EL Pektin (12 g)
50 g Zucker · 2 cm Zimtrinde
1 Scheibe Ingwer
300 g halbierte, entsteinte Kirschen (aus dem Glas)
1 EL geraspelte dunkle Kuvertüre

Für 4 Personen

1 Am Vortag für das Fleisch Piment- und Pfefferkörner, Sternanis, Zimt und Wacholderbeeren in einem Topf ohne Fett leicht anrösten, Wein und Zucker hinzufügen und 5 Minuten leicht köcheln lassen. Die Marinade abkühlen lassen, die Hasenkeulen hineinlegen und zugedeckt im Kühlschrank 1 Tag marinieren.

2 Für die Sauce Möhre, Zwiebel und Sellerie schälen und in grobe Stücke schneiden. Die Hasenkeulen mit der Marinade in ein Sieb geben, gut abtropfen lassen, Marinade auffangen und die Gewürze aufbewahren. Die Keulen trocken tupfen, mit Salz und Pfeffer würzen und in einem Topf im Öl bei milder Hitze von allen Seiten hell anbraten.

3 Die Keulen wieder herausnehmen und das Gemüse im Topf leicht andünsten. Tomatenmark dazugeben und gut unterrühren, mit einem Drittel der Marinade ablöschen und sirupartig einköcheln lassen. Die restliche Marinade angießen und ebenfalls einköcheln lassen. Die Brühe dazugießen, die Keulen wieder hineinlegen und alles bei milder Hitze knapp 1 ½ Stunden schmoren lassen. 20 Minuten vor Garzeitende Piment- und Pfefferkörner, Sternanis, Zimt und Wacholder wieder dazugeben. Zuletzt Lorbeerblatt, Zitrusschalen, Thymian und Ingwer einlegen, kurz ziehen lassen und wieder entfernen.

4 Die Keulen herausnehmen und warm halten, den Schmorsud mit dem Gemüse durch ein Sieb gießen, das Gemüse dabei etwas ausdrücken. Die Sauce auf die gewünschte Konsistenz einköcheln lassen. Die Butter in kleinen Stücken in die Sauce geben und schmelzen lassen.

5 Für das Chutney Zwiebel und Sellerie schälen und in kleine Würfel schneiden. In einem kleinen Topf im Öl bei mittlerer Hitze andünsten. Mit Rotwein und Portwein ablöschen und mit dem Kirschsaft auffüllen. Das Pektin mit Zucker vermischen, unter die lauwarme Flüssigkeit rühren und 5 Minuten leicht köcheln lassen. Zimt, Ingwer und Kirschen hineingeben, kurz aufkochen, vom Herd nehmen und lauwarm abkühlen lassen. Zuletzt Zimt und Ingwer wieder entfernen und die Kuvertüreraspel hineinrühren.

6 Die Wildhasenkeulen mit der Schmorsauce und dem Chutney auf vorgewärmten Tellern anrichten. Dazu passen Spätzle.

Süßes & Mehlspeisen

Süßes & Mehlspeisen

Kürbis-Bayerisch-Creme mit Himbeersauce

Für das Kürbispüree:

200 g Muskatkürbisfleisch
1 EL Puderzucker
100 ml leichter Weißwein
1 Scheibe Ingwer
3 Zacken Sternanis
2 cm Zimtrinde
je 1 Streifen unbehandelte Zitronen- und Orangenschale
1 TL Zitronensaft
30 g Zucker
¼ aufgeschnittene Vanilleschote
1 Blatt Gelatine
1 EL Orangenlikör

Für die Bayerisch Creme:

4 Blatt Gelatine
6 Eigelb
70 g Puderzucker
1 Msp. Vanillemark
1 EL Orangenlikör
400 g Sahne
1 Eiweiß
Salz

Für die Himbeersauce:

300 g reife Himbeeren (ersatzweise tiefgekühlte Himbeeren)
50–60 g Zucker
1 TL Zitronensaft

Für 4 Personen

1 Für das Püree das Kürbisfleisch in 1 bis 2 cm große Würfel schneiden. Den Backofen auf 180 °C vorheizen. Den Puderzucker in einer Pfanne bei mittlerer Hitze karamellisieren, die Kürbiswürfel dazugeben, kurz andünsten und mit dem Wein ablöschen. Den Kürbis mit dem Sud in einer Auflaufform verteilen. Ingwer, Sternanis, Zimt, Zitrusschalen, Zitronensaft, Zucker und Vanilleschote dazugeben und mischen. Den Kürbis im vorgeheizten Ofen auf der mittleren Schiene etwa 30 Minuten schmoren, bis er sehr weich und die Flüssigkeit fast vollständig verdampft ist.

2 Die Gewürze entfernen, den Kürbis pürieren und durch ein feines Sieb streichen. 100 g Kürbispüree abnehmen, den Rest anderweitig verwenden. Die Gelatine in kaltem Wasser einweichen. Den Likör in einem kleinen Topf erwärmen, vom Herd nehmen, die Gelatine gut ausdrücken, darin auflösen und unter das Kürbispüree rühren. Das Püree bei Zimmertemperatur abkühlen, aber nicht stocken lassen.

3 Für die Bayerisch Creme die Gelatine in kaltem Wasser einweichen. Die Eigelbe mit der Hälfte des Puderzuckers und dem Vanillemark schlagen, bis eine hellschaumige Masse entstanden ist. Den Likör, wie oben beschrieben, erwärmen, die Gelatine ausdrücken, darin auflösen und unter die Eigelbmasse rühren.

4 Die Sahne halb steif schlagen. Das Eiweiß mit 1 Prise Salz und dem restlichen Puderzucker zu cremigem Schnee schlagen und rasch unter die Sahne heben. Die Sahne vorsichtig mit der Eigelbmasse mischen. Knapp die Hälfte der Mischung unter das Kürbispüree ziehen. Weiße Bayerisch Creme bis zur Weiterverwendung bei Zimmertemperatur stehen lassen. Gekühlte Gläser zur Hälfte mit der Kürbiscreme füllen und die Creme im Kühlschrank kurz fest werden lassen. Dann mit der weißen Bayerisch Creme bedecken und mehrere Stunden kühl stellen.

5 Für die Sauce die frischen Himbeeren verlesen, kurz abbrausen und trocken tupfen, tiefgekühlte Himbeeren auftauen lassen. Die Himbeeren mit Zucker bestreuen und mit Zitronensaft beträufeln. Mit dem Stabmixer pürieren, durch ein feines Sieb streichen und, falls nötig, nochmals mit Zucker abschmecken. Die Bayerisch Creme mit etwas Himbeersauce anrichten und nach Belieben mit Himbeeren und feinen Karamellfäden garnieren. Restliche Sauce separat dazu reichen.

Süßes & Mehlspeisen

Süßes & Mehlspeisen

Orangenblüten-Panna-cotta mit Himbeersauce

Für die Panna cotta:
4 Blatt Gelatine
200 ml Milch · 400 g Sahne
1 aufgeschnittene Vanilleschote
1 Streifen unbehandelte Orangenschale
50 g Zucker
2 TL Orangenblütenwasser (aus der Apotheke)

Für die Himbeersauce:
50 g Himbeeren · 20 g Zucker
einige Spritzer Zitronensaft
Puderzucker zum Abschmecken

Zum Anrichten:
100 g Himbeeren
Puderzucker zum Wälzen

Für 4 Personen

1. Für die Panna cotta die Gelatine in kaltem Wasser einweichen. Die Milch mit 200 g Sahne, der Vanilleschote, der Orangenschale und dem Zucker aufkochen, kurz köcheln lassen und durch ein Sieb gießen.

2. Die Gelatine gut ausdrücken und in der heißen Sahnemilch auflösen. Mit dem Orangenblütenwasser abschmecken und abkühlen lassen, bis die Masse zu gelieren beginnt.

3. Die restliche Sahne halb steif schlagen und unter die Sahnemilch heben. Die Panna cotta in Portionsförmchen füllen und im Kühlschrank mindestens 2 Stunden fest werden lassen.

4. Für die Himbeersauce die Früchte verlesen, kurz abbrausen und trocken tupfen. Mit dem Zucker bestreuen, mit dem Stabmixer pürieren und durch ein feines Sieb streichen. Die Himbeersauce mit Zitronensaft und Puderzucker abschmecken.

5. Zum Anrichten die Förmchen in heißes Wasser tauchen und die Panna cotta auf Dessertteller stürzen (siehe Tipp S. 306). Die Himbeersauce danebenträufeln. Himbeeren verlesen, kurz abbrausen, trocken tupfen, in Puderzucker wälzen und die Orangenblüten-Panna-cotta damit garnieren.

» Dieses Rezept ist eine etwas leichtere Version der klassischen Panna cotta, die im Original nur mit Sahne und ohne Milch zubereitet wird. Zu der Orangenblüten-Panna-cotta passen auch heiße gemischte Beeren oder Kirschen. «

Süßes & Mehlspeisen

Gebackene Mürbeteigschleifen mit Sabayon

Für den Mürbeteig:

1 Ei
25 g feinster Zucker
25 g Puderzucker
abgeriebene Schale von
1 unbehandelten Orange
1 EL Cognac · Salz
15 g weiche Butter
125 g Mehl
Mehl für die Arbeitsfläche
neutrales Öl oder Butterschmalz
zum Frittieren
Puderzucker zum Bestäuben

Für das Sabayon:

5 Eigelb
1 Ei
40 g Zucker
100 ml Marsala
(ital. Dessertwein)

Für 1 Servierplatte

1 Für den Mürbeteig das Ei mit dem Zucker, dem Puderzucker, der Orangenschale, dem Cognac und 1 Prise Salz mischen. Die weiche Butter in Stücken dazugeben und mit dem Mehl rasch unterkneten. Den Mürbeteig in Frischhaltefolie wickeln und mindestens 1 Stunde kühl stellen.

2 Den Mürbeteig mithilfe der Nudelmaschine oder mit dem Nudelholz etwa 4 mm dick ausrollen und mithilfe eines Teigrads auf der bemehlten Arbeitsfläche in 1 ½ cm breite und 15 bis 20 cm lange Streifen schneiden. Jeden Teigstreifen vorsichtig zu einem Knoten binden.

3 In der Fritteuse oder in einem großen Topf das Öl oder Butterschmalz auf 170 °C erhitzen. Die Mürbeteigschleifen portionsweise wenige Minuten goldbraun ausbacken, mit einem Schaumlöffel herausheben und auf Küchenpapier abtropfen lassen. Mit Puderzucker bestäuben.

4 Für das Sabayon die Eigelbe, das Ei und den Zucker in einer Metallschüssel im heißen Wasserbad hellschaumig aufschlagen. Den Marsala dazugeben und weiterschlagen, bis das Sabayon eine cremig-schaumige Konsistenz hat. Dabei darauf achten, dass die Wassertemperatur 80 °C nicht übersteigt, da sonst die Eigelbe stocken würden.

5 Die Mürbeteigschleifen auf einer Platte anrichten und das Sabayon zum Dippen in kleinen Schälchen dazu servieren.

» Je höher der Zuckeranteil in dem Sabayon ist, desto stabiler wird die Creme. Vorsicht: Wird die Masse zu lange geschlagen, trennt sie sich wieder. Das Sabayon kann lauwarm oder kalt serviert werden. Zum Abkühlen sollten Sie die Metallschüssel in eine Schüssel mit Eiswasser stellen und das Sabayon kalt rühren. Lässt man das warme Sabayon einfach abkühlen, setzt sich die Flüssigkeit langsam ab. «

Süßes & Mehlspeisen

Bayerisch Creme mit Orangen-Trauben-Ragout

Für die Bayerisch Creme:
2 Blatt Gelatine
3 Eigelb
50 g Puderzucker
Mark von 2 Vanilleschoten
1 EL Orangenlikör
300 g Sahne

Für das Orangen-Trauben-Ragout:
20 g Puderzucker
¼ l Orangensaft
20 g Zucker
Mark von ½ Vanilleschote
1 cm Zimtrinde
2 Streifen unbehandelte Orangenschale
1 TL Speisestärke
Fruchtfilets von 2 Orangen
je 100 g grüne und blaue Trauben

Außerdem:
120 g Maronen (vakuumverpackt)
40 g Puderzucker

Für 4 Personen

1 Für die Bayerisch Creme die Gelatine in kaltem Wasser einweichen. Die Eigelbe mit dem Puderzucker und dem Vanillemark in eine Schüssel geben und so lange schlagen, bis eine hellschaumige Masse entstanden ist.

2 Den Likör in einem kleinen Topf erhitzen, vom Herd nehmen, die Gelatine gut ausdrücken, darin auflösen und unter die Eigelbmasse rühren. Die Sahne halb steif schlagen. Ein Drittel der Sahne unterrühren, den Rest vorsichtig unterheben. Die Bayerisch Creme in Portionsförmchen füllen und im Kühlschrank 1 bis 2 Stunden fest werden lassen.

3 Für das Orangen-Trauben-Ragout den Puderzucker in einen Topf sieben und bei mittlerer Hitze karamellisieren. Mit dem Orangensaft ablöschen. Zucker, Vanillemark, Zimtrinde und Orangenschale dazugeben. Die Flüssigkeit aufkochen, mit der angerührten Speisestärke leicht binden, abkühlen lassen und, falls nötig, mit frisch gepresstem Orangensaft strecken. Zimtrinde und Orangenschale wieder entfernen.

4 Die Weintrauben waschen und trocken tupfen. Mit den Orangenfilets in den Orangensud geben und kurz marinieren. Die Maronen halbieren und in einer Pfanne erhitzen. Den Puderzucker hineinsieben und die Maronen bei mittlerer Hitze karamellisieren.

5 Die Förmchen kurz in heißes Wasser tauchen und die Bayerisch Creme auf Teller stürzen. Mit dem Orangen-Trauben-Ragout und den karamellisierten Maronen anrichten.

» Zum Anrichten sollten Sie die Förmchen nacheinander bis knapp unter den Rand in fast kochendes Wasser tauchen. Die Dauer hängt vom Material der Förmchen ab: Porzellanförmchen werden 5 bis 7 Sekunden, Metallförmchen dagegen nur ganz kurz ins Wasser gehalten. Klopfen Sie anschließend auf die Seitenwände der Förmchen – so entsteht ein kleiner Luftraum, und die Creme lässt sich leichter stürzen. Wichtig: Die Förmchen müssen weder gefettet noch mit kaltem Wasser ausgespült werden, bevor man sie füllt. «

Süßes & Mehlspeisen

Süßes & Mehlspeisen

Schokoladencreme mit Orangensauce

Für die Schokoladencreme:

100 g dunkle Schokolade (mind. 60 % Kakaoanteil)
200 g Sahne
1 Msp. Lebkuchengewürz
1 Msp. abgeriebene unbehandelte Orangenschale
1 EL Kakaopulver

Für die Orangensauce:

3 große Orangen
1 TL Puderzucker
300 ml frisch gepresster Orangensaft
20 g Zucker
¼ aufgeschnittene Vanilleschote
2 cm Zimtrinde
1 Streifen unbehandelte Orangenschale
½ TL Speisestärke
2 EL Orangenlikör
einige Spritzer Zitronensaft

Für 4 Personen

1 Für die Schokoladencreme die Schokolade grob hacken und in einer Metallschüssel im heißen Wasserbad schmelzen, dabei gelegentlich umrühren.

2 Inzwischen die Sahne fast steif schlagen. Das Lebkuchengewürz und die Orangenschale unter die Schokolade rühren.

3 Die geschmolzene Schokolade aus dem Wasserbad nehmen. Ein Viertel der Sahne mit dem Schneebesen unter die Schokolade ziehen. Die restliche Sahne nach und nach unterheben, sodass eine halb feste Mousse entsteht. Falls die Masse sich nicht gleichmäßig verbindet, die Schüssel wieder in das Wasserbad setzen und die Creme nochmals leicht erwärmen. Die Schokoladencreme in kleine Förmchen oder Gläser füllen und im Kühlschrank 2 Stunden fest werden lassen.

4 Für die Orangensauce die Orangen mit einem scharfen Messer so großzügig schälen, dass auch die weiße Haut mit entfernt wird. Die Orangenfilets zwischen den Trennhäuten herausschneiden und in eine Schüssel geben, den dabei entstehenden Saft auffangen.

5 Den Puderzucker in einem kleinen Topf bei milder Hitze karamellisieren. Mit 200 ml Orangensaft ablöschen, Zucker, Vanilleschote, Zimtrinde und Orangenschale dazugeben und den Saft auf etwa die Hälfte einkochen lassen. Die Speisestärke mit 2 EL Orangensaft glatt rühren, die Flüssigkeit damit binden und noch 2 Minuten sanft köcheln lassen. Vom Herd nehmen, durch ein Sieb gießen, den restlichen Orangensaft dazugießen, leicht abkühlen lassen und die Orangenfilets in die Sauce geben. Die Sauce mit dem Likör und Zitronensaft abschmecken.

6 Kurz vor dem Servieren die Schokoladencreme mit dem Kakaopulver bestäuben. Die Orangensauce separat dazu reichen.

» Die Schokoladencreme hat eine besonders schmelzende Konsistenz, wenn man sie 30 Minuten vor dem Servieren aus dem Kühlschrank nimmt. «

Süßes & Mehlspeisen

Lauwarme Apfeltartes

Für die Haselnusscreme:
60 g Marzipanrohmasse
1 Eiweiß
1 EL weiche Butter
1 EL gemahlene Haselnüsse
1 EL Rum

Für die Apfeltartes:
150 g Blätterteig (tiefgekühlt)
Mehl für die Arbeitsfläche
2 Äpfel
30 g Butter
2 TL Zucker
¼ TL Zimtpulver
3 EL Apfelgelee

Für 4 Personen

1 Für die Haselnusscreme das Marzipan mit dem Eiweiß, der Butter, den Haselnüssen und dem Rum mit dem Stabmixer glatt rühren.

2 Für die Apfeltartes den Backofen auf 180 °C vorheizen. Blätterteig kurz auftauen lassen und auf der bemehlten Arbeitsfläche etwa 2 mm dick ausrollen. Vier Kreise von 9 cm Durchmesser ausstechen und auf ein mit Backpapier ausgelegtes Backblech setzen. Die Teigkreise dünn mit der Nusscreme bestreichen, dabei jeweils einen Rand frei lassen.

3 Die Äpfel schälen, vierteln, entkernen und in sehr dünne Scheiben schneiden. Die Apfelscheiben kreisförmig dachziegelartig auf die Nusscreme legen. Die Butter in Stücken darauf verteilen, Zucker mit Zimt mischen und darüberstreuen. Die Apfeltartes im vorgeheizten Ofen auf der untersten Schiene 15 bis 20 Minuten backen, bis der Boden auf der Unterseite goldbraun und kross ist.

4 Apfelgelee mit 1 TL Wasser verrühren und bei milder Hitze erwärmen. Die Apfeltartes mit dem Gelee bestreichen und noch warm servieren.

Mohnparfait mit Marzipan

50 g Mohn
50 g Marzipanrohmasse
1 Ei
4 Eigelb
150 g Blütenhonig
Mark von 1 Vanilleschote
500 g Sahne
Öl für die Form

Für 4 Personen

1 Backofen auf 170 °C vorheizen. Mohn auf einem Backblech im Ofen ohne Fett rösten, bis er zu duften beginnt. Abkühlen lassen und mahlen.

2 Marzipan und Ei glatt rühren und mit den Eigelben, Honig und Vanillemark in eine Metallschüssel geben. Im heißen Wasserbad zu einem feinporigen, hellgelben Schaum (Sabayon) aufschlagen. Dabei darauf achten, dass die Wassertemperatur 80 °C nicht übersteigt, da sonst die Eigelbe stocken würden. Die Schüssel aus dem Wasserbad nehmen und so lange weiterschlagen, bis die Masse wieder kalt ist. Die Sahne halb steif schlagen und mit dem Mohn unter die Eimasse ziehen.

3 Eine Terrinen- oder Kastenform (1,2 l Inhalt) leicht einölen und mit Frischhaltefolie auslegen. Die Parfaitmasse hineinfüllen, glatt streichen und im Tiefkühlfach mindestens 5 Stunden gefrieren lassen. Zum Servieren das Parfait aus der Form stürzen und in Scheiben schneiden. Dazu passen eingelegte Portweinfeigen oder Kirschen.

Süßes & Mehlspeisen

Geeistes Birnensüppchen

5 reife Birnen
½ l Weißwein
80 g Zucker
1 cm Zimtrinde
Mark von 1 Vanilleschote
2 TL klarer Tortenguss (ca. 6 g)
2 EL Birnengeist
einige Spritzer Zitronensaft
4 Kugeln Eis (z. B. Buttermilch-, Nuss- oder Schokoladeneis)

Für 4 Personen

1 Die Birnen schälen, vierteln und entkernen. Vier Birnenviertel in etwa ½ cm große Würfel schneiden. Den Wein mit 60 g Zucker aufkochen, die Birnenwürfel darin blanchieren, bis sie bissfest sind, mit einem Schaumlöffel herausnehmen und auskühlen lassen.

2 Die übrigen Birnen in den Weißweinsud geben und köcheln lassen, bis sie weich sind. Dann mit dem Stabmixer pürieren und durch ein Sieb passieren. Mit der Zimtrinde und dem Vanillemark nochmals aufkochen. Den Tortenguss mit dem restlichen Zucker mischen, unterrühren und das Süppchen noch ganz kurz köcheln lassen.

3 Das Süppchen abkühlen lassen, Zimt wieder entfernen, Birnenwürfel unterrühren und das Süppchen im Kühlschrank gut durchkühlen.

4 Kurz vor dem Servieren den Birnengeist dazugeben und das Süppchen eventuell mit etwas Zucker und Zitronensaft abschmecken. Je nach Konsistenz kann noch etwas Prosecco hinzugefügt werden. Das Süppchen in tiefe Teller füllen und je 1 Kugel Eis hineinsetzen.

Geeister Kaiserschmarren mit marinierten Beeren

Für das Parfait:
20 g Rosinen · 1 EL Strohrum
2 Eigelb · 1 Ei · 60 g Zucker
Mark von 2 Vanilleschoten
1 Msp. abgeriebene unbehandelte Zitronenschale
200 g halb steif geschlagene Sahne

Für die marinierten Beeren:
150 g gemischte Beeren (tiefgekühlt)
300 g reife Himbeeren · 50 g Zucker

Für 4 Personen · Foto rechts

1 Am Vortag für das Parfait die Rosinen im Rum einweichen.

2 Am nächsten Tag für die marinierten Beeren die tiefgekühlten Beeren fast vollständig auftauen lassen. Die Himbeeren verlesen, kurz abbrausen, trocken tupfen, mit dem Zucker pürieren und durch ein feines Sieb streichen. Die gemischten Beeren dazugeben, durchziehen lassen und, falls nötig, nochmals mit Zucker abschmecken.

3 Eigelbe und Ei mit 20 g Zucker, Vanillemark und Zitronenschale hellschaumig schlagen. Restlichen Zucker mit 25 ml Wasser 1 Minute köcheln lassen. Diesen Sirup unter die Eigelbmasse rühren und weiterschlagen, bis sie kalt ist. Rumrosinen und Sahne unterziehen.

Süßes & Mehlspeisen

Für die Glasur:

100 g Vollmilchschokolade

2 ½ EL Öl

Zum Anrichten:

1 EL Mandelblättchen

4 Eine Auflaufform mit Backpapier auslegen. Die Parfaitmasse knapp 1 cm hoch darin verteilen, glatt streichen und im Tiefkühlfach etwa 2 Stunden gefrieren lassen.

5 Für die Glasur die Schokolade grob hacken und im heißen Wasserbad schmelzen. Das Öl unterrühren. Das Parfait aus dem Tiefkühlfach nehmen und die geschmolzene Schokolade dünn mit einem Pinsel aufstreichen. Den geeisten Kaiserschmarren weitere 10 Minuten in das Tiefkühlfach stellen.

6 Zum Anrichten die Mandelblättchen in einer beschichteten Pfanne ohne Fett goldbraun rösten und abkühlen lassen. Das Parfait wie einen Kaiserschmarren in grobe Stücke zerteilen, mit den Beeren auf vorgekühlten Tellern anrichten und mit Mandelblättchen bestreuen.

» Dieses Dessert kann sehr gut auf Vorrat gemacht werden, es hält sich zugedeckt mehrere Tage im Tiefkühlfach. Unmittelbar vor dem Servieren muss der geeiste Kaiserschmarren nur noch in Stücke gebrochen und auf vorgekühlten Tellern angerichtet werden. Die Fruchtgarnitur kann je nach Saison beliebig variiert werden. «

Süßes & Mehlspeisen

Erdbeer-Pfirsich-Tiramisu

Für die Mascarponecreme:
2 Eigelb
60 g Puderzucker
250 g Mascarpone
100 g Sahne
2 Eiweiß
4 EL Pfirsichlikör

Zum Fertigstellen:
200 g Erdbeeren
500 g Pfirsiche (aus der Dose)
4 EL Pfirsichlikör
200 g Löffelbiskuits

Zum Anrichten:
4 Erdbeeren
1 Pfirsichhälfte (aus der Dose)
einige Minzeblätter

Für 6–8 Personen

1 Für die Mascarponecreme die Eigelbe mit 30 g Puderzucker in einer Metallschüssel im heißen Wasserbad hellschaumig aufschlagen, aus dem Wasserbad nehmen und den Mascarpone unterrühren.

2 Die Sahne halb steif schlagen. Die Eiweiße mit dem restlichen Puderzucker steif schlagen und unter die Sahne heben. Den Sahneschnee unter die Mascarponemasse heben und die Creme mit dem Likör abschmecken.

3 Zum Fertigstellen die Erdbeeren waschen, putzen und in Scheiben schneiden. Die Pfirsiche auf einem Sieb abtropfen lassen, dabei den Saft auffangen. Die Pfirsichhälften in Scheiben schneiden, den Saft mit dem Likör verrühren.

4 Die Hälfte der Löffelbiskuits kurz in den Pfirsichsaft tauchen und dicht nebeneinander in eine rechteckige Auflaufform schichten. Jeweils die Hälfte der Mascarponecreme, der Pfirsiche und der Erdbeeren darauf verteilen. Die restlichen Löffelbiskuits ebenfalls in den Saft tauchen und auf den Früchten verteilen. Mit Creme bestreichen und mit den restlichen Früchten belegen. Die restliche Mascarponecreme auf den Früchten verstreichen. Das Tiramisu im Kühlschrank mehrere Stunden durchziehen lassen.

5 Zum Anrichten die Erdbeeren waschen und putzen, den Pfirsich in Spalten schneiden. Das Tiramisu in Portionsstücke teilen, aus der Form heben und auf Dessertteller setzen. Mit den Früchten und Minzeblättern garnieren.

» Sie können das Tiramisu auch in Portionsförmchen oder Gläser schichten. Dann verwenden Sie statt der Löffelbiskuits am besten einen Biskuitboden, den Sie möglichst dünn schneiden und in der benötigten Größe ausstechen. Wird das Tiramisu in Gläser gefüllt, sehen Erdbeerscheiben am Rand des Glases besonders dekorativ aus. «

Süßes & Mehlspeisen

Süßes & Mehlspeisen

Rahmschmarren mit karamellisierten Äpfeln

Für den Rahmschmarren:
4 Eier
100 g Crème fraîche
1 Msp. Vanillemark
1 EL Rum
50 g Mehl
Salz
50 g Zucker
30 g Butter
1–2 EL Puderzucker

Für die karamellisierten Äpfel:
2 Äpfel
1 EL Puderzucker
20 g Butter
4 EL Calvados
(franz. Apfelbranntwein)
je 1 Streifen unbehandelte
Zitronen- und Orangenschale
2 cm Zimtrinde

Für 4 Personen

1 Für den Rahmschmarren die Eier trennen. Die Eigelbe mit der Crème fraîche, dem Vanillemark und dem Rum in eine Schüssel geben, das Mehl darübersieben und alles zu einem glatten Teig verrühren. Die Eiweiße mit 1 Prise Salz halb steif schlagen. Nach und nach den Zucker einrieseln lassen und alles zu einem steifen Schnee schlagen. Den Eischnee in zwei Portionen vorsichtig unter die Eigelbmasse heben, sodass ein luftiger Teig entsteht.

2 Den Backofen auf 170 °C vorheizen. In einer entsprechend großen ofenfesten Pfanne die Hälfte der Butter bei milder Hitze schmelzen lassen und den Teig etwa 2 cm hoch einfüllen. 1 bis 2 Minuten hell bräunen, dann in den vorgeheizten Ofen auf die mittlere Schiene stellen und nochmals 5 bis 7 Minuten backen, dabei, wenn möglich, den Backofengrill zuschalten.

3 Für die karamellisierten Äpfel die Früchte schälen, vierteln, entkernen und in gleich große Spalten schneiden. Den Puderzucker in einer Pfanne bei mittlerer Hitze karamellisieren. Die Apfelspalten und die Butter dazugeben, durchschwenken und mit Calvados ablöschen. Zitronen- und Orangenschale sowie die Zimtrinde dazugeben, kurz ziehen lassen und wieder entfernen.

4 Die Pfanne aus dem Ofen holen und den Pfannkuchen in mundgerechte Stücke zerteilen. Die restliche Butter hinzufügen, den Rahmschmarren mit dem Puderzucker großzügig bestäuben und in der Pfanne unter Rühren auf dem Herd karamellisieren.

5 Die Äpfel unter den heißen Rahmschmarren mischen, nach Belieben nochmals mit etwas Puderzucker bestäuben.

» Der Rahmschmarren kann noch mit 20 g Rumrosinen verfeinert werden. Die Rosinen einfach mit den Apfelspalten in der Pfanne durchschwenken. «

Süßes & Mehlspeisen

Kartoffel-Marmorkuchen

Für den hellen Kartoffelteig:
450 g Kartoffeln · Salz
½ TL abgeriebene unbehandelte Orangenschale
3 EL Wodka
3 EL Rosinen
130 g weiche Butter
200 g Zucker
Mark von ½ Vanilleschote
1 Msp. Zimtpulver
8 Eigelb · 8 Eiweiß
Salz
220 g geriebene geschälte Mandeln
1 TL Backpulver (gesiebt)

Für den dunklen Kartoffelteig:
2 EL Kakaopulver
2 EL fein gehackte Zartbitterkuvertüre

Zum Fertigstellen:
Butter und Weißbrotbrösel für die Form
Puderzucker zum Bestäuben

Für 1 Kastenform mit 30 cm Kantenlänge

1. Am Vortag für den Teig die Kartoffeln waschen, in Salzwasser garen, pellen und über Nacht abkühlen lassen. Am nächsten Tag die Kartoffeln fein reiben. Die Orangenschale mit dem Wodka verrühren und die Rosinen darin einweichen.

2. Die Butter mit einem Drittel des Zuckers, Vanillemark und Zimtpulver schaumig rühren. Nach und nach die Eigelbe hinzufügen und alles zu einer hellschaumigen Masse rühren.

3. Die Eiweiße mit dem restlichen Zucker und 1 Prise Salz zu einem festen, glänzenden Schnee schlagen. Die geriebenen Kartoffeln mit Mandeln und Backpulver mischen und abwechselnd mit dem Eischnee unter die Butter-Eigelb-Masse ziehen. Backofen auf 175 °C vorheizen.

4. Für den dunklen Kartoffelteig das Kakaopulver sieben und mit der Kuvertüre mischen. Ein Drittel der Kartoffelmasse abnehmen, Kakao-Schoko-Mischung dazugeben und unterheben. Die Rosinen samt Einweichflüssigkeit unter die restliche Kartoffelmasse mischen.

5. Die Kastenform mit Butter einfetten und mit den Weißbrotbröseln ausstreuen. Beide Kartoffelteige abwechselnd in die Form füllen und eine Gabel spiralförmig durch den Teig ziehen. Den Kartoffel-Marmorkuchen im vorgeheizten Ofen auf der mittleren Schiene etwa 1 Stunde backen. Den Kuchen abkühlen lassen und zum Servieren mit Puderzucker bestäuben.

» Für dieses Rezept sollten Sie keine neuen Frühkartoffeln verwenden, da diese zu wässrig sind und der Kuchen dann zu klebrig wird. Am besten schmeckt der Kuchen, wenn er am ersten Tag verzehrt wird. «

Süßes & Mehlspeisen

Kartoffel-Quark-Tascherl mit Holunderragout

Für den Kartoffel-Quark-Teig:
140 g Quark
30 g weiche Butter · 30 g Zucker
1 Msp. abgeriebene unbehandelte Zitronenschale
Mark von 1 Vanilleschote
1 Eigelb
200 g gekochte, durchgedrückte, abgekühlte Kartoffeln
30 g Kartoffelstärke

Für die Füllung:
1 reife, feste Birne
20 g Butter · 2 TL Puderzucker
2 EL Williamsbrand

Für das Holunderragout:
10 g Speisestärke
200 ml Rotwein · 100 g Zucker
200 g reife Holunderbeeren
½ Vanilleschote
je 1 Streifen unbehandelte Zitronen- und Orangenschale
2 cm Zimtrinde
1 große Birne · 200 g Pflaumen
1 TL Zitronensaft

Zum Fertigstellen:
doppelgriffiges Mehl für die Folie
Salz · 80 g Weißbrotbrösel
80 g Butter · 2 EL Zucker
½ TL Zimtpulver
Puderzucker zum Bestäuben

Für 4 Personen

1 Für den Kartoffel-Quark-Teig ein Sieb mit einem Küchentuch auslegen. Den Quark hineingeben und abtropfen lassen. In einer Schüssel die Butter mit Zucker, Zitronenschale und Vanillemark glatt rühren. Das Eigelb unterrühren, Kartoffeln und Quark unterheben. Die Stärke dazusieben und alles rasch zu einem glatten, geschmeidigen Teig verkneten. Bis zur Weiterverwendung in Frischhaltefolie wickeln.

2 Für die Füllung die Birne schälen, vierteln, entkernen und in sehr kleine Würfel schneiden. In einer Pfanne mit Butter und Puderzucker bei milder Hitze andünsten. Mit Williamsbrand ablöschen und abkühlen lassen.

3 Für das Holunderragout die Speisestärke mit 2 EL Wein glatt rühren. Den restlichen Wein und den Zucker in einem Topf bei mittlerer Hitze zum Köcheln bringen. Die Stärke einrühren und den Sud bei milder Hitze 4 bis 5 Minuten köcheln lassen. Die Holunderbeeren waschen und mit Vanilleschote, Zitrusschalen und Zimtrinde in den Topf geben. Die Birne schälen, vierteln, entkernen und in dünne Spalten schneiden. Die Pflaumen waschen, halbieren, entsteinen und ebenfalls in dünne Spalten scheiden. Birnen und Pflaumen zum Holunderragout geben und kurz garen. Das Ragout mit Zitronensaft abschmecken und etwas abkühlen lassen. Die Gewürze entfernen.

4 Zum Fertigstellen aus dem Kartoffel-Quark-Teig knapp golfballgroße Kugeln formen. Eine Lage Frischhaltefolie (25 x 30 cm) mit etwas Mehl bestäuben und eine Kugel in die Mitte setzen. Ein Drittel der Folie darüberfalten und die Kugel mit dem Handballen zu einem 8 bis 10 cm großen Kreis flach drücken. Die Folie aufklappen, in die Mitte des Kreises 1 TL Birnenfüllung geben. Mithilfe der Folie den Teig so zusammenklappen, dass ein Halbmond entsteht. Die Ränder gut andrücken. Auf diese Weise weitere Tascherl formen.

5 Die Tascherl in reichlich siedendem Salzwasser 3 bis 4 Minuten gar ziehen lassen. Inzwischen die Weißbrotbrösel mit der Butter in einer Pfanne bei milder Hitze goldbraun rösten, mit Zucker und Zimt mischen und die gegarten Tascherl darin wenden. Auf vorgewärmten Tellern anrichten, mit Puderzucker bestäuben und mit dem lauwarmen Holunderragout servieren.

Süßes & Mehlspeisen

Süßes & Mehlspeisen

Saftiger Vanille-Kirsch-Kuchen

Für den Hefeteig:

20 g Hefe
60 g Zucker
140 ml Milch
300 g Mehl
1 Ei
50 g flüssige Butter
Salz · 1 Msp. Zimtpulver

Für das Kirschragout:

750 g Kirschen
30 g Speisestärke
½ l Kirschsaft
120 g Zucker
2 cm Zimtrinde

Für die Vanillecreme:

60 g Speisestärke
2 Eigelb
1 l Milch
200 g Zucker
Mark von 2 Vanilleschoten

Zum Fertigstellen:

Butter für das Blech
Mehl für die Arbeitsfläche
250 g Aprikosenkonfitüre
einige Spritzer Zitronensaft

Für 1 Backblech

1 Für das Dampferl (den Vorteig) die Hefe mit 2 TL Zucker in 4 EL lauwarmer Milch auflösen. Das Mehl in eine Schüssel sieben und in die Mitte eine kleine Mulde drücken. Die Hefemilch hineingeben und mit etwas Mehl verrühren. Das Dampferl mit etwas Mehl bestäuben und zugedeckt etwa 15 Minuten an einen warmen Ort stellen, bis es aufgegangen ist und Blasen wirft.

2 Die restliche Milch, das verquirlte Ei, die lauwarme Butter, 1 Prise Salz, den Zimt und den restlichen Zucker dazugeben. Den Teig in der Küchenmaschine oder mit den Knethaken des Handrührgeräts so lange kneten, bis er glatt und elastisch ist und sich vom Schüsselrand löst. Je nach Konsistenz eventuell noch etwas Milch hinzufügen, denn er soll weich und geschmeidig sein. Den Teig nochmals zugedeckt an einem warmen Ort mindestens 30 Minuten gehen lassen, bis er sein Volumen etwa verdoppelt hat.

3 Für das Ragout die Kirschen waschen und entsteinen. Die Speisestärke mit etwas kaltem Wasser glatt rühren. Den Kirschsaft mit Zucker und Zimtrinde aufkochen. Die Stärke unterrühren, etwa 1 Minute unter Rühren köcheln lassen. Die Kirschen dazugeben, nochmals aufkochen und vom Herd nehmen.

4 Für die Vanillecreme die Stärke mit den Eigelben und etwas Milch glatt rühren. Die restliche Milch mit Zucker und Vanillemark aufkochen, die Milch-Stärke-Eigelb-Mischung hineinrühren, etwa 1 Minute unter Rühren köcheln, vom Herd nehmen und abkühlen lassen.

5 Zum Fertigstellen den Backofen auf 180 °C vorheizen. Ein tiefes Backblech mit Butter einfetten. Den Teig nochmals mit den Händen durchkneten, auf der leicht bemehlten Arbeitsfläche auf Blechgröße ausrollen und das Blech damit belegen.

6 Die Vanillecreme in einen Spritzbeutel mit großer Lochtülle füllen und damit 1 ½ cm breite Streifen mit 1 ½ cm Abstand zueinander schräg auf den Teig aufspritzen. In die Zwischenräume das Kirschragout füllen und den Kuchen im vorgeheizten Ofen auf der mittleren Schiene 30 bis 35 Minuten backen.

7 Die Aprikosenkonfitüre in einem kleinen Topf erhitzen, mit dem Stabmixer pürieren und den Zitronensaft hinzufügen. Mit einem Pinsel auf den heißen Kuchen streichen.

Süßes & Mehlspeisen

Gekochte Grießstrudel mit eingelegten Stachelbeeren

Für die Grießstrudel:

90 g weiche Butter · 85 g Zucker
Salz · 3 Eigelb
120 g Hartweizengrieß
150 g saure Sahne
30 g Rosinen
Saft und abgeriebene Schale von
½ unbehandelten Zitrone
3 Eiweiß
2 Strudelteigblätter (à 40 x 60 cm;
aus dem Kühlregal)
flüssige Butter zum Bestreichen

Für die Zimtbrösel:

90 g Weißbrotbrösel
60 g Butter
2 EL Zucker
¼–½ TL Zimtpulver

Für die Stachelbeeren:

375 ml Weißwein
70 g Zucker
Saft und abgeriebene Schale von
½ unbehandelten Zitrone
1 cm Zimtrinde
400 g frische Stachelbeeren
2 TL Speisestärke
2 EL halbtrockener Sherry

Für 6–8 Personen

1 Für die Grießstrudel die Butter mit 60 g Zucker und 1 Prise Salz schaumig rühren. Nach und nach die Eigelbe dazugeben. Dann nach und nach den Grieß und anschließend die saure Sahne, die Rosinen sowie Zitronensaft und -schale unterrühren. Die Eiweiße mit dem restlichen Zucker zu cremigem Schnee schlagen und vorsichtig unter die Grießmasse heben.

2 Strudelteigblätter halbieren, die Hälften jeweils auf einer Lage Frischhaltefolie (20 x 25 cm) ausbreiten, mit Butter bepinseln und je ein Viertel der Grießmasse an der Längsseite auf die untere Hälfte der Teigblätter streichen. Dabei an den Schmalseiten je einen Rand frei lassen und diesen nach innen einschlagen. Die Strudel mithilfe der Frischhaltefolie von der Längsseite her aufrollen und in die Folie wickeln, dabei die Enden fest zubinden.

3 In einem Topf reichlich Salzwasser zum Sieden bringen. Die Strudel hineingeben und etwa 20 Minuten garen, dabei nach der Hälfte der Garzeit wenden.

4 Für die Zimtbrösel die Weißbrotbrösel mit der Butter in einer Pfanne goldbraun rösten. Zucker und Zimt mischen und unterrühren. Die Zimtbrösel sofort aus der Pfanne nehmen, damit sie nicht nachbräunen. Die Grießstrudel mit einem Schaumlöffel aus dem Topf nehmen, kurz abtropfen lassen, aus der Frischhaltefolie wickeln, schräg in große Stücke schneiden und mit den Bröseln dicht bestreuen.

5 Für die Stachelbeeren den Wein mit Zucker, Zitronensaft und -schale sowie Zimtrinde in einen Topf geben und aufkochen, bis sich der Zucker aufgelöst hat.

6 Die Stachelbeeren waschen, Stiele und Blüten abschneiden und die Stachelbeeren längs halbieren. In dem Weinsud bei mittlerer Hitze 1 bis 2 Minuten weich dünsten. Die Beeren mit einem Schaumlöffel herausnehmen und die Zimtrinde entfernen. Die Speisestärke mit dem Sherry glatt rühren, in den Weinsud geben und unter Rühren 1 Minute köcheln lassen. Vom Herd nehmen und die Stachelbeeren wieder dazugeben.

7 Die Grießstrudel mit den Stachelbeeren auf Tellern anrichten.

Süßes & Mehlspeisen

Millirahmstrudel

Für den Strudel:
2 Äpfel · 40 g Rosinen
2 EL Rum
200 g Toastbrot
1 Vanilleschote · ⅛ l Milch
60 g weiche Butter
60 g Puderzucker
3 Eigelb
70 g Quark
60 g saure Sahne
40 g Pistazien
½ TL abgeriebene unbehandelte Zitronenschale
3 Eiweiß
30 g Zucker · Salz
2 Strudelteigblätter (à 40 x 60 cm; aus dem Kühlregal)
Mehl für das Küchentuch
flüssige Butter zum Bestreichen und für die Form
Puderzucker zum Bestäuben

Für den Guss:
¼ l Milch
70 g Zucker
2 Eier

Für 4 Personen · Foto rechts

1 Für den Strudel die Äpfel schälen, vierteln, entkernen und in knapp 1 cm große Würfel schneiden. Die Rosinen in Rum einlegen.

2 Das Toastbrot entrinden und in Würfel schneiden. Die Vanilleschote der Länge nach aufschneiden, das Mark herauskratzen und beiseitestellen. Die Milch mit der ausgekratzten Schote aufkochen und über die Brotwürfel geben. Zugedeckt 5 Minuten stehen lassen, dann die Schote wieder entfernen.

3 Butter und Puderzucker schaumig schlagen, dabei nach und nach die Eigelbe dazugeben. Den Quark mit der sauren Sahne verrühren und unter die Eigelbmasse mischen. Die Pistazien grob hacken und mit dem Vanillemark, der Zitronenschale und den Rumrosinen unter die Quarkmasse rühren.

4 Die Eiweiße mit dem Zucker und 1 Prise Salz zu einem festen, cremigen Eischnee schlagen. Das eingeweichte Toastbrot, die Apfelwürfel und den Eischnee vorsichtig mit einem Teigschaber unter die Quarkmasse ziehen.

5 Die Strudelteigblätter auf einem bemehlten Küchentuch ausbreiten, mit etwas flüssiger Butter bestreichen und aufeinanderlegen. An einer Längsseite entlang die Füllung verteilen, die Schmalseiten leicht einschlagen und den Strudel mithilfe des Küchentuchs aufrollen. Den Strudel mit der Naht nach unten in eine gefettete Auflaufform legen. Den Backofen auf 180 °C vorheizen.

6 Für den Guss Milch mit Zucker und Eiern verquirlen und über den Strudel gießen. Den Strudel im vorgeheizten Ofen auf der mittleren Schiene etwa 40 Minuten goldbraun backen.

7 Etwa 5 Minuten vor Ende der Backzeit den Strudel mit flüssiger Butter bestreichen und mit Puderzucker bestäuben. Zum Karamellisieren weitere 5 Minuten im Ofen garen. Den Millirahmstrudel zum Servieren in Stücke schneiden.

» Damit der Strudel in die Auflaufform passt, sollten Sie ihn je nach Länge U- oder S-förmig einlegen. Den Strudel am besten frisch aus dem Ofen mit Fruchtsauce oder Kompott servieren. «

Süßes & Mehlspeisen

Vanilletöpfchen

4 Eigelb
60 g Zucker
1 Vanilleschote
400 ml Milch

Für 4 Personen

1 In ein tiefes Backblech 2 cm hoch Wasser füllen, auf die mittlere Schiene des Backofens schieben und den Ofen auf 150 °C vorheizen.

2 Eigelbe mit Zucker in einer Schüssel verrühren, bis sich der Zucker aufgelöst hat, aber nicht schaumig schlagen. Vanilleschote der Länge nach aufschneiden, das Mark herauskratzen und Mark und Schote mit der Milch aufkochen. Die Vanillemilch unter die Eigelbmasse rühren und alles durch ein Sieb gießen. 3 Minuten abkühlen lassen und in kleine Auflaufförmchen oder ofenfeste Kaffeetassen füllen.

3 In das heiße Wasserbad stellen und etwa 35 Minuten cremig weich garen. Abkühlen lassen, im Kühlschrank 2 bis 3 Stunden durchkühlen lassen und mit dünnen Plätzchen oder Mandelkeksen servieren.

4 Rezeptvariante: Das Vanilletöpfchen kann man zu einem Kaffeetöpfchen abwandeln, indem man statt Vanille etwas Instantkaffee oder einen starken Espresso und einige Tropfen Rum in die Milch gibt.

Süßes & Mehlspeisen

Blaubeerdatschi mit Vanille-Honig-Sahne

Für die Datschi:

150 g Blätterteig (tiefgekühlt)
Mehl für die Arbeitsfläche
250 g Blaubeeren (Heidelbeeren)
60 g Marzipanrohmasse
1 Eiweiß
1 EL weiche Butter
1 EL gemahlene Mandeln
1 TL Rum
70 g Aprikosenkonfitüre
1 Msp. abgeriebene unbehandelte Orangenschale
Mark von 1 Vanilleschote

Für die Vanille-Honig-Sahne:

200 g Sahne
20 g Honig
Mark von 1 Vanilleschote

Für 4 Personen

1 Für die Datschi den Blätterteig kurz auftauen lassen und auf der bemehlten Arbeitsfläche 2 bis 3 mm dick ausrollen. Mit einem runden Ausstecher oder kleinen Teller 4 Kreise von 12 bis 14 cm Durchmesser ausstechen bzw. ausschneiden. Die Teigkreise bis zur Weiterverwendung kühl stellen.

2 Den Backofen auf 200 bis 220 °C vorheizen. Die Blaubeeren verlesen, waschen und trocken tupfen. Das Marzipan mit dem Eiweiß, der Butter, den Mandeln und dem Rum mit dem Stabmixer glatt rühren.

3 Die Blätterteigböden auf ein mit Backpapier ausgelegtes Backblech legen und dünn mit der Mandelcreme bestreichen, dabei jeweils einen etwa 1 1/2 cm breiten Rand frei lassen. Die Blaubeeren dicht auf die Mandelcreme streuen.

4 Die Datschi im vorgeheizten Ofen auf der untersten Schiene 15 bis 20 Minuten backen, bis die Unterseite goldbraun ist.

5 Die Aprikosenkonfitüre mit der Orangenschale und dem Vanillemark in einem kleinen Topf erhitzen, etwas ziehen lassen, die Orangenschale wieder entfernen und die Konfitüre mit dem Stabmixer pürieren. Die Heidelbeeren dünn mit der Glasur bestreichen.

6 Für die Vanille-Honig-Sahne die Sahne mit dem Honig und dem Vanillemark verrühren und halb steif schlagen. Die Vanille-Honig-Sahne zu den heißen Datschi servieren.

» Achten Sie beim Belegen der Teigkreise unbedingt darauf, dass der Rand frei bleibt. Nur so kann der Teigrand schnell aufgehen und verhindern, dass der Beerensaft beim Backen ausläuft. Sie sollten auch keine Mandelcreme auf den Rand streichen, da sie dort schnell verbrennt. «

Süßes & Mehlspeisen

Zwetschgenkrapferl auf Weißweinsabayon

Für die Krapferl:

20 Zwetschgen

100 g Marzipanrohmasse

1 EL Zwetschgenwasser

Für den Backteig:

2 Eier · 200 g Mehl

175 ml Weißwein

je 1 Msp. abgeriebene unbehandelte Zitronen- und Orangenschale

1 Msp. Vanillemark

3 EL Zucker · Salz

1 EL Butter

neutrales Öl oder Butterschmalz zum Frittieren

80 g Zucker

1 TL Zimtpulver

Für das Sabayon:

100 ml Weißwein

einige Spritzer Zitronensaft

20 g Zucker · 2 Eigelb

Für 4 Personen

1 Für die Krapferl die Zwetschgen waschen, halb einschneiden und entsteinen. Das Marzipan mit dem Zwetschgenwasser verkneten, 20 haselnussgroße Kugeln daraus formen und die Zwetschgen damit füllen.

2 Für den Backteig die Eier trennen. Das Mehl mit dem Wein, der Zitronen- und der Orangenschale, dem Vanillemark und den Eigelben zu einem glatten Teig verrühren.

3 Die Eiweiße mit dem Zucker und 1 Prise Salz zu einem festen, cremigen Schnee schlagen und unter den Weinteig heben. Die Butter in einem kleinen Topf schmelzen lassen und unter den Teig rühren.

4 In der Fritteuse oder in einem großen Topf das Öl oder Butterschmalz auf etwa 170 °C erhitzen. Die Zwetschgen durch den Weinteig ziehen und sofort im heißen Fett goldbraun frittieren. Mit einem Schaumlöffel herausnehmen und auf Küchenpapier abtropfen lassen. Zucker und Zimt mischen und die Zwetschgen darin wenden.

5 Für das Sabayon den Wein mit dem Zitronensaft, dem Zucker und den Eigelben in einer Metallschüssel verrühren und im heißen Wasserbad zu einem feinporigen, festen Schaum schlagen. Dabei darauf achten, dass die Wassertemperatur 80 °C nicht übersteigt, da sonst die Eigelbe stocken würden.

6 Sobald die Masse dickschaumig ist, das Weißweinsabayon heiß mit den frisch gebackenen Zwetschgen servieren.

» Eiweiß, das mit wenig Zucker aufgeschlagen wird, sollte sofort verarbeitet werden. Es verliert schnell an Geschmeidigkeit, wenn es steht, und bildet im Teig kleine Eiweißnester. Deshalb sollten alle anderen Zutaten für den Teig bereits verrührt sein, bevor der Eischnee geschlagen wird. «

Süßes & Mehlspeisen

Streuselkuchen mit Powidl

Für den Hefeteig:
⅛ l Milch · 20 g Hefe
300 g Mehl
50 g Zucker · 2 Eigelb
1 EL Mandellikör oder Rum
Salz
1 Msp. Vanillemark
1 Msp. abgeriebene unbehandelte Zitronenschale
50 g weiche Butter
flüssige Butter für das Blech
Mehl für die Arbeitsfläche

Für den Belag:
400 g Powidl (Pflaumenmus)
1 EL Rum
Zimtpulver
400 g Quark · 1 Ei
80 g Zucker
einige Spritzer Zitronensaft

Für die Streusel:
250 g Mehl · 200 g Zucker
200 g flüssige Butter
Salz · Zimtpulver
Mark von ½ Vanilleschote
150 g Mandelstifte

Für 1 Backblech

1 Für den Hefeteig die Milch auf etwa 30 °C erhitzen. Die Hefe in der Milch auflösen und mit Mehl, Zucker, Eigelben, Mandellikör oder Rum, 1 Prise Salz, Vanillemark und Zitronenschale zu einem Teig verkneten. Die weiche Butter hinzufügen und einige Minuten weiterkneten, bis ein geschmeidiger Teig entstanden ist. Den Teig mit Frischhaltefolie zudecken und an einem warmen Ort etwa 30 Minuten gehen lassen, bis er sein Volumen etwa verdoppelt hat.

2 Das Backblech mit flüssiger Butter einfetten. Den Hefeteig auf der bemehlten Arbeitsfläche auf Blechgröße ausrollen und das Blech damit auslegen.

3 Für den Belag das Powidl mit Rum und 1 Prise Zimt verrühren und auf den Hefeteig streichen. Den Quark mit Ei, Zucker und Zitronensaft cremig rühren und gleichmäßig auf die Powidlschicht streichen.

4 Für die Streusel das Mehl mit dem Zucker, der flüssigen Butter, je 1 Prise Salz und Zimt sowie dem Vanillemark zu einer krümeligen Masse verkneten. Die Mandelstifte untermischen und die Streusel gleichmäßig auf die Quarkmasse streuen. Den Kuchen noch weitere 30 Minuten gehen lassen.

5 Den Backofen auf 175 °C vorheizen. Den Streuselkuchen im vorgeheizten Ofen auf der mittleren Schiene 30 bis 40 Minuten goldbraun backen. Abkühlen lassen und in Stücke schneiden.

» Sie können den Hefeteig bereits am Vortag zubereiten – so gewinnt er wesentlich an Aroma und Geschmack. Sie sollten ihn dann mit Frischhaltefolie zudecken und über Nacht zum Reifen in den Kühlschrank stellen. Vor dem Ausrollen lässt man den Teig dann nochmals in der Wärme gehen. «

Süßes & Mehlspeisen

Süßes & Mehlspeisen

Abgeschmolzene Mohnnudeln mit Amarettini

Für den Teig:

360 g Topfen (abgetropfter Quark, siehe Tipp unten; ersatzweise Quark)
500 g gekochte, durchgedrückte, abgekühlte Kartoffeln
60 g Hartweizengrieß
50 g Mehl · 50 g Puderzucker
2 Eigelb
1 Msp. abgeriebene unbehandelte Zitronenschale
Mark von 1 Vanilleschote
Salz · Zimtpulver
Grieß zum Verarbeiten

Für die Mohnbutter:

150 g Butter · 4 EL Amarettini (ital. Mandelmakronen)
3 EL gemahlener Mohn
1 EL Puderzucker
je 1 Stück unbehandelte Zitronen- und Orangenschale

Zum Anrichten:

Puderzucker zum Bestäuben
etwas abgeriebene unbehandelte Orangenschale

Für 4 Personen

1 Für den Teig den Topfen mit den Kartoffeln, dem Grieß, dem Mehl, dem Puderzucker, den Eigelben, der Zitronenschale, dem Vanillemark sowie je 1 Prise Salz und Zimt in eine Schüssel geben und zu einem glatten Teig verarbeiten.

2 Die Masse auf der leicht mit Grieß bestreuten Arbeitsfläche zu 1 bis 2 cm dicken Rollen formen, in 1 bis 2 cm lange Scheiben schneiden und mit Grieß zu länglichen Fingernudeln formen. Fertige Nudeln auf ein leicht mit Grieß bestreutes Küchentuch geben.

3 Die Fingernudeln in reichlich siedendem Salzwasser garen, bis sie an die Oberfläche steigen. Mit einem Schaumlöffel vorsichtig aus dem Wasser heben und abtropfen lassen.

4 Für die Mohnbutter die Butter in einer Pfanne aufschäumen. Die Amarettini grob zerkleinern. Mit dem Mohn, dem Puderzucker und den Zitrusschalen zur Butter geben. Die Fingernudeln hinzufügen und in der Mohnbutter erhitzen, die Zitrusschalen wieder entfernen.

5 Die abgeschmolzenen Mohnnudeln auf vorgewärmten Tellern anrichten, mit Puderzucker bestäuben und mit der Orangenschale bestreuen.

» Topfen ist der bayerisch-österreichische Ausdruck für Quark und bezeichnet eigentlich einen sehr festen Quark mit wenig Wasseranteil. Handelsüblicher Quark muss für dieses Rezept unbedingt abgetropft werden. Dafür gibt man ihn in ein mit einem Küchentuch ausgelegtes Sieb und lässt ihn über Nacht im Kühlschrank abtropfen; er verliert dabei bis zur Hälfte seines Gewichts an Wasser. Dadurch erhöht sich seine Bindefähigkeit, was für dieses Rezept sehr wichtig ist. «

Süßes & Mehlspeisen

Süßes & Mehlspeisen

Gebratene Mandelnockerl

Für die Pflaumensauce:

100 ml Orangensaft
4 EL Portwein
2 EL Zwetschgenwasser
je 1 Streifen unbehandelte Zitronen- und Orangenschale
4 große Pflaumen
20 g Butter

Für die Mandelnockerl:

4 Eiweiß · Salz
60 g Zucker
1 TL Vanillezucker
3 Eigelb · 1 EL Mehl
1 geh. EL Speisestärke
2 EL geröstete Mandelblättchen
Butter zum Braten
Puderzucker zum Bestäuben

Für 4 Personen

1 Für die Pflaumensauce den Orangensaft in einer Pfanne bei mittlerer Hitze auf zwei Drittel einkochen lassen. Den Portwein, das Zwetschgenwasser und die Zitrusschalen dazugeben und kurz ziehen lassen. Die Pflaumen waschen, halbieren, entsteinen und in Spalten schneiden. Die Pflaumenspalten in der Sauce erhitzen, die Butter dazugeben und schmelzen lassen.

2 Für die Nockerl die Eiweiße mit 1 Prise Salz zu einem cremigen Eischnee schlagen. Den Zucker und den Vanillezucker nach und nach einrieseln lassen und 4 bis 5 Minuten weiterschlagen, bis der Eischnee ganz fest ist und glänzt. Dann die Eigelbe nacheinander unter die Masse ziehen. Das Mehl und die Speisestärke sieben und in zwei Portionen vorsichtig unterheben. Zuletzt die Mandelblättchen unter die Masse heben.

3 Mit einer Teigkarte oder einem großen Löffel aus der Masse Nockerl formen und diese in einer Pfanne bei milder Hitze in Butter von allen Seiten kurz braten.

4 Die Nockerl mit etwas Puderzucker bestäuben und mit der warmen Pflaumensauce auf Desserttellern anrichten.

» Anstelle der Pflaumensauce passt zu den Mandelnockerln auch eine Fruchtsauce aus frischen Himbeeren oder Aprikosen. «

Süßes & Mehlspeisen

Süßes & Mehlspeisen

Karamellisierter Apfel-Reis-Auflauf

Für den Auflauf:
1 EL Rosinen
2 EL Rum
75 g Rundkornreis
(Milchreis oder Risottoreis)
½ Vanilleschote
½ l Milch
2 cm Zimtrinde
Salz
je 1 Streifen unbehandelte
Zitronen- und Orangenschale
½ großer Apfel
20 g Butter
2 Eier · 40 g Zucker
1 EL geröstete Mandelblättchen
flüssige Butter und Zucker
für die Förmchen

Für die Apfelspalten:
2 kleine Äpfel
1 TL Puderzucker
⅛ l Apfelsaft
4 EL Rum · 20 g Butter

Zum Fertigstellen:
brauner Zucker zum Bestreuen

Für 6 kleine Souffléförmchen (à 120 ml Inhalt)

1 Für den Auflauf die Rosinen im Rum einweichen. Den Reis in kochendem Wasser 1 bis 2 Minuten blanchieren, abgießen und mit Wasser abspülen. Die Vanilleschote der Länge nach aufschneiden. Die Milch mit der Vanilleschote, Zimt, 1 Prise Salz und Zitrusschalen erhitzen. Den Reis darin bei milder Hitze 15 bis 20 Minuten garen, bis die Reiskörner weich sind, aber noch Biss haben. Dabei sollte die Milch vom Reis vollständig aufgenommen werden. Den Reis in einer Schüssel abkühlen lassen, Vanille, Zimt und Zitrusschalen wieder entfernen.

2 Die Apfelhälfte schälen, halbieren, entkernen und in kleine Würfel schneiden. In einer Pfanne in der Butter bei milder Hitze andünsten. Rumrosinen zu den Apfelwürfeln geben und durchschwenken.

3 In ein tiefes Backblech 2 cm hoch Wasser füllen, auf die mittlere Schiene des Backofens schieben und den Ofen auf 170 °C vorheizen. Die Eier trennen. Die Eigelbe mit 1 EL Zucker schlagen, bis die Masse hellgelb ist, und unter den Reis mischen. Die Eiweiße mit dem restlichen Zucker steif schlagen und mit Apfelwürfeln, Rosinen und Mandeln vorsichtig unterheben.

4 Die Souffléförmchen mit der flüssigen Butter einpinseln und mit Zucker ausstreuen, überschüssigen Zucker ausklopfen. Die Förmchen zu drei Viertel mit der Reismasse füllen und die Reismasse im heißen Wasserbad im Ofen etwa 25 Minuten fest werden lassen. Falls der Auflauf zu schnell bräunt, die Backofentemperatur etwas reduzieren. Die Soufflés aus dem Ofen nehmen und etwas abkühlen lassen.

5 Für die Apfelspalten die Äpfel waschen, vierteln, entkernen und in 1 cm breite Spalten schneiden. Puderzucker in einer Pfanne bei mittlerer Hitze karamellisieren. Die Äpfel dazugeben, 1 bis 2 Minuten anbraten und aus der Pfanne nehmen. Den Karamell mit Apfelsaft und Rum ablöschen und auf die Hälfte einkochen lassen. Butter darin schmelzen, Apfelspalten wieder dazugeben und in der Sauce wenden.

6 Zum Fertigstellen den Backofengrill einschalten. Die Soufflés mit einem Messer vom Rand der Förmchen lösen und in eine gefettete Auflaufform stürzen. Die Oberfläche des Reisauflaufs gleichmäßig mit braunem Zucker bestreuen und unter dem Grill auf der mittleren Schiene karamellisieren. Den Reisauflauf mit den Apfelspalten auf Desserttellern anrichten.

Süßes & Mehlspeisen

Süßes & Mehlspeisen

Sauerrahmkuchen

Für den Teig:
100 g Zucker
175 g Mehl · ½ EL Backpulver
2 Eier · 100 ml Öl
1 Msp. Vanillemark
½ TL abgeriebene unbehandelte Orangenschale
100 ml Orangenlimonade
weiche Butter und Mehl für die Form
250 g Mandarinenfilets (aus der Dose)

Für den Belag:
250 g saure Sahne
50 g Puderzucker
600 g steif geschlagene Sahne

Zum Anrichten:
Zimtzucker

Für 1 Springform von 28 cm Durchmesser

1. Am Vortag für den Teig Zucker, Mehl und Backpulver in einer Schüssel gut mischen. Die Eier und das Öl unterrühren, das Vanillemark und die Orangenschale dazugeben. Zuletzt die Limonade unterrühren.

2. Den Backofen auf 180 °C vorheizen. Die Springform mit Butter einfetten und mit Mehl bestäuben. Den Teig in die Form füllen und glatt streichen.

3. Die Mandarinenfilets auf einem Sieb abtropfen lassen und auf dem Teig verteilen, dabei leicht in den Teig drücken. Den Kuchen im vorgeheizten Ofen auf der mittleren Schiene etwa 30 Minuten goldbraun backen, aus dem Ofen nehmen und vollständig abkühlen lassen.

4. Für den Belag die saure Sahne in eine Schüssel geben, den Puderzucker darübersieben und gut untermischen. Die Sahne vorsichtig unterheben und die Sahnemischung auf den Teig streichen. Den Kuchen locker zugedeckt im Kühlschrank mindestens über Nacht, am besten 1 ganzen Tag, durchziehen lassen.

5. Zum Anrichten den Tortenring lösen und den Kuchen großzügig mit Zimtzucker bestreuen.

Orangensabayon

Für das Sabayon:
2 Eigelb · ⅛ l Orangensaft
1 Msp. abgeriebene unbehandelte Orangenschale
ca. 1 EL Zucker

Zum Anrichten:
150 g Sand-, Mohn-, Nusskuchen oder Ähnliches (Fertigprodukt)
Orangenlikör zum Beträufeln
100 g reife Himbeeren

Für 4 Personen

1. Für das Sabayon die Eigelbe mit Orangensaft, Orangenschale und Zucker in einer Metallschüssel verrühren und im heißen Wasserbad zu einem feinporigen, hellgelben Schaum (Sabayon) aufschlagen. Dabei darauf achten, dass die Wassertemperatur 80 °C nicht übersteigt, da sonst die Eigelbe stocken würden.

2. Zum Anrichten den Kuchen in größere Würfel schneiden, in Gläser füllen und mit dem Likör beträufeln.

3. Die Himbeeren verlesen, kurz abbrausen, trocken tupfen und auf den Kuchenstücken verteilen. Das warme Orangensabayon darübergeben.

Süßes & Mehlspeisen

Kleine Hefekuchen mit Himbeersauce und weißem Pfirsich

Für die Kuchen:

7 g Hefe
50 ml lauwarme Milch
7 g Salz · 250 g Mehl (gesiebt)
3 Eier · 1 TL Zucker
75 g weiche Butter
Mehl zum Verarbeiten und
für die Förmchen
Butter für die Förmchen

Für den Sirup:

60 g Zucker · 2 cm Zimtrinde
1 Msp. Vanillemark
70 ml Weißwein
25 ml Himbeergeist
1 TL Zitronensaft

Für die Sauce:

300 g reife Himbeeren
30 g Zucker
½ EL Zitronensaft

Für die Pfirsiche:

2 reife weiße Pfirsiche
1 TL Puderzucker
20 g Butter
2 EL Himbeergeist

Für 4 Personen

1 Für die Kuchen die Hefe mit der warmen Milch und dem Salz auflösen und zugedeckt an einem warmen Ort 10 Minuten stehen lassen. Das Mehl über die Hefemilch sieben, Eier und Zucker dazugeben und alles mit den Knethaken des Handrührgeräts zu einem elastischen Teig verkneten. Die weiche Butter nach und nach dazugeben und gut unterarbeiten, bis der Teig glänzt. Den Teig an einem warmen Ort zugedeckt 1 Stunde gehen lassen, bis er sein Volumen etwa verdoppelt hat.

2 Den Teig in golfballgroße Stücke teilen und mit wenig Mehl zu gleichmäßigen Kugeln formen. Mit dem Daumen in die Mitte jeweils ein Loch drücken und zu einem Ring ausformen. Savarinförmchen mit Butter einfetten, mit Mehl bestäuben und die Teigringe hineinsetzen. Die Hefekuchen nochmals 15 Minuten gehen lassen. Den Backofen auf 170 °C vorheizen und die Hefekuchen im Ofen auf der mittleren Schiene etwa 20 Minuten backen.

3 Für den Sirup 70 ml Wasser mit dem Zucker, Zimt und Vanille aufkochen. Wein, Himbeergeist und Zitronensaft dazugeben und den Sirup abkühlen lassen. Die Hefekuchen aus den Förmchen lösen und noch warm vollständig in den Sirup tauchen, bis sie sich gut vollgesaugt haben. Auf einem Kuchengitter abtropfen lassen und mit dem restlichen Sirup beträufeln.

4 Für die Sauce die Himbeeren verlesen, kurz abbrausen und trocken tupfen. Mit Zucker und Zitronensaft mischen, mit dem Stabmixer pürieren und durch ein feines Sieb streichen.

5 Für die Pfirsiche die Früchte vorsichtig schälen, halbieren, entkernen und die Pfirsichhälften in gleich große Spalten schneiden. Den Puderzucker in einer Pfanne bei mittlerer Hitze leicht karamellisieren und die Pfirsichspalten dazugeben. Die Butter hinzufügen und schmelzen lassen, mit dem Himbeergeist ablöschen. Die getränkten Hefekuchen mit der Himbeersauce und den warmen Pfirsichen servieren.

» Savarinförmchen sind kleine Kranzformen von etwa 10 cm Durchmesser mit abgerundetem Boden. Der Kranz ist meist ebenso breit wie tief, in diesem Fall 2 bis 3 cm. Am besten verwenden Sie beschichtete Savarinförmchen. «

Süßes & Mehlspeisen

Rohrnudeln mit Pralinensauce

Für die Rohrnudeln:

25 g Hefe
2 TL Zucker
¼ l Milch
500 g Mehl
1 Ei · Salz
1 Msp. Vanillemark
1 Msp. abgeriebene unbehandelte Zitronenschale
50 g flüssige Butter
Mehl für die Arbeitsfläche
120 g Butter
Puderzucker zum Bestäuben

Für die Pralinensauce:

125 g dunkle Schokolade oder Zartbitterkuvertüre (mind. 60 % Kakaoanteil)
125 g Nussnougat
200 g Sahne
2 EL Mandellikör

Für 8–10 Personen

1 Für die Rohrnudeln die Hefe mit Zucker und 4 EL lauwarmer Milch glatt rühren. Das Mehl in eine Schüssel sieben und in die Mitte eine kleine Mulde drücken. Die Hefemilch hineingeben und mit etwas Mehl verrühren. Das Dampferl (den Vorteig) mit etwas Mehl bestäuben und zugedeckt etwa 15 Minuten an einen warmen Ort stellen, bis es aufgegangen ist und Blasen wirft.

2 Das Ei verquirlen und mit der restlichen Milch, 1 Prise Salz, Vanillemark, Zitronenschale und der flüssigen Butter in die Schüssel geben. Den Teig in der Küchenmaschine oder mit den Knethaken des Handrührgeräts so lange kneten, bis er glatt und elastisch ist und sich vom Schüsselrand löst.

3 Den Teig nochmals zugedeckt an einem warmen Ort mindestens 30 Minuten gehen lassen, bis er sein Volumen etwa verdoppelt hat. Dann den Teig aus der Schüssel nehmen, auf der bemehlten Arbeitsfläche kurz durchkneten, in etwa walnussgroße Stücke teilen und zu Kugeln formen.

4 Die Butter in einem Topf bei milder Hitze schmelzen lassen, die Kugeln darin rundum wenden und nebeneinander in eine Auflaufform setzen. Den Teig nochmals 15 Minuten gehen lassen. Den Backofen auf 180 °C vorheizen.

5 Die Rohrnudeln im vorgeheizten Ofen auf der mittleren Schiene etwa 35 Minuten goldbraun backen. Aus dem Ofen nehmen, leicht abkühlen lassen, noch warm auseinanderbrechen und dick mit Puderzucker bestäuben.

6 Für die Pralinensauce Schokolade und Nougat in kleine Stücke hacken. Die Sahne einmal aufkochen lassen und über die Schokoladen-Nougat-Mischung gießen. Kurz stehen lassen, langsam glatt rühren und mit dem Likör abschmecken. Die Rohrnudeln mit der warmen Pralinensauce servieren.

» Für eine etwas weniger gehaltvolle Sauce können Sie einen Teil der Sahne durch Milch ersetzten. «

Süßes & Mehlspeisen

Süßes & Mehlspeisen

Topfenknödel mit Nougat-Pflaumen-Füllung

Für die Füllung:
10 g Mandelstifte
190 g Pflaumen
1 TL Zwetschgenwasser
80 g zimmerwarmer Nussnougat

Für die Knödel:
2 EL weiche Butter · 20 g Zucker
1 Msp. abgeriebene unbehandelte Zitronen- oder Orangenschale
Mark von ½ Vanilleschote
Salz · 2 Eigelb
280 g Topfen (abgetropfter Quark; siehe S. 326)
80 g Weißbrotbrösel

Für die karamellisierten Pflaumen:
5 große Pflaumen
2 TL Puderzucker · ½ cm Zimtrinde
1 Gewürznelke
½ ausgekratzte Vanilleschote
1 Streifen unbehandelte Orangenschale · 1 Scheibe Ingwer
70 ml roter Portwein
2 EL Zwetschgenwasser
20 g kalte Butter

Zum Fertigstellen:
Salz · Zucker
etwas abgeriebene unbehandelte Zitronen- und Orangenschale
Zimtbrösel (siehe S. 319)
Puderzucker zum Bestäuben

Für 4 Personen

1 Für die Füllung die Mandelstifte in einer beschichteten Pfanne ohne Fett leicht anrösten und grob hacken. Die Pflaumen waschen, halbieren, entsteinen und in Würfel schneiden. Das Zwetschgenwasser auf etwa 40 °C erhitzen und mit dem Nougat mischen. Die Mandeln und die Pflaumen unterrühren.

2 Einen flachen Teller mit Frischhaltefolie bespannen. Aus der Nougatmasse mit einem Teelöffel 8 kleine Häufchen formen, auf die Frischhaltefolie setzen und kühl stellen.

3 Für die Knödel die Butter mit dem Zucker, der Zitrusschale, dem Vanillemark und 1 Prise Salz cremig rühren. Die Eigelbe unterrühren, den Topfen und die Weißbrotbrösel hinzufügen und alles zu einer festen Masse verarbeiten.

4 Die kalten Nougathäufchen zu kleinen Kugeln formen. Die Topfenmasse in 8 gleich große Stücke teilen, um die Nougatkugeln hüllen und mit angefeuchteten Händen zu gleichmäßigen Knödeln formen.

5 Für die karamellisierten Pflaumen die Pflaumen waschen, halbieren, entsteinen und in Spalten schneiden. Den Puderzucker in einer Pfanne bei milder Hitze hell karamellisieren. Die Pflaumen mit dem Zimt, der Nelke, der Vanilleschote, der Orangenschale und dem Ingwer hineingeben und etwas andünsten. Mit dem Portwein ablöschen, auf die Hälfte einköcheln lassen, das Zwetschgenwasser hinzufügen und zuletzt die Butter darin schmelzen lassen. Die Gewürze wieder entfernen und die Pflaumen nach Geschmack noch mit etwas Puderzucker süßen.

6 Zum Fertigstellen in einem Topf reichlich Wasser mit etwas Salz und Zucker aufkochen, die Zitrusschalen hinzufügen. Die Topfenknödel darin knapp unter dem Siedepunkt 10 bis 12 Minuten ziehen lassen. Mit einem Schaumlöffel herausheben, auf Küchenpapier abtropfen lassen und in den Zimtbröseln wenden.

7 Die Knödel auf den karamellisierten Pflaumen anrichten, mit Puderzucker bestäuben und sofort servieren.

» Dazu schmeckt Rum- oder Vanillesahne besonders gut. «

Süßes & Mehlspeisen

Register

A
Aal, geschmorter, auf Fenchelrisotto 208
Abgeschmolzene Kartoffelmaultaschen
    mit Röstzwiebeln 104
Abgeschmolzene Mohnnudeln mit
    Amarettini 326
Almkäsknödel 119
Apfel
    Entenragout mit Pfirsich 275
    Fenchel-Apfel-Risotto mit Safran 165
    Gebeizter Rehbraten mit Perlzwiebeln
        und karamellisierten Äpfeln 288
    Glasierter Schweinebauch 226
    Hollerblaukraut 124
    Karamellisierter Apfel-Reis-Auflauf 330
    Lauwarme Apfeltartes 309
    Rahmschmarren mit karamellisierten
        Äpfeln 314
    Ravioli von Geflügelleber und Apfel
        in Orangenbutter 154
    Rote-Bete-Salat mit Matjes 194
    Schokoladenblaukraut 130
    Sellerie-Möhren-Apfel-Salat 15
Apfel-Reis-Auflauf, karamellisierter 330
Apfeltartes, lauwarme 309
Appenzeller Käsesalat mit karamel-
    liesierten Walnüssen 14
Aufgeschmolzene Brotsuppn 86
Ausgelöste Kalbshaxen mit Oliven und
    Salbei 242
Austern, gratinierte, mit Curry-
    Hollandaise 210
Avocado-Carpaccio mit cremigem
    Limetten-Dressing 40
Avocado-Garnelen-Salat 15

B
Backhendl mit Zitronen-Dip 60
Barbarie-Entenbrust, geräucherte, mit
    Schwarzwurzelgemüse und Trüffeln 278
Bauernente, kross gebratene 276
Bayerisch Creme mit Orangen-Trauben-
    Ragout 306
Bayerische Rilettes von Ente und
    Kaninchen 56
Bayerisches Wurzelfleisch 224
Bayerischkraut 130
Berbauern-Ravioli mit Salbeibutter 152
Birne
    Ganserlleber-Mousse mit Portweingelee
        und glasierten Birnenspalten 280
    Geeistes Birnensüppchen 310
    Geräucherter Waller auf Rote-Bete-
        Birnen-Gemüse 182
    Geschmorte Wildschweinschulter 296
    Hirschgröstl 293
    Kalbsleber mit Rotweinbutter und
        Birnen-Kartoffel-Püree 247
    Kartoffel-Quark-Tascherl mit Holunder-
        ragout 316
    Käsekuchen mit Lauch und Birne 35
    Linguine mit Gorgonzolasauce 159
    Obatzda mit Birnen und Croûtons 33
    Reiberdatschi mit Hering und
        Schnittlauchsauce 62
    Spargel-Birnen-Gemüse 54
    Waller in der Senfkruste mit Wirsing-
        Birnen-Gemüse 196
Birnensüppchen, geeistes 310
Blaubeerdatschi mit Vanille-Honig-
    Sahne 322
Blumenkohlcurry mit gebratenen
    Seeteufelmedaillons 132
Blutwursttraderl in Senfkruste auf
    saurem Kartoffelgemüse 54
Böfflamott 238
Böhmische Serviettenknödel 120
Bohnensuppe mit Wirsing und Speck 81
Bouillabaisse, gelierte 97
Bratkartoffelsalat mit schwarzem Trüffel 18
Brätknödel auf Dillbohnen 115
Brätnockerl 77
Bratwurstgröstl 53
Brezenauflauf mit Spargel-Vinaigrette 48
Brezenknödelsalat 12
Brezensalat 10
Brezen-Weißwurst-Knödel auf
    Senfsauce 118
Brotsuppn, aufgeschmolzene 86
Buchweizennudeln mit Spinat, Bohnen
    und Kartoffeln 150
Burgunderschnecken auf Pfifferlingen
    und Steinpilzen 40
Butter
    Braune Butter 30
    Gewürzbutter 179
    Krebsbutter 127
    Mohnbutter 151
    Orangenbutter 154
    Rotweinbutter 247, 265
    Salbeibutter 152
    süße Mohnbutter 326
Butternockerl 77
Butterschnitzel, gratiniertes, vom
    Lamm mit Chicorée 266

C
Champagnerkraut 131
Chili con Carne 89

D/E
Dampfnudeln mit Paprika-Rahmkraut 162
Eingelegter Käse 38
Ente
    Bayerisches Rilette von der Ente 56
    Entenragout mit Pfirsich 275
    Geräucherte Barbarie-Entenbrust mit
        Schwarzwurzelgemüse und Trüffeln 278
    Kross gebratene Bauernente 276
Entenragout mit Pfirsich 275
Erbsensuppe, grüne, mit gebackenem
    Kalbsbries und Minze 66
Erdbeer-Pfirsich-Tiramisu 312

F
Fasanenbrust auf Spitzkohl 286
Feldsalat mit Geflügelleber und Kapern-
    Granatapfel-Vinaigrette 24
Fenchel-Apfel-Risotto mit Safran 165
Festtagssuppe 76
Filetspitzen, gemischte 235
Fleischpflanzerl auf Meerrettich-
    Kartoffel-Salat 47
Forelle
    Forellenknödel 126
    Forellensuppe mit Champignons und
        Miesmuscheln 96
    Gebratene Forelle mit Gewürzbutter 179
    Lachsforelle im Nudelblatt mit Spinat
        und Senfsauce 191
    Laiberl von Lachsforelle und
        Flusskrebsen 180
    Pochierte Stückerl von der Lachsforelle
        auf Endivien-Kohlrabi-Gemüse 18
Forelle, gebratene, mit Gewürzbutter 179
Forellenknödel 126
Forellensuppe mit Champignons und
    Miesmuscheln 96
Freilandhendlbrust mit gebratenem
    Gemüse und Erdnusssauce 270
Fusilli mit grünen Bohnen und Oliven 151

G
Gänseleberknödel, gefüllte, auf
    Hollerblaukraut 124
Ganserlleber-Mousse mit Portweingelee
    und glasierten Birnenspalten 280
Gebackene Leberknödel auf Lauch-
    Champignon-Gemüse 258

Register

Gebackene Mürbeteigschleifen mit Sabayon 305
Gebackene Weißwurstradel auf Kartoffel-Pfifferling-Salat 52
Gebeizter Huchen 175
Gebeizter Rehbraten mit Perlzwiebeln und karamellisierten Äpfeln 288
Gebratene Forelle mit Gewürzbutter 179
Gebratene Geflügelbrust auf Pesto-Risotto 281
Gebratene Kartoffelknödel auf Wirsing-Pfifferling-Gemüse 120
Gebratene Mandelnockerl 328
Gebratener Lachs-Zander-Strudel auf Spinat-Kohlrabi-Salat 184
Gebratener Tintenfisch auf Kartoffel-Lauch-Rösti 209
Gebratener Weißwurststrudel auf Linsensalat 50
Gebrühter Krautsalat 34
Gedämpfter Kabeljau auf Wurzelpüree 204
Geeister Kaiserschmarren mit marinierten Beeren 310
Geeistes Birnensüppchen 310
Geflügelbrust, gebratene, auf Pesto-Risotto 281
Gefüllte Gänseleberknödel auf Hollerblaukraut 124
Gefüllte Gnocchi mit Kräutern 105
Gefüllte Spanferkelbrust 222
Gefülltes Perlhuhn mit Pilzen 282
Gefülltes Schweineschnitzel im Parmesanmantel 232
Gegrillte Tintenfische mit schwarzem Pesto 194
Gekochte Grießstrudel mit eingelegten Stachelbeeren 319
Gekochte Lammschulter mit Meerrettich-Kräuter-Pesto 264
Gekochte Rinderbrust mit Gemüse 257
Gekochtes Kalbsschwanzragout mit gebratenen Pilzen 244
Gelierte Bouillabaisse 97
Gemischte Filetspitzen 235
Gemüseeintopf mit Paprikapesto 74
Gemüseeintopf mit Steinpilzen 141
Gemüsepavesen mit Frischkäse-Kräuter-Dip 135
Gemüsepfanne mit gedörrten Früchten und Speck 136
Gemüsepizza mit Blätterteig 137
Gemüseterrine 138
Geräucherte Barbarie-Entenbrust mit Schwarzwurzelgemüse und Trüffeln 278

Geräucherte Kaninchenrahmsuppe mit Kopfsalat und Erbsen 84
Geräucherter Rehrücken auf Rosenkohlblättersalat 290
Geräucherter Waller auf Rote-Bete-Birnen-Gemüse 182
Geröstete Nudeln mit Erbsen 146
Geschmorte Kalbshaxenscheiben 236
Geschmorte Lammhaxerl 261
Geschmorte Wildhasenkeulen mit Schokoladen-Kirsch-Chutney 299
Geschmorte Wildschweinschulter 296
Geschmorter Aal auf Fenchelrisotto 208
Geschmorter Kalbstafelspitz 239
Glasierter Schweinebauch 226
Gnocchi, gefüllte, mit Kräutern 105
Gnocchipfanne mit Pfifferlingen 106
Gratinierte Austern mit Curry-Hollandaise 210
Gratinierte Polenta auf Ratatouille-Sauce 128
Gratiniertes Butterschnitzel vom Lamm mit Chicorée 266
Graupensuppe mit Bohnen und San-Daniele-Schinken 80
Grießknödel 122
Grießstrudel, gekochte, mit eingelegten Stachelbeeren 319
Grüne Erbsensuppe mit gebackenem Kalbsbries und Minze 66
Gulasch
Gulaschsuppe 90
Kalbsrahmgulasch 240
Kartoffelgulasch 114
Rindsgulasch mit gebratenen Kardamom-Grießnockerln 246
Wallergulasch 174
Gulaschsuppe 90

H

Hackbraten mit Kohlrabi-Pfifferling-Salat 230
Hähnchen
Backhendl mit Zitronen-Dip 60
Freilandhendlbrust mit gebratenem Gemüse und Erdnusssauce 270
Huhn aus dem Pfeffertopf 272
Meerrettichsuppe mit Freilandhendl 68
Zitronenhähnchen 274
Haxerlsülze mit Meerrettich-Mousse 44
Hechtnockerl auf Dill-Kraut-Fleckerl 183
Hefekuchen, getränkte, mit Himbeersauce und weißem Pfirsich 333

Hirschgröstl 293
Hirschrücken, rosa gebratener, mit Rosenkohl-Nudelfleckerln 294
Hirschschnitzel in Haselnuss-Panade 292
Huchen, gebeizter 175
Huhn aus dem Pfeffertopf 272

I/J

In Bierteig gebackener Karpfen auf Vogelsalat 172
Jakobsmuscheln in Limetten-Vinaigrette 211

K

Kabeljau, gedämpfter, auf Wurzelpüree 204
Kabeljau in Brotkruste mit jungem Weißkraut und Pfifferlingen 190
Kabeljau in der Kartoffelkruste 199
Kaiserschmarren, geeister, mit marinierten Beeren 310
Kalb
Ausgelöste Kalbshaxe mit Oliven und Salbei 242
Brätnockerl 77
Fleischpflanzerl auf Meerrettich-Kartoffel-Salat 47
Gekochtes Kalbsschwanzragout mit gebratenen Pilzen 244
Geschmorte Kalbshaxenscheiben 236
Geschmorter Kalbstafelspitz 239
Grüne Erbsensuppe mit gebackenem Kalbsbries und Minze 66
Kalbfleischpflanzerl auf feurigem Kartoffelsalat 243
Kalbsleber mit Rotweinbutter und Birnen-Kartoffel-Püree 247
Kalbslüngerl mit Wachtelspiegelei 260
Kalbsrahmbraten 250
Kalbsrahmgulasch 240
Kalbssauce 41
Lauwarme Scheiben vom Kalbstafelspitz auf grünen Bohnen 21
Paprikarahmschnitzel 251
Wiener Schnitzel mit Pommes frites und Tomatenketchup 248
Wirsing-Lamm-Laiberl mit Rotweinbutter 265
Kalbfleischpflanzerl auf feurigem Kartoffelsalat 243
Kalbshaxen, ausgelöste, mit Oliven und Salbei 242
Kalbshaxenscheiben, geschmorte 236
Kalbsleber mit Rotweinbutter und Birnen-Kartoffel-Püree 247

Register

Kalbslüngerl mit Wachtelspiegelei 260
Kalbsrahmbraten 250
Kalbsrahmgulasch 240
Kalbsschwanzragout, gekochtes, mit gebratenen Pilzen 244
Kalbstafelspitz, geschmorter 239
Kalbstafelspitz, lauwarme Scheiben vom, auf grünen Bohnen 21
Kaninchen/Hase
   Bayerische Rilettes von Kaninchen 56
   Bratkartoffelsalat mit schwarzem Trüffel 18
   Geräucherte Kaninchenrahmsuppe mit Kopfsalat und Erbsen 84
   Geschmorte Wildhasenkeulen mit Schokoladen-Kirsch-Chutney 299
   Paella 164
   Pappardelle mit Hasenragout 161
   Pappardelle mit Kaninchenragout 160
   Wildhasenragout mit Melone 292
Kaninchenrahmsuppe, geräucherte, mit Kopfsalat und Erbsen 84
Karamellisierter Apfel-Reis-Auflauf 330
Karpfen, in Bierteig gebackener, auf Vogelsalat 172
Karpfen in Polentahülle mit Gurken-Kräuter-Dip 179
Kartoffel-Fenchel-Kuchen 134
Kartoffelgulasch 114
Kartoffelkäs 42
Kartoffel-Knoblauch-Gröstl mit Rostbratwürstel 41
Kartoffelknödel, gebratene, auf Wirsing-Pfifferling-Gemüse 120
Kartoffel-Lamm-Gratin mit Roquefort 110
Kartoffel-Lauch-Gemüse, süßsaures 131
Kartoffel-Marmorkuchen 315
Kartoffelmaultaschen, abgeschmolzene, mit Röstzwiebeln 104
Kartoffeln
   Abgeschmolzene Kartoffelmaultaschen mit Röstzwiebeln 104
   Abgeschmolzene Mohnnudeln mit Amarettini 326
   Almkäsknödel 119
   Blutwurstradler in Senfkruste auf saurem Kartoffelgemüse 54
   Bratkartoffelsalat mit schwarzem Trüffel 18
   Bratwurstgröstl 53
   Buchweizennudeln mit Spinat, Bohnen und Kartoffeln 150
   Entenragout mit Pfirsich 275
   Fleischpflanzerl auf Meerrettich-Kartoffel-Salat 47
   Gebackene Weißwurstradel auf Kartoffel-Pfifferling-Salat 52
   Gebratene Kartoffelknödel auf Wirsing-Pfifferling-Gemüse 120
   Gebratener Tintenfisch auf Kartoffel-Lauch-Rösti 209
   Gefüllte Gnocchi mit Kräutern 105
   Gnocchipfanne mit Pfifferlingen 106
   Gulaschsuppe 90
   Kabeljau in der Kartoffelkruste 199
   Kartoffel-Fenchel-Kuchen 134
   Kartoffelgulasch 114
   Kartoffelkäs 42
   Kartoffel-Knoblauch-Gröstl mit Rostbratwürstel 41
   Kartoffel-Lamm-Gratin mit Roquefort 110
   Kartoffel-Marmorkuchen 315
   Kartoffeln im Salzbett mit Dips 102
   Kartoffel-Quark-Tascherl mit Holunderragout 316
   Kartoffelstrudel mit Kräutercreme 112
   Kartoffelsuppe 69
   Kräuterwaffeln mit Spargelrührei 58
   Oktopusgröstl mit Bratkartoffeln 212
   Pommes frites 248
   Reiberdatschi mit Hering und Schnittlauchsauce 62
   Rosmarinkartoffeln 232
   Rotbarbe mit Kartoffel-Zitronen-Püree 197
   Süßsaures Kartoffel-Lauch-Gemüse 131
   Topfen-Fingernudeln mit Krautfleckerln 108
   Zwiebelfleisch mit Kartoffel-Endivien-Püree 240
Kartoffeln im Salzbett mit Dips 102
Kartoffel-Quark-Tascherl mit Holunderragout 316
Kartoffelstrudel mit Kräutercreme 112
Kartoffelsuppe 69
Käse, eingelegter 38
Käsekuchen, lauwarme herzhafte 36
Käsekuchen mit Lauch und Birne 35
Käspfanzerl mit Paprika-Kürbis-Gemüse 38
Käsesalat, Appenzeller, mit karamelliesierten Walnüssen 14
Kaspressknödel in Gemüsesuppe 82
Kichererbsenpflanzerl auf Tomaten-Carpaccio 140
Kleine Hefekuchen mit Himbeersauce und weißem Pfirsich 333
Knödel
   Almkäsknödel 119
   Böhmische Serviettenknödel 120
   Brätknödel auf Dillbohnen 115
   Brezenknödelsalat 12
   Brezen-Weißwurst-Knödel auf Senfsauce 118
   Forellenknödel 126
   Gebackene Leberknödel auf Lauch-Champignon-Gemüse 258
   Gebratene Kartoffelknödel auf Wirsing-Pfifferling-Gemüse 120
   Gefüllte Gänseleberknödel auf Hollerblaukraut 124
   Gefüllte Kartoffelknödel 120
   Grießknödel 122
   Kaspressknödel in Gemüsesuppe 82
   Knödelsalat 123
   Krebsknödel mit Kerbel 127
   Schwarzbrotknödel 123
   Semmelknödel 126
   Semmelknödelgröstl mit weißem Trüffel 59
   Speckknödel auf Rahmkraut 116
   Topfenknödel mit Nougat-Pflaumen-Füllung 336
Knödelsalat 123
Kohlrabisuppe mit Krebsschwänzen 85
Kohlrabisuppe mit Saibling 71
Krauteintopf mit dreierlei Fleisch und Kräuterpesto 94
Kräuterwaffeln mit Spargelrührei 58
Krautsalat, gebrühter 34
Krebsknödel mit Kerbel 127
Krebssülze im weißen Tomatenmantel 195
Kross gebratene Bauernente 276
Kross gebratene Schweineschulter 220
Krustenbraten mit Schmorgemüse 218
Kürbis-Bayerisch-Creme mit Himbeersauce 302

L

Lachsforelle im Nudelblatt mit Spinat und Senfsauce 191
Lachsforelle und Flusskrebsen, Laiberl von 180
Lachsforelle, pochierte Stückerl von der, auf Endivien-Kohlrabi-Gemüse 186
Lachs-Zander-Strudel, gebratener, auf Spinat-Kohlrabi-Salat 184
Laiberl von Lachsforelle und Flusskrebsen 180

Register

Lamm
  Gekochte Lammschulter mit Meerrettich-Kräuter-Pesto 264
  Geschmorte Lammhaxerl 261
  Gratiniertes Butterschnitzel vom Lamm mit Chicorée 266
  Kartoffel-Lamm-Gratin mit Roquefort 110
  Lamm-Pilaw 169
  Lammschulter, gekochte, mit Meerrettich-Kräuter-Pesto 264
  Lammschulter mit geschmortem Weißkraut und Kopfsalatpesto 262
  Wirsing-Lamm-Laiberl mit Rotweinbutter 265
Lammhaxerl, geschmorte 261
Lamm-Pilaw 169
Lammschulter mit geschmortem Weißkraut und Kopfsalatpesto 262
Lasagne, offene, von Rotbarbe und Seeteufel 200
Lasagne von allerhand Kräutern 157
Lauwarme Apfeltartes 309
Lauwarme herzhafte Käsekuchen 36
Lauwarme Scheiben vom Kalbstafelspitz auf grünen Bohnen 21
Leber
  Feldsalat mit Geflügelleber und Kapern-Granatapfel-Vinaigrette 24
  Ganserlleber-Mousse mit Portweingelee und glasierten Birnenspalten 280
  Gebackene Leberknödel auf Lauch-Champignon-Gemüse 258
  Gefüllte Gänseleberknödel auf Hollerblaukraut 124
  Kalbsleber mit Rotweinbutter und Birnen-Kartoffel-Püree 247
  Paprikasuppe mit gebratener Entenleber 88
  Ravioli von Geflügelleber und Apfel in Orangenbutter 154
Leberknödel, gebackene, auf Lauch-Champignon-Gemüse 258
Linguine mit Gorgonzolasauce 159
Linguine mit Parmesan 155

M
Mandelnockerl, gebratene 328
Mangold-Lasagne mit Champignons und Speck 156
Marinierter Miesbacher 32
Marinierter Seeteufel mit eingelegtem Gemüse 199
Maronensuppe mit weißen Trüffeln 72
Matjesfilets mit Radieserl-Bohnen-Salat und Schnittlauchsauce 22
Matjesrahmtatar auf gerösteten Bauernbrotscheiben 198
Meeresfrüchtesalat mit rotem Pesto 26
Meerrettichsuppe mit Freilandhendl 68
Miesbacher, marinierter 32
Millirahmstrudel 320
Mohnnudeln, abgeschmolzene, mit Amarettini 326
Mohnparfait mit Marzipan 309
Mürbeteigschleifen, gebackene, mit Sabayon 305
Muscheleintopf mit Safran 98

N
Nudelfleckerl mit Spitzkohl 162
Nudeln, geröstete, mit Erbsen 146
Nudelsalat mit Gemüse und Egerlingen 144

O
Obatzda mit Birnen und Croûtons 33
Offene Lasagne von Rotbarbe und Seeteufel 200
Oktopusgröstl mit Bratkartoffeln 212
Orangenblüten-Panna-cotta mit Himbeersauce 304
Orangensabayon 332

P
Paella 164
Panierte Schweinebacken 228
Pappardelle mit Hasenragout 161
Pappardelle mit Kaninchenragout 160
Paprikarahmschnitzel 251
Paprikasuppe mit gebratener Entenleber 88
Perlhuhn, gefülltes, mit Pilzen 282
Pfannkuchen 76
Pochierte Stückerl von der Lachsforelle auf Endivien-Kohlrabi-Gemüse 186
Polenta, gratinierte, auf Ratatouille-Sauce 128
Poulardenkeule aus dem Pfeffertopf 283
Püree
  Birnen-Kartoffel-Püree 247
  Kartoffel-Endivien-Püree 240
  Kartoffel-Zitronen-Püree 197
  Polenta-Mandel-Püree 298
  Selleriepüree 252
  Wurzelpüree 204

R
Radi mit Petersilienpesto 30
Rahmschmarren mit karamellisierten Äpfeln 314
Rahmsuppe von grünen Bohnen mit Dill und Zandernockerln 73
Ravioli von Geflügelleber und Apfel in Orangenbutter 154
Rebhuhn auf zwei Arten 284
Reh
  Gebeizter Rehbraten mit Perlzwiebeln und karamellisierten Äpfeln 288
  Geräucherter Rehrücken auf Rosenkohlblättersalat 290
  Rehragout 289
  Saltimbocca vom Reh 291
  Wildhacksteaks 287
Rehbraten, gebeizter, mit Perlzwiebeln und karamellisierten Äpfeln 288
Rehragout 289
Rehrücken, geräucherter, auf Rosenkohlblättersalat 290
Reiberdatschi mit Hering und Schnittlauchsauce 62
Reiskrapfen auf Schwammerlragout 166
Renke auf Kartoffel-Bärlauch-Sauce 175
Renke auf Tomaten-Olivenöl-Dressing 190
Rigatoni mit Endivien und Kürbis 147
Rigatoni mit Salami, Zuckerschoten und weißer Pfeffersauce 148
Rilettes, bayerische, von Ente und Kaninchen 56
Rind
  Böfflamott 238
  Chili con Carne 89
  Festtagssuppe 76
  Gebackene Leberknödel auf Lauch-Champignon-Gemüse 258
  Gekochte Rinderbrust mit Gemüse 257
  Gulaschsuppe 90
  Kartoffelstrudel mit Kräutercreme 112
  Krauteintopf mit dreierlei Fleisch und Kräuterpesto 94
  Rindsgulasch mit gebratenen Kardamom-Grießnockerln 246
  Rindsrouladen mit getrüffeltem Brät 256
  Rosa gegartes Roastbeef mit Senfsauce und Gurken-Erbsen-Salat 254
  Sellerierostbraten auf Dillbohnen 252
  Zwiebelfleisch mit Kartoffel-Endivien-Püree 240
  Zwiebelrostbraten 250
Rinderbrust, gekochte, mit Gemüse 257

Register

Rindsgulasch mit gebratenen Kardamom-Grießnockerln 246
Rindsrouladen mit getrüffeltem Brät 256
Risotto mit Flusskrebsen 168
Roastbeef, rosa gegartes, mit Senfsauce und Gurken-Erbsen-Salat 254
Rochenflügel auf Erbsen-Feldsalat-Sauce 206
Rohrnudeln mit Pralinensauce 334
Rosa gebratener Hirschrücken mit Rosenkohl-Nudelfleckerln 294
Rosa gegartes Roastbeef mit Senfsauce und Gurken-Erbsen-Salat 254
Rostbratwürstel, süßsauer marinierte 89
Rotbarbe mit Kartoffel-Zitronen-Püree 197
Rotbarsch in der Brotkruste auf Mangoldgemüse 192
Rote-Bete-Ravioli mit Mohnbutter 151
Rote-Bete-Salat mit Matjes 194

S

Saftiger Vanille-Kirsch-Kuchen 318
Saibling im Salzteig mit Basilikumöl 188
Saiblingtatar auf Schwarzbrot 187
Salat vom Tafelspitz 253
Saltimbocca vom Reh 291

Saucen
    Béchamelsauce 156, 157
    Himbeersauce 302
    Kalbssauce 41
    Orangensauce 308
    Pflaumensauce 328
    Pralinensauce 334
    Ratatouille-Sauce 128
    Schnittlauchsauce 22
    Selleriesauce 176
    Senfsauce 191, 254
    Weiße Pfeffersauce 148

Sauer eingelegtes Wurzelgemüse 34
Sauerrahmkuchen 332
Schäufele 234
Schlutzkrapfen mit Ricotta-Spinat-Füllung 158
Schokoladenblaukraut 130
Schokoladencreme mit Orangensauce 308
Schwammerlragout mit Regensburgern 92
Schwammerlsuppe 69
Schwarzbrotknödel 123

Schwein
    Bayerische Rilettes von Ente und Kaninchen 56
    Bayerisches Wurzelfleisch 224
    Brätknödel auf Dillbohnen 115
    Fleischpflanzerl auf Meerrettich-Kartoffel-Salat 47
    Gefüllte Spanferkelbrust 222
    Gefülltes Schweineschnitzel im Parmesanmantel 232
    Glasierter Schweinebauch 226
    Hackbraten mit Kohlrabi-Pfifferling-Salat 230
    Haxerlsülze mit Meerrettich-Mousse 44
    Krauteintopf mit dreierlei Fleisch und Kräuterpesto 94
    Kross gebratene Schweineschulter 220
    Krustenbraten mit Schmorgemüse 218
    Panierte Schweinebacken 228
    Schäufele 234
    Schweinebraten »Südtiroler Stuben« 219
    Schweinekarre mit geschmortem Knoblauchgemüse 216
    Schweinshaxenvögerl auf asiatische Art 227
    Surschnitzel 223
    Tellersülze von Spanferkelhaxerln 42
    Wurzelfleischsuppe mit Meerrettich 78

Schweinebacken, panierte 228
Schweinebauch, glasierter 226
Schweinebraten »Südtiroler Stuben« 219
Schweinekarre mit geschmortem Knoblauchgemüse 216
Schweineschnitzel, gefülltes, im Parmesanmantel 232
Schweineschulter, kross gebratene 220
Schweinshaxenvögerl auf asiatische Art 227
Seeteufel, marinierter, mit eingelegtem Gemüse 199
Seeteufel mit Kümmel und kandierten Tomaten auf Lauchgemüse 202
Sellerie-Möhren-Apfel-Salat 15
Sellerierostbraten auf Dillbohnen 252
Semmelknödel 126
Semmelknödelgröstl mit weißem Trüffel 59
Serviettenknödel, böhmische 120
Spaghetti mit Rucola 146
Spanferkelbrust, gefüllte 222
Spargelsalat, warmer, mit Morcheln 19
Spargelsuppe mit Kopfsalat 70
Speckknödel auf Rahmkraut 116
Steinpilz-Semmelknödel-Salat mit geröstetem Kümmel 20
Streuselkuchen mit Powidl 324
Surschnitzel 223
Süßsauer marinierte Rostbratwürstel 89
Süßsaures Kartoffel-Lauch-Gemüse 131
Süßwasserbarsch mit Wacholder und Senfkörnern 176

T

Tellersülze von Spanferkelhaxerln 42
Thunfisch-Knoblauch-Salat 25
Thunfisch-Rettich-Carpaccio 188
Tintenfisch, gebratener, auf Kartoffel-Lauch-Rösti 209
Tintenfische, gegrillte, mit schwarzem Pesto 194
Tomaten-Oliven-Tatar im Parmesankörbchen 24
Topfen-Fingernudeln mit Krautfleckerln 108
Topfenknödel mit Nougat-Pflaumen-Füllung 336

V

Vanille-Kirsch-Kuchen, saftiger 318
Vanilletöpfchen 321

W

Waller auf Rettich-Spinat-Gemüse mit roten Linsen 178
Waller, geräucherter, auf Rote-Bete-Birnen-Gemüse 182
Waller in der Senfkruste mit Wirsing-Birnen-Gemüse 196
Wallergulasch 174
Warmer Spargelsalat mit Morcheln 19
Weißwurstradel, gebackene, auf Kartoffel-Pfifferling-Salat 52
Weißwurststrudel, gebratener, auf Linsensalat 50
Wiener Schnitzel mit Pommes frites und Tomatenketchup 248
Wildhacksteaks 287
Wildhasenkeulen, geschmorte, mit Schokoladen-Kirsch-Chutney 299
Wildhasenragout mit Melone 292
Wildschweinbraten 297
Wildschweinragout mit Polenta-Mandel-Püree 298
Wildschweinschulter, geschmorte 296
Wirsing-Lamm-Laiberl mit Rotweinbutter 265
Wolfsbarsch in der Salzkruste auf Limettenspinat 203
Würsteleintopf 93
Wurstsalat mit Gemüsemarinade 16
Wurzelfleisch, bayerisches 224
Wurzelfleischsuppe mit Meerrettich 78
Wurzelgemüse, sauer eingelegtes 34

Register

Z

Zanderfilet auf rotem Zwiebelkraut mit Selleriesauce 176
Ziegen-Aprikosen-Topfen 32
Zitronenhähnchen 274
Zitronenrahmsuppe 85
Zitronenspieße mit Garnelen und Schwertfisch 189
Zwetschgenkrapferl auf Weißweinsabayon 323
Zwiebelfleisch mit Kartoffel-Endivien-Püree 240
Zwiebelkuchen 46
Zwiebelrostbraten 250

Bildnachweis:

Umschlagvorderseite: Susie Eising
Umschlagrückseite:
Walter Cimbal (Fotos oben)
Andrea Kramp und Bernd Gölling (Fotos unten)

Innenteil:
Rezeptfotos
Walter Cimbal:
8–9, 23, 33, 45, 49, 64–65, 83, 87, 91, 95, 99, 100–101, 107, 109, 111, 113, 129, 133, 142–143, 147, 153, 167, 193, 205, 207, 213, 214–215, 229, 231, 245, 255, 259, 268–269, 277, 279, 285, 295, 300–301, 303, 317, 331, 335

Andrea Kramp und Bernd Gölling:
13, 149, 271, 329

Christian R. Schulz:
11, 17, 19, 25, 27, 28–29, 31, 37, 39, 43, 51, 53, 55, 57, 61, 63, 67, 71, 75, 79, 103, 117, 121, 125, 139, 145, 155, 159, 163, 170–171, 173, 177, 181, 185, 189, 197, 201, 211, 217, 221, 225, 233, 237, 241, 249, 253, 257, 263, 267, 273, 283, 287, 291, 307, 311, 313, 321, 325, 327, 337

Portät S. 7: Alexander Haselhoff

KOCHEN WIE EIN PROFI

In seinen erfolgreichen Kochschul-Bänden lässt sich Alfons Schuhbeck genau auf die Finger schauen und lüftet dabei seine gesammelten Küchengeheimnisse. Ob Anfänger am Herd oder fortgeschrittener Hobbykoch – dank der vielen Step-by-Step-Fotos kann jeder alle Gerichte ganz einfach nachvollziehen. Gleichzeitig stellt der beliebte Fernsehkoch grundlegende Garmethoden und Küchentechniken vor und verrät viele nützliche Tipps und Tricks.